On saura gré à l'auteur d'avoir choisi, en publiant ce livre, de mettre à disposition d'un large public cette plongée documentée dans l'histoire du protestantisme malgache, une histoire profondément marquée par les mouvements de réveil qui se sont déployés à Madagascar et qui marquent encore aujourd'hui la religiosité protestante malgache.

C'est une très précieuse contribution à la sociologie du protestantisme malgache que nous offre Seth Andriamanalina Rasolondraibe. Il est particulièrement heureux qu'un natif de Madagascar ait pu réaliser cette étude qui intéressera, outre les protestants malgaches et français, toutes les personnes aimant découvrir les divers visages du christianisme à travers le monde.

Jean-Paul Willaime
Directeur d'études à l'Ecole Pratique des Hautes Etudes
(EPHE, section des sciences religieuses), Paris

Le ministère de « berger » dans les Églises protestantes de Madagascar, Fifohazana et Réforme dans le protestantisme

Seth Andriamanalina Rasolondraibe

MONOGRAPHS

© Seth Rasolondraibe, 2014

Publié 2014 par Langham Monographs,
Une marque de Langham Creative Projects

Langham Partnership
PO Box 296, Carlisle, Cumbria CA3 9WZ, UK
www.langham.org

ISBNs:
978-1-783689-99-6 Print
978-1-783689-97-2 Mobi
978-1-783689-98-9 ePub

Tous droits réservés. La reproduction, la transmission ou la saisie informatique du présent ouvrage, en totalité ou en partie, sous quelque forme ou par quelque procédé que ce soit, électronique, mécanique, photographique est interdite sans l'autorisation préalable de l'éditeur ou de la Copyright Licensing Agency.

British Library Cataloguing in Publication Data

Rasolondraibe, Seth, author.
  Le ministere de 'berger' dans les Eglises protestantes de
  Madagascar, Fifohazana et Réforme dans le protestantisme.
  1. Fifohazana. 2. Protestant churches--Madagascar.
  3. Madagascar--Church history.
  I. Title
  276.9'108-dc23

ISBN-13: 9781783689996

Langham Partnership soutient activement le dialogue théologique et le droit d'un chercheur de publier mais ne soutient pas nécessairement les opinions et avis avancés, et les travaux référencés dans cette publication ni ne garantit sa conformité grammaticale et technique. Langham Partnership se dégage de toute responsabilité auprès de personnes ou biens en conséquence de la lecture, utilisation ou interprétation de son contenu publié.

Table des matières

Avant-Propos xiii

Remerciements xvii

Introduction 1
    Aspect actuel du « ministère de berger » à Madagascar 10
        Les cultes journaliers 12
        Camps de Réveil (Toby) 13
        Permanences 14
    Objet et but de notre recherche 14
        Aspects contextuels 16
        Aspects socio-historiques 17
        Aspects anthropologiques 18
        Aspects socio-théologiques 19
    Notre implication dans la recherche 20
        De l'ignorance à la curiosité 21
        De la curiosité à l'adhésion 22
        De l'adhésion au questionnement 22
        Approche méthodologique 23
    Sources 25

Partie 1 : La religiosité malgache hier et aujourd'hui 27

Chapitre 1 29
    La religiosité malgache
        Généralités 29
            Religion 29
    Peut-on parler de religion malgache ? 31
    Les principaux éléments qui composent la société malgache 32
        Dieu 33
        Le monde des esprits 35
        Les humains ou les Malgaches 36
        Les objets 41

Chapitre 2 43
    Quelques aspects de la religiosité malgache
        Considération générale 43
        Famadihana : un aspect du culte aux ancêtres. 45
        Description 46

Les éléments qui composent la religion malgache et leur rôle respectif..52
    Dieu 53
    Le monde des esprits..55
    Les devins 55
    Les personnes vivantes 57
    Les objets 58
La fonction du rite du Famadihana 58
    Hiérarchisation à outrance 59
    De la famille organisatrice vers le monde des esprits :
    Négociation 61
    De la famille organisatrice vers la société : Refus de l'égalité........62
    Egalité 63
L'exemple du Tromba 65
Témoignage de Rakotomihantarizaka Organès.....................................69
    Tel les restes d'un incendie 69
    Considération générale 88
La fonction du tromba...90
    Dans le sens du possédé et sa famille vers les tromba :
    Négociation 90
    Dans le sens du possédé vers la société 91
    Le témoignage de Rakotomihantarizaka : Jugement de valeur
    ou droit d'inventaire ? 93

Partie 2: L'avénement du Protestantisme à Madagascar................ 97

Chapitre 3 99
Généralités
    Première période : 1818-1828...99
    Deuxième période 1828-1862 : persécution...............................100
    Troisième période 1862-1896 : retour des missionnaires 102
    Quatrième période : de 1896 à nos jours 110
    Le pasteur Ravelojaona (1879-1956) 110

Chapitre 4 115
Les apports respectifs des différentes missions protestantes
    La Conférence inter-missionnaire..115
    FJKM : LMS / MPF / FFMA 117
    FLM : NMS / UNCA /LFC 117
    FFPM : FFMA / MPF / LMS / FLM 118
    La NMS, Norske Mission Selskab..118
    La Norvège et la Norwegian Mission Society (NMS)................121
    La Mission Protestante Française 123

	Le libéralisme 123

Le libéralisme 123
La tendance évangélique 124
La Mission de Paris et les conflits théologiques de
1822 à 1914 125

Chapitre 5 127
Les journaux et revues missionnaires

Chapitre 6 131
Les Instituts de formation

Chapitre 7 135
La médecine moderne et les œuvres sociales

Chapitre 8 139
Contexte politico-religieux

L'anti-protestantisme français à la fin du XIXe siècle 140
Le cas de Madagascar 141
Les mouvements nationalistes : l'exemple des Menalamba et
de la VVS 145

Partie 3: Les quatre mouvements de réveil malgaches et l'émergence du « ministère de berger » 149

Chapitre 9 151
L'intérêt de ces quatre personnages pour la recherche

Intérêt historique des personnages 152
Intérêt anthropologique 154
Intérêt sociologique 155

Chapitre 10 157
Le cas de Rainisoalambo (1844-1904)

Sa conversion 157
Rainisoalambo Sorcier 157
La conversion de Rainisoalambo 159
La date de conversion 160
Les circonstances du Réveil de Rainisoalambo 163
Rainisoalambo : Leader Charismatique ? 165
Première conséquence de la conversion de Rainisoalambo 166
L'évolution du mouvement 168
Rainisoalambo : prophète ? 170

Chapitre 11 175
   Le mouvement de Rainisoalambo
      La routinisation 175
      Les IRAKA (Apôtres ou Envoyés) et Les MPIANDRY
      (Bergers ou Gardiens) 178
         La méthode d'évangélisation 179
         Les IRAKA et MPIANDRY : PROPHETES ? 182
      L'impact Social Du Mouvement 187
         Conversion et remobilisation. 188
         Changement de comportement face à la mort 192
         Le village des disciples du Seigneur 194
         L'impact institutionnel 196

Chapitre 12 199
   Le mouvement de Ravelonjanahary (1860-1970)
      La personne de Ravelonjanahary 199
         Sa conversion 201
         Les circonstances du Réveil de Ravelonjanahary 202
      Un leader charismatique dans la lignée de Rainisoalambo ... 209
         Qualité extraquotidienne 221
      Manolotrony, village de Réveil 224
         Une filiation revivaliste 226
         Rajaofera Daniel (1884-1936) 226
         Méthode de travail : entretien ou relation d'aide 228

Chapitre 13 231
   Le mouvement de Daniel Rakotozandry (1919-1947)
      Avant 1943 : enfance et vocation 232
         Confirmation de sa vocation (1943-1946) 234
         Naissance du Réveil ou la courte vie de Daniel Rakotozandry
         (1946-1947) 235
      La méthode de travail de Rakotozandry 238
         La cure d'âme 240
         Les réunions de Réveil ou d'évangélisation 242
         La suite du mouvement ou le ministère prophétique
         à Farihimena 244

Chapitre 14 247
   Le mouvement de Germaine Volahavana (Nenilava) (1918-1998)
      La vie et l'œuvre de Nenilava 248
      Sa vocation et sa formation (avant 1941) 250

Nenilava évangéliste itinérante ou le ministère de guérison : 1941 à 1971..253
    La puissance de sa prédication ou Nenilava prophétesse..........254
    Exorcisme et guérison..259
De 1971 à 1998, les voyages en dehors de Madagascar...............261

Partie 4: Les traits communs du revivalisme malgache................. 267

Chapitre 15 269
Leur conversion
    Définitions...269
    Leur conversion et la religiosité malgache.......................................272
    Leur conversion et l'histoire de Madagascar 274

Chapitre 16 281
Réveil et fondamentalisme

Chapitre 17 291
« Retour de la mort » et « retournement des morts »
    Où chercher la bénédiction?..292
    Le temple symbole de la nouvelle Jérusalem..................................294

Chapitre 18 297
Réveil, Pentecôtisme et autres Religions
    Réveil et Pentecôtisme..297
    Réveil, Pentecôtisme et nouveaux mouvements religieux...............304
    Explosions diverses...308
    Recomposition religieuse..310

Chapitre 19 311
Réveil, syncretisme ou inculturation ?
    Considération générale...311
        Syncrétisme 313
        Inculturation ou contextualisation ?......................................316
    Les acteurs et le lieu de l'inculturation..319

Chapitre 20 323
Réveil et contextualisation
    Contextualisation culturelle 326
    Contextualisation socio-économique..328
    Séance de guérison et de délivrance..336
        Les séances de délivrance relèvent-elles de la religiosité malgache ? 337

        Comment les revivalistes malgaches ont-ils géré les
            phénomènes de possession ? 342
        Impact dans la société malgache..347
        Qui vient à ces cultes conduit par les bergers ? 353
        Contribution des missionnaires et théologiens malgaches 355

Chapitre 21 365
Le profil des mouvements ou le ministère du Réveil
    Les fonctions des bergers..366
        Qui sont les bergers ? 366
        Les fonctions des bergers..368
        Légitimation du ministère..375
        La formation...376
        La consécration 378
        L'autorité du berger..379
    Méthode de travail 381
        Les cultes journaliers..382
        Dans le « camp de Réveil » ou « village de Réveil »................383
        Permanence 384
    Conclusion 385

Partie 5: Relation et Interaction 387

Chapitre 22 389
La réaction des missionnaires
    Le refus catégorique 389
    Acceptation avec réserve...391
    Le soutien sans faille 394

Chapitre 23 399
La nature des conflits
    Au commencement du mouvement 399
    Persécution administrative 399
    Conflit entre missionnaires et disciples du Seigneur 402
    Conflit et lutte d'influence entre les missionnaires 405

Chapitre 24 407
Les conflits actuels
    L'instrumentalisation des mouvements de Réveil par
        la politique..407
    Les conflits théologiques 410
    Les implications ecclésiologiques 412

> Conflit entre religiosité traditionnelle malgache et mouvement de Réveil 414

Chapitre 25 421
La recherche du compromis
> Le pouvoir politique : Compromis-Instrumentalisation 422
> Les Églises Réformées : Compromis-purification 426
> Les Églises luthériennes : Compromis-Intégration..........................429
> Processus d'intégration ou d'adoption 433
>> La politique 433
>> Les réformés...434
>> Les Norvégiens 435
>> Pourquoi la volonté d'intégration n'a-t-elle pas fait l'unanimité ? 439

Conclusion.. 443
Sources.. 449
Bibliographie.. 455

Avant-Propos

Issu d'une thèse de doctorat en histoire et sociologie des protestantismes soutenue à l'Ecole Pratique des Hautes Etudes en 2010, le présent ouvrage constitue une très riche somme sur le protestantisme malgache. On saura gré à Seth Andriamanalina Rasolondraibe d'avoir choisi, en publiant ce livre, de mettre à disposition d'un large public cette plongée documentée dans l'histoire du protestantisme malgache, une histoire profondément marquée par des mouvements de réveil qui se sont déployés à Madagascar dans la première moitié du XXe siècle et qui marquent encore aujourd'hui la religiosité protestante malgache. Tout en s'intéressant à l'apparition du type particulier de ministère que ces réveils ont généré: le « ministère de berger », l'auteur prend bien soin de situer cette émergence et ce développement dans le contexte malgache. C'est en effet toute l'histoire politique et religieuse de Madagascar qui apparaît en arrière-plan de ces quatre mouvements de réveil étudiés avec minutie par M. Rasolondraibe : le mouvement de l'ancien devin Rainisoloalambo (1844-1904) qui commença en 1894 suite à sa conversion au christianisme, celui de l'ancienne paysanne Ravelonjananahary (ca .1860-1970) en 1927, celui, apparu en 1941, de l'évangéliste luthérienne Germaine Volahavana, dit Nenilava (1918-1998), une fille de sorcier devenue chrétienne et celui du pasteur luthérien Daniel Rakotozandry (1919-1947) qui s'est manifesté en 1946-1947. Les mouvements de Rainisoalambo, de Rakotozandry et de Germaine Volahayana sont nés dans les champs de mission de la *Norske Misjonselskab* de l'Eglise luthérienne libre de Norvège présente à Madagascar à partir de 1867 tandis que celui de Ravelonjanahary est apparu dans le champ de la *London Missionary Society* présente dès 1862 (après une première tentative dès 1818-1820). La *Mission protestante française* (de la *Société des Missions Evangéliques de Paris*), présente à partir de 1897 à Madagascar – devenu Protectorat français en

1895 – fut elle aussi confrontée à ces mouvements de réveil nés en dehors de sa propre sphère d'action. Parmi les quatre mouvements de réveil étudiés, on remarquera que deux furent conduits par des femmes, l'une d'elle ayant été traitée de « Christ en jupon ». Le profil des quatre leaders de ces réveils, en particulier de leur expérience de la « conversion », est intéressant d'un point de vue comparatif puisque l'on y retrouve des éléments classiques dans ce type de trajectoire : la maladie et la reprise-transformation de pratiques traditionnelles de guérison.

Histoire coloniale de Madagascar qui vit s'affronter les prétentions anglaises et françaises, histoire des missions protestantes (norvégienne, anglaise, française) qui se concurrencèrent et se trouvèrent prises dans la concurrence des entreprises coloniales (affaire de Madagascar de 1897 où les missions protestantes françaises se virent suspectées de sympathie pour l'Angleterre), histoire même de l'implantation, dans la grande île, du christianisme, plus particulièrement du protestantisme, sont documentées dans ce travail. L'auteur ne manque pas d'examiner également les réactions des autorités administratives et politiques qui craignaient que ces mouvements de réveil, profondément enracinés dans la population malgache, ne viennent remettre en cause le pouvoir colonial. Pour les pouvoirs religieux et politiques établis, ces mouvements de réveil, qui avaient des dimensions sociales, économiques et culturelles tout autant que religieuses, représentaient en effet des expressions malgaches socio-religieuses difficilement contrôlables. Il s'agit d'une véritable appropriation malgache de la tradition chrétienne à travers laquelle des populations ont affirmé leur capacité d'action et d'invention. Par rapport aux caractéristiques de la religiosité malgache marquée par le monde des esprits, le rite du retournement des morts (*famadihana*), les cultes des ancêtres, le rôle des devins et guérisseurs, ces mouvements de réveil ont réalisé une véritable malgachisation du christianisme qui, tout en éliminant certains éléments (les amulettes et les fétiches, le culte des ancêtres, le retournement des morts), conservaient la tradition d'un accompagnement spirituel de guérison et de délivrance proche des aspirations des Malgaches et manifestant la puissance effective de Dieu dans la vie de tous les jours. C'est un véritable travail d'acculturation du christianisme qui s'est effectué ici, un travail certes marqué par bien des conflits, des rejets et des incompréhensions, mais qui a abouti à des compromis permettant une incontestable malgachisation du christianisme protestant.

L'ouvrage est extraordinairement riche car il repose sur l'étude de nombreuses sources documentaires : les sources missionnaires, ecclésiastiques, administratives, l'exploitation de la documentation des archives du DEFAP (Département Evangélique Français d'Action Apostolique, l'ancienne société des missions évangéliques de Paris), les propres observations et connaissances de l'auteur. En raison aussi bien de sa trajectoire personnelle et de ses origines familiales qu'en raison de son engagement comme pasteur réformé et revivaliste de l'*Eglise protestante malgache en France* (membre de la *Fédération Protestante de France*), l'auteur est partie prenante dans son objet d'étude. Mais loin de nuire à l'objectivité de l'approche, cela lui a au contraire permis de nous faire comprendre la nature de ces mouvements de réveil et les subtils compromis qu'ils ont permis entre le protestantisme luthéro-réformé et la religiosité malgache. A la fois suspecté par le pouvoir colonial français et par les autorités missionnaires, ces mouvements de réveil et le revivalisme qu'ils ont représenté, ont en effet fini, après bien des péripéties, par être intégrés au sein des Eglises protestantes malgaches, y compris, aujourd'hui, au sein même de l'*Eglise protestante malgache en France*. Contrairement aux pentecôtismes qui, à Madagascar comme dans d'autres contrées, se sont déployés en dehors des Eglises existantes, cette tradition revivaliste malgache qui a précédé le pentecôtisme dans l'insistance mise sur des pratiques de guérison et d'exorcisme, a réussi à être peu à peu acceptée, tout en étant canalisée, au sein même des Eglises réformées et luthériennes de Madagascar. Il faut dire qu'auparavant, les missionnaires norvégiens, issus de la tradition revivaliste de l'Eglise luthérienne de Norvège, s'étaient distingués de leurs collègues réformés en manifestant une ouverture plus compréhensive à ces expressions malgaches du revivalisme. Le soutien norvégien à ce revivalisme irrita d'ailleurs les autorités coloniales. Quant aux différents missionnaires, ils ne manquèrent pas, note M. Rasolondraibe, de rivaliser d'influence par revivalistes interposés. Mais aujourd'hui, alors que les missionnaires sont partis, la menace ne vient plus de l'administration coloniale, précise notre auteur, mais de l'instrumentalisation des mouvements de réveil par les autorités politiques malgaches.

Une des conséquences marquantes de ces réveils fut l'institutionnalisation du ministère de « berger » à côté du classique ministère de pasteur issu des missions. Ce ministère de « berger » reprend certains éléments de l'accompagnement spirituel traditionnel à Madagascar, en particulier l'accompagnement personnel de la souffrance physique et du mal-être psychologique. Les fonctions du « berger » : enseignement, visite et soin des malades, cure d'âme et diaconie, font penser au ministère de diacre dans les églises. Ce qui est frappant aujourd'hui, c'est le fait que ce ministère « prophétique » ne peut être exercé qu'après une formation de deux ans. Autrement dit, ce ministère est fortement régulé, intégré dans l'expression luthéro-réformée du protestantisme malgache. L'impact jusqu'à aujourd'hui de la tradition revivaliste malgache explique sans aucun doute le faible développement du pentecôtisme à Madagascar.

C'est donc une très précieuse contribution à la sociologie du protestantisme malgache que nous offre Seth Andriamanalina Rasolondraibe. Il est particulièrement heureux qu'un natif de Madagascar ait pu réaliser cette étude qui intéressera, outre les protestants malgaches et français, toutes les personnes aimant découvrir les divers visages du christianisme à travers le monde.

Jean-Paul Willaime,
Directeur d'études à l'Ecole Pratique des Hautes Etudes (EPHE), Paris.

Remerciements

Le travail que nous présentons aujourd'hui n'aurait pas été possible sans l'intérêt que Monsieur Jean-Paul Willaime, notre Directeur de thèse, a porté à notre sujet. Il nous a manifesté beaucoup de patience et nous a sans cesse encouragé à aller jusqu'au bout de notre recherche. C'est pourquoi, nous tenons à lui adresser, de tout cœur, un grand merci. Nous remercions également notre Tuteur, Monsieur Sébastien Fath, pour sa disponibilité et ses suggestions qui nous ont fait beaucoup de biens. Nos remerciements s'adressent également à Monsieur Louis Hourmant qui nous a été d'un grand secours pour l'élimination des « coquilles » et la mise en forme finale du livre. La réalisation finale de cet ouvrage a pu se faire grâce au savoir-faire et à la compétence scientifique de Monsieur Solomon Andriatsimialomananarivo, coordonnateur de Langham Partnership à la Littérature en Afrique Francophone. Merci aussi à nos amis de la FPMA Paris qui nous ont soutenu moralement ; certains ont même pris part à la correction des manuscrits ou à la traduction d'articles non publiés, etc. Enfin, et surtout, remerciements particuliers à ma chère femme, Voahirana Rasolondraibe, et mes trois enfants, Eonika Anjara, Anne Valisoa et Jese Emmanuel. Ils ont beaucoup souffert de mes absences répétées, à cause de mon ministère pastoral cumulé avec mes recherches et la rédaction. Ils ont tenu le coup parce que nous étions d'un seul cœur pour aller jusqu'au bout de cette thèse.

Introduction

Les premiers contacts des Malgaches avec le christianisme remontent au XVIe siècle.[1] Cependant, après plusieurs tentatives infructueuses entreprises par les jésuites et les lazaristes au XVIe et au XVIIe siècle, la véritable pénétration de l'Evangile à Madagascar, en 1818, fut protestante. Depuis cette date, on peut affirmer que l'histoire religieuse et l'histoire de Madagascar en général fut une histoire mouvementée. En effet, avant cette pénétration missionnaire, le culte en vigueur dans toute l'île était le culte des ancêtres. Dans la mesure où l'adhésion à ce type de culte concernait toute la population, il n'y avait pas beaucoup de place pour un autre culte ni dans la société ni dans le cœur des Malgaches.

Aussi l'émergence du christianisme à Madagascar n'a pas été sans difficulté et a abouti à la persécution, à l'expulsion des missionnaires et à l'interdiction du christianisme entre 1829 et 1861. Le protestantisme s'est donc développé dans la clandestinité sans l'aide des missionnaires. À la fin de la période de persécution, en 1861, la liberté de conscience fut proclamée à Madagascar et la frontière fut de nouveau ouverte aux étrangers. C'est alors que les missions effectuèrent leur retour dans le pays.

Peu après sa réouverture aux différentes missions européennes et américaines, dans les années 1861-1883, Madagascar fut transformé en champ de bataille politico-religieuse entre le catholicisme et la France d'un côté, le protestantisme et l'Angleterre de l'autre côté. Certains protestants appelaient cette période de la fin du XIXe siècle « l'heure des 'Jésuites des grands chemins' »[2] dans la mesure où la persécution était dure. L'affaire

---

1. Bruno Hubsch (dir.) *Madagascar et le Christianisme*, Paris, Karthala / Fianarantsoa Libr. Arnbozontany, 1993 pp. 63-184.
2. Maurice Leenhardt, « La condition missionnaire », *Le monde non chrétien*, n° 65, janvier-mars 1963, p. 20.

était parvenue jusqu'en France au point que toute la famille protestante française se sentait concernée et manifestait sa solidarité avec les chrétiens malgaches. Ou plus exactement, Madagascar subissait le contre-coup de l'anti-protestantisme français de la fin du XIXe siècle. C'est dans ce contexte que les baptistes de France, avec Ruben Saillens, sont intervenus en faveur de Madagascar. Sébastien Fath résume ainsi la question :

> La France devait-elle coloniser Madagascar ? Devait-elle évincer l'Angleterre de la Grande Ile et/ou empêcher l'affirmation d'un gouvernement Hova (la principale ethnie de l'île) ? Dans ce débat colonial, marqué par un fond d'anti-protestantisme, dans la mesure où les missionnaires protestants anglais présents à Madagascar constituaient une cible facile pour la presse catholique, prompte à assimiler l'ennemi étranger au protestant, Ruben Saillens décida de prendre parti, avec un certain courage. (...) Il estimait que Madagascar était en mesure de réaliser son unité nationale, et qu'il était dès lors criminel de soumettre un peuple qui ne le souhaitait pas.[3]

Malgré le soutien des différentes familles protestantes à sa cause, Madagascar sera finalement colonisé (1896), contre sa volonté, par la France jusqu'en 1960.

Dans cette même période de tension politico-religieuse, des mouvements de révolte et de protestation prenaient naissance ici et là. Les plus connus d'entre ces mouvements étaient les *Menalamba* et le *VVS*. Cette période a vu naître également le premier mouvement de Réveil malgache initié par Rainisoalambo (1894). En effet, l'histoire de Madagascar sera jalonnée de plusieurs mouvements populaires de Réveil.

Pas uniquement à Madagascar, mais dans le monde entier, les mouvements populaires de Réveil constituent le fait religieux dominant au XIXe siècle. Ces mouvements ont amorcé le retour du religieux dans le monde moderne que certains ont qualifié de désenchanté. Ces mouvements de

---

3. Sébastien Fath, *Une autre manière d'être chrétien en France. Socio-histoire de l'implantation baptiste (1810-1950)*, Genève, Labor et Fides, 2001, pp. 919-920.

Réveil correspondent à un phénomène de conversion massive, de mobilisation ou de remobilisation à la foi chrétienne. Au sein du protestantisme, ils revendiquent le retour à la Bible, parole de Dieu, comme unique autorité qui gouverne la foi. C'est pourquoi, ils sont souvent traités de fondamentalistes ou accusés de l'être. Jean-Paul Gabus fait remarquer que :

> Les temps modernes ont mis en exergue une « religion du cœur », une spiritualité fondée non sur l'adhésion à un corps de doctrine et l'attachement à une grande dénomination traditionnelle, catholique, protestante ou anglicane, mais une expérience personnelle de la rencontre avec une présence ou une force transcendante qui bouleverse et change profondément la personne tout entière, et qui ressort de l'ordre du « vécu » et non simplement de la « croyance ». C'est de cette manière que Pascal ou Wesley et leurs contemporains ont compris leur conversion et l'ont décrite comme relevant de l'ordre d'une expérience de type éminemment subjectif, mais aussi comme d'un événement inouï et inoubliable, gravé à jamais dans leur mémoire.[4]

Dans toute l'Europe continentale, aux Etats-Unis d'Amérique, en Asie et en Afrique, ce genre de Réveil fait son apparition et bouleverse l'ordre des Églises établies. Selon le titre même de l'article de J.-P. Gabus, l'un des points communs de ces mouvements de Réveil est leur expérience de l'Esprit ou de la conversion. Ces mouvements de Réveil se veulent une sorte de seconde Réforme. Selon Alice Wemyss, ils trouvent leurs racines au XVIᵉ :

> Mais les racines de la « seconde Réformation », comme ils appelaient volontiers leur mouvement, se trouvent au XVIe siècle. C'était en effet la résurgence d'un courant parfois dénommé « Réforme radicale », né du mariage de l'humanisme chrétien d'Erasme et de la piété mystique, millénariste et

---

4. Jean-Paul Gabus, « L'expérience de l'Esprit dans les Réveils religieux protestants », *Etudes Théologiques et Religieuses*, 76ᵉ, n° 2001/1, p. 17.

> anti-cléricale du Moyen Age finissant dont l'Anabaptisme en est la manifestation la plus connue.
>
> Mais au lieu de se cristalliser en de grandes institutions multitudinistes comme le fit la « Réforme des magistrats », mères des *Églises* luthériennes, anglicanes et réformées, il devait se désagréger après une trentaine d'années, les *éléments* pondérés restant au sein de leur spiritualité, tandis que les exaltés se constituèrent en sectes, dont certaines, telle les Mennonites, ont survécu jusqu'à nos jours. Mais il resurgira périodiquement sous forme de Puritanisme, Piétisme, Méthodisme et enfin du Réveil.[5]

Comme le titre de son ouvrage l'indique, A. Wemyss étudiait la période de 1790 à 1849. Elle ne tient donc pas compte du pentecôtisme et de son expansion, rapide et menaçante pour les Églises établies, dans le monde entier. En effet, « Grand mouvement de Réveil (...) né à la charnière des XIXe et XXe siècle, le pentecôtisme est directement issu du terreau évangélique. Il met particulièrement l'accent sur le rôle du Saint-Esprit, manifesté par des prophéties, la glossolalie (...) et la guérison miraculeuse ».[6] *Concilium*, une revue internationale de théologie, a publié un numéro spécial sur le pentecôtisme sous le titre : *Les mouvements de Pentecôte : aiguillon œcuménique*.[7] Dans un des articles de cette revue, Walter Hollenweger nous informe que :

> Le mouvement pentecostal est le mouvement missionnaire dont la croissance est la plus forte dans le monde. Une telle croissance de zéro à 400 millions en 90 ans ne s'est encore jamais produite dans l'histoire de l'Église. Des spécialistes s'attendent à ce qu'au siècle prochain, elle devance en nombre

---

[5]. Alice Wemyss, *Histoire du Réveil, 1790-1849*, Paris, Les Bergers et les Mages, 1977, p. 11.
[6]. Sébastien Fath (dir.), *Le protestantisme évangélique un christianisme de conversion*, Bibliothèque de l'Ecole des Hautes Etudes, Sciences Religieuses, volume 121, Turnhout, Brépols, 2004, p. 339.
[7]. *Concilium*, n° 265, année 1996, Paris, Beauchesne.

l'Église catholique…en Amérique latine 8000 personnes ne quittent-elles pas chaque jour l'Église catholique ? .[8]

Malgré leurs points communs, ces mouvements de Réveil présentent, dans l'espace et dans le temps, des divergences fondamentales tant sur le plan doctrinal que sur le plan institutionnel. Leurs réactions par rapport aux Églises établies n'ont pas toujours été les mêmes. Parmi ces revivalistes, il y en a qui ont opté pour une « Réforme radicale ». Ils ont fondé des mouvements ou des Églises indépendantes qui ne voulaient plus rien avoir à faire avec celles qui étaient déjà établies. D'autres mouvements enracinés dans la Réforme ont également pris leur indépendance tout en marquant leur appartenance à la grande famille protestante. Enfin, il y a des mouvements de Réveil qui n'ont pas créé une nouvelle Église. Ils ont cherché à influencer transversalement les Églises établies et ont apporté leur contribution à son édification.

Autrement dit, on peut aussi constater que parmi les points communs entre les mouvements de Réveil dans l'histoire, il y a eu les critiques plus ou moins virulentes contre les Églises établies. Aussi, les comportements de ces mouvements à l'égard de ces Églises établies ont été, entre autres, déterminés par leurs critiques. Dans le cas des Etats-Unis d'Amérique, par exemple, S. Fath résume de la sorte les conséquences du Réveil :

> Les conséquences du Grand Réveil (circonscrit généralement aux décennies : (1730-1750) furent de plusieurs ordres. Sur un terrain strictement religieux, il s'est traduit par le développement spectaculaire d'Églises revivalistes, appelées les new lights, peuplées de croyants prosélytes, qui nourrissent principalement - mais pas seulement - deux mouvances protestantes en pleine croissance : le méthodisme (impulsé par Wesley et Whitefield au sein, puis en dehors de l'anglicanisme) et le baptisme (né au début du XVIIe siècle). Ces courants se distinguent par un refus des Églises territorialisées, d'adhésion « mécanique » liées au pouvoir politique – dont le modèle

---

8. *Ibid.*, p. 13.

domine alors en Europe – au profit d'Églises indépendantes à adhésion volontaire – rôle de la conversion –, dans un paysage religieux pluraliste et concurrentiel.[9]

Avant même l'émergence du pentecôtisme sur son territoire, Madagascar a connu des mouvements populaires de Réveil. Ces mouvements évoluent au sein du protestantisme établi depuis 1818. Ils sont à classer parmi les mouvements qui n'ont pas cherché à créer une Église indépendante. Ils ont plutôt cherché à influencer toute la famille protestante de Madagascar et ont essayé d'apporter leur contribution dans le domaine pastoral pour l'édification de l'Église.

En effet, comme partout dans le monde, le ministère pastoral n'a jamais cessé d'être l'objet de définition et de redéfinition, tant du point de vue théologique que du point de vue sociologique. Ces dernières années, à travers la mission de l'Église en postmodernité, plusieurs ouvrages et articles ont été consacrés à ce sujet. En 1982, théologiens et sociologues étaient déjà d'accord pour affirmer qu'il existe une crise du clergé. Bien que le mot « crise » n'ait pas la même connotation pour tous, il est généralement admis qu'elle peut être située à deux niveaux.

D'abord au niveau de la forme. D. Hervieu-Léger, sociologue des religions, affirme que :

> Le refoulement dans la sphère privée qui dépend elle-même de plus en plus de la vie économique et politique, l'exclusion des Églises des lieux où se décide effectivement le destin des hommes, réduisent la portée sociale de son intervention et « marginalisent » le travail pastoral.[10]

Dans le même ordre d'idée, Thierry Huser, théologien, écrit en 2003 :

---

9. Sébastien Fath, *Billy Graham, pape protestant*, Paris, Albin Michel, 2002, p. 28.
10. Danièle Hervieu-Léger et Françoise Champion, *Vers un nouveau christianisme ?*, Paris, Cerf, 2008, p. 80.

> Qui ne s'est pas senti, face à la tâche pastorale, quelque peu semblable à un funambule ? Quête d'identité dans un monde sécularisé, recherche constante d'équilibre tant sont multiples et fluctuants les paramètres à intégrer, situations nouvelles et inattendues à affronter : une vraie marche sur la corde raide, avec ou sans balancier, et le vertige qui peut saisir ou retenir. D'autant que la solitude, sur le fil, peut être redoutable.[11]

Ainsi, la crise ne semble pas encore trouver de véritable solution. La marginalisation qui ne cesse de s'accroître donne naissance à différents « modes d'adaptation » à la crise ou à la création de ministères spécialisés.

Le problème peut être également situé au niveau du fond. Quels rôles en fait doivent jouer les clercs dans une société sécularisée ou « désenchantée » ? Jean Séguy explicite bien ce problème en posant la question de la manière suivante : « ... Par quels moyens le pouvoir sacerdotal s'exerce-t-il sur les fidèles ? Avec quels effets ? Comment se construit une carrière cléricale ? »[12]

Nous abordons donc là le problème du charisme. Cette question a trouvé plusieurs réponses plus ou moins divergentes suivant les traditions ecclésiastiques. Chez certains, on trouve des pasteurs adeptes de la psychanalyse, chez d'autres des clercs idéologico-politiques ou encore des leaders évangéliques. Ces problèmes des tâches pastorales étaient, dans un premier temps, dus à la sécularisation. Ils se sont aggravés dans notre contexte d'ultra-modernité où « l'on évoque le nihilisme, la « perte du sens », la « disparition des valeurs » ou le « choc des civilisations » et de valeurs prétendument irréductibles ».[13]

C'est dans ce sens que le « ministère de berger », ministère du Réveil au sein de la Fédération des Églises protestantes malgaches, nous paraît intéressant. En effet, non seulement il apparaît comme un « mode d'adaptation »,

---

11. Derek J. Tidball, *La pastorale chrétienne*, Mayenne, Edition Exelsis, 2003, p. 9 (préf. de Thierry Huser).
12. *Prêtres, Pasteurs et Rabbins dans la Société Contemporaine* (VIe colloque du Centre de Sociologie du Protestantisme), Paris, Cerf, 1982, p. 22.
13. Jérôme Bindé (dir.), *Où vont les valeurs ?*, Paris, Edition Unesco / Albin Michel, 2004, p. 13.

avant la crise, mais il s'est adapté à des situations diverses. Il a commencé par être marginal et a fini par être institutionnalisé par les Églises protestantes historiques malgaches.

En effet, depuis 1894, Madagascar a connu quatre grands Réveils qui n'ont jamais cessé de progresser et qui n'ont jamais laissé indifférents ni les pouvoirs coloniaux et politiques, ni les autorités religieuses des Églises établies.

Le premier fut suscité par Rainisoalambo, un ancien devin converti au christianisme en 1894, après avoir été guéri d'une longue maladie. Le second Réveil, en 1926, fut le fait de Ravelonjanahary, une femme très fidèle au culte des ancêtres. Après avoir connu l'expérience de « retour de la mort »,[14] elle se consacra à la cause de l'Evangile. Le troisième est apparu en 1941 avec une autre femme, Volahavana Germaine, fille d'un sorcier, devenue chrétienne au terme d'un long processus de conversion. Enfin le quatrième Réveil a eu lieu en 1947, à l'instigation de Daniel Rakotozandry, un pasteur luthérien. Les mouvements issus de ces Réveils sont actuellement réunis au sein de la Fédération des Églises Protestantes de Madagascar (FFPM). Les mouvements de Rainisoalambo, de Rakotozandry et de Volahavana Germaine ont fait leur apparition dans les champs de mission des Norvégiens, tandis que celui de Ravelonjanahary est apparu dans le champ de la *London Missionary Society*.

Les trois derniers Réveils ont adopté, avec plus ou moins de variantes, le « ministère de berger », initié par le Mouvement de Rainisoalambo. Ce ministère a commencé par être marginal. Mais les mouvements de Réveil ont réussi, dans un premier temps, à le faire adopter par les missionnaires. Ensuite, dans un second temps, ils ont fini par trouver un compromis, de telle sorte que le ministère a été institutionnalisé par les Églises Protestantes officielles.

Dans son livre écrit en 2000, F. Raison-Jourde note le renouveau des cultes ancestraux dans les régions situées au centre des Hautes Terres

---

14. Le journal *Le Madagascar, Tribune indigène* fit écho de cet événement dans nombre de ses numéros. Voici le titre de l'un des articles, paru le 30 novembre 1927 : « Autour d'un miracle ». Le corps de l'article commence ainsi : « Tananarive, si calme, est réveillée en sursaut par un fait inattendu : par la nouvelle de la résurrection d'une morte. »

malgaches.[15] Comme nous l'avons souligné assez longuement dans notre mémoire de DEA, les Malgaches qui pratiquent ces cultes ancestraux sont souvent des chrétiens baptisés et engagés dans une église locale. Depuis leur début et jusqu'à aujourd'hui, les mouvements de Réveil se sont toujours dressés contre ces pratiques syncrétiques ou plus exactement contre ces genres de compromis. F. Raison-Jourde estime que c'est ce qui légitime la progression de ces mouvements de Réveil :

> …La lutte contre ces pratiques légitime la progression dans le champ religieux d'une troisième force : celle des mouvements de Réveil (Fifohazana), Églises pentecôtistes et plus globalement nouvelles Églises, moins de 6% d'adhérents ».[16] Elle ajoute que : « Nous ne négligerons pas pour autant ces mouvements, du fait qu'ils exigent de leurs adhérents une rupture radicale avec le mode de sépulture collectif des Hautes Terres, avec le *famadihana* et avec toute prière ou offrande aux ancêtres. Le Réveil, né dans les campagnes du sud des Hautes Terres à la veille de la colonisation, et ' monté' en Imerina une dizaine d'années plus tard, est en effet un mouvement à direction malgache, visant la transformation d'un protestantisme dénoncé comme superficiel. Censeur des doubles pratiques, il nous apporte sur ce point des informations.[17]

F. Raison-Jourde semble donc réduire et expliquer par cette opposition l'existence et la progression des mouvements de Réveil dans le champ religieux à Madagascar. Il y a peut être une part de vérité dans cette analyse. Mais il ne faut pas oublier que les revivalistes ont, en quelque sorte, inventé une identité chrétienne particulière qu'ils estiment biblique. Ils ont également construit leur propre ministère, en l'occurrence ce « ministère de berger » (*Mpiandry*).

---

15. Malanjaona Rakotomalala, Sophie Blanchy, Françoise Raison-Jourde, *Usages sociaux du religieux sur les Hautes-Terres malgaches. Les ancêtres au quotidien*, Paris, L'Harmattan, 2001, 529 p.
16. *Ibid.*, p. 15.
17. *Ibid.*

Dans sa thèse de doctorat d'Etat, la même F. Raison-Jourde a beaucoup relativisé l'enthousiasme missionnaire qui a présenté le royaume merina, au centre des Hautes Terres malgaches, comme un des plus beaux cas de conversion réussis. En effet, comme le titre de la thèse l'indique, les Merina ont inventé eux-mêmes une identité chrétienne. Ils n'ont pas fait que subir l'influence des missionnaires, mais ils ont choisi et construit eux-mêmes leur propre identité. Voici comment F. Raison-Jourde présente son hypothèse :

> Si nous nous attachons à l'hypothèse qu'il y a eu choix délibéré, que celui-ci est la résultante de rapports de force internes à la société merina, le point de vue de l'émetteur reste une donnée certes importante, mais relative, vis-à-vis de la situation du récepteur. Si les Merina sont les sujets de leur propre histoire, se pose le problème de l'ajustement de deux projets et non pas de la seule initiative européenne face à une population ignorante et passive.[18]

À nos yeux, l'étude et l'analyse du mouvement de Réveil, avec « ce ministère de berger » que les revivalistes ont construit, peuvent être placées dans la ligne de cette thèse de F. Raison. Les revivalistes sont les sujets de leur propre histoire. Leur « ministère de berger », qui semble être la résultante d'un long processus de tension et de compromis, en est la preuve.

Voyons ce ministère dans son aspect actuel.

Aspect actuel du « ministère de berger » à Madagascar

Qui sont les bergers ? Quels sont leurs rôles ? Comment entrent-ils dans leur fonction ? Et dans quels cadres opèrent-ils ?

---

18. Françoise Raison-Jourde, *Bible et pouvoir à Madagascar au XIXᵉ siècle : Invention d'une identité chrétienne et construction de l'Etat*, Paris, Karthala, 1991, 840 p.

Les bergers sont des chrétiens, hommes et femmes, issus des différentes dénominations, appelés, formés et consacrés. Ils agissent au nom de l'Église en exerçant les rôles qui leur ont été confiés. Très nombreux et fréquentant différentes églises locales, les bergers ont la possibilité d'agir à l'intérieur ainsi qu'en dehors de leur communauté.

Les bergers sont appelés à communiquer aux hommes la Parole de Dieu qu'ils doivent eux-mêmes vivre, à remplir la fonction de l'Église qui est d'annoncer l'Evangile.[19] Ainsi, le « ministère de berger » est un ministère de la parole. C'est pourquoi ils seront également appelés à visiter et à prendre soin des malades, à pratiquer la cure d'âme, l'imposition des mains et l'exorcisme ou la délivrance.

La question qui se pose d'emblée est la suivante : qui choisit les bergers et comment ?

Le candidat au « ministère de berger » doit être convaincu que c'est Dieu qui donne à son peuple les ministres dont il a besoin. L'appel est censé être divin et est reçu de différentes manières par les personnes qui entrent dans le ministère. Mais avant de pouvoir exercer leur rôle, ces futurs bergers doivent passer par deux années de formation théorique à raison de quatre heures par semaine et plusieurs heures de formation pratique. Enfin, après ces formations, si les membres du « conseil pédagogique »[20] jugent que telle ou telle personne est apte à cette tâche, elle doit être consacrée avant d'entrer en fonction.

Les mouvements de Réveil ont pris l'initiative de créer des cadres pour permettre aux bergers d'accomplir leurs tâches. Ces cadres peuvent être réduits à trois :
1. Des cultes journaliers dans plusieurs villes.
2. Des camps de Réveil.
3. Des permanences.

---

19. (Cf. « Protocole d'accord entre les mouvements de Réveil et la Fédération des Églises Protestantes Malgaches » - chapitre 2. Article 9 'a' et 'b').
20. Ce conseil est composé des Anciens de chaque « camp de Réveil » et de Pasteurs. « Protocole » - chapitre 2. Article 9 'e' et 'f'.

Les cultes journaliers

Par groupe de cinq à dix ou même plus, les bergers dirigent ces cultes journaliers. On y amène des personnes atteintes de diverses sortes de maladies, notamment des personnes mentalement malades et dépressives. Des chrétiens un peu bouleversés par les problèmes de la vie quotidienne où se sentant un peu refroidis dans la foi y viennent aussi pour recevoir du réconfort. Enfin, d'autres sont là pour soutenir, ne serait-ce que par leur présence, ceux qui sont éprouvés.

Le culte commence par quelques instants de chants et de prières libres, bien ordonnés et intelligemment exprimés. Pendant ce temps ou un peu avant, les bergers se préparent dans la prière. La confession des péchés et le pardon mutuel entre ces ministres doivent se faire à ce moment-là, le cas échéant. Après s'être vêtus de leur robe pastorale blanche,[21] les bergers entrent dans l'assemblée et prennent en charge le culte. Encore quelques chants et prières, et un ou deux bergers donnent des enseignements suivis d'un appel à la repentance. Après la lecture de quatre passages bibliques, qui rappellent la mission que le Christ a confiée à ses disciples et les promesses qui l'accompagnent, la lutte contre les esprits impurs (les démons) qui tourmentent certaines personnes présentes commence. Pendant que l'assemblée chante des cantiques, qui invoquent le Saint-Esprit ou qui rappellent la victoire de Jésus sur la croix, tous ceux qui pensent être « démoniaques » et ceux qui se sentent mal à l'aise dans leur être s'avancent et s'assoient par terre devant, entre l'assemblée et les bergers. Pendant que l'assemblée continue à chanter, les bergers chassent les démons au nom de Jésus. La séance peut durer dix, vingt ou trente minutes suivant les cas. La guérison peut être « instantanée » ou venir quelques jours, quelques semaines plus tard ; l'internement dans un « camp de Réveil » peut aussi s'avérer nécessaire. Après la séance d'exorcisme, on impose les mains à toutes les personnes de qui l'on vient de chasser le démon et à tous les membres de l'assemblée qui le désirent.

Celui qui reçoit l'imposition des mains se met à genoux pendant que le berger prie pour sa guérison et le bénit au nom du Seigneur : il lui accorde,

---

21. Comme les pasteurs réformés et luthériens, les bergers portent une robe pastorale de couleur blanche. Le blanc, semble-t-il, symbolise la pureté de celui qui exerce ce ministère.

au nom de Jésus, la rémission des péchés et prie le Saint-Esprit d'œuvrer en lui. Après cela, des promesses et des paroles de réconfort sont encore lues. Un berger termine le culte par une prière. Ainsi, l'imposition des mains et l'exorcisme entrent dans le cadre d'une pratique liturgique.

Dans certaines villes, ces cultes ne peuvent être assurés qu'une fois par semaine à cause du nombre limité des bergers sur place. Par contre, à Antananarivo, la capitale, on assure deux cultes par jour (le matin et l'après-midi). Pour organiser ces activités, les revivalistes ont créé le Groupe des Evangélistes-Bergers encadré par un président et un conseil d'administration. C'est cet organisme qui coordonne toutes les activités du mouvement de Réveil au sein de l'église.

Camps de Réveil (Toby)

C'est dans des villages qu'ont commencé les Réveils en 1894. L'œuvre d'évangélisation et le ministère de guérison s'y sont poursuivis. Ces villages, exclusivement habités par des gens qui vivent le Réveil, se sont très vite transformés en une sorte d'hospice. On y organise une grande œuvre diaconale : des malades, des « démoniaques », des jeunes et des enfants abandonnés et exposés aux dangers de la rue y sont amenés. Ils sont répartis dans les foyers de bergers qui prennent soin d'eux, leur enseignent la foi, prient pour eux et chassent les esprits qui, éventuellement, les perturbent. On y assure aussi les cultes journaliers. Certains villages sont pourvus d'un dispensaire et d'une école pris en charge par l'église locale. Le besoin d'étendre cette structure s'est fait sentir. Alors, peu à peu, le Groupe des Evangélistes-Bergers a entrepris des démarches et on a établi des camps de Réveil un peu partout dans l'Ile. Tout ceci sous la responsabilité des bergers dont le premier souci est d'enseigner, soigner des malades et chasser les démons. Il faut ajouter que dans chacun de ces camps de Réveil, l'Église travaille en étroite collaboration avec la médecine. Le comité exécutif qui assure la bonne marche de ces camps est même doté d'un département santé composé de médecins et d'infirmiers, qui sont tous bergers. Ainsi, pour ces revivalistes, le ministère de guérison n'est pas considéré comme un service professionnel seulement réservé à quelques spécialistes et n'ayant que très peu de relation avec la vie de la communauté ecclésiastique. Le ministère de la Parole, des Sacrements et de la prière est au cœur de cette activité « thérapeutique ».

Permanences

Beaucoup de personnes trouvent ce qu'elles désirent dans les cultes journaliers. Mais malgré cela, il en reste encore plusieurs qui demandent des entretiens ou veulent que des bergers viennent chez eux pour les encourager et prier pour la personne malade dans leur famille. Tous les jours, des personnes, chrétiennes ou non chrétiennes, cherchent de l'aide et des conseils relatifs à leurs problèmes. Pour répondre à ces demandes, les bergers assurent une permanence. D'ailleurs, chaque berger doit être disponible partout où il va.

Nous venons de décrire la manière dont le ministère de berger, ministère institué par les mouvements de Réveil et adopté par le protestantisme officiel à Madagascar, assure sa charge d'enseignement, de visite et de soin des malades, de cure d'âme.

Objet et but de notre recherche

Ce « ministère de berger », ministère institué par les mouvements de Réveil à Madagascar, à la fin du XIXe siècle et au début du XXe, apparaît comme le résultat du contact entre deux cultures. La « culture pastorale protestante occidentale » et la « culture religieuse des Malgaches ». Tel sera l'objet de notre étude. Sur certains aspects, ce ministère apparaît même comme le refus de l'acculturation imposée par les missionnaires dans les églises qu'ils ont fondées. En conséquence, le ministère de berger initié par les revivalistes malgaches a toujours généré des conflits au sein des Églises membres de la Fédération des Églises Protestantes Malgaches. Ceci n'a pourtant pas empêché qu'il soit intégré, adopté ou toléré par les Églises protestantes de Madagascar. C'est pourquoi, notre recherche prendra pour titre :

« Le ministère de 'berger' dans les Églises protestantes de Madagascar, Fifohazana et Réforme dans le protestantisme ».

Notre étude, qui sera essentiellement socio-historique, cherchera à retracer les différentes étapes des processus « d'adoption » de ce ministère de berger par les Églises protestantes traditionnelles. Nous tenterons de mettre en évidence les articulations et les interactions entre, d'une part, la religiosité malgache et revivalisme malgache et, d'autre part, entre ce dernier et les protestantismes missionnaires.

Les thèmes en question, en particulier la religiosité malgache et le revivalisme, comportent chacun des éléments qui intéressent au plus haut point les sciences humaines comme l'anthropologie et la sociologie. Les cultes de possession, la mort et la maladie dans la religiosité malgache pourraient être séparément des objets de recherche en anthropologie ou en sociologie. Il en est de même en ce qui concerne les conversions, la maladie et l'exorcisme ou la délivrance chez les revivalistes. En cherchant à retracer le processus d'adoption ou d'intégration du ministère de berger, notre étude ne peut pas être une thèse sur chacun des éléments en question. Notre principale préoccupation sera d'expliciter la gestion, par les acteurs religieux et les acteurs sociaux, des rencontres entre ces différents éléments. C'est pourquoi, sans sous-estimer l'état de la recherche anthropologique et sociologique sur Madagascar et sa religiosité, nous tâcherons de ne pas perdre de vue notre objectif principal qui sera ces processus d'institutionnalisation du ministère du Réveil par les acteurs religieux, et son impact dans la société malgache.

Les acteurs religieux sont, en fait, les prêtres de la religion traditionnelle malgache, les revivalistes malgaches et leur ministère de berger et enfin les missionnaires protestants et leurs pasteurs. Notre étude s'inscrit donc dans la lignée du « VIe Colloque du Centre de Sociologie du Protestantisme ».[22] qui s'est tenu à Strasbourg en 1979. Par conséquent, cette étude est une approche de ce « ministère de berger » dans une perspective sociologique. Comme « ministère pastoral spécial », le ministère de berger s'inscrit aussi dans la problématique de l'étude de Jean-Paul Willaime sur la « Profession du pasteur ».[23]

À la suite de notre mémoire de DEA, nous nous proposons donc d'aborder le ministère de berger à Madagascar, sous tous ses aspects. En effet, nous n'avons abordé dans ce mémoire que le début de l'émergence du mouvement de Rainisoalambo et de son « ministère de berger » au sein de la Fédération des Églises Protestantes à Madagascar. Ceci n'est que la première

---

22. *Prêtres, pasteurs et rabbins dans la société contemporaine.*
23. Cf. Jean-Paul Willaime *Profession Pasteur*, Genève, Labor et Fides, 1986.

pièce d'un ensemble plus vaste. Il nous reste à analyser encore l'histoire et la contribution des trois autres mouvements de Réveil. Nous n'avons pas épuisé toutes les questions sur les parties déjà traitées, mais il en reste encore davantage concernant la suite du mouvement de Réveil et du ministère de berger. Ces questions peuvent être regroupées en quatre parties : contextuelles, socio-historiques, anthropologiques et socio-théologiques.

Aspects contextuels

En effet, pour bien traiter la question, nous devons restituer le contexte du mouvement de Réveil et du « ministère de berger ». Sur le contexte socio-religieux, par exemple, nous devons faire une description de certaines pratiques dans les Hautes Terres de Madagascar. Il nous semble important et intéressant, dans un travail plus élaboré, de les aborder avec la perspective de J.-P. Willaime. En effet, cet auteur propose deux définitions possibles des religions : définitions fonctionnelles et définitions substantives.[24] Cette perspective nous permettra d'avoir une vision plus complète de la religiosité malgache. Elle nous fournira également plus d'éléments de comparaison dans l'analyse du mouvement de Réveil et du « ministère de Berger ». Ainsi, nous aurons l'occasion de donner notre propre analyse par rapport à l'état actuel des questions sur les religions et les mouvements populaires de Réveil à Madagascar.

Sur les missions, nous nous contenterons de mentionner plus longuement les deux institutions, NMS (*Norwegian Missionary Society*) et MPF (Mission Protestante Française), qui ont le plus collaboré avec les revivalistes malgaches. Pour être plus complet, les autres missions qui ont opéré à Madagascar seront traitées dans les chapitres qui les concernent, le cas échéant. La question à laquelle il faudra répondre, au sujet de ces missions, est : quelles sont leurs racines théologiques et historiques ?

Enfin, une présentation plus détaillée des contextes sociopolitique et socio-économique ne sera pas non plus superflue.

---

24. Jean-Paul Willaime, *Sociologie des religions*, Paris, PUF, coll. « Que sais-je ? » n°2961. – Deuxième édition corrigée, 1995, pp. 114-125.

Aspects socio-historiques

Nous allons retracer la naissance du mouvement de Réveil et les premières actions des *Iraka* et *Mpiandry* (Envoyé et berger) comme « prophètes » et les différentes réactions des missionnaires. Nous allons voir également les compromis qui ont commencé à se mettre en place. Les revivalistes ont réussi à se faire adopter, mais leur ministère n'est pas encore institutionnalisé. Comment se déroule, de façon plus détaillée, le processus d'institutionnalisation du ministère de berger ? Là-dessus, nous aurons à exploiter les nombreux rapports de synodes que nous avons eus en notre possession. Il reste aussi des archives qu'il faudra examiner. Par exemple, celle de la Mission de Londres en Angleterre, de la Mission de Stavanger en Norvège, ou de l'administration coloniale française aux Archives d'Outre-Mer à Aix-en-Provence.

Nous avons déjà mentionné l'existence de trois autres mouvements de Réveil qui ont adopté le ministère de berger. Ces mouvements ont émergé au moment où le Réveil est devenu presque une « tradition » dans les Églises malgaches. Comment sont nés ces nouveaux mouvements ? Quels éléments nouveaux ont-ils apporté au mouvement de Rainisoalambo et à la société malgache ? Quelles sont leurs contributions à l'institutionnalisation du ministère de berger ? Ces quatre mouvements de Réveil sont maintenant réunis au sein de la Fédération des Églises Protestantes de Madagascar (FFPM) sous le nom de « Réveil rattaché à la FFPM ». Les bergers sont appelés « Bergers rattachés à la FFPM ». Quel en est l'effet sur leur charisme ? Sachant que les bergers sont maintenant rattachés à la FFPM, et que, d'autre part, le mouvement de Réveil est constitué de pasteurs qui y occupent des postes de cadres. Certains d'entre eux occupent maintenant des postes stratégiques au niveau régional, national, voire international. Comment ces pasteurs et ces cadres vivent-ils leur ministère au sein de leurs Églises et là où ils sont ? Comment concilient-ils leur théologie du Réveil avec la théologie de l'Église ? Forment-ils toujours un « clergé prophétique » ? Malgré tout, il faut savoir que ces pasteurs et ces cadres, lorsqu'il s'agit des affaires du Réveil dans les synodes et autres rassemblements, ne sont plus objets de discussion, mais sont parties prenantes aux débats.

Avant d'en arriver là, le mouvement de Rainisoalambo à Soatanana a connu un schisme en 1954. Le village du Réveil a été divisé en deux :

Soatanana sud et Soatanana nord. L'étude de ce schisme sera indispensable pour comprendre la situation actuelle dans la relation des mouvements de Réveil avec les Églises Malgaches. Quelles sont les causes de ce schisme ? Plusieurs hypothèses seront examinées. Le schisme est peut-être dû à la volonté d'indépendance de certains revivalistes. Ou bien, il a commencé à s'installer depuis les deux compromis différents.[25] Le compromis à la « Escande » qui cherchait à débarrasser ou à « purifier » le « ministère de berger » des éléments comme l'exorcisme. En effet, d'aucuns considéraient ces éléments comme étant issus du paganisme. Les missionnaires luthériens de Stavanger ont choisi d'apporter leur entière confiance en adoptant et en intégrant dans leur structure le « ministère de berger » des mouvements de Réveil. Ces deux approches ont fait suivre au ministère de berger deux chemins séparés. Ainsi le schisme vient peut-être de l'intervention des missionnaires européens dans la gestion du charisme des revivalistes. On peut se demander également si le schisme n'est pas dû à une tentative de récupération ratée ou une tentative de compromis mal négocié. Autour de ce schisme, en effet, beaucoup parlent d'un Statut que les missionnaires et les Églises voulaient imposer aux mouvements de Réveil.

Aspects anthropologiques

Dans notre mémoire de DEA, nous n'avons pas parlé des « possessions » ou des « cultes de possession » à Madagascar. Ce thème sera abordé dans un premier temps dans le paragraphe concernant le contexte socio-religieux. Mais vu l'ampleur du sujet, et pour mieux comprendre l'approche des revivalistes, nous reprendrons la question dans le cadre de la contextualisation qu'ils ont accomplie. Plusieurs missionnaires ont en effet observé des scènes de « possession » dans beaucoup de villes et de villages. Dans certaines parties de Madagascar, les cultes de possession sont présents. Mais le phénomène n'est pas spécifique à Madagascar. C'est pourquoi les explications et les interprétations divergent suivant les sciences et les catégories de personnes : sociologues, anthropologues, théologiens évangéliques ou libéraux, ou même suivant les pays.

---

25. Nous avons évoqué ces deux types de compromis dans notre mémoire de DEA.

Aussi, la perception habituelle qu'on a, en Occident, des phénomènes de possession est-elle biaisée, en contradiction avec les significations que ces phénomènes affectent en fait dans les cultures où ils sont monnaie courante.[26]

En réalité, la position de chacun sur les mouvements de Réveil dépend très souvent de son opinion sur les « cultes de possession ». Par exemple, ce sont les missionnaires qui ont été témoins ou confrontés à ces « cultes de possession », qui ont le plus collaboré avec le Réveil. Et ce sont les missionnaires qui se fient le plus aux sciences humaines, comme la psychologie, qui ont émis le plus de réserve au sujet du Réveil.

Aspects socio-théologiques

Pour mieux comprendre l'impact social des mouvements de Réveil et les compromis qui ont réussi ou échoué, nous sommes obligé de tenir compte des questions théologiques. Ainsi nous avons à établir d'abord la théologie des revivalistes : leur herméneutique biblique, leur paradigme missionnaire, leur théologie pastorale, leur ecclésiologie. Ceci nous permettra de répondre au moins à deux questions. Tout d'abord, en quoi chaque tendance missionnaire avec ses églises a-t-elle été un obstacle ou un catalyseur dans la recherche de compromis entre missionnaires et revivalistes ? Ensuite, sur quels critères, concernant les conceptions et les pratiques des mouvements de Réveil ceux-ci sont-ils mis au rang d'illuminés ou de sectaires ?

Dans les camps de Réveil, il y a maintenant des dispensaires et des écoles. Ce qui montre que le Réveil se modernise et s'élargit à des actions sociales. La formation de futurs bergers se fait en grande partie avec la collaboration des Églises appartenant à la FFPM. Qu'est-ce que les revivalistes ont changé dans le fonctionnement du mouvement ? Que reste-t-il de leur conviction profonde ?

---

26. « Possession », in *Dictionnaire de l'ethnologie et de l'anthropologie*, p. 594, Paris PUF, oct. 2008.

Notre implication dans la recherche

Notre position en tant que chercheur n'est pas facile à définir. Nous sommes entre la posture « d'observateur témoin » et celle de « témoin observateur ». Le choix des mouvements de Réveil comme sujet de recherche s'est fait presque naturellement.

En effet, nos parents nous ont baptisés au sein de la FJKM,[27] branche réformée du protestantisme malgache. Nous avons donc été initiés, éduqués et formés dans la foi chrétienne au sein de cette Église.

D'autre part, comme tous les Malgaches, certains membres de notre famille sont fortement attachés aux croyances et cultures de la religion traditionnelle. Aussi, jusqu'à ce jour, il n'est pas difficile de rencontrer parmi les membres d'une même famille des personnes qui ont fait le choix de la rupture avec ces pratiques et d'autres qui s'y attachent fermement. L'opposition entre ces deux groupes d'une même famille est souvent inévitable dans le cas du *famadihana* (retournement des morts).

Enfin, nous avons grandi dans la ville de Fianarantsoa, chef-lieu de province des Hautes Terres Sud. Cette ville fut le carrefour des trois premiers mouvements de Réveil malgache : Rainisoalambo (1894), Ravelonjanahary (1926) et Germaine Volahavana (1941). Dans cette même ville, le foyer de nos grands-parents maternels, sympathisants du mouvement de Rainisoalambo, fut souvent visité par les différents mouvements de Réveil. Par conséquent, nous avons vécu et avons été témoin de plusieurs faits du Réveil pendant les années de son affirmation sur le territoire national.

Ainsi, nous avons eu très tôt un double ancrage, protestant réformé et revivaliste protestant. Double ancrage tiraillé par le refus ou l'acceptation de la religiosité traditionnelle malgache. Double ancrage qui n'a pas été facile à gérer dans la mesure où, à l'époque, nos Églises réformées ne voulaient rien avoir à faire avec les revivalistes. Notre ancrage a donc dû subir un processus de stabilisation que nous divisons en trois parties de la manière suivante : De l'ignorance à la curiosité, de la curiosité à l'adhésion et de l'adhésion au questionnement.

---

27. Fiangonan'i Jesoa Kristy eto Madagasikara (Église de Jésus-Christ à Madagascar).

De l'ignorance à la curiosité

Cette partie aurait pu être intitulée « de l'enfance à l'adolescence ». Car nous entendons par ce titre notre relation avec le mouvement de Réveil entre l'âge de 6 ans et l'âge de 18 ans. L'ignorance est la période de notre enfance où nous avons adhéré au mouvement de Rainisoalambo sans trop nous poser de questions. En effet, pendant plusieurs années, chaque jeudi,[28] des bergers[29] du mouvement de Rainisoalambo, venaient nous exhorter et prier pour nous en nous imposant les mains. Nous avons suivi ce programme, tout simplement et très sincèrement, pendant 9 ou 10 ans.

En plus de ces réunions hebdomadaires, toujours avec la même grand-mère maternelle, nous passions parfois nos vacances scolaires au *Toby* ou Centre de Réveil de Soatanana. Nous avons ainsi appris à connaître comment vivent les gens dans ces centres de Réveil. Entre autres choses, nous avons remarqué qu'au centre de Soatanana, les morts ne passent pas la nuit dans le village. Ils sont enterrés le jour même de leur décès.

Enfin, chaque année, le 17 septembre, nous ne manquions pas d'assister à la convention annuelle du mouvement de Rainisoalambo.

Au cours de ces années, au fur et à mesure de notre avancée en âge, nos regards sont devenus de plus en plus attentifs à tout ce qui se passait au Centre de Soatanana. Plusieurs choses nous ont semblé incohérentes et pesantes dans la fréquentation du mouvement de Rainisoalambo. Il n'y avait presque jamais de pasteurs luthériens à la convention à laquelle nous assistions. Après enquête, nous avons découvert qu'en fait, il y avait deux Centres de Réveil appelés Soatanana Nord et Soatanana Sud. Celui du Nord avait rompu avec les missionnaires. Par contre, celui du Sud était en relation avec les Églises protestantes et portait carrément le nom de Centre de Réveil Luthérien de Soatanana. Tous les pasteurs luthériens allaient de ce côté du Sud.

Nous étions simples, naïfs et ignorants pendant cette première période où nous avons fréquenté le Réveil. Cependant le fait de savoir que beaucoup de choses nous échappaient encore sur les mouvements de Réveil n'a

---

28. Jours de congé hebdomadaire pour tous les établissements scolaires à Madagascar.
29. Invités par notre grand-mère maternelle.

fait qu'aiguiser notre curiosité. Aussi nous avons commencé à lire l'histoire des revivalistes malgaches.

De la curiosité à l'adhésion

Durant cette phase de curiosité, notre lecture se limitait aux histoires du Réveil écrites par les pasteurs malgaches ou les missionnaires témoins directs de l'émergence du mouvement. Parmi les plus connus, citons le pasteur Rajosefa Danielson et le missionnaire A. Thunem. Le but de ces livres était de susciter l'adhésion du lecteur. Mais notre adhésion ne fut effective qu'après notre première rencontre avec Germaine Volahavana en mars 1978. Parmi les quatre initiateurs du Réveil, elle était la seule survivante. La lecture de sa biographie nous avait incité à chercher à la connaître un peu plus. Cette démarche, nous la qualifions de curiosité dans la mesure où nous n'étions pas motivé par un objectif précis lors de cette rencontre. Notre seule préoccupation fut de savoir qui était cette dame. Comment était-elle ? Avait-elle quelque chose de plus ou quelque chose de nouveau à nous dire par rapport aux propos de notre pasteur ? La réponse était simple : rien de tout à fait original dans ce qu'elle disait. Mais tout nous a semblé nouveau parce qu'elle parlait avec beaucoup d'affection, d'attention et de conviction.

Cette rencontre a amorcé notre adhésion aux mouvements de Réveil. Avant notre départ en France, au mois de novembre 1979, nous avons eu encore l'occasion de la rencontrer deux ou trois fois. Nous assistions également aux cultes journaliers qui étaient organisés à son domicile, au logement 237 cité des 67 ha. Notre adhésion s'est donc traduite, dans un premier temps, par la fréquentation de cultes journaliers quand nous nous trouvions à Antananarivo où Nenilava avait établi son quartier général depuis 1971.

De l'adhésion au questionnement

À notre arrivée en France en 1979, nous avons appris l'existence d'un groupe de bergers de Madagascar. Ce groupe avait été créé par le pasteur Emilien Razafiarison, un des rares pasteurs FJKM disciple de Germaine Volahavana. Nous avons suivi les activités de ce groupe. Notre adhésion s'est approfondie lorsque nous devînmes nous-même berger au sein du mouvement de Nenilava. À la fin de nos études de théologie, en 1984, nous sommes entré pleinement dans le ministère pastoral au sein de l'Église Protestante Malgache en France (FPMA). En plus du ministère pastoral classique, nous avons été chargé de former les futurs bergers du mouvement de Germaine Volahavana. En effet, même après le départ du pasteur Emilien Razafiarison, le groupe des bergers de Nenilava continuait ses activités. En 1986, le mouvement de Réveil avec son ministère de berger fut accepté comme branche d'activité au sein de l'Église Protestante Malgache en France (FPMA). En tant que pasteur de la FPMA nous avons fait partie du comité directeur du Mouvement de Germaine Volahavana en France. Notre contact avec Germaine Volahavana se poursuivait donc par des correspondances multiples jusqu'à son décès en 1998. Et lors de nos voyages à Madagascar, nous avons toujours été en contact avec les responsables des mouvements de Réveil et nous avons visité les Centres ou Camps de Réveil.

En conséquence, nous avons vécu en direct les confrontations ou les conflits entre Mouvements de Réveil, institutions protestantes et la religiosité traditionnelle malgache. Depuis notre premier contact jusqu'à ce jour, nous sommes témoin des évolutions qu'ont prises ces mouvements de Réveil au sein du protestantisme et dans la société malgache. Pour emprunter les termes de Sébastien Fath, nous avons été témoin du passage des mouvements de Réveil « Du ghetto au réseau »,[30] ou selon notre propre terme, « de la marginalité à la transversalité ». C'est ainsi qu'a mûri dans notre esprit l'idée d'une thèse sur les mouvements de Réveil.

Approche méthodologique

En conséquence, l'objet de notre étude ainsi que notre hypothèse se sont construits petit à petit. Nos questionnements sont partis du sens commun pour aboutir à un sens beaucoup plus socio-historique. Pour arriver à l'objet final de notre thèse, il faut signaler que notre approche du terrain peut être située à trois niveaux. Le premier niveau d'approche est par introspection. Nous avons vécu et nous avons vu certains faits du Réveil. Nous avons

---

30. Sébastien Fath, *Du ghetto au réseau. Le protestantisme évangélique en France 1800-2005*, Genève, Labor et Fides, 2005.

donc puisé et analysé jusque dans nos souvenirs d'enfance. Mais l'introspection, comme l'explique R. Bastide, ne sera qu'une sorte de garde-fou.

Le second niveau d'approche relève de notre propre observation. En fait, en tant que membre du mouvement nous étions presque en permanence sur le terrain. Par conséquent avec nos questionnements et notre « pré-hypothèse », nous avons pu bien délimiter notre sujet et préciser l'objet de notre étude.

Enfin notre troisième approche concerne les entretiens que nous avons eus avec les différents acteurs religieux à Madagascar.

Nous avons commencé par le mouvement de Réveil en général pour en arriver au concept de « **conflit** » en particulier. Nous avons en effet compris le « conflit » comme un fil rouge qui traverse les mouvements de Réveil dans leur relation avec le protestantisme traditionnel et la religiosité malgache. Le ministère de berger s'est construit à travers et au-delà de ces conflits. Notre objectif sera donc de chercher à comprendre les causes ou les facteurs de ces conflits et leurs effets aussi bien au sein des institutions protestantes que dans la société malgache.

Les mouvements de Réveil sont passés du « Du ghetto au réseau »,[31] ou « de la marginalité à la transversalité ». Quels sont les vecteurs et les processus de leur normalisation ?

Dans ces conflits, nous avons également observé que trois protagonistes sont principalement concernés : les missionnaires et leur pasteurs, les revivalistes et leurs bergers, et enfin, les prêtres de la religion traditionnelle malgache.

C'est pourquoi nous avons choisi le triptyque de Max Weber, prêtre, prophète et magicien, et sa méthode de sociologie compréhensive : « Nous appelons sociologie (…) une science qui se propose de comprendre par interprétation (…) l'activité sociale et par là d'expliquer causalement son déroulement et ses effets ».[32]

Le triptyque de Max Weber, prêtres-prophètes-magiciens, nous semble le plus approprié pour aborder cette question. En effet, la construction idéal-typique, qui est en quelque sorte un instrument de mesure, permettra

---

31. Sébastien Fath, *Du ghetto au réseau*.
32. Max Weber, *Economie et société*, tome 1, Pocket, Plon, Paris, 1995.

de saisir les différences qui existent entre les rôles du clerc introduits par les missionnaires, les rôles de ces « nouveaux clercs » que sont les « bergers » de Madagascar, et enfin les rôles des « clercs », déjà en exercice au sein des religions traditionnelles malgaches.

Nos investigations se porteront sur les non-dits par les pasteurs malgaches et les missionnaires dans leurs histoires du Réveil. Ces non-dits, nous les avons trouvés en grande partie dans les documents administratifs du gouvernement colonial et dans les différents rapports des Églises protestantes.

La présente étude comportera cinq parties. La première consiste à présenter la religiosité malgache avant la venue des missionnaires. La seconde partie concerne l'avènement du protestantisme à Madagascar. Les troisième et quatrième parties seront une esquisse historique des quatre mouvements de Réveil et de leurs traits communs. Dans cette esquisse, les centres d'intérêt seront les actions des revivalistes dans le domaine pastoral, la progression de l'organisation des rôles qu'ils attribuent à leurs ministres. Enfin la cinquième partie concerne les réactions des missionnaires et de l'Église officielle, et les différentes étapes vers les compromis.

Sources

Au début de notre projet, nous n'avons eu, comme documentation, que deux ou trois petits livres, écrits par des pasteurs malgaches, sur le mouvement de Réveil. Nous avons découvert, un peu plus tard, que deux missionnaires, plus ou moins témoins directs des événements, avaient tous deux écrit sur le Réveil. Le premier fut A. Thunem, un missionnaire norvégien, et le second Elysée Escande, de la Mission de Paris. E. Escande comme A. Thunem ont écrit à partir de ce qu'ils ont vu et sur la base de quelques lettres de missionnaires. Cette matière nous a semblé insuffisante pour une étude plus élaborée sur le mouvement de Réveil et le « ministère de berger ».

La première étape de notre recherche a donc consisté à inventorier, à la bibliothèque de la « Mission Protestante Française »,[33] tous les documents relatant ce mouvement de Réveil qui a commencé avec Rainisoalambo. La recherche ne fut pas sans difficulté, dans la mesure où ce mouvement de Réveil malgache est très peu répertorié dans les fichiers des bibliothèques. Il fallait feuilleter page par page les journaux et revues contemporains du Réveil. Ainsi avons-nous réussi à constituer un « corpus » d'une centaine de lettres, témoignages, rapport de synodes, statuts et protocoles d'accord, sur le Réveil.

Dans une deuxième étape, nous avons trié ces documents et relevé les plus significatifs pour notre sujet, le « ministère de berger ». Nous divisons en trois sources principales ces documents. La première source, nous l'appellerons « source missionnaire ». En effet, plusieurs sources viennent de missionnaires : témoignages personnels, comptes rendus, articles. La plupart de ces écrits figurent dans le *Journal des Missions Evangéliques*, journal de la Mission Protestante Française. La seconde source est une « source ecclésiastique », puisque les documents sont des documents d'Église. Très tôt, en effet, le mouvement de Réveil est devenu un sujet de débat dans les Églises des missionnaires. Il y a donc eu plusieurs rapports, statuts, protocoles d'accord sur le mouvement de Réveil émanant des églises locales.

Nous nommerons enfin « source administrative » la dernière source. Le mouvement n'a pas laissé indifférent les Administrateurs coloniaux. Ils ont surveillé discrètement les agissements des revivalistes, ont écrit des notes confidentielles, posé des questions, confisqué des documents, etc. Les résultats de leurs investigations sont maintenant consignés dans deux rapports, respectivement d'une soixantaine de pages. Le premier rapport, écrit par François Compagnon, est d'ordre régional, tandis que le second, rédigé par Adrien Vally, a une envergure nationale. Ces documents se trouvent au Muséum d'histoire naturelle sous le titre suivant : « Une association cultuelle non autorisée », Papier Decary n° 2995.

Voilà les sources à partir desquelles nous avons étudié et analysé le mouvement de Réveil et le « ministère de berger » à Madagascar.

---

33. Actuel Département Evangélique Français d'Action Apostolique (D.E.F.A.P.), siégeant au 102, Boulevard Arago, 75013 Paris.

Partie 1

La religiosité malgache hier et aujourd'hui

CHAPITRE 1
La religiosité malgache

Généralités

Dans le but de situer les mouvements de Réveil à Madagascar dans leur contexte socio-religieux, nous nous proposons de faire un essai de synthèse de la religiosité malgache. De qui et de quoi parle-t-on lorsqu'il s'agit de religion ? Dans son livre, M. Meslin nous fait l'inventaire de différentes définitions qui sont loin d'être convergentes.[1] Pour définir la religion malgache, il nous faudra donc faire un choix. Ensuite, un autre point doit être éclairé : devant la multitude de pratiques existantes à Madagascar, peut-on parler de religion malgache ?

Religion
Si l'on s'en tient à la définition de Durkheim : « Une religion est un système solidaire de croyances et de pratiques relatives à des choses sacrées, c'est-à-dire, séparées, interdites, croyances et pratiques qui unissent en une même communauté morale, appelée Église tout ceux qui y adhèrent »,[2] on se heurte à une difficulté. Car, non seulement le mot religion n'a pas d'équivalent en malgache, mais aussi et surtout, rien ne peut être qualifié de profane dans la vie quotidienne à Madagascar. R. Andriamanjato a dit :

---

1. Michel Meslin, *L'expérience humaine du divin*, Paris, Cerf, 1988, pp. 23-61.
2. Emile Durkheim, *Les formes élémentaires de la vie religieuse*, Paris, CNRS Editions, 2007, p. 95.

> Il faut dire que la société malgache est une société stable, hiérarchisée, où chacun a sa place et, à cette place, jouit d'une certaine quiétude. Seulement cette société est gonflée de règles et de prescriptions dont les valeurs effectives dérivent du respect même du Malgache pour ce qui est passé, pour ce qui a existé une fois ou a été voulu une fois par les ancêtres ou par les dieux.[3]

Ainsi, pour le Malgache, tout est sacré. F. Raison Jourde l'explique encore de la manière suivante : « Or, le sacré, en particulier dans ses manifestations rituelles, est lié au politique, au familial et à la vie du cosmos. Les séparer est un artifice qui les dénature ».[4]

Quelle définition du mot religion allons-nous donc retenir pour aborder notre sujet ? La remarque et l'une des définitions que M. Meslin propose semblent se prêter bien au cas de Madagascar. En effet, il émet la remarque suivante :

> …Une religion […] est toujours vécue par ses adeptes comme une référence à une réalité qu'ils estiment supérieure. Toute religion se présente ainsi comme un système construit par une longue réflexion portant sur les problèmes fondamentaux que l'homme doit affronter : la vie, la mort, l'amour, le mal, le bien.[5]

M. Meslin souligne l'importance des relations qui existent entre l'homme et le divin et l'expérience qui en découle. Il tient donc à ce qu'on veille soigneusement à ne pas dissoudre « la nature propre de l'expérience religieuse et à dégager les fonctions et les processus de la relation qui unissent l'homme à des puissances qu'il reconnaît comme supérieures, en distinguant les formes culturelles de ces modes de relation ».[6]

---

3. Richard Andriamanjato, *Le Tsiny et le tody dans la pensée malgache*, Paris, Présence africaine, 1957, p. 14.
4. Françoise Raison-Jourde, *Bible et pouvoir à Madagascar*, p. 77.
5. Michel Meslin, *L'expérience humaine du divin*.
6. *Ibid.*, p. 16.

Dans notre approche de la religion malgache, nous nous référons à la définition suivante : « La religion est donc un ensemble de croyances et de pratiques traditionnelles propre à une société humaine particulière, qui honore ainsi ses dieux ».[7] Nous nous en tiendrons, dans un premier temps, à une présentation succincte du contenu objectif de la religion malgache, c'est-à-dire aux « éléments fondamentaux de sa croyance et aux modes de relation avec le divin ». Ensuite, nous en aborderons quelques aspects subjectifs, les expériences malgaches du divin.

Peut-on parler de religion malgache ?

Avant d'aller plus loin, il nous semble important de dire un mot sur cette question. En effet, la préhistoire de Madagascar a montré que, durant des années, sa population était constituée par des couches successives d'immigrants (d'Afrique, d'Arabie, d'Asie, etc.) qui avaient chacune ses croyances et ses dieux. Dans ce contexte, il est tout à fait légitime de se demander si l'idée d'une religion malgache est raisonnable.

Cette question ne tient pas compte du fait que depuis plusieurs années, des mélanges se sont effectués entre ces différentes couches. C'est pourquoi M. Rakotomalala introduit ainsi sa synthèse de la religion malgache :

> Nous sommes ici devant une culture métisse. Ce métissage est si accompli actuellement que le sentiment d'appartenance à une unité culturelle est relativement fort chez les Malgaches, malgré l'existence de multiples variantes, lesquelles ne sont que formelles.[8]

Avant M. Rakotomalala, le missionnaire H. Dubois avait déjà affirmé qu'on ne peut parler de religion malgache qu'à une condition : « Ne pas

---

7. *Ibid.*, p. 27.
8. Malanjaona Rakotomalala, « La religion malgache », in *Encyclopédie des religions*, Paris, Bayard, 1997, p. 1197.

nous perdre dans les arcanes d'une longue préhistoire, celles des nombreuses couches dites vazimba ».[9]

Malgré les variantes formelles ici ou là, nous pouvons affirmer que la religion malgache a un fond commun. Dans le même sens, Louis Molet ne nous semble pas exagérer quand il affirme ceci : « Je puis cependant affirmer qu'au travers et au-dessous de toutes ces divergences, les croyances sont les mêmes et les coutumes sont semblables. J'ose même aller jusqu'à dire que le paganisme est universel comme l'est la superstition ».[10]

Les principaux éléments qui composent la société malgache

R. Andriamanjato résume adroitement la situation : la société malgache est surpeuplée : « En effet, en plus des vivants, Dieu, les morts, les esprits, les choses et les animaux même, tout ce qui existe, visible ou invisible, tout a sa place dans cette société… ».[11] F. Raison-Jourde exprime la même idée de la manière suivante :

> Les vivants n'existent pas séparément des morts et selon la formule de G. Feeley-Harnik à propos des Sakalava, les Merina 'pensent aux vivants comme nous pensons à la pointe d'un iceberg', c'est à dire que nous ne voyons jamais qu'une menue portion de la masse des êtres agissant sur terre : un foko[12] inclut les morts comme les vivants.[13]

---

9. Henri Dubois, « La religion malgache. Essai de synthèse », *Cahiers Charles de Foucauld*, 1er trimestre 1961, p. 77.
10. Louis Molet, « Aspects actuels du paganisme malgache », *Bulletin de Madagascar*, n°124, septembre 1956, p. 756.
11. Richard Andriamanjato, *Le Tsiny et le tody*, p. 16.
12. Dans son Glossaire, F. Raison-Jourde définit ainsi le mot *Foko* : Dème. Groupe défini à la fois par la parenté et l'appartenance à un même territoire. Ainsi Merina, Betsileo, Sakalava etc. sont des *foko*.
13. Françoise Raison-Jourde, *Bible et pouvoir à Madagascar*, pp. 80-81.

On constate en examinant la conception malgache du monde qu'il y a une volonté de hiérarchiser ces éléments qui compose la religiosité malgache.

Dieu

Beaucoup d'observateurs ont fait remarquer que l'obsession des missionnaires chrétiens, lorsqu'ils ont apporté l'Evangile aux Malgaches au XIXe siècle, était de savoir si ces derniers croyaient en un Dieu unique[14] avant leur venue. Jusqu'à présent la question reste ouverte. À nos yeux, vu la divergence des réponses qui ont été données, la question semblait mal posée. En effet, toutes les recherches ou simples constatations de touristes sont orientées vers le mode de relation avec un Dieu suprême plutôt que vers le concept de l'existence d'une telle divinité. Nous préférons donc nuancer la question de la manière suivante : un Dieu suprême avait-il une place dans la société malgache ? Selon M. Rakotonirina, Dieu est une divinité éloignée des hommes :

> …Comme tous les Malgaches, les Merina reconnaissent l'existence d'une divinité suprême. Son nom peut varier selon les régions à Madagascar. On la désigne aussi par des métaphores qui font référence soit à son statut, soit à son rôle, soit à ses œuvres. Les Merina l'appellent Andriamanitra, Andriananahary ou Andriamanitra Andriananahary ou encore Zanahary, ce dernier nom, avec quelques variantes, étant d'utilisation générale sur toute l'île.[15]

Pour répondre à la question « les Malgaches croyaient-ils en un Dieu unique ? », plusieurs méthodes ont été suivies par des anthropologues, historiens, missionnaires. Certains, à partir des couches successives de population, croient pouvoir discerner un monothéisme arabe à Madagascar.

---

14. Presque tous les livres ou articles qui traitaient de la religion malgache à cette époque essayaient de donner une réponse à cette question. Voir par exemple H. Dubois, G Mondain, A Grandidier, L. Molet, etc.

15. Malanjaona Rakotomalala, Sophie Blanchy, Françoise Raison-Jourde, *Madagascar. Les ancêtres au quotidien*, p. 45.

D'autres, à travers les mœurs et coutumes, à travers les littératures, les proverbes et les différentes appellations de Dieu, arrivent à conclure que les Malgaches croyaient en un Dieu unique. Mais avec les mêmes documents, d'autres encore affirment que les Malgaches ne croyaient pas en un Dieu unique. Ainsi, par exemple, suivant l'étymologie de l'appellation *Andriananahary*, deux interprétations opposées en découlent. « L'étymologie populaire décompose les deux premiers termes (de façon à atteindre la racine ary : qui existe) en Za-nahary ou Andriana-nahary, le créateur (le noble créateur*)* ».[16] F. Raison-Jourde estime que cette interprétation est sous influence chrétienne et cherche à mettre en valeur un Dieu Créateur. C'est pourquoi, elle préfère la thèse de Ferrand. « En fait, l'étymologie de Ferrand est bien plus respectueuse de la langue en renvoyant à **hari**, soleil, dans le sanscrit et les langues austronésiennes. Adhyia étant l'essence divine primordiale, on aboutit à Adhyia-**hari**, divinité soleil, et Yang-**hari** : « Dieu soleil ».[17] F Raison-Jourde appuie cette interprétation en faisant remarquer que la racine *hary* (clarté du jour, soleil), se retrouve dans *antoandrobenananahary* : « au grand jour ».

D'aucuns sont arrivés à une réponse négative parce qu'ils ont surtout cherché à connaître les relations que les Malgaches entretenaient avec ce Dieu. Et leur raisonnement a aussi été brouillé par la place trop importante qu'occupe le fétichisme dans la société malgache. J. S. Mbiti a dit à ce sujet qu'en Afrique, « les individus peuvent adorer Dieu en privé, mais ils peuvent aussi s'adresser pour les vénérer à d'autres êtres religieux ou objets, sans […] se sentir infidèles ».[18] D'ailleurs, même dans une nation tenue pour monothéiste comme Israël, l'alliance avec un Dieu unique n'a pas empêché les idoles de proliférer.

Un Dieu suprême avait bien une place dans la société malgache. Mais quant au mode de relation que l'on entretenait avec lui, suivant les tribus, il y avait des différences dues à leurs degrés d'évolution inégale. Quant à savoir si ce Dieu est le Dieu des chrétiens, Allah ou le Soleil, cela relève encore d'un tout autre problème.

---

16. Françoise Raison-Jourde, *Bible et pouvoir à Madasgascar*, p. 77.
17. *Ibid.*
18. J. S. Mbiti, « Dieu dans la tradition juive et dans la tradition africaine », *JME*, numéro 1-2-3, 1979, p. 43.

Le monde des esprits

Si on peut établir une hiérarchie parmi les éléments qui composent la société malgache, le « monde des esprits » tient la seconde place après Dieu. M. Rakotomalala précise que « pour que ce milieu surpeuplé soit viable, il faut qu'il soit soumis à une hiérarchie ».[19]

À Madagascar, ce monde des esprits est surtout peuplé par les esprits des ancêtres. En effet, dans la pensée malgache, la vie continue après la mort. Les morts se « divinisent ». J. P. Domenichini l'explique ainsi : « … On peut dire que l'homme est entraîné par l'avancée de l'âge et par des rites de passages parmi lesquels les rites funéraires, de la conception biologique vers les sommets de la divinité ».[20] F. Raison-Jourde écrit : « Les morts (les razana) sont la partie la plus importante de la société, car ils sont plus puissants que les olombelona (là où nous disons personne, le Malgache précise personne vivante) ».[21]

Plusieurs historiens, ethnologues, missionnaires qui se sont intéressés à la conception malgache du monde du surnaturel ont essayé de classer par catégorie les esprits. Le missionnaire H. Dubois, dans son « triangle de la divination à Madagascar »,[22] propose un tableau des différentes catégories d'esprits et leur séjour dans le monde des esprits. Parmi les divinités, d'après Dubois, il y a les esprits des rois et les esprits des ancêtres plus anciens, qu'on ne connaît plus nommément. Et la divinité va du Dieu suprême jusqu'aux rois encore vivants. Dans son fascicule,[23] le père Job Rajaobelina place après Dieu les ancêtres ou plutôt l'esprit des ancêtres sans trop spéculer sur les catégories de ces esprits. Mais après avoir quand même proposé les classifications du Père Nicol, il conclut de la manière suivante : « …Une classification bien nette et définitive restera toujours impossible à établir, le

---

19. Malanjaona Rakotomalala, « La religion malgache », p. 45.
20. Bruno Hubsch, *Madagascar et le christianisme*, p. 25.
21. Françoise Raison-Jourde, *Bible et pouvoir à Madagascar*, p. 81.
22. Henri Dubois, *La religion malgache*, pp. 88-89.
23. Job Rajaobelina, *Sentiments religieux des Malgaches avant l'arrivée des Missionnaires chrétiens à Madagascar*, Fianarantsoa, Imprimerie de la Mission Catholique, le 15 août 1950, p. 15.

nombre plus ou moins grand de ces intermédiaires peut varier suivant les fantaisies de l'imagination populaire, et aussi de chaque région ».[24]

Ajoutons qu'il n'est pas dans notre intention de déterminer l'endroit où se trouve réellement ce monde des esprits. Dans le ciel, comme le dit le père J. Rajaobelina,[25] ou dans l'imaginaire des Malgaches uniquement. Il s'agit pour nous de faire une brève description de la religiosité malgache dans son contenu objectif. Ainsi, en ce qui concerne le « monde des esprits », on peut dire qu'il occupe une place importante aussi bien dans la réalité quotidienne que dans la mentalité malgache, par conséquent, dans la société.

Il faut aussi remarquer que la hiérarchie au sein de ce monde des esprits est visiblement la transposition de celle qui existe déjà dans le monde des personnes vivantes.

Les humains ou les Malgaches

Le peuple malgache est composé de *foko* ou dèmes.[26] Ces *foko* sont souvent divisées en deux clans, Merina et Côtiers, plus ou moins antagonistes ou antagonisés tout au long de l'histoire de Madagascar. F. Jourde et S. Randrianja[27] retracent l'histoire, les implications et les exploitations diverses de ces rapports interethniques à Madagascar.

Au sein de chaque ethnie, il y a encore une autre forme de clivage et de hiérarchie dans la société malgache : le groupe statutaire. En général on peut distinguer trois groupes dans chaque ethnie, malgré les différentes appellations : les nobles (*andriana*), les libres (*hova*[28]) et les *mainty* (noir). Des hiérarchies peuvent également exister au sein de chaque groupe statutaire. Dans le cas des *Merina* par exemple, J.-A. Rakotoarisoa explique que :

> Le mot andriana désigne généralement le groupe statutaire des parents des rois. Les andriana ont été rangés en ordre dégressif

---

24. *Ibid.*, p. 16.
25. *Ibid.*
26. Rappelons que selon F. Raison-Jourde, le dème est un groupe défini à la fois par la parenté et l'appartenance à un même territoire.
27. Françoise Raison-Jourde et Solofo Randrianja (dir.), *La nation malgache au défi de l'ethnicité*, Paris, Karthala, 2002.
28. Dans d'autres régions, notamment chez les Betsileo, le mot *hova* désigne surtout les nobles.

à chaque avènement. Le système, d'abord dynamique, s'est figé sous le règne d'Andrianampoinimerina et comprend sept échelons. Dans certains contextes, ny andriana signifie 'roi, reine' On précise aussi : 'l'andriana qui règne', Andriamanjaka. Le mot hova désigne l'ordre libre roturier dont les membres, avec les andriana font partie des fotsy, 'Blancs'. Les mainty, 'Noirs', ou mainty enindreny, 'Noirs aux six Mères', nom de l'ensemble de leur ancestralité, (firazanana), étaient des groupes roturiers, issus, pour certains auteurs, d'une population plus ancienne, peut-être les vazimba dont le nom est resté dans la mémoire collective.[29]

Dans le même ordre d'idée mais avec une approche tout à fait différente, Robert Dubois s'interroge sur « L'identité malgache ».[30] Selon lui, l'identité malgache est relative à la tradition des Ancêtres. Voici ce qu'il écrit sur la vision ancestrale du monde :

1. C'est le « Zanahary » qui a donné l'aina[31] aux ancêtres et qui les a bénis pour qu'ils puissent transmettre cet aina à leur descendance. C'est pourquoi il est le Maître de l'aina.

2. Les ancêtres sont les intermédiaires choisis par le « Zanahary » par lesquels la descendance reçoit l'aina. La descendance transmet ses demandes au Maître de l'aina grâce aux ancêtres. Aussi sont-ils les maîtres de la bénédiction, à la fois honorés et craints.

3. Les ray aman-dreny encore vivant sont également des intermédiaires, des « Zanahary » vivant devant être honorés ».[32] Certains disent aussi des ancêtres vivants.

Dans tous les cas, selon toujours M. Rakotomalala :

---

29. S. Blanchy, J.A. Rakotoarisoa, P. Beaujard, C. Radimilahy (dir.), *Les dieux au service du peuple. Itinéraires religieux, médiations, syncrétisme à Madagascar*, Paris, Karthala, 2006, pp. 62-63.
30. Robert Dubois, *L'identité malgache. La tradition des Ancêtres*, Paris, Karthala 2002.
31. D'après R. Dubois, le mot « *aina* » recouvre un certain nombre de notions (par exemple le mot français « vie » ne peut pas toujours le traduire). *Aina* : ce qui fait que l'homme vit selon son développement normal... *Aina* c'est aussi le corps et la personne inséparables. Etc. *Ibid* p. 15.
32. *Ibid*, p. 125.

> On ne peut comprendre l'attachement des Malgaches à l'ancestralité sans connaître, entre autres, leur conception de la condition humaine. Le parcours d'un individu comprend trois étapes successives : l'avant naissance, la vie et l'après-trépas. Le passage d'une étape à la suivante ne se fait pas seulement d'une manière naturelle, biologique ; il est culturalisé, s'effectue toujours à l'aide d'un rite.[33]

Ceci va dans le sens de Robert Hertz. En effet, R. Hertz a montré les similitudes qui existent entre la naissance, le mariage et la mort dans les sociétés les moins avancées. Et il conclut que :

> Ainsi la mort n'est pas primitivement conçue comme un fait unique, sans analogues. Dans notre civilisation, l'existence de l'individu semble se poursuivre à peu près d'une même teneur depuis la naissance jusqu'à la mort ; les étapes successives de notre vie sociale sont faiblement marquées et laissent constamment apercevoir la trame continue de la vie individuelle. Mais les sociétés moins avancées, dont la structure interne est massive et rigide, conçoivent la vie d'un homme comme une succession de phases hétérogènes, aux contours déterminés, à chacune desquelles correspond une classe sociale définie, plus ou moins organisée; par suite chaque promotion de l'individu implique le passage d'un groupe à un autre, une exclusion, c'est-à-dire une mort, et une intégration nouvelle, c'est-à-dire une renaissance.[34]

Toutes les catégories que nous venons de mentionner, dème, groupe statutaire, de l'avant-naissance à la mort, occupent toutes une place plus ou moins importante dans la hiérarchie sociale et religieuse. Du point de vue religieux, il est encore possible de proposer d'autres catégories parmi les personnes vivantes. Nous présenterons ici les trois principales.

---

33. Malanjaona Rakotomalala, « La religion malgache », p. 47.
34. Robert Hertz, *Sociologie Religieuse et folklore*, version numérique, p. 86.

Les Raiamandreny

Dans le premier groupe se trouvent les rois, les autorités, les vieux et les parents qu'on désigne sous le nom commun de *Raiamandreny* (à la fois père et mère). Ces différentes personnes sont, à des degrés divers, honorées comme des divinités, comme le « Zanahary » dit Robert Dubois, comme un ancêtre vivant.

Dans son triangle de la divinité à Madagascar, Henri Dubois[35] situe les rois parmi les divinités à vénérer. Robert Dubois[36] de son côté, dans un chapitre sur la structure communautaire de la famille malgache, rappelle que « le fils prend son père pour être son créateur visible ». Ainsi, parmi les multiples règles et tabous qui peuvent attirer les malédictions et la colère des esprits, il y a le respect des *Raiamandreny*. Dans ce sens, pour souligner le caractère sacré de la parole d'un *Raiamandreny,* un proverbe malgache dit : « La parole d'un Raiamandreny est comme le coup de sabot d'un taureau : s'il atteint, il tue, et s'il n'atteint pas, il donne le vertige ». Autrement dit, les rois, les autorités, les vieux et les parents sont par nature des *Raiamandreny* et tout *Raiamandreny* doit être honoré et le cas échéant vénéré.

Les devins

Dans le second groupe, on trouve les devins (*ombiasa*). Dans le *Dictionnaire des Sciences humaines,*[37] la sorcellerie est définie de la manière suivante : « Soit un ensemble de pratiques rituelles destiné à nuire, soit les qualités et l'activité d'un individu qualifié de 'sorcier' et qui serait doté de pouvoirs maléfiques spécifiques ».

Dans le même dictionnaire, la divination est désignée comme « un système culturel d'interprétation et l'ensemble des techniques utilisées (par des individus qualifiés de devins) pour révéler le sens d'événements passés, présents où à venir ». Avec le Père Abinall et dans le sens de ces deux définitions du *Dictionnaire des sciences humaines,* Job Rajaobelina[38] distingue deux catégories de Sorciers :[39] les « Sorciers » (*Mpamosavy)* et les « devins »

---

35. Henri Dubois, *La religion malgache*, p. 82.
36. Robert Dubois, *Olombelona*, Paris, L'Harmattan, 1978, p. 54.
37. *Dictionnaire des Sciences Humaines*, Paris, Nathan.
38. Job Rajaobelina, *Sentiments religieux des Malgaches*, p. 27.
39. En effet, Rajaobelina utilise aussi le nom « sorcier » pour désigner le devin.

(*ombiasa*). Le *Mpamosavy* correspond à ceux que le *Dictionnaire* définit comme Sorciers. Rajaobelina explique cela en ces termes : le *Mpamosavy* est plus ou moins l'incarnation du mal, un grand malfaiteur qui ne cherche qu'à nuire. Il est empoisonneur, envoûteur, tueur, etc. (…) et il a à sa disposition toutes les forces secrètes et nuisibles. L'*ombiasa* correspond à ce que le dictionnaire définit comme devin. En effet, l'*ombiasa* est supposé être en relation avec Dieu et les esprits des ancêtres. Les *ombiasa* se croient souvent habités par des esprits de rois ou de princes. Ainsi, dans la croyance populaire malgache, le *Mpamosavy* est redouté tandis que l'*ombiasa*, en tant que consulteur de la divinité est supposé indiquer aux humains la volonté des ancêtres. En tant que tel, l'*ombiasa* joue également un grand rôle dans l'organisation sociale et religieuse : il est l'astrologue, le guérisseur, le conseiller du roi, etc. Dans la société malgache, où il y a beaucoup de tabous et de crainte des esprits, ce sont les *ombiasa* qui connaissent ces tabous, ainsi que les moyens d'apaiser les esprits irrités lorsque des tabous ont été violés. Selon les termes de H. Dubois, ils sont qualifiés de devins parce qu'« ils sont revêtus d'un certain pouvoir sacré, reçoivent la mission d'interpréter la volonté des morts ».[40]

Ces *ombiasa*, gardiens d'idoles, suivant les régions et leur fonction, ont des appellations différentes. Quoi qu'il en soit, ils ont deux points communs : ils sont tous supposés habités par certains esprits et le peuple vient les consulter parce qu'avec leurs pratiques rituelles et leur pouvoir spécifique, ils sont reconnus comme les porteurs authentiques de la tradition malgache. Ainsi, dans la suite de notre exposé, nous utiliserons aussi pour ce deuxième groupe le nom commun de devin.

Le reste de la population

Le troisième groupe est constitué par le reste de la population. La grande majorité des Malgaches adhèrent complètement à ce système de croyance et baignent continuellement dans une atmosphère de peur. : peur des esprits des morts, peur des *Mpamosavy*. Ces peurs ne concernent pas uniquement les choses à faire ou à ne pas faire, mais aussi la manière de les faire, comme l'a dit le pasteur R. Andriamanjato. Ces peurs les rendent complètement

---

40. Henri Dubois, *La religion malgache*, p. 82.

dépendants des devins et les amènent à faire confiance aux *ody* (fétiches). Chaque famille malgache qui adhère à ce système de croyance a souvent son propre *ombiasa* qui donne son opinion dans tous les domaines de la vie : le travail, la santé, le mariage, la mort, l'enterrement.

Souvent ces peurs peuvent être constatées face à la mort ou l'enterrement d'un mort. En fait, au moment de sa mort, le défunt entre dans un processus d'ancestralisation. Robert Jaovelo-Dzao l'explique ainsi : « La situation nouvelle créée par le décès doit être stabilisée : le mort doit demeurer dans le monde des défunts et ne point venir troubler celui des vivants : la mort est phénomène à la fois sacré et inquiétant, dangereux et menaçant : il faut donc éviter son retour ».[41]

Les objets

Dans la pensée malgache, les objets peuvent être aussi dépositaires du divin. Louis Molet fait un recensement des lieux sacrés à Madagascar : le coin de prière, c'est-à-dire le coin nord-est de la maison, les tombeaux des ancêtres, les anciens palais, les tombes princières, etc. Les plantes et les animaux ont aussi leur place. « Les Malgaches rendent des cultes à des grottes sacrées, à des sources sacrées, des arbres sacrés, à des pierres levées… ».[42] R. Jaovelo-Dzao dit que « les talismans ou *sampy*, sont promus au rang des divinités. Au même titre que les rois, on les appelle les dieux visibles ».[43] Souvent, on donne à ces talismans les rôles de protecteur. Des cultes publics peuvent être rendus à ces *sampy* suivant les circonstances ou les calendriers établis pour chacun d'eux.

Pour conclure, nous dirons donc que Dieu, le monde des esprits, les morts, les humains, les animaux et les objets cohabitent dans la société malgache et sont au même titre acteurs dans la religiosité traditionnelle. L'axe central de cette religion traditionnelle est le culte aux ancêtres (*Razana*)

---

41. Bruno Hubsch (dir.), *Madagascar et le christianisme*, Paris/Antananarivo, Karthala/Ed. Ambosontany Analamahitsy, 1993, p. 77.
42. Louis Molet, « Aspects actuels du paganisme malgache », p. 756.
43. R. Jaovelo-Dzao, in Bruno Hubsch (dir.), *Madagascar et le christianisme*, p. 83. Il ajoute que le terme *sampy* semble désigner, selon les cas, soit une puissance personnelle mais immatérielle qui se manifeste de diverses façons, soit le support matériel de cette puissance. Il est soit un objet qu'on pourrait appeler « fétiche » ou « amulette », soit un animal en qui s'incarne la dite puissance, soit le ou les gardiens du *sampy*.

que certains chercheurs appellent maintenant le « *razanisme* ». D'après F. Rajaoson,[44] « Le culte des Razana que nous appellerons razanisme était présent dans toutes les tribus malgaches, certes avec des pratiques et des formes variées, mais qui n'altéreraient pas le fond commun ».

---

44. François Rajaoson, « Culte des ancêtres… », *Revue de la société d'histoire de Madagascar*, n°2, Antananarivo, pp. 1-30.

CHAPITRE 2

Quelques aspects de la religiosité malgache

Considération générale
Les Hautes-terres, pays des *Merina* et *Betsileo,* n'ont pas échappé à cette présence générale du « *razanisme* ».[1] À titre d'exemple, voyons le cas du retournement des morts, *famadihana,* qui est un aspect de la religiosité malgache et représente un genre particulier de culte aux ancêtres.

Il faut préciser que les pratiques sont diverses quant à leurs formes. Mais le fond reste le même. D'aucuns disent que ce rite est le moyen pour les morts d'entrer dans le monde des esprits des ancêtres. C'est pourquoi on l'appelle ancestralisation.

R. Hertz trouve une parenté entre le *famadihana* et la représentation collective de la mort en Indonésie où « la mort n'est pleinement consommée que lorsque la décomposition a pris fin : alors seulement le défunt cesse d'appartenir à ce monde pour entrer dans une autre existence ».[2]

M. Rakotomalala semble dire la même chose quand il affirme que

> Dans un premier temps, juste après son dernier souffle, l'individu passe du monde des vivants à celui des morts, un monde négatif, dominé par la souillure relative à la mort. Son statut est encore imprécis : il n'appartient plus au monde des vivants,

---

1. *Ibid.*, p. 3.
2. Robert Hertz, *Sociologie Religieuse et folklore,* p. 43.

mais à cause de sa souillure, les ancêtres ne veulent pas encore de lui.[3]

Chez les Indonésiens, les secondes obsèques serviront à introduire l'esprit du défunt aux séjours des morts. Dans le cas du *famadihana* en Imerina, M. Rakotomalala dira aussi au sujet du mort que :

> Plus tard, sa famille va lui assurer un second rite funéraire, qui lui permettra de passer du monde des morts à celui des ancêtres : le *famadihana*, litt. « Changement ; retournement ». À l'issue de ce rite, l'individu devient un être protecteur. Ayant acquis un nouveau statut, il doit assumer son rôle ; dépouillé de la souillure rituelle de la mort et de la souillure originelle inhérente aux vivants, il peut protéger. On saisit alors la raison pour laquelle les adeptes des cultes ancestraux se sentent offusqués si on leur dit qu'ils rendent des cultes aux morts car, au contraire, ils évitent le contact avec quelqu'un de souillé, avec l'inerte (le mort). Ils s'adressent plutôt à des ancêtres, des êtres « vivants » purs.[4]

Ainsi, beaucoup de chercheurs[5] ont transposé sur le *famadihana* le modèle de « secondes obsèques » ou « secondes funérailles » développé par R. Hertz.

Voyons maintenant un exemple de *famadihana*. Nous avons déjà signalé que la forme peut varier d'un endroit à un autre mais le fond reste le même. Pierre-Loïc Pacaud raconte qu'au début de son projet de recherche sur le *famadihana* ou l'exhumation, on lui a conseillé de conduire ses études en pays *Betsileo*, situé au sud de l'Imerina. Il écrit :

---

3. M. Rakotomalala, S. Blanchy, F. Raison-Jourde, *Usages sociaux du religieux*, p. 49.
4. *Ibid*, pp. 50-51.
5. Parmi ces chercheurs, on peut citer F. Rajaoson.

Lors de mon premier séjour de recherche à Madagascar, mes interlocuteurs Merina, informés de mon projet, m'ont présenté les avantages scientifiques qu'il y aurait à conduire mon étude en pays Betsileo. Le culte y aurait été conservé ou serait maintenu dans son état 'originel'.[6]

Nous n'allons pas présenter ici une forme particulière de *famadihana* dans un village particulier, mais une synthèse de ce que nous avons observé en pays *Betsileo*.

Famadihana : un aspect du culte aux ancêtres.

Exhumation, « Retournement des morts »[7] ou *famadihana*, voilà les titres qu'on attribue à une pratique bien connue et très suivie dans les Hautes-terres de Madagascar. Le rite consiste à ouvrir le tombeau familial, à sortir ou déterrer les morts qui y sont, et à changer leurs linceuls avant de les remettre dans le même tombeau ou dans un autre tombeau neuf.[8]

Plusieurs articles, livres et thèses ont été écrits sur le sujet, mais le débat reste toujours ouvert sur l'origine et la signification exacte de cette pratique. Les titres de ces ouvrages sont très significatifs et reflètent bien la nature de ces débats. La thèse de licence en théologie de Rakotozoma porte le titre suivant : *Les coutumes funéraires dans la Bible et le retournement des morts à Madagascar*.[9] Dans une perspective chrétienne, Rakotozoma dénonce les tentatives de christianisation du *famadihana* en se livrant à une étude comparative des coutumes funéraires dans la Bible et du retournement des morts à Madagascar. Il estime en effet que le retournement des morts relève du culte des ancêtres. Dans une perspective plutôt socio-historique, dans un article intitulé « Culte des ancêtres et Culte du Christ, Dimension

---

6. Pierre-Loïc Pacaud, *Un culte d'exhumation des morts à Madagascar : le famadihana. Anthropologie psychanalytique*, Paris, l'Harmattan, 2003, p. 33.
7. Dans sa thèse, Rakotozoma explique que le mot *famadihana*, que l'on traduit généralement par « retournement des morts », est quasi intraduisible en français.
8. Ceci s'appelle « *famadihana* de transfert ».
9. Rakotozoma, *Les coutumes funéraires dans la Bible et le retournement des morts à Madagascar,* Thèse présentée à la Faculté libre de Théologie Protestante de Paris, Paris, 1963.

Religieuse du *famadihana* »,[10] Rajaoson[11] souligne l'utilité sociale du *famadihana*. Il affirme en effet : « D'abord le rituel, considéré dans son aspect symbolique est un acte religieux, donc il a une certaine fonction dans la vie religieuse du groupe, surtout dans le *secteur traditionnel* ».[12] P.-L. Pacaud fait l'inventaire des textes qui ont été consacré au *famadihana*. Il les classe en quatre genres :

> …Les écrits sur le rite, peuvent se ranger en quatre genres : les textes missionnaires, polémiques, au non de la morale chrétienne et de la lutte contre le paganisme ; les monographies ethnographiques ; les récits 'exotiques' empreints de 'phantasies', les travaux d'histoire.[13]

Notre intention est de faire une brève présentation et description de cette pratique et des acteurs principaux qui entrent en jeu dans la cérémonie du *famadihana*. Ainsi nous n'avons aucunement la prétention de trancher le débat. Nous aborderons deux points qui nous semblent importants pour notre thèse sur le ministère de *Mpiandry* au sein des Églises protestantes à Madagascar. Dans un premier temps, nous ferons une description sommaire de ce qu'est un *famadihana*. Ensuite, nous passerons en revue quelques éléments qui composent la vie religieuse à Madagascar et commenterons le rôle de chacun d'entre eux dans la cérémonie du *famadihana*. À travers l'exposé des rôles de ces acteurs, nous entrerons en discussion, le cas échéant.

Description

Nous avons déjà signalé qu'il sera difficile de trouver une pratique unique du *famadihana,* car chaque région ou même chaque famille a sa manière

---

10. F. Rajaoson, « Culte des ancêtres… », pp. 1-30.
11. F. Rajaoson est déjà auteur d'une thèse de Doctorat de IIIème Cycle sur le *famadihana* : *Contribution* à l'étude du famadihana sur les Haux-Plateaux de Madagascar, Paris, Lettres, 1969, 248 p.
12. F. Rajaoson, « Culte des ancêtres… », p. 24.
13. Pierre-Loïc Pacaud, *Un culte d'exhumation des morts à Madagascar ; le famadihana*, Paris, L'Harmatan, 2003, p. 139.

de faire. Citant Maurice Bloch, Louis Molet affirme : « Toute description de *famadihana* se heurte au fait qu'il n'y a pas un seul type de cérémonie mais plusieurs ».

Dans cette description, nous allons examiner trois traits caractéristiques du *famadihana* : les participants et les organisateurs, les préparatifs, la cérémonie.

Les participants et les organisateurs

Le *famadihana* est une cérémonie qui va mobiliser nombre de personnes que nous pouvons partager en trois catégories : premièrement, les proches parents des morts qui vont être exhumés. Ce sont en général les descendants directs de ces ancêtres. Ils sont appelés « zana-drazana ». Ensuite, chaque « zana-drazana » a aussi des proches parents et amis à inviter. Enfin, la plupart des habitants du village où sera effectué le *famadihana* seront invités. Certains d'entre eux viennent même participer à la fête sans y être invités. On peut mettre dans cette troisième catégorie les chanteurs et danseurs dont la famille va louer les services pour animer la cérémonie. Ces musiciens et danseurs ont un rôle religieux dans la mesure où les esprits des ancêtres « doivent voir » que leur entrée dans le séjour des morts ou leur ancestralisation est accompagnée par une grande joie. Il n'est donc pas conseillé de pleurer malgré le chagrin de certains parents proches des ancêtres.

Tous ces gens seront nourris et parfois hébergés par la famille ou les familles organisatrices pendant la durée de la cérémonie qui peut durer jusqu'à une semaine. C'est pourquoi, tous les observateurs ont fait remarquer la dépense excessive entraînée par le *famadihana*. Louis Molet a par exemple consacré un paragraphe entier à la question :

> Il n'est pas dans notre intention d'insister sur les implications économiques d'un *famadihana* de quelque sorte que ce soit. Notons seulement qu'il s'agit chaque fois d'une affaire coûteuse. Bien qu'ils soient toujours célébrés entre juillet et septembre inclus, c'est-à-dire dans les froids et pendant les

vacances agricoles, ils prennent beaucoup de temps et coûtent beaucoup d'argent.[14]

F. Rajaoson[15] ajoute que le revenu monétaire moyen en milieu rural s'élevait, en 1963, à 13.000 FMG. Alors qu'en 1969, un *famadihana* type, sans chanteurs-danseurs, coûte normalement un minimum de 50.000 FMG.

Ce sont les familles organisatrices qui prendront en charge toutes les dépenses et assureront le bon déroulement de la cérémonie. Ainsi, une cérémonie de *famadihana* ne s'improvise pas. La famille doit s'y préparer au moins un an à l'avance.

Les préparatifs

Nous avons déjà dit que, pour les Malgaches, le bien et le mal ne concernent pas uniquement ce qui est à faire ou à ne pas faire mais aussi la manière de le faire. Dans ces préparatifs, les familles organisatrices auront une chose à protéger et une chose à craindre. Elles auront à protéger l'honneur, l'honneur des ancêtres à exhumer et l'honneur de toutes les familles organisatrices. Elles doivent aussi veiller à ce que toute la cérémonie se déroule selon la tradition jusque dans les moindres détails. Ceci est particulièrement important en ce qui concerne le tombeau familial et les ossements des ancêtres qui y demeurent. En effet, la croyance à la survivance et à la puissance des esprits des ancêtres est à son comble quand il s'agit d'ouvrir le tombeau et de toucher aux ossements de ces ancêtres. C'est pourquoi les préparatifs seront à la fois d'ordre matériel et d'ordre traditionnel ou représentationnel. Ainsi du point de vue matériel, par exemple, les familles qui habitent dans le village où se dérouleront les rites du *famadihana* s'occuperont de l'hébergement et de la nourriture pour tous les invités. Et du point de vue représentationnel, la famille doit s'assurer de l'aide d'un *ombiasa*. Il donnera les instructions pour que tout le rituel se déroule selon la tradition et les exigences des ancêtres. Enfin, la famille doit prévoir également l'achat des linceuls, des zébus, etc.

---

14. Louis Molet, *La conception,* p. 282.
15. François Rajaoson, *Contribution,* p. 125.

La cérémonie

Toute approche du tombeau doit être précédée de ce que l'on appelle « invocation des ancêtres » (*miantso razana*). Quelques hommes de la famille avec *l'ombiasa*, le devin, doivent aller devant le tombeau et avertir les occupants que quelque chose va se passer. Dans le cas d'un enterrement par exemple, on leur annonce qu'ils vont avoir de la compagnie. Dans le cas du *famadihana*, on leur annonce qu'on va les remettre dans un tombeau neuf et qu'ils auront des linceuls neufs s'il s'agit d'un *famadihana* de transfert. Et s'ils restent dans le même tombeau, on leur annonce qu'ils ne vont plus avoir froid car les linceuls neufs vont bientôt arriver. Suivant les régions, cette « invocation des ancêtres » peut avoir lieu un jour, jusqu'à huit jours avant la cérémonie de remise des linceuls neufs. Dans sa description, Louis Molet raconte par exemple ceci :

> La veille du jour fixé, quelques hommes dont le chef ou l'aîné reconnu du lignage vont sur le tombeau au coucher du soleil et appellent par trois cris en se tournant vers le nord-est, les ancêtres dont les doubles (ambiroa[16]) sont dispersés dans les environs. Cet appel se fait également dans la tombe provisoire[17] pour avertir le défunt que le lendemain, on l'exhumera pour l'emporter, ou au tombeau d'où l'on veut prélever quelques corps, pour avertir les doubles des intéressés de ce qui se prépare pour eux.[18]

Dans sa thèse, F. Raison-Jourde cite Hale, qui fait la description d'un *famadihana* de transfert,[19] et écrit :

---

16. Ces doubles ou *ambiroa* ne sont autres que l'esprit des ancêtres.
17. Une tombe provisoire est une tombe où le défunt ne devrait pas être normalement. On le met donc là en attendant son transfert.
18. Louis Molet, *La conception*, tome 2, p. 284.
19. Françoise Raison-Jourde, *Construction Nationale, Identité chrétienne et modernité. Le Premier XIXe siècle malgache*, Tome 2, p. 1034.

> Huit jours avant la cérémonie, on fait le *miantso razana* (appel des morts) avec le *mpanandro*.[20] On brûle encens et graisse sur la vieille tombe. On joue de la musique. On annonce aux *razana* le déplacement de tombeau. La veille du *famadihana*, on réchauffe l'intérieur du nouveau tombeau.[21]

Pendant toute cette période, les chants et les danses continuent jusqu'au jour désigné pour remettre les linceuls aux *razana* (ancêtres).

Voici comment Louis Molet raconte ce jour de la cérémonie :

> Le grand jour du matin, il y a dans les cours des maisons une animation extraordinaire, car ce sont les derniers préparatifs au village avant d'aller vers le tombeau, généralement situé sur l'une des collines voisines, et où ont été dressés les huttes et les abris. On emporte les bêches, les nattes, les linceuls neufs, des étiquettes neuves marquées d'avance au nom des ancêtres qui seront honorés. L'atmosphère est très particulière surtout pour ceux qui ont eu un deuil profondément ressenti les années précédentes et qui vont se retrouver en contact presque physique avec le défunt. Certains, les plus âgés, sont plus aguerris, ayant déjà vécu des moments semblables, et sont plus détendus. Or, chacun est tenu d'assister à la cérémonie, et qui plus est, nul ne doit verser de larmes. On ne doit entendre ni pleur ni sanglot. Ce doit être une fête joyeuse, comme les anciens ne cessent de le répéter, tant pour les morts que pour les vivants. Il est de fait qu'une sérieuse appréhension angoisse bien des gorges que l'animation ambiante détend plus ou moins.
>
> En procession désordonnée et dansante, brandissant au moins un drapeau national, le cortège se rend au tombeau en faisant un détour tel qu'on l'aborde par la direction de la rose des vents indiquée par l'astrologue. Sur le parcours, des haltes sont faites, pendant lesquelles des membres de la famille

---

20. *Le mpanandro* est un devin-astrologue.
21. Françoise Raison-Jourde, *Construction Nationale*, p. 1034.

dansent avec vigueur, de telle sorte que l'on arrive sur place à l'heure prescrite par l'astrologue.[22]

Une fois au tombeau, son ouverture doit encore être précédée d'un rituel. Une fois le rituel terminé, celui qui préside la cérémonie entre en premier dans le tombeau et prononce une prière ou action de grâce adressée aux défunts. Ces prières et actions de grâce sont appelées *sao-drazana*.[23] Le président de la cérémonie sera ensuite suivi par d'autres personnes qui choisiront les défunts d'après des repères. Une fois repérés, les défunts sont sortis par ordre croissant d'importance. Voici comment Louis Molet nous décrit encore la suite de la cérémonie :

> Aussitôt sorti et reconnu d'après les nœuds, les raies du linceul extérieur, chaque corps est enveloppé dans un drap, placé sur une natte neuve et enroulé dedans. Ce sont les femmes qui les reçoivent et les disposent et c'est un des moments poignants de la cérémonie. Certaines, mères, épouses, sœurs, se retrouvent avec le corps du disparu sur leurs genoux et ne peuvent retenir leurs larmes. Pour les autres, la frayeur n'est grande et réelle que pour les morts les plus récents et qu'il faut cependant toucher et manipuler malgré l'horreur et la répulsion. D'être portés, passés de mains en mains et secoués par les uns et les autres, les morts perdent progressivement leur caractère effroyable... C'est quand les corps ont été ainsi portés et tenus quelque temps qu'ils sont disposés sous l'abri de feuillage (en forme de reposoir) préparé pour eux.[24]

Le moment de remettre les linceuls appelés *lambamena* est alors arrivé. Ces *lambamena* sont offerts par les différents membres de la famille et groupes familiaux pour tel ou tel défunt. Ainsi, souvent les ancêtres les plus importants en reçoivent beaucoup plus que les autres. Chaque défunt

---

22. Louis Molet, *La conception*, tome 2, p. 285.
23. Glorification des ancêtres.
24. Louis Molet, *La conception*, tome 2, p. 286.

est donc enveloppé avec son nouveau *lambamena*. Les personnes qui sont chargées de cette tâche n'hésitent pas à exprimer des prières pour elles-mêmes ou pour un membre de leur famille au défunt qu'elles sont en train d'envelopper.

> Les corps en principe, ne doivent pas voir le soleil, sauf si le linceul ancien est tellement déchiré que les os s'en échappent. On invite alors tous les participants à caresser l'ancêtre, à tripoter (mitsapatsapa) ses os, son crâne. Les enfants enduisent le corps de leurs grands-parents de graisse, on enveloppe avec les parents, des objets ou des comestibles qu'ils aimaient de leur vivant. Et l'horreur est ainsi exorcisée.
>
> On munit le corps de ses nouveaux linceuls puis d'une natte que l'on enroule autour et on le range auprès des autres qui ont été déposés sur l'estrade au moment propice indiqué par l'astrologue, et où ils resteront un, deux ou trois jours.[25]

La réintroduction dans le tombeau sera encore précédée de beaucoup de rituels et de discours.

Les éléments qui composent la religion malgache et leur rôle respectif

L'origine historique du *famadihana* a souvent été discutée. Rajaoson croit que le « *famadihana* [...] aurait dû être un rituel de pratique courante dans la période monarchique où le razanisme dominait l'univers spirituel des Malgaches ».[26] Le nombre restreint de documents oblige les observateurs[27] à rester sur des suppositions et des hypothèses qui situent l'origine du *famadihana* en 1792, c'est-à-dire environ trente ans avant la venue du christianisme, pour certains. Et entre 1828-1861, c'est-à-dire après l'arrivée

---

25. *Ibid.*, p. 287.
26. François Rajaoson, *Contribution*, p. 10.
27. *Ibid.*, pp. 10-11.

du christianisme, pour d'autres. Rajaoson ajoute que rien ne prouve la non-pratique de cultes familiaux comme le *famadihana* avant le XIXe siècle. Mais en ce temps-là, le *famadihana* n'était qu'un culte parmi tant d'autres et n'avait pas sa dimension actuelle. « Le phénomène d'acculturation, ayant mis en confrontation le razanisme et le *famadihana* qu'il est une expression particulière de ce culte ».[28]

Ainsi, nous pouvons dire qu'il sera difficile d'établir la forme la plus pure et originelle du *famadihana*. Rakotozoma a lui-même dit :

> Certes, cette coutume a subi certaines modifications depuis une soixantaine d'années, mais si nous comparons le *famadihana* d'aujourd'hui à celui de jadis, nous remarquerons que dans ses grandes lignes il ne diffère en rien. Les détails de la cérémonie peuvent aussi varier d'une région à l'autre mais le fond reste toujours le même....[29]

À notre avis, Rakotozoma est allé un peu trop vite quand il dit que dans ses grandes lignes, le *famadihana* de jadis ne diffère en rien de celui d'aujourd'hui. L'examen des différents éléments qui composent la religion malgache et de leur rôle dans le *famadihana* nous permettra d'étayer cette hypothèse.

Dieu

Dieu a-t-il une place dans le *famadihana* et de quel Dieu s'agit-il ?

Nous avons déjà signalé que le mot Dieu est assez vague. Les Malgaches l'ont souvent associé au *razana* : « Que Dieu et les *razana* vous bénissent », disent les Malgaches dans leur bénédiction. On ne sait pas si ce Dieu désigne le Dieu des chrétiens ou le Soleil. Mais au fur et à mesure que les années avancent, Dieu et son rôle se précisent dans le *famadihana*. En effet, dans ce rituel, Dieu est devenu le Dieu des chrétiens. Louis Molet n'a pas manqué de souligner que parallèlement au rituel accompli par le Sorcier, « ...un représentant de la religion chrétienne, catéchiste ou pasteur pourra

---

28. *Ibid.*, p. 13.
29. Rakotozoma, Thèse, *Les coutumes funéraires*, p. 119.

être invité à la cérémonie et l'on comptera sur lui pour diriger pieusement, un moment de méditation et de prière à l'heure la plus convenable ».[30] Une fois au tombeau, quand les corps sont sortis et sont placés sous les feuillages, les familles chrétiennes organisent un court service funèbre avec des lectures bibliques et prédication. On peut dire donc que les Malgaches ont trouvé dans la figure de Dieu un premier lieu de compromis entre le christianisme et le *famadihana*. Pourquoi, pendant plusieurs années, le *famadihana* est-il presque le seul culte des ancêtres à avoir résisté au christianisme ? C'est parce qu'il y a eu un compromis. Plusieurs chrétiens et même des prêtres catholiques et pasteurs protestants essaient de justifier bibliquement ou de christianiser le *famadihana*. Avec le concept de *Raiamandreny* (à la fois père et mère), par exemple, certains réussissent à trouver dans le cinquième commandement de Moïse, « honore ton père et ta mère… », une incitation à la pratique du *famadihana*. Nous pouvons citer Rajaoson à ce sujet :

> Selon nous, la christianisation du rite entamée par les catholiques n'est en fait qu'une tentative touchant la forme et non le fond du problème. En effet, un *famadihana*, si teinté de christianisme soit-il, véhicule toujours des éléments de communication avec les ancêtres, et par là-même il est difficile de lui enlever tout caractère de paganisme.[31]

Toutes ces tentatives de christianisation ou de recherche de justification biblique au *famadihana* ne sont en fait que des recherches de compromis, comme les Malgaches l'ont déjà fait avec leur notion de *Raiamandreny* et comme ils l'ont toujours fait depuis leur rencontre avec la culture occidentale en général et avec le christianisme en particulier. Ce sont ces compromis qui seront l'objet des plus vifs débats entre les différentes composantes du christianisme à Madagascar et parmi elles les Mouvements de Réveil.

---

30. Louis Molet, *La conception*, tome 2, p. 284.
31. François Rajaoson, *Conception*, p. 25.

Le monde des esprits

L'ombre du monde des esprits plane sur tout le *famadihana* du début jusqu'à la fin des cérémonies. Quand les Malgaches invoquent les ancêtres (*miantso razana*) ou glorifient les ancêtres (*sao-drazana*), c'est de ce monde des esprits qu'il s'agit. C'est ce monde des esprits également qu'on a consulté pour avoir les directives concernant l'exécution du *famadihana*. Toutes les prescriptions doivent être suivies avec scrupule, car les Malgaches redoutent et n'aiment pas décevoir ces esprits.

Suivant le schéma de R. Hertz, que les chercheurs, dont F. Rajaoson et M. Rakotomalala ont transposé au *famadihana*, il y a donc deux catégories d'esprits dans le séjour des morts ou autour du tombeau : l'esprit des ancêtres déjà « ancestralisés » et ceux qui vont l'être par le rite du *famadihana* en cours. Sur ce point nous constatons une incohérence à cette notion d'ancestralisation. Aucun discours d'invocation des ancêtres (*miantso razana*) ni de glorification des ancêtres (*sao-drazana*) ne fait la distinction entre ces deux catégories d'esprits. Les deux catégories sont traitées de la même manière par le rite du *famadihana*. Et on attend d'eux la même chose, à savoir bénir les personnes vivantes, bénir leur famille. Il est donc tout à fait légitime de poser la question suivante : Le rite du *famadihana* est-il une ancestralisation comme dans les secondes funérailles de R. Hertz ?

La réponse n'est pas évidente dans la mesure où ce sont surtout les vivants qui attribut aux esprits les rôles qu'ils devront jouer dans le *famadihana*.

Les devins

S'il y a un personnage central du *famadihana,* c'est bien l'*ombiasa*. Il est supposé être habité par des esprits et il est en relation avec leur monde. C'est lui que la famille organisatrice du *famadihana* ou son représentant consulte pour recevoir toutes les directives relatives à la cérémonie. C'est lui qui conduira la cérémonie ou donnera les prescriptions pour l'invocation des ancêtres et leur glorification. C'est toujours *l'ombiasa* qui dicte tout ce qu'il faut faire avant d'ouvrir le tombeau et avant d'en sortir les défunts. Enfin c'est lui qui sait ce qu'il faut faire avant de réintroduire les défunts dans le caveau familial.

Cependant, dans les rôles attribués à ces *ombiasa* malgaches, il n'y a pas d'équivalence par rapport aux rôles qu'on trouve chez les prêtres indonésiens lors des secondes funérailles. Le service funèbre assuré par ces prêtres est sensé changé la condition de l'âme en l'introduisant dans la société des morts ou le monde des esprits. R. Hertz explique que tant que ce rite n'a pas été effectué, l'âme s'agite et s'inquiète :

> Il s'agit de mettre un terme à son agitation inquiète en l'introduisant solennellement dans la société des morts. C'est une tâche ardue qui suppose de puissants concours : car la route qui mène dans l'autre monde est semée de périls de toutes natures, et l'âme ne parviendra pas au terme de son voyage si elle n'est pas conduite et protégée par quelque puissant psychopompe, […] Afin d'assurer à l'âme cette assistance indispensable, des prêtres et prêtresses, convoqués par la famille du mort, récitent en s'accompagnant du tambour de longues incantations.[32]

Dans le cas du *famadihana*, les devins ne font pas de différence entre les ancêtres qui se trouvent dans le tombeau. Ils sont tous honorés et glorifiés, au même titre, comme ancêtres.

Par contre, lors des premières funérailles, les devins malgaches demandent toujours aux ancêtres déjà dans le tombeau de bien accueillir celui qui arrive, c'est-à-dire le mort qu'on va y introduire.

En conséquence, la thèse du *famadihana* comme ancestralisation ou passage du monde des morts à celui des ancêtres comporte beaucoup d'incohérences et reste tout à fait discutable. Aussi, établir une différence entre le « monde des morts » et le « monde des ancêtres » nous semble relever d'une construction théorique tardive et témoigne de cette volonté des personnes vivantes de hiérarchiser le monde des esprits.

Sur un autre registre, il faut préciser que les devins ne sont plus les « purs devins » d'avant la venue des missionnaires. Souvent, il s'agit de chrétiens baptisés, de diacres et nous avons même rencontré, dans une petite ville du Sud, deux cas de pasteurs *ombiasa*. Comment ces chrétiens *ombiasa* peuvent-ils justifier un tel syncrétisme ? Tout simplement en disant que

---

32. Robert Hertz, *Sociologie Religieuse et folklore*, pp. 58-59.

leur capacité de communiquer avec le monde des esprits est un don de Dieu. Un ancien *ombiasa* raconte qu'à chaque consultation, pour rassurer ses clients chrétiens, il laissait une Bible sur sa table et il invoquait le Dieu des chrétiens avant d'invoquer les esprits qu'il servait. Certaines catégories de Malgaches ont donc encore trouvé un terrain de compromis au sujet des devins.

Les personnes vivantes

D'où vient l'idée d'organiser une cérémonie de *famadihana* ? En général, tout commence à la suite d'un rêve. Le patriarche ou l'un des membres d'une famille fait un rêve : un ancêtre a froid et demande de nouveaux linceuls. La personne convoque d'abord toute sa famille et leur fait part de ces rêves. C'est à partir de ce moment que tout se déclenche. La famille doit d'abord consulter le devin astrologue (*Mpanandro*) pour fixer une date. Le cas échéant, la construction d'un nouveau tombeau pourra être aussi décidée à ce moment-là. Comme nous l'avons déjà signalé, les préparatifs vont s'étaler sur une année.

Ce qui est nouveau maintenant, c'est que cette personne qui rêve se dit souvent chrétienne et est membre actif d'une paroisse protestante ou catholique.

P.-L. Pacaud,[33] dans une perspective freudienne, interprète ces rêves qui déclenchent l'organisation de *famadihana*. Voici comment S. de Mijolla-Mellor présente cette interprétation dans sa préface :

> P. Pacaud nous donne avec cette étude une illustration de la thématique freudienne du meurtre du père de la horde primitive qui aurait certainement été favorablement accueillie par le père de la psychanalyse. Car cet ancêtre mis à mal, voilà qu'on l'entend parler depuis son tombeau : il a froid, il tremble et il désire qu'on organise le rite en son honneur. Ce saisissant appel des ancêtres, l'auteur n'a pas de mal à nous convaincre

---

33. P-L. Pacaud, *Un culte d'exhumation*.

d'y reconnaître la projection du remords et de la détresse des vivants, réunis dans les liens familiaux et sociaux.[34]

C'est ainsi que le rite du *famadihana* est rattaché au deuil. Ce fait est considéré comme acquis par les chercheurs.

Dans la tradition ancestrale malgache, le rêve est considéré comme un moyen de communication au monde des esprits. Contre la thèse du *famadihana* comme « ancestralisation », notons que là-dessus encore le « rêveur » ne distingue pas et ne distingue jamais entre « ancêtre tout court » et « ancêtre non ancestralisé ». La demande exprimée dans ces rêves n'est jamais une demande d'ancestralisation. Pourtant parfois elle peut venir d'un mort qui n'a pas encore été honoré par le rite du *famadihana*.

Les objets

Il y a beaucoup de choses à dire sur les objets mais prenons uniquement l'exemple des nattes, les nattes sur lesquelles reposaient les corps des ancêtres. Les Malgaches croient que la force des ancêtres s'y trouve. Ainsi, une fois qu'on les jette, les femmes se les disputent et espèrent qu'en se couchant dessus, elles seront fécondes. Louis Molet pense que : « Que ce soit sous une forme ou sous une autre, il y a tentative de captation de la force des ancêtres pour qu'ils se réincarnent, pour qu'ils accordent des enfants aux époux qui leur en demandent et des bénédictions aux autres ».[35]

La fonction du rite du Famadihana

Nous ne prétendons pas ici apporter une réponse définitive sur la question difficile de l'interprétation du *famadihana*. Sur ce point nous renvoyons à P.-L. Pacaud[36] qui en fait l'inventaire et discute les différentes interprétations proposées. Nous aimerions aborder la question dans son aspect actuel et proposer des hypothèses que nous allons vérifier tout au long de notre

---

34. *Ibid.*, p. 12.
35. Louis Molet, *Conception,* tome 2, p. 290.
36. *Ibid.*

recherche. Les questions qui se posent sont les suivantes : Pourquoi y-a-t-il un retour massif aux cultes des ancêtres, dont le *famadihana*, dans les Hautes-terres de Madagascar ? Dans cette perspective, quel constat pouvons-nous faire au sujet des groupes réels et symboliques qui composent et ordonnent la société malgache traditionnelle ? Ensuite quelles en sont les conséquences ? Enfin quelle est la fonction du *famadihana* ?

Hiérarchisation à outrance

Tel est le premier constat qu'on peut faire quand on examine les éléments qui composent la religiosité malgache. Il y a une hiérarchisation à outrance aussi bien parmi le monde des personnes vivantes qu'au sein du monde des esprits. Dans le paragraphe plus haut, nous avons vu comment chez les *andriana* il y a sept échelons. Selon J.-A. Rakotoarisoa, « plus que les appartenances régionales, ce sont les ordres sociaux (andriana, hova, mainty et andevo) et le principe hiérarchique qui les ordonne, qui structurent la société merina ».[37] P. Ottino se réfère à l'ouvrage de John Mack (*Madagascar, Island of the Ancestors*) et fait la remarque suivante sur les ordres sociaux :

> Fréquemment qualifiées de sociétés des ancêtres, les sociétés de Madagascar fondent effectivement les identités collectives et individuelles de leurs membres et les hiérarchies de leurs ordres sociaux, sur l'idée d'ancestralité. Cette idée est partout présente, au point que dans toute l'île les grandes catégories et parfois les groupements de descendance : firaza(g)na, karaza(g)na, ou simplement karaza ou raza, sont tout simplement – ainsi que leur racine commune raza qui signifie « ancêtre » l'atteste – des ancestralités.[38]

Actuellement, ces ordres sociaux basés sur l'ancestralité et les rangs sociaux qu'ils génèrent sont de moins en moins visibles. En effet, les

---

37. *Ibid.*, p. 62.
38. Paul Ottino, *Les champs de l'ancestralité à Madagascar. Parenté, alliance, patrimoine*, Paris, Karthala, 1998, 685 p. 51. L'auteur ajoute que seules les sociétés lignagères des régions périphériques et côtières entourant les hautes terres merina, vakinankaratra et betsileo (…) l'utilisent comme un principe technique d'organisation social.

« marqueurs de rangs » se relativisent pour plusieurs raisons : les migrations, la promotion des élites de toute l'île, les écarts de richesse qui se réduisent entre ethnies, les types physiques de plus en plus brouillés, les Églises historiques ne sont plus des repères fiables à cause des migrations religieuses dues à la croissance rapide des Nouveaux Mouvements Religieux (NMR).

Par contre, malgré ces changements, la hiérarchie au sein du monde des esprits des ancêtres semble intouchable et reste imperturbable. C'est pourquoi, l'un des marqueurs de rangs le plus fiable sera les rites relatifs à ces esprits des ancêtres. Dans ces rites, la hiérarchie au sein du monde des ancêtres reste bien observée. Par conséquent, la hiérarchie parmi les vivants sera aussi bien observée. Aussi le lieu le plus propice pour marquer son appartenance à tel ou tel groupe sera le tombeau ou le lieu de culte traditionnel, comme les *doany* (un site de culte sur les Hautes-terres), et les rites qu'on y effectue. Plus on veut affirmer son identité, plus on retourne en ces lieux. Nous assistons donc là à l'affirmation de l'identité et de son rang par les symboliques rituelles. Ainsi, M. Rakotomalala témoigne que :

> …Comme pour réconcilier tout le monde mais aussi pour manifester que la royauté est le centre historique de l'île à partir du règne d'Andrianampoinimerina, ils (les Merina) essaient de réunir chez eux l'ensemble des esprits malgaches. Ici, on ne rejette pas tel ou tel esprit venant d'ailleurs… y compris celui du Général de Gaulle et ceux de certains Européens, censés être les porteurs de la 'civilisation' ; on entend souvent les pèlerins dire : 'les Malgaches sont uns, pas de ségrégation quand il s'agit des ancêtres, ceux venant d'outre-mer vont encore s'installer ici plus tard'. Toutefois, l'intervention des personnages historiques ayant participé à la politique d'unification de l'île, préconisée par Andrianampoinimerina, le référent principal, honoré du titre de tale, (chef, sous-entendu de tous les esprits), mais aussi celles des personnages qui ont œuvré pour l'indépendance nationale, sont beaucoup plus souhaitées. Entrent dans ce groupe Andrianampoinimerina

lui-même, Andriamisara qui est censé avoir établi la relation diplomatique avec les Merina.[39]

Nous sommes donc là devant une sorte « d'œcuménisme ancestral ». Mais il n'y a pas d'œcuménisme neutre ou pur. Il se présente toujours autour de quelqu'un ou de quelque chose comme une institution. Ici, on veut visiblement que cet « œcuménisme ancestral » se cristallise autour du roi Andrianampoinimerina. Autrement dit, par le rite relatif à ce culte « ancestral œcuménique », la hiérarchie, supposée, dans le monde des esprits est bien respectée et le rang social de ceux qui se réclament d'Andrianampoinimerina redevient visible sans aucune ambigüité.

D'autre part, compte tenu des hostilités entre groupes, on cherche à faire passer par ce rite cette hiérarchie qui n'aurait jamais eu l'adhésion des autres tribus ou groupes par une autre voie. Maintenant tous ceux qui participeront à ce culte « œcuménique ancestral » accepteront automatiquement la hiérarchie. Alors, un nouveau groupe national, ancestral et œcuménique serait né autour de ce culte. C'est ainsi que le culte peut avoir un rôle de régulation sociale. Mais cela est-il possible ?

Sur la base de l'affirmation de M. Rakotomalala, c'est-à-dire cet « œcuménisme ancestral », le *famadihana* ne pourra jamais être ce rite qui va unifier les ancêtres. En effet, dans les tombeaux, les ancêtres ne se mélangent pas et l'ordre social est gardé jalousement.

Alors, quelle interprétation peut-on donner au *famadihana* de nos jours ?

Par sa nature même, son interprétation va dans deux directions différentes. Premièrement dans le sens de la famille organisatrice vers le monde des esprits. Ensuite dans le sens de la famille organisatrice vers la société.

De la famille organisatrice vers le monde des esprits : Négociation

Dans ce sens, nous avons déjà émis des réserves sur l'idée d'ancestralisation. Mais la demande de bénédiction et de protection reste présente dans tout

---

39. Françoise Raison-Jourde et Solofo Randrianja (dir.), *La nation malgache au défi de l'ethnicité*, Paris Karthala, 2002, p. 312.

famadihana. Le rite s'apparente plus à une négociation qu'à une demande pure et simple. Il ne faut ni froisser ni choquer le monde des ancêtres. Leurs prescriptions doivent être suivies scrupuleusement. Par conséquent la présence d'un négociateur est indispensable. Ce sera le devin. C'est lui qui va tout diriger pour que le monde des ancêtres reçoivent ce qu'ils sont supposés réclamer avant de pouvoir donner en retour ce que les vivants attendent d'eux. Il en est de même pour les cultes rendus aux ancêtres sur les sites nommés *doany*. « En Imerina, les deux formes de rites, les cultes sur les sites (*fanasinana*) et le « retournement » (*famadihana*), sont déclarées équivalentes par les pratiquants car il s'agit toujours de rendre honneur aux ancêtres pour s'assurer leur protection ».[40]

De la famille organisatrice vers la société : Refus de l'égalité

En tant que marqueur de rang, le *famadihana* ainsi que les cultes sur les *doany* sont une affirmation de l'identité et un refus de l'égalité. Ces refus de l'égalité existent même dans les institutions ecclésiastiques. J.-A. Rakotoarisoa nous rapporte l'histoire bien connue qui s'est passé à Ambohimalaza :

> Ainsi à Ambohimalaza, les descendants d'Andriantompokoindrindra, voulant maintenir les fomba des andriana, ont reproché à un pasteur nouvellement affecté de ne pas les saluer par la formule 'Tsarava tompoko' qui leur était autrefois réservée. Feignant de se conformer à cette instruction, ce pasteur a usé de cette formule avec tout le monde tant fotsy que mainty. Nouvelle colère des Andriana qui ont fini par réclamer son remplacement.[41]

Ainsi, parmi les marqueurs de rang le *famadihana* et les cultes sur les *doany* seront une manière moins brutale pour affirmer son rang et de refuser l'égalité dans la mesure où elle passe par le rite comme nous l'avons vu

---

40. Marie-Claude Dupré (dir.), *Familiarité avec les dieux. Transe et possession (Afrique Noire, Madagascar, La Réunion)*, Clermont-Ferrand, Presse Universitaire Blaise Pascal, 2001, p. 37.
41. Chantal Radimilahy (dir.). *Les dieux au service du peuple*, Paris Karthala, 2006, p. 72.

plus haut. Ceci est d'autant plus vrai que, comme le dit S. Blanchy et A. Rahajesy :

> Si l'on n'a pas d'ancêtres convaincants, autant établir une relation avec des ancêtres qui ont du hasina, cette vertu efficace et même en devenir les gardiens, mais l'on peut se trouver en concurrence avec les descendants. Le développement des cultes a en effet été marqué par une multiplication des vocations de gardiens de tombes princières, venus prendre leurs fonctions sur un appel de l'esprit ; pour les pratiquants possédés et inspirés, cette communication avec l'esprit est un critère de « vérité ».[42]

Autrement, le culte aux ancêtres est aussi un moyen pour accéder à un rang imaginaire plus élevé.

Egalité

Quelle est cette égalité que refusent certains groupes ? Pour le pasteur d'Ambohimalaza, il s'agit visiblement de l'égalité conférée par le baptême chrétien : « Vous tous, qui avez été baptisés en Christ, vous avez revêtu Christ. Il n'y a plus ni Juif ni Grec, il n'y a plus ni esclave ni libre, il n'y a plus ni homme ni femme ; car tous vous êtes un en Jésus Christ » (Gal 3, 27-28).

Il s'agit aussi de la déclaration universelle des droits de l'homme : « Tous les êtres humains naissent libres et égaux en dignité et en droits. Ils sont doués de raison et de conscience et doivent agir les uns envers les autres dans un esprit de fraternité » (Art.1).

Le refus de l'égalité et la montée des cultes ancestraux apparaissent donc comme un essai de restructuration de la société malgache sur la base de l'ancestralité et de l'esprit des ancêtres et par conséquent un refus de la modernité.

C'est l'un des enjeux du conflit entre le culte aux ancêtres et les revivalistes malgaches. C'est un choix de société que l'on peut appeler le conflit

---

42. Marie-Claude Dupré (dir.), *Familiarité avec les dieux*, pp. 38-39.

des deux Madagascar. D'une part, ceux qui cherchent le retour général à l'ordre social inspiré et régulé par l'esprit ancestral. D'autre part, ceux qui cherchent à structurer la société par cette égalité baptismale chrétienne et à promouvoir la cosmogonie biblique. En effet pour ces derniers, toute invocation des morts est déconseillée selon les versets du Deutéronome 18,9-14 :

> Lorsque tu seras entré dans le pays que l'Éternel, ton Dieu, te donne, tu n'apprendras point à imiter les abominations de ces nations-là. Qu'on ne trouve chez toi personne qui fasse passer son fils ou sa fille par le feu, personne qui exerce le métier de devin, d'astrologue, d'augure, de magicien, d'enchanteur, personne qui consulte ceux qui évoquent les esprits ou disent la bonne aventure, personne qui interroge les morts. Car quiconque fait ces choses est en abomination à l'Éternel; et c'est à cause de ces abominations que l'Éternel, ton Dieu, va chasser ces nations devant toi. Tu seras entièrement à l'Éternel, ton Dieu. Car ces nations que tu chasseras écoutent les astrologues et les devins; mais à toi, l'Éternel, ton Dieu, ne le permet pas.[43]

Dans cette perspective de culte aux ancêtres, le *tromba*[44] participe à ce conflit des deux Madagascar dans la mesure où il veut jouer un rôle dans l'organisation politique et religieuse du pays, en particulier sur la côte ouest et nord-ouest de Madagascar.[45] Aussi, comme l'affirme R. Jaovelo-Dzao :

> Le système culturel s'agence ainsi autour de la 'vie religieuse'. Elle comporte trois pôles antagonistes : l'organisation traditionnelle du sacré : culte des ancêtres, devins, etc. ; le christianisme missionnaire sous ses versions catholiques, protestantes

---

43. Version Louis Segond.
44. « Le tromba est une manifestation de possession très répandue dans le nord-ouest malgache et aux Comores ». Paul Ottino, « Le Tromba », in *L'Homme*, vol. 5, n° 1, Année 1965, pp. 84-93.
45. Selon P. Ottino, « la « fonction manifeste » du tromba est de soutenir l'appareil politique sakalava et l'autorité temporelle des princes qui, même morts, peuvent continuer à peser sur les destinées de la société ». *Ibid.*

et anglicanes ; le culte de possession sous le nom de tromba. Le premier est associé à un autre qui l'avoisine ; le second naît de l'ordre colonial et allie les étrangers et les notables devenus étrangers ; le troisième manifeste un nouvel ordre qui cherche à se construire au-delà de la négation.[46]

L'exemple du Tromba

Comme le *famadihana*, le *tromba* est un culte relatif aux ancêtres. C'est pourquoi, H. Rusillon, dans son traité sur le *tromba*, lui donne le titre de « Culte dynastique avec évocation des morts chez les Sakalava de Madagascar, le tromba ».[47] La différence fondamentale entre le *famadihana* et le *tromba* se trouve dans le rôle joué par le monde des esprits ou par l'esprit. Dans le *famadihana*, les « esprits des ancêtres » communiquent en général par le rêve et se contentent d'observer si le rite est bien exécuté selon la tradition et si les personnes vivantes ou leurs descendants les honorent convenablement. Dans le rite du *tromba*, le monde des esprits ne reste pas inactif. Un ou plusieurs esprits viennent prendre possession d'une personne pour exprimer ou imposer à travers elle sa volonté dans la société. Le ou les esprits imposent également à leur possédé des tabous à suivre scrupuleusement sous peine de sanction très sévère. Pour être écouté et pour avoir plus d'autorité, ces esprits se présentent comme l'esprit d'un *ampanjaka* (prince) défunt et la personne qu'ils prennent possession est souvent une femme. C'est pourquoi ce genre de culte est appelé culte de possession.

Les manifestations de ces possessions sont multiples et varient suivant les régions. Dans l'ouvrage dirigé par M.-C. Dupré,[48] S. Blanchy et A. Rahajesy font remarquer que :

---

46. Robert Djaovelo-Dzao, *Mythes, rites et transes à Madagascar*, Paris, Karthala 1996, p. 361. L'auteur reprend en fait ici la thèse de Gérard Althabe dans son livre *Oppression et libération dans l'imaginaire*, Paris, La Découverte, 2002, p. 354.
47. H. Rusillon, *Un culte dynastique avec évocation des morts chez les Sakalava de Madagascar. Le « Tromba »*, Paris, Picard, 1912.
48. Marie-Claude Dupré (dir.), *Familiarité avec les dieux*.

> À Madagascar, le mot *tromba* prend le sens générique de « culte de possession », et il est employé en Imerina dans les milieux urbains par les non pratiquants. Mais il est étranger au vocabulaire des pratiques locales, même si les cultes de possession royal en Imerina ont des traits comparables à ceux des anciens royaumes sakalava.[49]

Le plus souvent, les membres du corps du possédé sont complètement « maîtrisés » par les esprits qui le possèdent. De même, la nature de la relation entre l'esprit possesseur et la foule qui participe à la manifestation est diverse. Elle peut être subie, conflictuelle ou consentie. Quand la possession est consentie et reconnue par la foule, elle entraîne ce culte de possession, le *tromba*. Dans ce cas, le mot *tromba*[50] désigne trois choses à la fois : l'esprit qui possède la personne, l'état de possession de la personne et l'ensemble des manifestations autour du possédé.

R. Jaovelo-Dzao, rapporte la première description du *tromba* à Madagascar par le missionnaire jésuite Luis Mariano, dans sa lettre du 20 Août 1617 :

> D'abord il convoque son auditoire par de grands cris ; ensuite, dès qu'il voit les gens du pays assemblés, il se met à parler au nom d'un mort quelconque, ou même de plusieurs, traitant des sujets divers, selon les époques et les circonstances, parlant tantôt de l'avenir ou bien de la guerre, de la paix, de la récolte. Tous les assistants écoutent dans le plus profond recueillement, tandis que l'un des plus âgés parmi les vieillards présents, lui répond et l'interroge familièrement. Tel est leur aveuglement, que le diable a beau se moquer d'eux, à chaque instant, et leur débiter des mensonges grossiers, tout en exploitant leurs misères par des incessantes demandes de sacrifices, qu'il ne laisse jamais de venir l'écouter comme un oracle.[51]

---

49. *Ibid.*, p. 26.
50. Cf. Paul Ottino, « Le Tromba ».
51. Robert Jaovelo-Dzao, *Madagascar et le christianisme*, p. 360.

Luis Mariano considère donc le *tromba* comme l'œuvre du diable. Contrairement à cette vision missionnaire, les anthropologues comme G. Althabe, par exemple, souligne l'aspect imaginaire et trouve que « le culte permet d'édifier un pouvoir imaginaire contrôlé par les acteurs, face au pouvoir de l'Etat sur leur vie quotidienne ».[52] Cette interprétation pose problème parce qu'elle suppose que les acteurs « contrôlent ». Or, dans les cultes aux ancêtres en général et le *tromba* en particulier, les faits montrent que les acteurs subissent la plupart du temps la volonté et les exigences des esprits ou des *tromba*.

Luis Mariano sera suivi dans son interprétation par les missionnaires comme H. Rusillon, les protestants en général et les mouvements de Réveil en particulier. Ces derniers seront les plus zélés contre tous les cultes en rapport avec les esprits des ancêtres.

Comment un esprit prend-il possession d'une personne ? Que se passe-t-il par la suite ? Comment vit le possédé dans le quotidien ? Etc.

On peut aborder ces questions de plusieurs manières. Ce qui nous intéresse n'est pas le *tromba* dans tous ses aspects et avec toutes les interprétations possibles, mais celui-ci dans ses rapports conflictuels avec les mouvements de Réveil. Ainsi nous aborderons ces questions par l'étude d'un cas particulier de *tromba*. Celui de Rakotomihantarizaka Organès et sa femme Mahonjo Olga. O. Rakotomihantarizaka apporte le témoignage de sa femme dans le livre hommage à Germaine Volahavana,[53] à l'occasion du Jubilé du cinquantième anniversaire du mouvement de Réveil d'Ankaramalaza. Le témoignage se trouve dans les pages 129 à 150. Nous avons traduit en français ce témoignage et nous le mettons parmi les sources principales, avec sa version originale en malgache, Tome II de notre Thèse. De plus, pour permettre au lecteur de bien saisir cet autre aspect de l'enjeu « du conflit entre les deux Madagascar », nous intégrons dans le corps de notre thèse cette traduction avec nos propres annotations.

Le témoignage est exceptionnellement long, mais nous l'intégrons dans le corps de notre texte pour quatre raisons au moins :

---

52. Marie-Claude Dupré (dir.), *Familiarité avec les dieux*, p. 27.
53. *Tantara sy Fijoroana ho Vavolombelona (Histoire et Témoignage)*, Antananarivo, Edisiona Fampielezana Literatiora Loterana, 1991.

La première raison concerne la personnalité du narrateur, Rakotomihantarizaka. Il est à la fois commissaire de Police et conjoint d'Olga Mahonjo. Par conséquent, malgré le côté subjectif d'un témoignage, non seulement Rakotomihantarizaka est témoin direct mais il est aussi un homme habitué à l'enquête et au rapport d'enquête. C'est pourquoi nous avons retenu son témoignage parmi les nombreux écrits ou oraux que nous connaissons. En outre, ce témoignage est assez complet, bien structuré et, par conséquent, exploitable pour notre sujet.

La deuxième raison pour laquelle nous avons choisi d'intégrer ce témoignage est le fait qu'il met en scène tous les acteurs du paysage religieux à Madagascar. Dans la tradition malgache, par exemple, il nous raconte comment et dans quelles conditions une famille décide de consulter un *ombiasa*. Comment ce dernier s'y prend pour satisfaire à la demande de ses patients. Ce témoignage nous décrit également comment et dans quelles condition une famille imprégnée de religiosité malgache traditionnelle arrive à chercher du secours dans le camp adverse, c'est-à-dire auprès des chrétiens. C'est ainsi que le témoignage de Rakotomihantarizaka sera un exemple type de l'entrée en scène des « bergers du mouvement de Réveil » dans leur combat contre les *tromba*.

Ce témoignage montre aussi un aspect du syncrétisme à Madagascar. C'est un point qui fait presque l'unanimité entre les observateurs qu'ils soient anthropologues, sociologues, historiens ou missionnaires chrétiens. Tous soutiennent le fait que dans l'acculturation ou l'inculturation du christianisme à Madagascar, il y a beaucoup de syncrétisme. La première partie de ce témoignage de Rakotomihantarizaka sera un exemple de ce syncrétisme ou d'un type particulier de compromis.

La quatrième raison vient du fait que ce témoignage met en évidence la relation entre « l'esprit possesseur » et le « possédé » dans la vie quotidienne. À notre avis, l'étude de cette « relation » pourra jouer un rôle déterminant dans l'interprétation du *tromba*. À notre connaissance, cet aspect du *tromba* est le moins étudié. C'est tout à fait normal, car les détails exacts d'une telle relation ne peuvent découler que d'une expérience vécue.

Enfin nous avons intégré ce témoignage dans le corps de notre thèse parce que Rakotomihantarizaka et sa femme sont devenus berger après avoir servi les *tromba*. Leur cas est par conséquent assez représentatif d'un aspect de la conversion au sein des mouvements de Réveil, une conversion rupture avec la cosmogonie malgache.

Voici la traduction de ce témoignage dans son intégralité.

Témoignage de Rakotomihantarizaka Organès

Tel les restes d'un incendie

Introduction[54]

C'est effectivement comme cela que l'on peut définir la vie de cette famille puisque même si les quatre membres de la famille sont tous chrétiens, ils ont surtout servi Satan puisqu'ils croyaient que c'était ainsi qu'ils réussiraient et auraient de la chance dans la vie. Mais tout cela n'était que tromperie… ; et actuellement les deux époux sont *Mpiandry* :[55] ils ne servent plus qu'un seul Dieu, l'Eternel Dieu.

Monsieur RAKOTOMIHANTARIZAKA Organès (Commissaire de Police) nous raconte la façon dont Jésus-Christ les a délivrés, lui et toute sa famille des liens des *tromba* et *kalanoro*. Nous vous proposons ici son témoignage.

Ma femme se nomme Mahonjo Olga. Elle occupe le poste de « Brigadier de Police ». Nous avons deux enfants, un garçon et une fille. Des choses[56] ont habité ma femme durant quatorze années (1966–1980). Ce qui n'était pas mon cas. Mon rôle s'est limité à conserver tous les ustensiles dont ma femme pouvait avoir besoin pour servir ces idoles et à accueillir les gens qui venaient la voir pour se faire soigner.

---

54. L'introduction est faite au nom des éditeurs du livre hommage à Germaine Volahavana, Nenilava.
55. Mpiandry : personne habilitée à agir au nom de JESUS (elle peut chasser les démons, guérir des maladies,…) C'est comme un apôtre en quelque sorte. Pour cela, bien sûr elle a suivi des formations, passé des épreuves, effectué des retraites…
56. C'est une façon de dire qu'elle était habitée par des esprits.

La maladie qui fut source du malheur

en 1966, ma femme tombe malade. Elle est atteinte de la maladie « *kasoa* » que certains appellent aussi « *ambalavelona* ».[57] Comme elle est fonctionnaire, elle ne peut pas rester à la maison mais elle doit être hospitalisée. Elle est soignée à l'hôpital Befelatanana.[58] Mais les traitements médicaux n'ont rien apporté et la maladie s'est aggravée.

Finalement sa mère demande au médecin qui la soigne de l'emmener chez eux à Morondava, car a priori, s'il s'agit d'une maladie ayant un lien avec la sorcellerie, elle ne sera jamais guérie tant que ce sont les médecins qui s'en occupent. Il faut absolument consulter un « *gasy* » c'est-à-dire un *ombiasa*, un faiseur de *sikidy*.

Quand elles arrivent à Morondava, sa mère l'emmène à Malaimbandy, dans un lieu proche de Manampandà, là où, d'après les gens, se trouve un homme qui a la réputation de guérir des cas comme celui de ma femme.

Après avoir pratiqué la divination, l'homme affirme que ma femme est effectivement atteinte de *kasoa*. Il demande donc qu'on achète un litre de rhum, qu'on apporte des billets de banque, des pièces d'argent et du vin pour offrir au *tromba*[59] qui serait en lui. Le nom de ce *tromba* est un certain « Zanaharibe ». Quand le *tromba* s'est introduit chez le *ombiasa*, il a annoncé qu'il s'installerait dans ma femme pendant un mois et qu'ensuite il la guérirait. À la fin de cette période il quitterait ma femme. Comme remède on donne à ma femme des brindilles de bois à boire, on lui frotte des brindilles sur la tête avec les pièces d'argent et c'est à ce moment-là que le *tromba* sort de l'*ombiasa* pour entrer dans ma femme qui tombe évanouie sur le lit. Quand on relève ma femme, ce *tromba*-là parle par sa bouche, prend sa voix et ma femme n'arrive plus à se contrôler. Il pose alors toutes les conditions sur tout ce qui est interdit, tout ce qu'elle ne doit pas manger : du porc, du piment, du *voahanjobory*[60] ou de la viande sacrifiée lors de funérailles. Elle ne doit pas non plus se regarder dans un miroir ni sortir de la maison au coucher du soleil et ne doit pas jeter un panier par la fenêtre. Ce sont tous les interdits qu'elle doit observer pendant un mois. Pendant tout ce temps où le *tromba* est en elle, elle arrive à boire un litre de rhum et quand il la quitte, ma femme n'est même pas ivre.

Un mois plus tard, nous sommes allés chercher l'homme *ombiasa* dans son village de Malaimbandy pour qu'il fasse sortir le *tromba* qui est en ma femme, comme

---

57. Dans le Glossaire de M. Rakotomalala, S. Blanchy et F. Raison-Jourde, 2001, l'*ambalavelona* est une sorcellerie provoquant des troubles mentaux, affectant le plus souvent les jeunes filles.
58. Un des plus grands hôpitaux à Antananarivo.
59. Comme tout *ombiasa*, cet homme est donc habité par un esprit, un *tromba* qui a fait de lui un guérisseur
60. *voahanjobory : mélangé avec de la viande de porc, c'est un des plats préférés des Malgaches. Un genre de pois, de couleur beige ou marron très clair.

ce qui a été convenu et consenti. Quand l'*ombiasa* arrive, il prépare une potion pour lever les interdits, c'est-à-dire pour effacer toutes les violations concernant ce que le *tromba* a interdit à ma femme. Ma femme éprouve alors une grande joie d'apprendre qu'elle sera guérie et libérée de tous ces interdits et qu'il ne lui arrivera plus rien. Le *ombiasa* nous demande de prendre un « taureau à la tête claire », un « coq noir » qu'on va tuer, une marmite avec un drap noir et de l'alcool pur à apporter au *kilifaly*,[61] car c'est là qu'on l'expulse et qu'on envoie la maladie pour qu'elle n'atteigne plus ma femme.

Nous procédons alors au rituel, selon la tradition, au *kilifaly*. C'est alors qu'un énorme lézard sort de la racine du *kilifaly*. Ce qui provoque une grande frayeur chez ma femme. Son cœur se met à battre très vite, ses cheveux se dressent sur la tête et elle a la chair de poule avec l'impression d'avoir la tête qui grossit. Elle perd alors connaissance et c'est à ce moment-là que le *tromba* entre en elle. Il l'entraîne dans une danse endiablée des Sakalava du Menabe pour révéler ses origines. Le *tromba* saisit l'épée avec les mains de ma femme et s'empare du *mohara*[62] de l'homme *ombiasa*. Elle ne lâche pas l'alcool qu'elle a dans les mains et continue à boire jusqu'à ce qu'il n'y en ait plus. Pendant ce temps, les personnes qui assistent se mettent à entonner les chants des idolâtres, à frapper des mains pour l'encourager à danser de plus belle.

Ensuite on tue le taureau, puis on verse le sang au pied du *kilifaly* et après cela, le *tromba* sort de ma femme. Elle recouvre ses esprits mais elle est très fatiguée et très faible. Mais ce qui est étonnant, c'est qu'elle n'est pas du tout ivre. On creuse un trou pour y déposer vivant le coq noir, à la place de ma femme pour que la maladie ne revienne plus et que le *tromba* la quitte pour toujours. Ainsi elle pourra manger tout ce que lui était interdit.

C'est un samedi, après-midi, vers trois heures. Quand la fête est terminée, on découpe la viande de bœuf pour la partager à tous ceux qui ont assisté. Chacun en rapporte chez soi et nous rentrons tous chez nous.

Nous avions été trompés, nous étions impuissants

Et puisque la délivrance a été accomplie, nous préparons pour ma femme un mets avec du porc et du canard. Depuis sa maladie, c'est la première fois que ma femme va goûter du porc. Alors qu'elle est en train de manger, ma femme ne ressent rien. Mais c'est à la fin du repas qu'elle a des douleurs au ventre accompagnées de coliques et de diarrhées jusqu'au soir. Elle est très fatiguée et exténuée quand vers 18h30, le *tromba* se pointe brusquement, celui qui était en elle pendant un mois

---

61. Un grand tamarinier.
62. Dans le Glossaire, déjà cité, le *mohara* est un charme confectionné généralement avec des cornes de zébus.

et qu'on avait fait sortir au *kilifaly*. Il se montre très en colère et nous demande : « Pourquoi selon lui l'avons-nous trahi, pourquoi lui avoir fait manger du porc qui lui est interdit ? »

Et c'est alors que la mère de ma femme se dresse contre lui pour lui dire : « Et vous, pourquoi revenez-vous encore alors que nous étions d'accord que vous ne resteriez plus dans ma fille mais que vous la quitteriez ? »

C'est alors qu'il se met très en colère : il prend ma femme pour induire chez elle une violente agitation et des sauts qui indiquent qu'il n'est pas content. Devant ce spectacle, la famille se sent impuissante et s'empresse de demander pardon au *tromba* pour qu'il ne s'emporte pas de cette manière envers ma femme. C'est ainsi que nous supplions le *tromba* et quand il arrête, il nous dit : « Estimez-vous heureux que je n'arrache pas sa langue ou que je ne retourne sa tête d'avant en arrière. Mais la prochaine fois, si vous recommencez, je ne manquerai pas de le lui faire subir. Et il ajoute : « Mais pour quelle raison cherchez-vous à le chasser de cette personne dans laquelle il s'est établi et qu'il a guérie, c'est quand même grâce à lui qu'elle se sent mieux ? Moi, dit le *tromba*, je ne veux pas partir parce que j'aime rester en elle d'autant plus que c'est Dieu qui m'en a donné l'autorisation ; elle peut soigner des gens quand je suis avec elle, mais je ne suis pas là pour la tuer, mais bien au contraire, je lui apporte la vie et la bénédiction, ainsi qu'aux autres personnes qui sont dans la même situation.

Ma femme retourne alors à Antananarivo reprendre son travail. Les mois et les années passent et le *tromba* est toujours là. Il commence à nous prédire l'avenir. Par exemple, si nous connaissons quelqu'un qui doit bientôt mourir, le *tromba* prévient ma femme par les songes ou en lui parlant directement comme à quelqu'un qui écoute au téléphone. D'après ma femme, il dit : vous allez bientôt apprendre une mauvaise nouvelle ou il va y avoir du tumulte ou un malheur va se produire et ces choses arrivent vraiment. Mais ce que nous remarquons, c'est que ce *tromba* ne nous annonce jamais les bonnes nouvelles, mais toujours les mauvaises.

Puis le *tromba* conseille à ma femme de venir en aide aux personnes habitées comme elle par un *tromba* et [qui avaient accompli tout le rituel nécessaire afin de conserver pour toujours l'esprit et de calmer ainsi la colère de ses ancêtres].[63] Tout cela afin de mettre fin aux diverses maladies que ma femme continue d'attraper. Et pendant ce temps, nous n'avons plus d'argent, nous dépensons tout en frais d'hôpital, de médicaments et de ce qui pourrait guérir ma femme. Mais nous ne voyons aucune amélioration chez elle.

---

63. Nous ne sommes pas sûrs de la traduction de cette partie entre crochet dans la mesure où il y a trois sujets possibles du mot « *fombany* » (sa tradition ou ses traditions ou leurs traditions). Dans tous les cas, l'idée est que Madame Maonjo Olga doit accomplir une rituel pour ces femmes ou pour elle-même afin d'apaiser la colère de ses ancêtres qui sont la source ou la cause de sa maladie à répétition.

Quand nous voyons le nombre de *tromba* qui sont dans ma femme augmenter, nous prenons la décision d'aller trouver quelqu'un qui saurait vraiment faire disparaître ces *tromba* devenus si nombreux. Nous allons chez une personne qu'on appelle « COCO ». Après lui avoir raconté tout ce qui nous est arrivé et tout ce que nous avons essayé pour nous débarrasser de ces *tromba* présents dans ma femme, COCO accepte et confirme qu'il sait parfaitement chasser ces esprits impurs.

COCO habite à Fiadanana. On pense que c'est un magicien parce qu'il utilise toute sorte de méthodes avec la Bible. Mais nous n'obtenons aucun résultat.

Quand ma femme et moi rentrons à la maison, le *tromba* est là. Il me dit que si j'emmène encore ma femme chez cet homme qui a tapoté sa tête avec le livre (parlant de la Bible), il lui fera vomir du sang et il la tuera. Le *tromba* est très en colère et il nous rappelle ce qu'il a déjà dit précédemment : Dieu lui a donné l'autorisation d'habiter ma femme et il ne la quittera pas tant qu'elle vivra.

Elle est devenue devin - *tromba* guérisseurs

Alors ma femme et moi ne savons plus comment chasser et nous débarrasser de ces *tromba*. Parce que les personnes qui ont la réputation de savoir les chasser n'y parviennent pas nous choisissons de ne plus provoquer la colère de ces *tromba* et nous reprenons le cours normal de notre vie en leur compagnie.

Puisque les *tromba* refusent de quitter ma femme, nous décidons de suivre le rite traditionnel qu'ils attendent pour rendre un culte et élever au rang de *tromba* royal le premier *tromba* qu'on a mis en elle. Et quand les personnes habituées à ce rite l'ont accompli à Antananarivo, le *tromba* révèle son nom et dit qu'il s'appelle : « Andriamandetarivo » et il nous présente aussi sa femme « Andriambavitara ».

Peu de temps après, d'autres *tromba* viennent se joindre à eux. Il y en a un du nom de « zafin'ny fotsy » et un *tromba* arabe qui parle vraiment arabe quand il se manifeste. Je ne vous cite pas tous leurs noms, mais au total ils sont onze avec les sirènes, cet arbre qui se tortille sept fois et dans lequel vit un esprit. Les *tromba* nous demandent de le récupérer à FALIERANA, près d'ANDASIBE (Périnet-gare), dans la région de MORAMANGA.

Et comme ils ont des manières différentes de se manifester, surtout le plus grand de tous, qui désigne les autres comme ses soldats et ses compagnons, ma femme et moi soignons et délivrons des personnes par leur intermédiaire. C'est moi qui invoque les *tromba* et jamais nous ne nous arrêtons, surtout le samedi après-midi et le dimanche où notre maison est remplie de monde.

Cependant si nous calculons le total de notre argent, nous dépensons des centaines de milliers d'Ariary et il ne reste rien de notre salaire mensuel. Nous dépensons tout pour nous occuper de ces *tromba* et suivre leurs habitudes. En plus, des sommes que les gens donnent en contrepartie des soins apportés par *ces tromba*, il ne reste rien parce que c'est pour servir également à satisfaire ces *tromba*. Mais il n'y a pas que les *tromba*, il y a aussi les *kalanoro*.[64]

Ce sont des choses que nous avons demandées aux *tromba*. Nous avons appris comment les *kalanoro* agissent. Elles viennent des régions Ouest et Nord de Madagascar, sous le nom de « *Dadibe* ». Elles sont différentes des *tromba*. Voilà pourquoi nous avons dit aux *tromba* : rapportez des *kalanoro* pour être vos amis ainsi on pourra apporter directement les remèdes dans les endroits que personne ne connait

Nous avons entendu dire également que ces « *kalanoro* » peuvent soulever et transporter ce qu'on leur demande de prendre, peu importe la chose, et la différence avec les *tromba*, c'est qu'un *tromba* a besoin d'habiter une personne, il utilise sa bouche pour parler et ses mains pour prendre quelque chose ; mais les « *kalanoro* » n'ont pas besoin d'être dans une personne mais il faut un endroit bien précis de la maison pour les appeler, le soir, quand il commence à faire sombre. On éteint toutes les lumières de la pièce avant de les appeler. On leur prépare un peu d'argent, du miel pris sans allumer de feu et du parfum « pompélia ». Quand les *kalanoro* arrivent, nous entendons leurs voix et ceux qui souhaitent s'entretenir avec elles pour leur poser des questions viennent leur parler. Il en est de même pour ma femme.

Les *tromba* ont donc amené les « *kalanoro* » dans notre maison. De sorte que nous entendons souvent des bruits de percussion comme quelque chose qui tombe sur le toit, le jour mais surtout à la nuit tombée. Pour le moment il ne s'agit que d'une simple visite et ce n'est pas ce qu'ils font habituellement.

Les « *kalanoro* » commencent alors à nous demander d'observer des interdits. Ce qui se passe dans notre maison, ce sont les objets qui changent souvent de place. Par exemple, la guitare qui se met à jouer toute seule. Il y a également nos économies que nous gardons à la maison, 30 000 Fmg ou 10 000 Fmg qui disparaissent de l'endroit où nous les avons déposés. Nous cherchons partout cet argent et nous savons très bien que ce ne sont pas nos deux enfants qui les ont volés. Et puis, deux semaines plus tard, ou dix jours plus tard, voici que l'argent réapparait. Parfois l'argent revient dans sa totalité, mais parfois il manque 5 000 Fmg. L'explication qu'on nous donne est la suivante : les *kalanoro* nous montrent qu'il y en a parmi elles qui arrivent à voler de l'argent de cette manière et elles peuvent nous en rapporter un sac plein si nous accomplissons correctement ce qu'elles nous demandent.

J'ai fortement averti les *tromba* et les *kalanoro* de ne pas chercher à entrer dans mes enfants s'ils veulent que je continue à m'occuper d'eux. Ils ont été d'accord. Mais ce qui m'inquiète c'est d'entendre mes enfants, surtout ma fille qui aujourd'hui a 20 ans, nous dire que, lorsqu'ils vont tout seuls dans notre chambre à coucher pour

---

64. Dans le Glossaire, *kalanoro* est une espèce de gnome. Tandis que dans le Lexique de R. Jaovelo-Dzao, les *kalanoro* sont des nains, êtres mythiques, doués de beaucoup de facultés. Des génies généralement bénéfiques. Syn. *kananoro*, *vazimba*.

prendre quelque chose, car c'est là que se trouvent tout ce qui touche à ma femme, ils surprennent un homme de petite taille, avec un vêtement de couleur rouge et tenant une lance comme celle que portaient les personnes d'autrefois à la campagne dans les régions côtières ; très souvent, la nuit, ils se réveillent en poussant de grands cris, car ils sont effrayés, ils voient un homme âgé, avec une longue barbe, qui les regardent d'un air terrifiant.

Nous étions prisonniers

Nous avons vécu 13 ans dans cette atmosphère.

Quand j'ai terminé mon stage d'Officier de Police le 29 février 1980 à Antsirabe j'ai repris les habitudes de mon foyer. Nous sommes allés aux *doany*[65] qui servent à rendre un culte et à invoquer les *tromba* qui se trouvent aux environs d'Antananarivo, comme Ambohimanga, Alasora, Ambohimalaza.

À la fin, c'est moi qui ai ressenti comme une sorte de fatigue et je suis souvent tombé malade. Les médecins n'ont pas trouvé quels médicaments prescrire pour me guérir. Donc, quand j'ai recherché les soins auprès des *tromba* de ma femme, ils m'ont répondu qu'il y a parmi mes ancêtres un roi, un grand roi, qui veut habiter en moi, son descendant. Telle est la raison pour laquelle je ne me sens pas très bien. Je guérirai si je me laisse entrainer et attendrir par ce roi.

Je leur ai répondu : « Mais comment être sûr que si on exécute le rituel, je serai effectivement guéri ? Ce ne sont que des mensonges, ce n'est pas vrai, car, d'après ce que je sais, personne dans ma famille n'a été habité par l'esprit d'un de nos ancêtres.

Le chef des *tromba* a répondu par ma femme : « Vous avez plus de chance qu'aucun autre membre de votre famille, vos ancêtres vous aiment. »

Mais j'ai refusé catégoriquement en pensant à toutes ces souffrances que ma femme a dû supporter à cause de ces choses qui habitent en elle et j'ai dit : « Moi, jamais je n'accepterai de suivre le rituel ! Plutôt mourir que de le faire ! »

Dès cette année 1980, je ne me suis plus trop soucié de ces choses qui sont en ma femme. Mais j'ai quand même accepté de me soumettre à eux parce que j'avais de la peine pour ma femme qu'ils punissaient dès qu'ils étaient contrariés. C'est en discutant avec un de mes amis chrétiens, et en écoutant à la radio nationale le témoignage d'une personne délivrée de ces choses que j'ai découvert que ces *tromba* sont vraiment des démons mais ce ne sont certainement pas des ancêtres et encore moins des ancêtres de rois.

À partir de ce jour, ma femme et moi avons commencé à en parler doucement : ces choses qui sont en nous sont donc des démons. Nous étions à la fois effrayés et

---

65. Selon le Glossaire, *doany* : lieu de culte, généralement aménagé, aux esprits autres que Dieu et les ancêtres lignagers. Pour le Lexique, de R. Jaovelo-Dzao, *Doany* : Village royal ; Village où réside le souverain vivant par opposition à *mahabo*, tombeaux royaux. Encore qu'à Madagascar les deux termes se recoupent.

perplexes comme si nous étions dans un fossé tellement sombre qu'il en était impossible de voir l'issue. Nous nous sommes laissé entraîner dans une voie interdite et nous avons accepté de suivre les *tromba*.

Donc quand nous avons réalisé que les *tromba* et toutes leurs troupes sont des démons, le plus grand des *tromba*, celui qu'on appelle « Andriamandetarivo », s'est brusquement présenté à ma femme, il était très en colère qu'on dise de lui que c'est un démon alors qu'il serait un de nos ancêtres venu pour nous bénir. Il serait un ancêtre très ancien à l'époque où Madagascar était encore entièrement malgache. Dieu lui aurait donné l'autorisation d'habiter les personnes dont ma femme.

Mais ces affirmations ne m'ont pas du tout convaincu, je n'ai pas cherché à discuter avec lui mais je l'ai tout simplement écouté. Alors quand il est parti, c'était le soir à l'heure du dîner et quand nous sommes allés dans la salle à manger, j'étais étonné de ne pas voir ma femme nous suivre. En fait le *tromba* est venu la punir. Il lui a fermé la bouche pour qu'elle ne puisse pas parler. Elle était parfaitement consciente mais elle était tout raide sur le lit.

J'ai tout de suite compris : c'était parce qu'il était en colère et très souvent c'est ma femme qui est punie quand nous ne respectons pas certaines choses ou que nous ne le faisons pas. Mais nous avons commencé à leur répondre.

Donc quand je vois ce qu'ils font subir à ma femme, je prends de la braise du charbon que je pose sur l'herbe. Puis, j'apporte de l'argent avec parfois de l'alcool dilué (quelquefois ¼, ½, 1 litre tout dépend de ce qu'on veut faire) pour leur demander pardon et c'est seulement après que ma femme est soulagée.

Et c'est dans une véritable terreur que vivent nos enfants, surtout quand le *tromba* arabe se présente. C'est vraiment triste parce que nous vivons dans la frayeur et les tremblements de voir ce que ces *tromba* peuvent faire, surtout quand ils infligent une punition à leur mère.

De manière générale, nous en avons assez et nous essayons de voir comme faire, où aller pour nous débarrasser définitivement de ces *tromba* et de leur fourbi.

J'ai commencé à lire la Bible et j'ai appelé nos deux enfants pour écouter la Parole de Dieu que je lisais...et ainsi nous terminons toujours par un moment de prières. Ma femme a commencé par m'en vouloir mais ça ne nous a pas découragés. Mes deux enfants et moi faisons le culte... et ma femme a avoué : « Moi aussi, j'ai envie de prier...mais ces choses qui habitent en moi m'en empêchent. Donnez-moi des conseils ! »

Je pense que c'est l'œuvre discrète du Saint-Esprit qui change doucement les choses. Ma femme et moi d'ailleurs sommes luthériens et communiants. Cependant nous n'avons pas renoncé aux choses de ce monde et ses habitudes. En plus de l'idolâtrie, il y a des manières et des habitudes qui nous lient : ma femme et moi sommes des fumeurs, nous n'avons pas de préférence pour les boissons alcooliques et que dire des soirées dansantes. Moi, personnellement, je suis comme on dit « tête de mule » ; j'aime ce qui est violent parce que j'ai également pratiqué les arts martiaux.

Un jour, quand nous sommes rentrés du bureau (août 1980), nous étions étonnés de voir par terre sur le ciment les objets du culte des *tomba* (rideau et petite étagère) dans un coin de la pièce et l'arbre « NALA » qui se tortille sept fois, celui dont j'ai parlé précédemment. C'était comme s'il y avait eu un tremblement de terre. Il y avait la radio sur le chevet de notre lit et d'autres livres mais rien n'est tombé. Les objets semblent avoir été soulevés puis enlevés par une main, pour être jetés en bas sur le ciment parce qu'il y a eu plusieurs choses comme les brindilles avec des feuilles de tabac à chiquer (*paraky*) dans un panier non couvert qui aurait dû tomber mais qui est resté à sa place. Normalement, quand les choses tombent, tout doit s'éparpiller.

Devant cette situation, nous sommes restés pensifs. Ce que nous avons fait, nous avons tout ramassé pour tout remettre à sa place. Et comme nous n'avions pas le temps et que nous devions retourner travailler l'après-midi, nous n'avons pas pu invoquer les *tromba* pour leur raconter et les informer de ce qui venait de se passer. Nous avons attendu samedi pour les appeler comme d'habitude.

Donc le samedi qui a suivi le jour où tout s'est écroulé et que tout est tombé dans la maison, comme d'habitude nous avons appelé le chef des *tromba* et nous lui avons raconté tout ce qui s'est passé. Parce que de toute façon, c'est une habitude et parce que nous voulons savoir pourquoi c'est arrivé. Et voici ce qu'il a répondu : ce sont les « *kalanoro* ». Elles sont très puissantes et elles ont des manières différentes des nôtres. D'après lui, c'est pour nous dire que nous ne devons plus attendre comme nous l'avons fait pendant plusieurs années avant de suivre notre rite. Partez donc à MAHAJANGA le plus tôt possible pour préparer le rite des *kalanoro*. Là-bas il y a des personnes expérimentées pour préparer leur rite. Nous en profiterions pour emmener ma femme à Miarinarivo, où se trouve « Andriamisara efa-dahy », les grands ancêtres des *tromba* pour que les *tromba* qui sont en nous reçoivent la bénédiction de leurs ancêtres. C'est ce que les *tromba* nous ont répondu après leur avoir raconté tout ce qui s'est passé.

Et nous sommes donc partis pour MAHAJANGA. C'est dans le quartier « Mazava-huile » que nous nous sommes installés parce que c'est là que se trouve l'homme avec les *kalanoro* pour préparer leur rite. Et c'est à Miarinarivo qu'il y a le *doany* des *tromba* pour accomplir leur rite. C'est dans les *doany* (ou *zomba*) que les objets du culte de ces grands ancêtres du *tromba*, les quatre frères Andriamisara, sont conservés.

Je ne vais pas vous raconter en détail le déroulement de leur rite mais ce qui nous a étonnés dans toutes ces choses ce sont les voix et les visions que ma femme a entendues et vues.

Priez car le temps est proche !

Ma femme raconte : « Cette nuit quelqu'un m'a dit : priez car le temps est proche! » Cette phrase nous a plongés dans une profonde réflexion car ce ne sont pas des expressions utilisées par les *tromba* et les « kalanoro » mais nous nous sommes rappelé que c'est une parole de la Bible, utilisée dans les églises chrétiennes.

Et ma femme s'est demandé : « Je ne sais pas si ce sont les *tromba* ou les « kalanoro » qui nous invitent à prier... mais eux, seraient-ils capables d'inviter à prier ? »

De même nous n'avons pas compris ce que signifiait : le temps. Quel temps était proche ?

Quand nous avons parlé de ses voix à l'*ombiasa*, il a dit que c'était les voix des *tromba* et des « kalanoro ». Puis il a ajouté : « Ma sœur, ce que nous avons à accomplir en toi n'est pas facile donc si tu ne pries pas le Zanahary de toutes tes forces, pour accorder nos destins, cette affaire ne sera jamais terminée». (D'après lui il faudrait une personne au même destin).

Ce qui est étonnant, c'est que cette affaire a effectivement beaucoup traîné. Nous avons dû rentrer vite à Antananarivo reprendre notre travail parce que c'était la fin de nos congés.

Je n'étais pas content du tout alors l'*ombiasa* qui devait préparer le rituel des *kalanoro* m'a dit « on ne doit pas bousculer le rite de ces « *dadibe* », ni user de la force mais il faut les prendre avec douceur, ce sont eux qui choisiront le moment favorable »

Le dimanche 26 octobre 1980 : je n'ai plus supporté... je suis allé au culte dans une église luthérienne à Mahajanga, au centre ville. Je ne me souviens pas avoir prié autant de toute ma vie. Je me souviens très bien que c'était le 20ème dimanche après la Trinité et la prédication portait sur Jean 4, 46, qui raconte comment Jésus guérit le fils d'un officier du roi.

Quand je suis rentré chez moi, ma femme m'a dit : « Alors comme ça tu joues au malin, tu es allé tout seul au culte et moi tu m'as laissée ici ? Tu veux être sauvé et moi tu cherches à me perdre ? » Comme elle était en colère après moi, nous ne sommes plus adressé la parole.

Cinq jours plus tard, ma femme a eu une nouvelle vision dans un rêve : de nombreuses personnes, de grande taille et très fortes (environ 2 mètres) remplissaient le ciel, depuis l'Ouest, jusqu'à l'Est dans la partie Sud. Ils étaient tous vêtus de blanc. Une voix lui a demandé : Connais-tu ces gens vêtus de blanc ? Je n'ai pas su répondre, a raconté ma femme, mais j'ai baissé la tête pour réfléchir. Alors la voix a dit : ce sont ceux qui sont morts durant le combat. Alors que penser, ne veux-tu pas encore prier?

Ma femme et moi avons gardé cette vision pour nous et nous ne l'avons pas raconté à l'*ombiasa*.

Comme les rites des *kalanoro* étaient enfin terminés, nous sommes retournés à Antananarivo. Quand nous sommes arrivés chez nous (Logt n°92, Cité des 67 Ha), nous avons bien rangés le coin destiné aux *kalanoro* (une table, une petite chaise, un rideau rouge, etc.), et celui des *tromba* (un rideau blanc). Sans parler des nouveaux interdits comme :
- entrer dans une maison où il y a un mort
- sortir des braises la nuit
- mélanger l'assiette et la cuillère de ma femme à celles des autres membres de la famille, ...

Mais plus nous observions ces règles, plus nos yeux spirituels s'ouvraient. Notre vie commençait à nous lasser, il n'y avait plus de vie de famille. Nous n'étions plus maîtres chez nous mais c'étaient les *tromba* et les *kalanoro* parce que la maison était remplie de leurs objets. Nous étions fermement décidés à prier.

Nous avons souhaité qu'une personne nous enseigne l'Evangile et nous encourage dans notre foi. Nous avons pensé à Monsieur Daniel RAJAKOBA que nous avons souvent entendu prêcher à la radio.

La manière d'agir de Dieu est vraiment étonnante parce que nous l'avons rencontré peu de temps après.

Nous lui avons raconté tout ce qui nous est arrivé et il a confirmé que ces *tromba* étaient réellement « des démons », surtout les *kalanoro* qui sont vraiment des Satan vivants. Alors, venez, a-t-il dit, je vais vous conduire à Nenilava, qui est une servante de Dieu. Mais nous n'avons pas pu la rencontrer ce jour-là à cause de ma mère qui n'était pas en forme et nous devions lui rendre visite.

Il va sans dire que le diable et Satan étaient au courant que nous avons pris une autre voie. Bien que « Dady », le chef des « *kalanoro* », ait envoyé ses soldats parce que nous les avions appelés juste un peu avant notre décision de prier, cela n'a rien changé dans notre vie en marche vers la Lumière.

Si donc le Fils vous affranchit, vous serez réellement libres

Le soir du 1er décembre 1980, vers 17h15, M. Daniel RAJAKOBA nous a emmenés jusqu'à la chambre supérieure où se trouve NENILAVA, au Logt 237 – Cité des 67 Ha. NENILAVA était assise à même le plancher, sur une natte, au chevet de son lit. Après nous avoir salués, elle nous a indiqué un banc pour nous asseoir. Alors, M. Daniel RAJAKOBA s'est levé pour prier et après la prière, il a expliqué à NENILAVA l'objet de notre visite et il a résumé brièvement notre histoire, surtout celle de ma femme.

J'ai alors pris la parole et j'ai raconté à NENILAVA notre malheur, comment pendant quatorze ans nous avons été sous la domination de ces *tromba* et de ces *kalanoro*. Malgré tous nos efforts, nous n'avons pas réussi à nous en défaire et pour nous effrayer, ils ont menacé de tuer ma femme si nous n'acceptions pas leurs conditions. « Aussi, Madame, nous sommes là pour trouver du secours... ». Puis ma femme a pris également la parole et a ajouté à ma place : « Je suis vraiment lasse, Madame, de tous ces *tromba* et *kalanoro* qui sont en moi et maintenant, je suis prête à prier, car je préfère de loin servir DIEU, mon Créateur et le prier plutôt que faire subir toutes ces souffrances à ma famille. »

Alors NENILAVA a répondu : « Ne craignez rien, Madame, vous n'allez pas mourir et le diable qui vous tourmentait jusqu'ici est déjà vaincu. Oui, Jésus-Christ est votre Sauveur et c'est lui qui vous a parlé et vous a appelés à revenir à LUI. La foi que vous manifestez maintenant est suffisante pour vaincre le diable et le chasser loin de vous ».

À ces mots, ma femme, qui était assise à ma droite, s'est mise à hurler et s'est précipitée sur NENILAVA pour la tuer et porter la main sur toutes les personnes présentes ce soir-là. Alors, les *Mpiandry* se sont levés et se sont mis à chasser le diable au nom de JESUS-CHRIST. Ma femme s'est mise à dire des gros mots et à insulter tout le monde. Le *tromba* (= le diable) qui est arrivé à ce moment-là est celui qu'on appelle Andriamandetarivo, le roi et *ombiasa* des Sakalava du Menabe. Ce serait le chef des *tromba* qui sont en ma femme, celui qui est en elle depuis le début et ne veut plus la quitter.

Le diable s'est mis à lutter et m'a dit : « Pourquoi, toi, mon petit-fils, me trahis-tu de la sorte si on considère tous les biens et les bénédictions que je t'ai apportés ? »

J'ai répondu : « Je n'ai pas besoin de vous ; vous êtes le diable et nous ne vous aimons pas », et les *Mpiandry* présents m'ont dit : « Ne discutez pas avec lui mais chassez-le au nom de Jésus », alors je me suis mis à le chasser également au nom de Jésus.

Ma femme continuait à proférer des insultes et des gros mots et l'esprit était surtout en colère contre NENILAVA.

À ce moment, NENILAVA s'est levée pour aller dans la pièce à côté. J'ai pensé qu'en ne la voyant plus les nombreuses insultes du diable cesseraient. Les *Mpiandry* ont continué à le chasser et lui, cherchant un allié, s'est mis à demander au petit frère de ma femme : « Et toi, mon petit-fils, tu vas me trahir également ? » Le frère de ma femme a refusé de discuter avec lui et a affirmé qu'il ne voulait pas non plus de lui.

Peu de temps après, NENILAVA est retournée dans la pièce. Elle a ordonné au diable de sortir de ma femme. Elle s'est alors servie du nom de Jésus-Christ. Je me souviens très bien que pendant que les *Mpiandry* faisaient des signes d'autorité avec leurs mains pour chasser le diable, NENILAVA a attrapé les deux jambes de ma femme et s'est mise à chasser les démons dans cette partie de son corps. …Puis NENILAVA a dit : « Faites-la descendre dans la pièce la plus vaste du logement 238. C'est là que nous continuerons le travail. Alors, on a traîné le *tromba* jusqu'au bas des escaliers. Il criait : « Où m'emmenez-vous ? Portez-moi sur votre dos parce que je suis un roi ! » Les « Mpiandry » ont répondu qu'il n'était pas du tout roi mais le diable et que Seul JESUS CHRIST est Roi.

Arrivé en bas il a de nouveau pris la parole « Donnez-moi alors une chaise parce que je ne vais sûrement pas m'asseoir par terre. J'ai ma dignité. », Mais les *Mpiandry* ne l'ont pas écouté et ils ont continué à chasser le diable au nom de JESUS.

À la fin, voici ce que le diable a fait et dit : « C'est bon, c'est bon, je vais sortir de cette femme. Mais où est la personne dans laquelle je vais m'installer. Et comme il regardait autour de lui les jeunes filles et les jeunes gens élevés par NENILAVA, Daniel RAJAKOBA leur a ordonné de sortir de la pièce et de ne plus y revenir même pour satisfaire leur curiosité car le *tromba* cherchait une nouvelle victime. Pendant qu'on chassait ainsi le diable, NENILAVA a envoyé quelqu'un pour dire : « Envoyez à MAMA, le mari de cette Dame, car elle a quelque chose à lui dire. » J'ai suivi la personne et NENILAVA m'a dit : «Allez mon fils retourner dans votre maison, abattez et détruisez tous les objets et tout ce qui appartient à ces *tromba*. Rapportez tout ici mais n'en gardez surtout pas, même pas un seul ! ».

J'ai dit « oui, Madame » et je suis retourné aussitôt chez nous, car nous n'habitons pas très loin. Nous sommes dans le quartier du 67HA mais plutôt coté ouest. Alors, je suis descendu mais avant de partir j'ai jeté un petit coup d'œil dans la pièce où était ma femme et j'ai dit au Ministre Daniel RAJAKOBA : MAMA (c'est ainsi que ses enfants l'appelle) m'envoie détruire et rapporter toutes les objets des *tromba* et des *kalanoro*. À ce moment, les *Mpiandry* ont dit au diable : « On va récupérer toutes vos affaires et on va les brûler... ». C'est alors que le *tromba*, rempli d'orgueil et méchanceté quelques instants auparavant, s'est mis à pleurer et à supplier : « Laissez-moi ma couverture, je vous en supplie, ne la brûlez pas sinon je vais me faire gronder par mon chef ! » (C'est une couverture rouge sang qu'il porte toujours pour se couvrir quand il vient).

« Non, ont répondu les *Mpiandry*, il n'y a rien pour vous ici ». Et ils ont continué à chasser les démons au nom de Jésus.

Alors, il a ajouté : « Laissez-moi au moins mon *kobay* et mon *saboa* (une canne avec de l'or et de l'argent, et une épée) sinon je vais me faire gronder par son *Dadi* ». (On ne sait pas exactement qui est ce dont il parle : nous avons toujours pensé que c'est lui le chef des *tromba*, mais apparemment, il y en a un encore plus important et dont il a énormément peur. Peut-être est-ce Lucifer ou Belzébul ?)

Nous avons bien compris par là que ces *tromba* sont de vrais démons, ceux qui nous ont trompés en disant que Dieu leur a donné l'autorisation d'habiter en ma femme et qu'ils ne savent pas lire parce qu'ils ont régné au temps des Malgaches sans instruction. Et pourtant, quand à ce moment-là ils ont parlé français, ils se sont exprimés comme des vrais français, que ce soit la prononciation, l'accent ou l'intonation. Je les ai quittés pour rentrer chez moi.

Aussitôt arrivé à la maison, j'ai d'abord prié avant de tout détruire et j'ai dit : « Jésus, c'est ma main qui a déposé toutes ces choses dans cette maison puisque nous avons servi ces *tromba* et les *kalanoro*. Mais aujourd'hui, Seigneur, Tu m'envoies détruire toutes ces choses, je l'accepte et je suis prêt par ta puissance ô Dieu. »

Et je n'ai plus eu d'hésitation quand j'ai retiré le Rideau rouge et blanc, j'ai enlevé et j'ai rassemblé tous les objets de culte tels la terre blanche, leur argent, leur tabac à chiquer (*paraky*), leur rhum, leur miel, leur parfum, les divers draps, les assiettes en porcelaine blanche, les cannes, les épées, de grandes sculptures d'argent qui étaient environ au nombre de douze, les totems aux deux cornes de bœuf en argent qui appartiennent aux « *kalanoro* »... J'étais en train de tout détruire quand le catéchiste RAKOTONDRABE Jules est arrivé, envoyé par MAMA pour m'aider à tout détruire et à tout transporter à la maison de NENILAVA. Nous n'avons rien laissé dans la maison, ni les tables, ni les chaises, ni les petits tabourets fabriqués sur mesure pour les *kalanoro* et les *tromba*. Parmi ces objets les brindilles de bois qu'ils ont utilisées comme remède et qui ont rempli une immense corbeille. Puis, nous avons frotté avec de l'eau toutes les peintures de terre blanche sur les linteaux de chaque porte de notre maison. C'est seulement à 21h30 que nous avons terminé de détruire les objets du diable et nous avons tout transporté aux logements 237 et 238 où habite MAMA Nenilava. À 22h, nous nous sommes présentés à Nenilava pour lui dire : « Nous avons détruit l'autel des démons dans la maison, Madame, et maintenant, où devons-nous déposer tout ces objets ? ».

MAMA a répondu : « Déposez tout dans la cour, au pied de l'avocatier, je viendrai les voir tout à l'heure. »

À ce moment-là, j'ai vu que ma femme était dans un état normal, elle était assise à côté de Mama Nenilava. Mama Nenilava nous a donné de la part de Jésus un verset de la Bible Colossiens 3,1–17. C'est le Ministre Daniel RAJAKOBA qui a prêché et le principal message à retenir c'est : « Comment faire la volonté de Dieu qui est en Jésus Christ. On doit alors quitter et abandonner toutes les mauvaises habitudes d'autrefois ».

Après cela, Mama Nenilava a demandé à Monsieur le Ministre de nous raccompagner chez nous avec quelques catéchistes ; quelques *Mpiandry* ont prié ce soir-là. Il était près de 22h30. Et comme Mama l'a dit, le lendemain, le soir après le travail, il y aurait un culte et une séance de délivrance dans notre maison, pour chasser les démons et nous encourager dans notre foi.

Sur le chemin du retour chez nous, les *Mpiandry* nous ont raconté que durant tout le temps où le catéchiste et moi étions en train de détruire tous les objets du diable, ma femme, dans la maison de NENILAVA, se tordait violemment comme ces serpents qui rampent dans la poussière jusqu'à ce que le diable la quitte.

Comme convenu, les *Mpiandry* guidés par Daniel Rajakoba, ADANY, Rakotojoelimaria Lalasoa, et les catéchistes RAKOTONDRABE Jules et Mesdames

RAZAFINDRAHAJA et RASOAVONINAHITRA Sophie, toutes les deux décédées aujourd'hui, sont venus nous retrouver chez nous le lendemain.

C'est dans notre chambre à coucher, celle que nous avons le plus souvent utilisée pour accomplir les œuvres des démons, que nous avons fait le culte de délivrance. Nous nous sommes mis à chasser le diable et là encore, le chef des *tromba*, Andriamandetarivo, celui que nous avons déjà chassé la veille, s'est manifesté. Mais il n'était plus aussi puissant et il s'est affaibli et n'a pu émettre de son. Il a seulement secoué le corps de ma femme mais plus pendant très longtemps.

Et ce soir-là, le mardi 2 décembre 1980, vers 19h30, le *tromba* a définitivement quitté ma femme pour ne plus jamais revenir.

Depuis ce jour-là et jusqu'à maintenant, nous n'avons plus de contact, ni dans notre maison ni avec ma femme. Le chef des démons avec toute son armée de *tromba* et les *kalanoro* ont été chassés grâce au Seigneur Jésus-Christ.

Quand nous avons terminé le culte, nous nous sommes rendus au domicile de MAMA, aux logements 237 et 238. Dès que MAMA nous a vus, elle s'est précipitée vers nous avec un air heureux et a félicité ma femme en l'embrassant. Et avant que le Ministre ait pu dire quoi que ce soit, MAMA a dit « FELICITATIONS, MADAME, L'ENNEMI EST VAINCU. JESUS A CHASSE LOIN DE VOUS TOUS CES DEMONS, MADAME, ET ILS SONT MAINTENANT DANS LES PROFONDEURS DE L'ENFER, LA OU ILS NE PEUVENT PLUS SORTIR. ILS NE REVIENDRONT PLUS JAMAIS VOUS IMPORTUNER ».

Alors, ma femme s'est mise à pleurer, elle s'est repentie d'un cœur rempli de reconnaissance envers Dieu. Quant à moi, j'ai reconnu que ce Jésus dont la Bible parle n'est pas une légende. Il est le Fils de Dieu, Il nous aime et Il veut nous délivrer de tous nos péchés, du diable et de toutes ses œuvres. Nous savons, ma famille et moi, et surtout ma femme et moi, que quoi que nous ayons pu donner à ces *tromba* et aux *kalanoro*, ils n'auraient jamais accepté de quitter ma femme, même si nous leur avions proposé 100 bœufs, même 1000 bœufs, ou encore de l'or plein la maison.

Et pourtant, grâce au secours de Jésus-Christ, nous sommes libres et cela GRATUITEMENT. C'est vraiment une grâce et c'est d'ailleurs écrit dans 1 Pierre 1,17–21. Nous avons remarqué ce passage lorsque nous avons commencé à lire la Bible et à apprendre la Parole de Dieu. Il y est écrit : « ... Vous savez que ce n'est pas par des choses périssables, par de l'argent ou de l'or que vous avez été rachetés de la vaine manière de vivre que vous aviez héritée de vos pères, mais par le sang précieux de Christ, comme d'un agneau sans défaut et sans tâche... ».

Après avoir reçu la confirmation de MAMA que le diable était bel et bien vaincu et qu'il ne reviendrait plus jamais nous importuner, nous avons fait un culte et NENILAVA a prié pour nous. Puis, nous sommes rentrés chez nous. Avant de partir, MAMA nous a rappelé que nous devions l'accompagner, le lendemain mercredi 03 décembre 1980, dans l'après-midi au TOBY AMBOHIBAO, pour y brûler tous les objets du culte des *tromba* et des *kalanoro*.

Quand nous sommes rentrés chez nous, nous avons bien dormi. Rien n'est venu couper notre sommeil avant le matin et au réveil, nous avons ressenti la paix et un vrai bonheur. Nous n'avons éprouvé aucune crainte, aucune inquiétude mais nous étions soulagés d'un lourd, très lourd fardeau. La délivrance existe réellement et elle est bien plus grande que celle du monde si c'est JESUS qui nous conduit.

Je ne sais pas quels mots utiliser pour vous décrire notre bonheur depuis ce jour où nous avons reçu une nouvelle vie avec Jésus-Christ. C'est seulement à ce moment-là que nous avons découvert Jésus, toute sa bonté et sa miséricorde.

Le mercredi 03 décembre 1980, à 14h, nous sommes partis pour le domicile de MAMA selon ce qui avait déjà été convenu. Puis, nous nous sommes allés tous ensemble au TOBY AMBOHIBAO. Nous avons commencé la séance par un culte et nous avons creusé un trou, assez grand et profond pour y contenir tous les objets à brûler. Nous avons tout jeté dans le trou et nous les avons brûlés au nom de Jésus.

Une nouvelle personne, une nouvelle vie

Comme l'a dit MAMA le mardi 02 décembre 1980, les démons ne sont plus venus importuner ma femme. Et c'est vrai car jusqu'à aujourd'hui, pour ma femme ils n'existent plus. Notre seule préoccupation désormais c'est JESUS. Pour nous il n'y a rien de plus important que d'aller à l'église assister au culte ; ce que nous aimons et apprécions le plus, c'est la lecture de la Bible. Et c'est justement en lisant la Bible que nous avons découvert avec étonnement le passage de l'Apocalypse 7,9–14, montrant des personnes innombrables, vêtus de blanc et une voix qui disait : qui sont donc ces gens qui sont vêtus de blanc ? Comme la question dans le rêve de ma femme lorsque nous étions encore à Mahajanga, dormant dans la petite maison en chaume, pour exécuter le rituel des « *kalanoro* ». Nous en étions tout confus.

Autrefois, les *ombiasa* et les gens de ce monde étaient nos amis et nos compagnons. Mais désormais, ce sont les Pasteurs, les « *Mpiandry* » et les chrétiens qui sont nos amis.

MAMA nous a conseillé de nous consacrer entièrement à JESUS. Elle nous a donc invités à suivre la formation des *Mpiandry* selon la volonté du Seigneur.

C'est également au cours du mois de décembre (17) que j'ai arrêté de fumer. Quand j'ai demandé à Nenilava de prier pour moi à ce sujet, elle m'a répondu : « Vous arrêterez de fumer, Monsieur, car c'est JESUS qui va vous délivrer ; alors ne fumez plus... Moi, je prierai pour vous... ». Et depuis ce jour et jusqu'à maintenant, je n'ai plus fumé, et je ne fumerai plus jamais.

Un jour également, j'ai vu tomber une magnifique croix en argent à l'effigie de Notre Seigneur JESUS-CHRIST. J'ai voulu la porter car c'était vraiment une très belle croix. Mais j'ai d'abord demandé à NENILAVA si je pouvais le faire ou non. Le lendemain, elle nous a dit qu'après avoir prié, JESUS lui a rapporté que cette croix appartenait à un prêtre catholique qui venait d'arriver d'Italie. Il avait perdu la croix dans la rue et JESUS a dit de ne pas la porter. Ma femme et moi n'avons pas discuté mais nous avons accepté. Plus tard nous avons compris pourquoi le Seigneur nous a défendu de porter cette croix : nous risquions de remplacer nos anciennes idoles par cette croix. En effet, le diable est très malin, et il veut que notre foi en JESUS-CHRIST soit déjà reportée sur autre chose, comme une sculpture de JESUS, par exemple, et si un jour, il nous arrivait d'oublier la croix à la maison, nous nous sentirons complètement démunis et sans protection. Bref, nous aurions reporté toute notre foi sur la sculpture et non sur JESUS lui-même.

Le dimanche 01 février 1981, du vivant du Pasteur RAKOTONDRAMARY Gilbert, ma femme et moi avons reçus l'absolution à l'église FLM TOBY FANANTENANA 67HA. Nous avons rendu un bref témoignage de la délivrance et du secours immense que JESUS-CHRIST nous a apportés. Nous avons recommencé à prendre la Sainte Cène.

DIEU a également manifesté sa gloire dans mon travail. Bien que je ne sois qu'un « Officier de Police », on m'a envoyé faire un stage en France pendant 03 mois. (Avril jusqu'à juin 1981)

Par la Grâce de Dieu également, ma femme et moi avons été consacrés « Mpiandry » au TOBILEHIBE[66] ANKARAMALAZA, et notre promotion porte le nom de : « *MPIANDRY MARINA* ».[67] MAMA a été de ceux qui nous ont consacrés et ce jour-là nous étions plus de cent. C'est pour me souvenir que je vous raconte, que, c'est cette année-là, c'est-à-dire, il y a dix ans, que MAMA a consacré pour la dernière fois. Bien sûr, elle assiste toujours aux cérémonies, au TOBILEHIBE ANKARAMALAZA, comme chaque année mais elle ne consacre plus.

L'année 1985, j'ai réussi mon examen à « l'Ecole Nationale Supérieure de Police » à Antsirabe. Evidemment, c'est le Seigneur qui a exaucé ma prière. La formation a duré deux (02) ans et en 1988, je suis devenu « Commissaire de Police » après avoir réussi l'examen final.

Je tiens à souligner ici que pendant toute la période où je n'étais encore qu' « Officier de Police », MAMA NENILAVA m'a toujours appelé « Commissaire ». Cela m'a étonné, mais elle m'a dit que c'était ce que j'étais et à présent c'est chose faite.

Pour vous chers lecteurs

Vous pensez peut-être que nous avons cherché tous ces problèmes, et voilà pourquoi le diable nous a tant oppressés. C'est vrai ! Et c'est d'ailleurs pour cette raison que nous avons été une proie aussi facile pour lui. Nous nous sommes éloignés de

---

66. Grand Centre de Réveil d'Ankaramalaza.
67. « Mpiandry Juste ».

DIEU Notre Père parce que nous n'avons pas été patients, nous avons cru que DIEU n'existait pas, qu'Il n'était pas assez puissant pour nous aider, alors nous sommes sortis du troupeau et sommes tombés entre les mains du loup. Nous avons cru aux « on dit », « il paraît que » « je connais une personne capable de ceci, cela... » ... Prenez-y garde, chers lecteurs !!!

Vous allez peut-être nous dire également, comme certains l'ont déjà fait d'ailleurs, que : vous avez eu des visions, des rêves (les personnes vêtus de blanc), et ses voix que ma femme entendaient et qui la suivaient – C'est vrai ! Mais les « voies du Seigneur sont impénétrables » ! C'est DIEU qui programme et rappelez-vous que tous ces sermons que vous entendez, La Parole de Dieu que vous lisez dans la Bible, toutes ces choses qui vous entourent, que vous voyez, que vous entendez et puis ce témoignage, font partie des méthodes du Seigneur pour vous dire de « revenir à Lui car le temps est proche ! ». Ne perdez pas votre temps.

Voici quelques versets de la Bible qui ont touché ma femme et qu'elle vous offre pour vous faire réfléchir. Luc 3, 8-9 : « ... Déjà même la cognée est mise à la racine des arbres : tout arbre donc qui ne produit pas de bons fruits sera coupé et jeté au feu ».

Et le deuxième, c'est : Apocalypse 3,20 : « Voici, je me tiens à la porte et je frappe. Si quelqu'un entend ma voix et ouvre la porte, j'entrerai chez lui, je souperai avec lui, et lui avec moi ».

Quant à moi, les versets de la Bible que j'aimerais partager avec vous sont :

Luc 13 : 22 – 30 : « Ils ont demandé à JESUS : n'y a-t-il que peu de gens qui soient sauvés ? ». Surtout les versets 24 à 26 : « Efforcez-vous d'entrer par la porte étroite, car, je vous le dis, beaucoup chercheront à entrer, et ne le pourront pas. Quand le maître de la maison se sera levé et aura fermé la porte, et que vous, étant dehors, vous commencerez à frapper à la porte en disant : Seigneur, Seigneur, ouvre-nous ! Il vous répondra : je ne sais d'où vous êtes ! »

Ainsi, voilà donc pourquoi nous avons pris la décision de renoncer à toute cette idolâtrie pour accepter JESUS-CHRIST comme notre SEUL ET UNIQUE SAUVEUR.

Jésus-Christ qui est le chemin, la vérité et la vie est le seul sauveur.

Aussi, rejetez cette idée : « J'attends encore plus de signes, des messages clairs », afin que JESUS n'ait pas à vous dire ce qu'Il a dit dans ces nombreuses villes où Il a accompli tant de miracles, surtout ce qu'Il a dit dans Matthieu 11,20-25 : « Et toi, Capernaüm, seras-tu élevée jusqu'au ciel ? Non. Tu seras abaissée jusqu'au séjour des morts ; car, si les miracles qui ont été faits au milieu de toi avaient été faits dans Sodome, elle subsisterait encore aujourd'hui. »

Rien n'est interdit pour l'église et les chrétiens, si ce n'est : le diable et tout ce qui touche au diable (ses œuvres et ses rites)

Le 04 décembre 1980, après avoir détruit tous les objets du culte diable au TOBY (Centre ou Camp) AMBOHIBAO, nous avons préparé de la viande de porc avec du « *voanjobory* »[68] et du poulet.

En effet, MAMA nous a encouragés en ces termes : « Madame, vous pouvez désormais, vous et toute votre famille, manger toutes ces choses que le diable vous avait interdites auparavant, car JESUS vous a déjà délivrés. La seule chose qui vous est interdite, a ajouté MAMA, c'est : « Le diable et toutes ses œuvres ».

Evitez le moindre contact avec le diable et surtout n'ayez pas pitié de lui, car ce sont des animaux qui n'ont aucune pitié pour nous êtres humains

Pour conclure, j'aimerais rapporter une conversation que j'ai eue avec une femme qui était une protégée de nos *tromba* alors que ma femme était encore à leur service. Quand je lui ai annoncé la bonne nouvelle, que le mercredi 03 décembre 1980, les « *kalanoro* » nous avaient définitivement abandonnés et que nous venions de brûler tous les objets au TOBY AMBOHIBAO, la femme s'est alors écriée : « Mais pourquoi avez-vous fait cela ? Vous n'aviez pas eu peur ? Et si vous étiez morts là-bas, qu'en serait-il de vos enfants qui sont encore si jeunes ? Et puis d'ailleurs, pourquoi ne pas m'en avoir parlé quand nous nous sommes vus samedi dernier (samedi 29 novembre). Il fallait juste leur dire au revoir... C'est quand même grâce à eux que j'ai eu mon dernier enfant !!! Vous êtes vraiment méchants ! »

Alors, je lui ai répondu : « Tout cela, c'est du passé. Ce ne sont que des démons ! Ce n'est pas la peine de leur dire au revoir, il faut les jeter ; quant à ma famille et moi, nous avons déjà pensé à notre vie et même si nous devons mourir, c'est à JESUS d'en décider et non, à Satan ». Et j'ai ajouté : « Je vous donne un conseil, à vous et à votre enfant, suivez notre exemple sinon vous allez avoir des problèmes ».

Je remercie vivement JESUS parce que le 02 août 1982, cette femme a également été consacrée « *Mpiandry* » à Ankaramalaza et toute sa famille est chrétienne actuellement. Plusieurs parmi ceux qui ont été les protégés des *tromba* de ma femme se sont convertis et ont accepté JESUS comme Seigneur dans leur vie.

---

68. Légume malgache qui a un goût proche des lentilles avec une forme ronde un peu plus grande que les pois chiches.

Ma joie, affirme mama nenilava, est que tout le monde puisse accueillir Jésus dans sa vie et croire en lui jusqu'à la fin des temps.

Chers Lecteurs, on court réellement à la perdition si on n'a pas JESUS dans sa vie. On doit croire en Lui et l'accepter comme notre SAUVEUR. Et c'est pour cela que nous remercions DIEU, car Il a envoyé son Fils Unique, c'est-à-dire, JESUS-CHRIST, afin que quiconque croit en Lui ait la vie éternelle (Jean 3,16). Un grand merci également au SAINT-ESPRIT : (1 Corinthiens 12,3b) :... et que personne ne peut dire : JESUS est le Seigneur ! si ce n'est par le Saint-Esprit »

Enfin, merci à NOTRE SEIGNEUR JESUS-CHRIST, qui a désigné son serviteur, MAMA VOLAHAVANA GERMAINE, encore appelée NENILAVA, pour être son instrument tel un filet pour repêcher tous les pécheurs et merci à MAMA, qui depuis toujours et jusqu'à maintenant, de jour comme de nuit, ne refuse jamais d'aider tous ceux qui veulent s'entretenir avec elle, pour les ramener à JESUS afin qu'ils soient sauvés et qu'ils aient la vie éternelle.

Gloire à DIEU Le Père, Le Fils et le Saint-Esprit !

Considération générale

Voilà un cas précis de *tromba* dans sa rencontre avec le mouvement de Réveil. La vie de la famille Rakotomihantarizaka peut être divisée en trois parties bien distinctes.

La première partie concerne leur vie avant la maladie de la femme, madame Mahonjo Olga. Rakotomihantarizaka ne dit pas grand-chose sur cette partie de leur vie à part le fait qu'ils sont des chrétiens et communiants de l'Église luthérienne. Tout le témoignage montre que leur foi chrétienne ne servait pas à grand-chose dans leur vie quotidienne. Cette foi chrétienne n'était même pas un obstacle à leur adhésion aux cultes ancestraux.

Arrive ensuite la maladie de Madame Mahonjo Olga, l'épouse O. Rakotomihantarizaka et l'arrivée du *tromba*. Comme le dit P. Ottino :

> L'état de possession se manifeste pour la première fois au cours d'une maladie. Le patient qui ne parvient pas à guérir, consulte le spécialiste de la divination par les graines (*ampisikidy*) ou le moasy qui lui indique s'il s'agit d'un vrai tromba, esprit princier, ou d'un tromba raty, esprit d'un sorcier maléfique

(*ampamoriky*). Dans ce dernier cas, le malade consulte un autre moasy, détenteur de talismans aody, assez puissants pour tuer le tromba raty, et dont l'emploi, au moment de l'opération magique, doit provoquer l'évanouissement du possédé.[69]

C'est à peu près ce qui est arrivé à Madame Rakotomihantarizaka. Après l'échec de la médecine moderne, la belle-mère de Rakotomihantarizaka amena sa fille dans la région de Morondava[70] pour consulter un *moasy*[71] célèbre. Celui-ci diagnostique un *tromba raty*, le *kasoa* ou *l'ambalavelona*, et préconise lui-même le remède. Il va transmettre son *tromba* à Madame Mahonjo Olga pour chasser *l'ambalavelona*. La suite, nous le connaissons, ce *tromba* ne va plus la quitter pendant quatorze ans.

Enfin, la troisième partie de la vie de la famille Rakotomihantarizaka concerne le rapport difficile avec ce *tromba* qui a abouti à la rencontre avec le mouvement de Réveil et la délivrance. Au départ, le *tromba* semble être un esprit quelconque et finit par se déclarer ou s'autoproclamer esprit de roi. En effet à la fin du rituel réclamé par ce *tromba*, il s'est révélé comme *Andriamandetarivo* :

> Puisque les tromba refusent de quitter ma femme, nous décidons de suivre le rite traditionnel qu'ils attendent pour rendre un culte et élever au rang de tromba royal le premier tromba qu'on a mis en elle. Et quand les personnes habituées à ce rite l'ont accompli à Antananarivo le tromba révèle son nom et dit qu'il s'appelle : 'Andriamandetarivo' et il nous présente aussi sa femme 'Andriambavitara'.[72]

Aussi, successivement ou alternativement, Madame Mahonjo Olga sera *ombiasa* ou *moasy*, c'est-à-dire *ombiasa* guérisseur. Leur foyer sera un lieu de consultation et de séance de *tromba*, essentiellement chaque week-end.

---

69. Paul Ottino, « Le Tromba », p. 85.
70. Morondava se trouve sur la côte ouest de Madagascar.
71. Dans le Lexique de R. Jaovelo-Dzao, le *moasy* est un *ombiasa* guérisseur.
72. Témoignage Rakotomihantarizaka, p. 84.

Le poids des exigences de ces *tromba*, le prix à payer pour éviter leur colère et les sacrifices accomplis pour les calmer ont été sans fin et extrêmement lourds pour la famille Rakotomihantarizaka. En conséquence, la relation et la familiarité de la famille Rakotomihantarizaka avec ces esprits ont été souvent à contre cœur. Leur désir de s'affranchir de cette relation de plus en plus pesante était donc inévitable. Ainsi le témoignage de Rakotomihantarizaka raconte comment sa famille a trouvé la « liberté » au sein du mouvement de Germaine Volahavana, Nenilava.

La fonction du tromba

Alors, comme nous l'avons fait avec le *famadihana* quelle interprétation peut-on donner aux *tromba* de nos jours ? Eh bien comme le *famadihana*, par sa nature même, son interprétation peut aller dans deux directions différentes. Premièrement dans le sens du possédé et sa famille vers les *tromba* ou les esprits possesseurs. Ensuite dans le sens du possédé vers la société.

Dans le sens du possédé et sa famille vers les tromba : Négociation

Nous avons vu dans le témoignage de Rakotomihantarizaka que la menace permanente et la punition est sévère dès que le possédé dévie des règles imposées par les *tromba*. Les esprits n'aiment pas être contredits. C'est pourquoi des rituels doivent être exécutés par la famille pour calmer les *tromba* et apaiser leur colère contre le possédé qui a transgressé leurs règles.

> …Alors quand il est parti, c'était le soir à l'heure du dîner et quand nous sommes allés dans la salle à manger, j'étais étonné de ne pas voir ma femme nous suivre. En fait le tromba est venu la punir. Il lui a fermé la bouche pour qu'elle ne puisse pas parler. Elle était parfaitement consciente mais elle était toute raide sur le lit.
>
> J'ai tout de suite compris : c'était parce qu'il était en colère et très souvent c'est ma femme qui est punie quand nous ne respectons pas certaines choses ou que nous ne le faisons pas…

> Donc quand je vois ce qu'ils font subir à ma femme, je prends de la braise du charbon que je pose sur l'herbe. Puis, j'apporte de l'argent avec parfois de l'alcool dilué (quelquefois ¼, ½, 1 litre tout dépend de ce qu'on veut faire) pour leur demander pardon et c'est seulement après que ma femme est soulagée.[73]

F. Delcroix explique en ces termes ces rituels d'apaisement :

> Ce manquement est supposé conduire à des conséquences néfastes pour l'individu « coupable » ou pour son lignage. Il place, en tout cas, cet individu et son lignage dans une position de vulnérabilité dont il faut essayer de sortir au plus vite soit par une cérémonie spéciale, la levée du 'havoa' soit par une invocation au début de toute cérémonie. C'est en ce sens que dans les sociétés du Sud-Ouest et de l'Ouest, les malheurs sont interprétés comme la conséquence d'une non-observation des règles.[74]

Dans ces cas, il est difficile de prétendre que les acteurs contrôlent quoi que ce soit comme G. Althabe l'affirme. Ils sont plutôt obligés de subir les caprices des *tromba* de telle sorte que leur relation est régie par des négociations permanentes.

Dans le sens du possédé vers la société

Pour examiner un aspect de ce que peut être l'interprétation qui va dans le sens du possédé vers la société, reprenons l'histoire de cette femme protégée de Madame Mahonjo Olga avant sa séparation avec ses *tromba* :

> Pour conclure, j'aimerais rapporter une conversation que j'ai eue avec une femme qui était une protégée de nos tromba alors que ma femme était encore à leur service. Quand je lui

---

73. Témoignage Rakotomihantarizaka, p. 88.
74. Raymond Massé et Jean Benoist (dir.), *Convocations thérapeutiques du sacré*, Paris, Karthala, 2002, p. 107.

ai annoncé la bonne nouvelle, que le mercredi 03 décembre 1980, les « kalanoro » nous avaient définitivement abandonnés et que nous venions de brûler tous les objets au TOBY AMBOHIBAO, la femme s'est alors écriée : « Mais pourquoi avez-vous fait cela ? Vous n'aviez pas eu peur ? Et si vous étiez morts là-bas, qu'en serait-il de vos enfants qui sont encore si jeunes ? Et puis d'ailleurs, pourquoi ne pas m'en avoir parlé quand nous nous sommes vus samedi dernier (samedi 29 novembre. Il fallait juste leur dire au revoir…C'est quand même grâce à eux que j'ai eu mon dernier enfant !!! Vous êtes vraiment méchants ![75]

Cette femme participait donc aux séances de *tromba* qui ont lieu chez les Rakotomihantarizaka tous les week-end. Elle croit que c'est grâce aux *tromba* et *kalanoro* qu'elle a eu son dernier enfant. R. Jaovelo-Dzao nous raconte qu'effectivement il arrive que des femmes viennent demander la fécondité aux *tromba* ;

> Les femmes stériles demandent aux tromba la fécondité, lorsqu'elles boivent l'eau enrichie par l'argent et les perles nées des eaux. Elles demandent également la santé, car l'eau est aussi nantie de pouvoir thérapeutique. Les fragments de mythe cosmogonique ont déjà révélé la vertu thérapeutique de l'élément hydrique, en tant que médicament de la vie. Purificatrice, fécondante, sacrée, vivifiante et médicinale, telles sont, en un mot les caractéristiques essentielles de l'eau, rano.[76]

En un mot, ceux qui y croient, peuvent confier aux *tromba* tous les aspects de leur vie. Mais il ne faut pas oublier que chaque protégé d'un *tromba* est soumis à des interdits et des règles qu'il doit observer scrupuleusement sous peine de punition sévère. C'est pourquoi, en apprenant que Rakotomihantarizaka a brulé les affaires de *tromba*, la femme a crié : « Mais

---

75. Témoignage Rakotomihantarizaka, p. 105.
76. R. Jaovelo-Dzao, *Madagascar et le christianisme*, p. 319

pourquoi avez-vous fait cela ? Vous n'aviez pas eu peur ? Et si vous étiez morts là-bas, qu'en serait-il de vos enfants qui sont encore si jeunes ?... ». En effet pour une telle femme, fortement influencée par la puissance des *tromba*, ce qu'ont fait les Rakotomihantarizaka est un crime mortel. C'est ainsi que les *tromba* contrôlent complètement les faits et gestes de leurs protégés dans une société. Aussi, par leurs règles et leurs interdits, les *tromba* cherchent à gouverner la vie des individus et par conséquent celle de la société. Comme le *famadihana*, la promotion du *tromba* est donc aussi un essai de restructuration de la société malgache sur la base de l'ancestralité et de l'esprit des ancêtres morts. Tandis que la promotion du *famadihana* et des cultes[77] sur les *doany* cherchent à rétablir et à affirmer les hiérarchies et les rangs sociaux, celle du *tromba* veut soumettre le quotidien des individus, de la société et du pays à la volonté de ces esprits des ancêtres. Dans le même sens, cité par S. Blanchy et A. Rahajesy, M. Bloch « estime qu'il y a à Madagascar une sorte de possession générale et permanente des vivants par les ancêtres. Les rituels merina sont essentiellement des rituels de bénédiction et on y observe que le comportement des anciens, déjà en partie devenus ancêtres, et celui des médiums possédés, sont semblables parce que tous deux chargés d'autorité des paroles des ancêtres ».[78]

Le témoignage de Rakotomihantarizaka : Jugement de valeur ou droit d'inventaire ?

E. Dianteill fait remarquer au sujet d'un article du livre *Familiarité avec les dieux*[79] que : « En plus des aspects historiques et politiques du culte, qui sont fort bien analysés, cet article comporte une discussion très précise des formes du discours utilisé par l'esprit, et en particulier de la formule 'dit-il' qui est systématiquement utilisée ».[80] C'est effectivement ces aspects historiques et politiques que la plupart des études sur les *tromba* et les cultes

---

77. En Imerina, les deux formes de rites, les cultes sur les sites (*fanasinana*) et le « retournement » (*famadihana*), sont déclarées équivalentes par les pratiquants, car il s'agit toujours de rendre honneur aux ancêtres pour s'assurer leur protection (Marie-Claude Dupré, p. 37).
78. *Ibid.*, p. 54.
79. *Ibid.*
80. Erwan Dianteill, « De la possession rituelle comme objet de science sociale », *Archives de Sciences sociales des Religions*, 2003, 122 (avril-juin), p. 40.

de possessions ont souligné. Le dit article va plus loin en examinant la formule « dit-il », formule des possédés en Imerina. Celle-ci signifie en fait que le possédé qui est en contact direct avec l'esprit reçoit son message et le transmet à son « assemblée ». Dans ce cas, le possédé semble être bien conscient. Dans d'autres régions, l'esprit utilise la formule « je », car il se sert des membres du possédé pour exprimer son message.

Malgré l'intérêt de ces études, aucune n'a porté son attention sur les possédés en dehors des cultes de possession ou des séances de *tromba*. Pourquoi telle ou telle personne devient possédée mais pas une autre ? Comment vivent ces possédés en dehors des cultes ? Ou quelle est au quotidien leur relation avec les esprits qui les possèdent ? En effet, dans le quotidien on peut mesurer réellement le poids des tabous et des interdits imposés par ces esprits supposés royaux. Quel que soit l'aspect historique et politique des *tromba et des autres cultes aux ancêtres*, les exigences des esprits restent les mêmes. Ainsi, dans la mesure où ces cultes ont pour objectif premier la recherche du bien être, les pratiquants ont le droit de dresser un inventaire sur leurs relations avec ces esprits. En conséquence, on peut dire que, tout au long de son témoignage, Rakotomihantarizaka a continuellement essayé de dresser un inventaire de la relation de sa famille avec les *tromba* de sa femme. Il faut souligner que cet inventaire a été fait dans un premier temps en dehors de toute autre influence. Ce fut au sein de leur pratique du *tromba* que les Rakotomihantarizaka sont arrivés à leurs premières constatations. Cet inventaire est exprimé par le titre et les sous-titres que Rakotomihantarizaka a choisi :

- TEL LES RESTES D'UN INCENDIE
- NOUS AVIONS ETE TROMPES, NOUS ETIONS IMPUISSANTS
- NOUS ETIONS PRISONNIERS

Tous ces titres font référence aux situations que les Rakotomihantarizaka ont vécues au quotidien dans leur relation avec les *tromba*. En effet, les cultes, ils les ont toujours assurés tant qu'ils étaient dans le système des *tromba*. Mais dans la gestion de leur relation avec ces *tromba* au quotidien, ils sont arrivés à la conclusion que cette relation est une relation d'aliénation parce qu'ils ont été privés de leur liberté, leurs ressources financières étaient complètement absorbées par les cultes et ils vivaient continuellement dans l'angoisse et la crainte de la punition.

La famille Rakotomihantarizaka est arrivée à cette conclusion dans le système *tromba*. La rencontre avec le mouvement de Nenilava leur a permis de donner un nom à leur problème ou d'avoir une idée plus précise sur leur diagnostic. Ce diagnostic va dans le sens de l'interprétation de L. Mariano, H. Rusillon et des Mouvements de Réveil qui voient dans ces *tromba* ou les supposés esprits des ancêtres, le diable ou Satan.

La suite de l'inventaire s'est donc faite au sein du système chrétien, ou plus exactement, au sein du système revivaliste malgache. C'est dans ce nouveau système de référence que les Rakotomihantarizaka considèrent Jésus comme leur libérateur, et qu'ils se voient comme des hommes nouveaux avec une nouvelle vie.

Sur ces deux interprétations opposées reposent donc tous les enjeux du problème dans le conflit entre les deux Madagascar : Construire l'identité malgache sur la base du système de la croyance aux esprits des ancêtres et par la promotion de ce système, ou sur la base de la foi en Jésus-Christ par l'évangélisation.

Nous avons donné une description succincte du *famadihana* et du *tromba* pour en avoir un aperçu et pour constater un aspect subjectif de la croyance malgache. Nous n'avons pas tout dit sur le *famadihana et le tromba*, mais nous pouvons déjà constater que tous les éléments et les acteurs de la religiosité malgache s'y trouvent, le *famadihana et le tromba* sont bien des cultes aux ancêtres.

L'exemple du *famadihana* nous a également permis d'avoir un premier aperçu sur le fonctionnement du compromis « à la malgache » dans le domaine du religieux. Nous pouvons avancer une première explication et dire que ce compromis consiste à intégrer dans son système de représentation tous les éléments religieux étrangers qu'ils ont reçus.

Le *famadihana* d'aujourd'hui, contrairement à celui d'autrefois, est déjà le résultat d'un compromis. Plusieurs éléments étrangers, éléments introduits par les missionnaires occidentaux, s'y trouvent actuellement. Compte tenu du petit nombre de documents à ce sujet, il serait difficile de connaître le contenu du *famadihana* pur. On peut constater aussi que le *famadihana* et le *tromba* ont tendance à évoluer et à ce rencontrer au niveau de la communication avec les esprits par les « cultes de possession » et les cultes sur les sites. C'est dans cette rencontre que les promoteurs de ces cultes cherchent à unifier les supposés esprits des rois et princes malgaches.

Par le témoignage de Rakotomihantarizaka, nous avons eu un aperçu du ministère de berger institué par les mouvements de Réveil. À travers l'étude de ce ministère, notre thèse cherchera à établir les processus de rencontre, de conflit entre ces deux systèmes de référence défendus, d'une part, par les Malgaches attachés à la tradition des ancêtres et, d'autre part, par les revivalistes malgaches. Entre ces deux protagonistes se trouvent les missionnaires protestants qui, dans un premier temps, ont transmis l'évangile aux Malgaches. Par la suite ces missionnaires ont été embarqués dans le conflit d'une manière ou d'une autre.

Voyons donc la pénétration du christianisme à Madagascar.

Partie 2

L'avénement du Protestantisme à Madagascar

CHAPITRE 3

Généralités

Première période : 1818-1828

Nous avons signalé que les premiers contacts des Malgaches avec le christianisme remontent au XVIe siècle et que la véritable pénétration de l'Evangile à Madagascar fut protestante, en 1818.

Toutes les tentatives jusqu'en 1818 s'étaient soldées par un échec. C'est la LMS (London Missionary Society) avec David Jones[1] qui initia le travail missionnaire à Tananarive en 1820. La mission de D. Jones consista dans un premier temps dans l'ouverture d'une école qui fut suivie par beaucoup d'autres. Après la venue d'autres missionnaires en renfort, l'œuvre se développa rapidement : des milliers de futurs instituteurs pour les brousses furent scolarisés. Le Nouveau Testament fut traduit en malgache au bout de cinq ans. Parmi ces missionnaires, Cameron est le plus célèbre ; « Il a plus de 500 élèves à lui seul, il leur fait faire de la menuiserie, de la forge, de la maçonnerie, du savon, etc. ».[2]

Il faut dire que tout ceci est loin de la mission première de ces hommes qui est d'évangéliser et d'établir au plus tôt une Église. Maurice Leenhardt commentait ainsi cette situation :

---

1. Il a commencé à Tamatave (côte est de Madagascar), mais après avoir perdu tous ses compagnons, il a décidé de recommencer un peu plus à l'intérieur du pays. Cf. : Gustave Mondain, *Un siècle de mission protestante à Madagascar*, Paris, Société des missions évangéliques, 1920.
2. Maurice Leenhardt, « La condition missionnaire », p. 10.

> Mais ils (les missionnaires) dépensaient en pratique toute leur activité : en travail d'école, d'éducation scolaire, manuelle, et non en cours d'évangélisation dans la masse du peuple qui les entourait. Ils infusaient l'Evangile inlassablement en toute occasion, mais ils souffraient de voir dans le peuple tant de soif technique et si peu de soif pour l'Evangile.[3]

Ainsi les missionnaires fonctionnaient comme des aides techniques pour organiser l'enseignement. M. Leenhardt justifiait cette méthode en la comparant avec celle que les missionnaires ont utilisée au Lessouto. Au Lessouto, disait-il, « l'Evangile a amené le peuple à l'école ; à Madagascar comme en Asie, l'école devra amener à l'Evangile ».[4] En effet, toujours selon M. Leenhardt, contrairement au Lessouto, l'Imerina a déjà la conscience de soi éveillée, son intelligence a soif d'apprendre. Ce qui explique la voie que les missionnaires ont choisie pour annoncer l'Evangile : l'école comme moyen d'apprendre à lire la Bible, et par là ils ont su faire de leur première école les meilleures assises de leurs futures paroisses.

Les premières prédications religieuses ne commencèrent donc qu'en 1822. Cette première période s'achève à la mort de Radama 1er en 1828. M. Rasoamiaramanana écrit de cette période que « même si Radama Ier interdit le Baptême et la Cène à ses sujets, le bilan de huit années de travail accompli en 1828 par le petit groupe de missionnaires (Griffiths, Johns, Jones, Freeman) et d'artisans (Chick, Canham, Cameron) britanniques est tellement important dans le domaine culturel et économique… ».[5] En contrepartie, ces missionnaires britanniques, en plus de la prédication et de l'impression de la Bible dans la langue malgache, ont eu le droit d'enseigner le catéchisme et de célébrer le culte dominical.

Deuxième période 1828-1862 : persécution

À la mort de Radama Ier, Ranavalona Ière lui succéda. Contrairement à Radama I, elle était hostile à l'influence européenne. Aussi les missionnaires

---

3. *Ibid.*, p. 11.
4. M. Leenhardt, « La condition missionnaire », p. 11.
5. Bruno Hubsch (dir.) *Madagascar et le christianisme*, p. 219.

furent tour à tour expulsés de la Grande Ile. Les deux derniers durent partir en 1836, après avoir achevé l'impression de la Bible traduite tout entière en malgache. Pour marquer son hostilité totale à la foi chrétienne et sa victoire sur les missionnaires, la Reine interdit le christianisme à ses sujets sous peine de mort.

Au début de son règne, Ranavalona I avait promis de ne rien changer aux accords passés par Radama I avec les missionnaires et avait toléré la multiplication des réunions de prière. Elle avait même autorisé le Baptême et la Cène le 22 mai 1831. Ainsi les premiers convertis furent baptisés au Temple d'Andohalo le 29 mai 1831[6] et participèrent à la Cène le 5 juin 1831.

D'où vient ce revirement de la Reine au point de persécuter à mort les chrétiens ? G. Mondain dit que cela ne fut pas un accès de cruauté pure, ce fut en une certaine mesure, un acte de patriotisme:

> Un même sentiment, au fond, animait Radama recevant les missionnaires et Ranavalona les chassant : l'amour de leur pays. Radama avait senti que Madagascar profiterait au point de vue social des nouvelles idées : il les avait donc encouragées. Ranavalona, au contraire, s'imagina qu'elles nuiraient à son royaume : elle les combattit.[7]

Rasoamiaramanana[8] fait remarquer tous les changements et les méfiances entraînés par la progression de la foi chrétienne. Les mentalités deviennent différentes et les comportements aussi. La société malgache est ébranlée dans son fondement. La place centrale des *ombiasa* dans la société malgache est menacée à cause de l'influence grandissante des missionnaires sur le peuple. L'hostilité est née de l'opposition entre deux modes de domination[9] différents. En effet, avant l'arrivée des missionnaires, la société

---

6. Gustave Mondain, *Un siècle de mission*, p. 62.
7. *Ibid.*, p. 65.
8. Bruno Hubsch (dir.) *Madagascar et le christianisme*, p. 222.
9. Selon Max Weber, la «domination» c'est la chance, pour des ordres spécifiques (ou pour tous les autres) de trouver obéissance de la part d'un groupe déterminé d'individus. Max Weber, *Economie et Société*, Tome I, Paris, Presses-Pocket, 1995, p. 285ss.

malgache, avec les *ombiasa*, fonctionnait sur un mode de domination traditionnel.[10] Avant de prendre des décisions ou pour connaître la volonté des ancêtres, les Malgaches, y compris les rois, consultaient les devins. L'arrivée des missionnaires et la progression de la foi chrétienne a fait apparaître un autre mode de domination, le mode de domination bureaucratique.[11] Dans le mode de domination traditionnel, les changements sociaux explicites sont théoriquement impossibles et les novations sont lentes. L'intrusion du mode de domination bureaucratique ne peut que générer des conflits et des rivalités entre les « dominateurs » c'est-à-dire entre missionnaires et *ombiasa*, entre les pratiques chrétiennes et les pratiques païennes. G. Mondain exprime ainsi ces conflits :

> Le peuple commença à se détourner avec horreur de tout ce qui rappelait les habitudes étrangères ; les pratiques païennes prirent une nouvelle force, surtout dans le palais de la Reine. Et tous ceux qui tenaient pour le paganisme rivalisèrent d'efforts pour entraver l'œuvre missionnaire. Bientôt le nombre des écoles alla en diminuant de plus en plus.[12]

Autrement dit Ranavalona Ier a permis, d'une part, le retour en force des *ombiasa* ou devin et du mode de domination traditionnel, et d'autre part, a stoppé le processus de progression du mode de domination bureaucratique et de l'œuvre des missionnaires.

Troisième période 1862-1896 : retour des missionnaires

Après la mort de Ranavalona I, le 18 août 1861, son fils fut nommé successeur sous le nom de Radama II. Dès son avènement, il proclama la

---

10. Dans un tel mode de domination, on croit au caractère sacré des traditions estimées valables de tout temps. Ce sont les idéaux types du magicien et du sorcier qui correspondent à ce mode de domination.

11. C'est la combinaison d'un mode rationnel et légal de contrôle social et d'un mode hiérarchique d'organisation. La légitimité de ce mode de domination est fondée sur la légalité du règlement et à la valeur des diplômes.

12. G. Mondain, *Un siècle de mission*, p. 69.

liberté religieuse et permit aux missionnaires de revenir. Ellis,[13] de la *London Missionary Society*, débarqua à Tamatave le 22 mai 1862. Les missionnaires, qui s'attendaient à trouver des ruines, constataient avec joie que les persécutions n'avaient pas affaibli la foi de ceux qui avaient accepté l'Evangile. Des maisons de Dieu avaient été bâties en tout lieu et des cultes y étaient régulièrement célébrés.

Les missionnaires reprirent donc leur rôle de fonctionnaire de la religion protestante. M. Leenhardt décrit bien ce rôle en disant que :

> Les missionnaires, eux, arrivaient avec leur expérience enrichie de toutes les méthodes que l'on avait mises au point. Ils avaient amené un docteur ; ils apportaient la méthode de musique connue sous le nom de « Tiona Sol-Fa » qui enthousiasma le roi Radama II… et la famille royale.[14]

Selon Maurice Leenhardt, les missionnaires sont donc « les techniciens de la foi ». Non seulement ils ont de l'expérience, mais ils sont aussi les docteurs et ont des méthodes mises au point pour l'édification de la toute jeune Église malgache. Les affirmations suivantes de M. Leenhardt vont encore plus dans le sens de cette interprétation :

> Mais le plus intéressant, c'est de constater que les missionnaires, malgré leur foi, ne pouvaient comprendre comment l'Esprit de Dieu avait agi pour inspirer les Malgaches et ouvrir leur intelligence comme ils le voyaient. Le moteur, chez eux, avait été la certitude d'être unis en une Église dont Jésus-Christ était le Seigneur. La lecture de la Bible avait été leur éducateur. Ils s'étaient inspirés de saint Paul et de l'exemple des missionnaires. Ils avaient eu des assemblées. Ils avaient chanté, prié, et ils avaient admis à la Sainte Cène ceux qui leur en avaient paru dignes. C'était bel et bien l'Église qui s'était formée, des

---

13. Notons que les jésuites sont arrivés les premiers en 1861 et qu'avant ce retour « définitif », Ellis était revenu trois fois, sous le règne de Ranavalona, pour visiter les protestants persécutés. (Cf. G. Mondain, *Un siècle de mission*, pp. 174-175).
14. Maurice Leenhardt, « La condition missionnaire », p. 15.

> membres unis par une foi commune en leur Père, s'édifiant, et s'encourageant, communiant pour recevoir de Lui la Vie.[15]

M. Leenhardt entend bien que les Malgaches ont réussi à constituer une Église sans l'apport des missionnaires. Mais il ajoute que pour durer, cette jeune Église avait besoin des missionnaires. En effet, il écrit :

> Pour être une Église durable, il fallait une insertion sociologique en ce bas monde, c'est-à-dire qu'il fallait une organisation, une constitution. Les missionnaires s'y appliquèrent très vite. Fidèles à leur principe de laisser l'indigène développer sa responsabilité et décider lui-même la forme de son activité, ils proposèrent un plan très général.[16]

Après la mort de Radama II, sous le règne de Rasoherina,[17] le protestantisme continua à se développer dans tout Madagascar. D'autres sociétés de mission arrivèrent. En 1864, la Church Misionary Society (CMS) envoya ses deux premiers missionnaires, T. Campbell et H. Maundrell, qui s'établirent à Vohemar, et, deux ans après, en novembre 1866, à Andevoranto. Campbell parvint, en 1867, à Fianarantsoa, ville qui n'avait encore jamais reçu la visite d'un missionnaire. Pour des raisons financières, la CMS. céda la place peu à peu à la Society for the Propagation of the Gospel (SPG), société d'obédience anglicane. Toujours en 1866, la Mission norvégienne de Stavanger (NMS)[18] introduisit le luthéranisme à Madagascar. Ses deux

---

15. *Ibid.*
16. *Ibid.*, p. 16.
17. G. Mondain dit « qu'en dépit des efforts de certains chefs du paganisme qui paraissaient, en d'autres matières, exercer une grande influence sur Rasoherina, cette dernière se refusa toujours d'intervenir pour restreindre en quoi que ce soit la liberté d'action des missionnaires. Elle avait évidemment subi une certaine influence de la part des prédicateurs chrétiens pendant la persécution. » (G. Mondain, *Un siècle de mission*, p. 218).
18. Le Comité missionnaire de Stavanger datait de 1842. Il avait rassemblé en un foyer unique toutes les organisations isolées qui s'étaient fondées en Norvège pour l'extension du règne de Dieu sous l'influence du Réveil du commencement du siècle, et qui s'étaient bornées jusque là à soutenir de leurs dons les Sociétés missionnaires Moraves ou de Leipzig. (G. Mondain, *Un siècle de mission*, p. 241).

premiers missionnaires, arrivés en 1866, commencèrent leur mission dans la région de Betafo au mois de décembre 1867, après avoir séjourné une année à Tananarive pour apprendre le malgache. Ils furent renforcés par Borgen qui ouvrit une station à Masinandraina au début de 1869.

À la mort de Rasoherina, Ramoma, la seconde femme de Radama II, lui succéda sous le nom de Ranavalona II. Elle se déclara chrétienne et se fit baptiser avec son mari, le puissant Premier ministre Rainilaiarivony. Cette conversion de la Reine entraîna une adhésion massive de ses sujets au protestantisme. Ainsi, comme le fait remarquer G. Mondain, « l'antique puissance des idoles et de leurs gardiens était plus qu'ébranlée, surtout dans l'esprit de la classe dirigeante, et il était impossible de la revivifier ».[19] Il va sans dire que cet ébranlement profita aux missionnaires qui assirent de plus en plus leur autorité et obtinrent même la construction d'un Temple au Palais. En effet, il est vrai que le Premier ministre Rainilaiarivony voulait cette église pour des raisons visiblement politiques.[20] Mais aux yeux du peuple, cela apparaissait plus comme une victoire des missionnaires et du christianisme. La destruction des idoles royales, la création du collège théologique, le développement des écoles étaient les signes que les missionnaires n'avaient apparemment plus d'opposant. « L'attention du peuple avait été fortement attirée vers l'enseignement chrétien : bien des obstacles qui s'étaient dressés jusque-là entre l'âme des Malgaches et la prédication de l'Evangile, avaient été brusquement enlevés, et désormais il était permis aux missionnaires et à leurs aides indigènes d'atteindre les foules ».[21]

Deux questions se posent d'emblée. La première concerne la conversion de la Reine et de son mari. Est-elle réelle ou politique comme certains missionnaires semblent l'indiquer ? La question reste ouverte mais un élément de réponse peut être introduit dans le débat : la destruction des idoles. Compte tenu de ce que nous avons déjà dit sur les idoles et les fétiches, un Malgache qui accepte de les détruire ne peut être qu'un Malgache qui a eu l'intelligence renouvelée et transformée. Alors la vraie question est la suivante : par qui ou par quoi l'intelligence de ceux qui ont

---

19. *Ibid.*, p. 249.
20. *Ibid.*, p. 282ss.
21. *Ibid.*, p. 267.

accepté de détruire leur idole a-t-elle été renouvelée ou transformée ? Par la puissance de l'Evangile ? Ou par les missionnaires ? Ou par la civilisation occidentale ?

La seconde question concerne la conversion massive qui a suivi celle de la Reine. Peut-on déjà parler de Réveil ? Si tel est le cas, pourquoi quelques années après Kruger était-il obligé de constater qu'il y avait beaucoup de protestants à Madagascar mais très peu de chrétiens ?[22] Pourquoi G. Mondain était-il obligé de dire qu'il y avait eu une extension trop rapide de l'œuvre ? Cette conversion de la Reine a-t-elle donc généré le syncrétisme ou plutôt, les missionnaires ont-ils été dépassés par l'ampleur du mouvement ?

Le développement du protestantisme s'estompa à partir de 1883, après le début du conflit entre la France et l'Angleterre. En effet, la persécution[23] des protestants et l'instauration du protectorat français sur Madagascar qui a suivi menaçaient tout ce que les missionnaires avaient construit pendant des années. Afin de porter secours au protestantisme à Madagascar, la Société de Mission de Paris délégua deux de ses représentants, Henri Lauga et Hermann Kruger, pour, en quelque sorte, faire l'état des lieux. C'est ainsi que la Mission Protestante Française s'installa à Madagascar.

Voilà succinctement l'histoire de l'établissement des Missions et de l'évangélisation de Madagascar. Tout a commencé en Imerina. C'est à partir de là que le christianisme a rayonné dans toute l'île, par les missionnaires eux-mêmes, mais aussi par les Malgaches qui se sont convertis et qui se trouvaient dans les autres villes à cause de leur travail ou à cause des persécutions :

> Mais l'Imerina n'attirait pas seuls les regards des missionnaires. De nombreuses visites furent faites soit au Betsiléo, soit

---

22. Kruger entend par là qu'il y a beaucoup de chrétiens de nom uniquement. Ils sont restés encore païens malgré leur adhésion au protestantisme.
23. Cette persécution n'est pas seulement le fait de Madagascar mais a une dimension internationale et un arrière-plan politique. Les protestants sont accusés de faire le jeu de la politique coloniale anglaise. D'où le slogan qui a fait tant de mal au protestantisme à Madagascar : « Protestant égal anglais et catholique égal français » (Cf. Jean Baubérot, « L'anti-protestantisme politique à la fin du XIXe siècle », *Revue d'Histoire et de Philosophie Religieuses*, n°4, 1972).

à Tamatave, soit vers le nord-ouest. En 1868, Toy et Jukes, puis en 1869, Jukes seul, étudièrent avec soin la situation du Betsiléo, et un des résultats de leur enquête fut l'envoi, en 1870, de Richardson.[24]

La Province de Fianarantsoa, capitale du Betsiléo, d'où a commencé le Réveil de Rainisoalambo, fut visitée pour la première fois par un missionnaire, le rév Campbell, en 1867.[25] Sa visite fut de courte durée. F. Raison-Jourde précise que bien avant cette date, des chrétiens se trouvaient déjà dans la région :

> À ses débuts, la constitution des assemblées protestantes en Betsileo reproduit sur un échelle miniaturisée la dynamique observée en Imerina. Divers points de culte clandestins sous les persécutions, Ambositra, aux portes du Betsiléo nord, puis, pour le sud, Fianarantsoa dès la fondation de la garnison, Ambohimandroso et un tout petit boug rural à proximité de Fanjakana.[26]

La véritable mission d'évangélisation ne commença qu'en 1870 à l'arrivée du missionnaire J. Richardson (LMS) à Fianarantsoa. Il s'y installa définitivement et travailla dans toutes les régions d'alentour.

Les missionnaires norvégiens (NMS) commencèrent leur travail pour la première fois dans la région en 1875. En effet un accord a été conclu entre les missionnaires de la LMS et les luthériens pour leur attribuer le Sud de l'île comme champ de mission.[27]

« Dans la région de Fianarantsoa, ce fut à Soatanana que les luthériens s'installèrent en premier lieu dès 1877. Ils hésitèrent un an avant de se décider à créer une œuvre à Fianarantsoa même ».[28]

---

24. G. Mondain, *Un siècle de mission*, p. 269
25. B. Hubsch (dir.) *Madagascar et le Christianisme*, p. 274.
26. F. Raison-Jourde, *Bible et Pouvoir à Madagascar*, p. 410.
27. B. Hubsch (dir.) *Madagascar et le Christianisme,* p. 275.
28. G. Mondain, *Un siècle de mission*, p. 270.

Les premiers missionnaires de la NMS furent Dhale et Stueland, Nilsen-Lund et Haslund. Après avoir cherché un lieu où s'installer, Haslund s'établit à Isandra, région Nord-ouest de Fianarantsoa, à environ 40 kilomètres. Ensuite il ouvrit sa station missionnaire à Itsaraindrana. En 1877, le missionnaire Lindo, toujours de la NMS, ouvrit sa station à Soatanana, pas loin d'Isandra. Enfin en 1878, Valen s'installa à Fianarantsoa (à 4h de marche de Soatanana). Ainsi trois missionnaires de la NMS, Haslund, Valen et Lindo, opéraient dans la région Sud du Betsileo. Pour des raisons de santé, Haslund dut abandonner en 1886. Sa station fut reprise par Meeg qui était à Soatanana depuis 1881. En 1891, Meeg lui-même fut remplacé par Theodor Olsen.

Comme leurs prédécesseurs, ces missionnaires de la NMS commencèrent aussi par l'ouverture d'écoles où ils enseignèrent à la fois les disciplines scolaires et le christianisme. C'est par ces enseignements que ces missionnaires formèrent les premiers chrétiens de la région. Notons enfin qu'en plus des missionnaires de la NMS, la LMS finit aussi par ouvrir une station missionnaire à Isandra et possédait ses propres écoles. Il en est de même pour les catholiques.

En 1896, toutes les tendances missionnaires sont presque établies dans tout Madagascar. Qu'est-ce qui a changé dans la société malgache ? Nous avons déjà signalé que la domination bureaucratique a pris une place importante, mais cette fois-ci de façon définitive. Les missionnaires sont reconnus comme les fonctionnaires de la religion et, à ce titre, on leur obéit et ils sont écoutés par ceux qui ont adhéré à leur cause. Mais ils n'ont pas l'exclusivité de l'obéissance des « chrétiens ». En effet ces derniers pouvaient encore mettre leur confiance, ouvertement ou en cachette, dans leurs *ombiasa* ou leurs devins. Ainsi il n'était pas rare de trouver des Malgaches qui se disaient communiants mais qui allaient encore consulter les devins, comme nous l'avons vu dans le cas du *famadihana*. G. Mondain dit à ce sujet que :

> Si le Malgache, en effet, a peur de quitter ce qu'il connaît, ce dont il fait l'expérience, il consent volontiers à ajouter quelque chose d'autre à son trésor premier. Qu'on lui parle de nouvelles cérémonies à accomplir, concurremment avec celles

que ses ancêtres accomplissaient, il ne s'y refusera pas. Ceux mêmes qui ont abandonné pour une cause ou pour une autre une forme religieuse quelconque, la regrettent longtemps, et sont prêts à saisir l'occasion d'y revenir.[29]

Dans l'esprit de certains Malgaches, les missionnaires sont considérés comme une nouvelle sorte de devins ou d'*ombiasa*. En tout cas, il semble sûr et certain que les missionnaires et leurs aides sont assimilés au *Raiamandreny* (à la fois père et mère), un nouveau type de *Raiamandreny*. Encore aujourd'hui, le pasteur est appelé « *Raiamandreny Mpitandrina* » c'est à dire « Père-et-mère pasteur ». On ne prononce jamais le titre de Pasteur sans le faire précéder de *Raiamandreny*. Et dans toutes les sociétés malgaches, les pasteurs protestants ou les prêtres catholiques sont devenus les premiers des *Raiamandreny*. Mais tout ceci a toujours comme arrière plan la croyance aux fétiches et l'obéissance aux *ombiasa*. Nous sommes donc là devant le compromis malgache : intégrer les missionnaires dans leur système de représentation. Ainsi les Malgaches ont assimilé les missionnaires, les pasteurs et les prêtres, à leurs *Raiamandreny*. Ce compromis arrange bien l'âme de beaucoup de Malgaches parce qu'ils peuvent à la fois respecter les prêtres de la religion chrétienne, en leur donnant même la première place, sans pour autant renier les prêtres de la religion traditionnelle, les *ombiasa*. Mais cela ne convient peut-être pas aux missionnaires dont l'enseignement exige une adhésion totale et exclusive à leur doctrine. Ainsi M. Sabrée, cité par G. Mondain, déclare :

> L'esprit malgache, comme celui de tous les peuples à demi-civilisés, est un sol fertile pour la croissance rapide de toutes sortes de notions superstitieuses. L'idolâtrie malgache n'est rien autre chose que la croyance dans les ody ou charmes, destinés à écarter ou obtenir certains bienfaits. Aussi, à moins d'un grand soin de la part des conducteurs et des initiateurs d'un tel peuple, à peine sorti du paganisme, ses notions païennes

---

29. G. Mondain, « Les Malgaches et les faits miraculeux », *Revue de Théologie*, 1er juillet 1912, p. 351.

se transportent avec la plus grande facilité et presque immanquablement dans les cérémonies chrétiennes symboliques, le baptême et la communion deviennent facilement à leurs yeux des ody chrétiens....[30]

Quatrième période : de 1896 à nos jours

Le thème de notre étude se rapporte au mouvement de Réveil au sein de la FFPM, Fédération des Églises Protestants de Madagascar. Ce mouvement entre sur la scène de l'histoire de l'Église malgache durant cette période de 1896 à nos jours. Nous nous contenterons de retracer dans cette partie les grandes lignes de l'émergence de la FFPM et les apports respectifs des différentes missions dans la constitution de l'Église Protestante Malgache. En effet, à la mort de Ranavalona I, 16 août 1861, la liberté religieuse est réinstaurée à Madagascar. La LMS, suivie par d'autres missions recommencent leur implantation dans la grande Ile. Trois nouvelles sociétés missionnaires protestantes suivirent en effet la LMS à partir de 1864. Une mission anglicane, la *Society for the Propagation of the Gospel* (SPG). La *Friends' Foreign Mission Association* (FFMA), société anglo-américain des amis ou Quakers. Et la *Norske Mission Selskab* (NMS) de l'Église luthérienne libre de Norvège en 1867.

L'établissement de ces différentes missions est achevé en 1913 au moment de la création de la conférence inter-missionnaire qui deviendra ensuite le FFPM.

Avant d'aller plus loin, voyons quelques autres fruits de la pénétration du christianisme à Madagascar.

Le pasteur Ravelojaona (1879-1956)

Parmi les principales figures du protestantisme malgache, le pasteur Ravelojaona, né le 14 février 1879, est l'une des plus connues. Fils de l'évangéliste Ratsimba, Ravelojaona a passé son enfance à Antoby, village où son père a exercé son ministère. En 1890, son père l'envoie à Antananarivo pour poursuive ses études. En 1899, il obtient son Certificat d'Aptitude à

---

30. G. Mondain, « Les Malgaches et l'Église primitive », *Revue de Théologie*, 1ᵉʳ septembre 1912, p. 390.

l'Enseignement Primaire. Il entre pleinement dans la vie active à l'âge de 20 ans.

Sa vie fut donc à cheval entre la troisième et la quatrième période. Périodes riches en événements religieux et politiques. En effet, les années 1879 à 1896 furent successivement années d'expansion du protestantisme et année de guerre franco-malgache qui finit par l'annexion de Madagascar en 1896. Les années 1894 à 1906 ont vu l'émergence du premier mouvement de Réveil, l'entrée en scène de la MPF et la naissance de mouvements nationalistes en tout genre.

Ce n'est pas par hasard si Ravelojaona avait une vie engagée dans plusieurs domaines : culturel, religieux et politique. Ce sont des domaines qui ont subi de plein fouet les contrecoups de la colonisation de Madagascar par la France. Voici comment Marc Spindler explique un aspect de ces contrecoups de la colonisation et établit son lien avec les engagements politiques et religieux de Ravelojaona :

> En outre, la répartition des champs entre les missions protestantes a suivi non seulement des divisions ethniques, mais aussi des clivages politiques qui, à leur tour, se sont conjugués avec des attitudes confessionnelles différentes à l'égard du domaine politique. En gros, les districts et paroisses de l'Imerina et de Tananarive rétrocédés par la LMS à la MPF, en 1896/97 étaient ceux qui étaient le théâtre des plus grandes difficultés d'ordre politique, c'est-à-dire ceux qui supportaient le moins bien l'occupation française et manifestaient l'esprit le plus nationaliste, soit que les vexations d'origine administrative ou catholique aient été là plus pénible qu'ailleurs, soit que d'emblée l'état d'esprit des population les ait portées à la résistance. La MPF. a donc servi de refuge aux éléments du nationalisme malgache, ou plus exactement du nationalisme merina. C'est ainsi que le célèbre pasteur Razafimahefa (+1961), compromis à tort ou à raison dans une affaire politique en 1915, avec

les pasteurs Rabary et Ravelojaona, est passé peu après de la Société des Amis à la MPF.[31]

Son érudition

Ravelojaona fait partie de « l'élite » protestante. En plus de ses études qui ont abouti à l'obtention d'un Certificat d'Aptitude Pédagogique (1899), il profite de son séjour en Europe (1904-1906) pour compléter sa formation. Ainsi, entre autres cours dans les Universités de Paris, il s'inscrit comme auditeur libre à la Sorbonne et au Collège de France. Il est classé par Didier Nativel parmi les érudits de Madagascar :

> La grande majorité des érudits malgaches sont des notables, parfois même d'ex-dignitaires de l'ancien royaume de Madagascar. Médecins, pasteurs, fonctionnaires, ils défendent généralement une vision patrimoniale du passé pré-colonial (Ravelojaona, Rabary, Rasamimanana).[32]

D'après Nativel, le plus grand érudit malgache fut Raombana (mort en 1855) et après lui, Rainandriamampandry (1836-1896). Et à propos de Ravelojaona, il écrit :

> Mais contrairement à Raombana, qu'il a eu comme professeur d'anglais mais dont il ignorait les écrits, Rainandriamampandry n'appréhende pas les traditions avec une aussi grande distance critique. Néanmoins, chez ces deux auteurs comme chez leurs successeurs, Ravelojaona (1879-1956) en particulier, on retrouve les différentes composantes d'une vaste culture (imprégnée de traditions et ouverte sur l'Occident) teintée d'un nationalisme qui inspirera plusieurs générations.[33]

---

31. *Le Monde non Chrétien*, n° 65, janvier-mars 1963, pp. 50-51.
32. *Revue d'histoire des sciences humaines*, 2004/1 N° 10, p. 60.
33. *Ibid.*, p. 62.

Ainsi Ravelojaona est considéré comme l'un des successeurs de Raombana et de Rainandriamampandry. Toute cette érudition du pasteur Ravelojaona s'est exprimée à travers ses écrits et ses activités.

Ses activités

Dès 1898, c'est-à-dire un an avant son C.A.P., Ravelojaona enseigna à l'école des garçons à Ambatobevanja. Il fut aussi par la suite choisi par la MPF pour s'occuper de l'Union Chrétienne des Jeunes Gens (UCJG). Alors qu'il était enseignant, les paroissiens du temple protestant d'Ambihitantely lui demandèrent de devenir leur pasteur. Même s'il n'avait pas été préparé pour devenir pasteur, ce fut pour lui comme une vocation. Ainsi, il est devenu l'un des plus illustres pasteurs malgaches.

Un des pères présumés du VVS[34] (Fer, Pierre, Réseau), tout au long de sa vie, Ravelojaona a exprimé son nationalisme dans ce genre d'association et dans la production et la publication d'articles. En ce qui concerne les associations, après la disparition de la VVS, il fut, en 1937, partie prenante dans la création de l'association Ny Ho Avy (l'Avenir) :

> Le 22 juillet 1937 fut créée à Tananarive l'association Ny Ho Avy. Sa parenté avec la VVS est manifeste. Des personnalités comme Emmanuel Razafindrakoto, Ravoahangy…les pasteurs Rabary, Rajaobelina, Ravelojaona et Randzavola,.., contribuèrent, à différents titres, à la promotion de l'association auprès des intellectuels, sa cible officielle. Certaines de ces personnalités firent partie de la VVS durant la première guerre mondiale. Les plus célèbres sont les pasteurs Ravelojaona, Rabary et Rajaobelina.[35]

En 1939, il fut nommé pour représenter Madagascar au sein du Conseil supérieur des colonies.

---

34. La VVS est une association nationaliste fondée vers 1913. Nous en parlerons un paragraphe plus loin.
35. S. Randrianja, *Société et luttes anticoloniales à Madagascar*, p. 361.

Quant à ses publications, les plus connues furent son mémoire (1900) et ses écrits sur le modèle japonais. Dans la biographie de Joseph Ravoahangy (1893-1970), qui fut député de Madagascar de 1946 à 1951, l'auteur n'a pas manqué de souligner l'influence de Ravelojaona :

> Protestant luthérien, le jeune Ravoahangy fréquente l'école de la MPF (Mission protestante française) puis l'école régionale publique de Fianarantsoa, pour entrer ensuite, à Tananarive, à l'école Le Myre de Vilers, école de fonctionnaires malgaches créée par Gallieni, et enfin en 1912 à l'école de médecine. C'est là que, enthousiasmé par les thèses du pasteur Ravelojaona proposant le modèle japonais à la jeunesse malgache, il fonde en 1913 avec quelques disciples la « VVS » (Vy, Vato, Sakelika, « fer », « pierre », « ramification »)._[36]_

Voilà un bref aperçu de la vie et l'œuvre du pasteur Ravelojaona. Pour des études plus détaillées et plus récentes, nous renvoyons au livre de Solofo Randrianja.[37] Nous aurions pu choisir d'autres illustres figures du protestantisme comme les pasteurs Rabary, Rajaobelina et Randzavola. Mais le cas de Ravelojaona nous suffit pour montrer un exemple et une forme de nationalisme face à l'humiliation de la colonisation.

---

36. Bibliographie publiée sur le site de l'Assemblée Nationale Malgache, Joseph Ravoahangy, député de Madagascar, p. 1
37. S. Randrianja, *Société et luttes anticoloniales à Madagascar.*

CHAPITRE 4

Les apports respectifs des différentes missions protestantes

Les différentes missions protestantes ont donné naissance aux deux principales Églises protestantes de Madagascar : la FJKM, Fiangonan'i Jesoa Kristy eto Madagasikara (Église de Jésus-Christ à Madagascar) et la FLM, Fiangonana Loterana Malagasy (Église Luthérienne Malgache). Elles collaborent au sein de la FFPM, Fiombonan'ny Fiangonana Protestanta eto Madagasikara (Fédération des Églises Protestantes à Madagascar).

La Conférence inter-missionnaire

Selon le pasteur Rabemanahaka, l'une des raisons de la création de la Conférence inter-missionnaire fut la remarque et le reproche du Docteur Chang à toutes les sociétés missionnaires. En effet à Edimbourg, Ecosse, en 1910, lors de la rencontre de toutes les missions protestantes, le docteur Chang fit la remarque suivante : « Avec l'Evangile, vous nous avez également apporté votre 'isme' »...

« Quand vous annoncez l'Evangile, laissez chez vous vos divisions... ». Henri d'Espine, dans un article sur l'œcuménisme, va dans le sens de Rabemanahaka quand il dit que :

> Rappelons tout d'abord que c'est des champs de mission qu'est venue l'impulsion première, parce que c'est là que le scandale des divisions de la chrétienté est apparu le plus

douloureusement. Les vieilles Églises d'Occident y étaient si habituées qu'elles n'en ressentaient plus que faiblement l'anormalité. La conférence missionnaire d'Edimbourg, en 1910, qui est à l'origine du Conseil International des Missions, doit être considérée comme le point de départ du mouvement œcuménique.[1]

Ainsi, le 13 octobre 1913, la première Conférence Inter-missionnaire se tenait à Antananarivo. Sept missions étaient présentes à la conférence: une mission anglicane et les sept autres protestantes.

La SPG, anglicane :	Société pour la Propagation de l'Evangile.
La LMS, protestante :	Société des Missions de Londres ou London Misionary Society.
La MPF, protestante :	Mission Protestante Française
La FFMA, protestante :	Association des Missions Etrangères des Amis ou Friend's Foreign Mission Association
La NMS, luthérienne :	Norske Mission Selskab
La UNLC, luthérienne :	United Norwegian Lutheran Church in America
La LFC, luthérienne:	Lutheran Free Church

Cette première Conférence Inter-missionnaire a partagé Madagascar en deux grandes parties : le Sud pour les missions luthériennes et le Nord pour les autres missions protestantes.

Les missions installées à Madagascar se rendent compte, au lendemain de la Seconde Guerre mondiale, de l'opportunité d'accomplir un pas vers l'objectif qu'elles se sont

---

1. *Le Monde non Chrétien*, n° 28, p. 353.

proposé d'atteindre dès le début de leur œuvre, à savoir créer des Églises où les chrétiens malgaches prendraient leur part de responsabilités. Et dans les années 1950, elles estiment que des Malgaches de plus en plus nombreux sont capables de diriger des Églises. Ainsi, entre 1945 et 1960, on assiste à une prise en mains progressive des rouages des Églises par des Malgaches.[2]

FJKM : LMS / MPF / FFMA

La FJKM, Église de Jésus-Christ à Madagascar, est constituée par les églises issues des trois missions protestantes, LMS (London Misionary Society), MPF (Mission Protestante Française) et FFMA (Friend's Foreign Mission Association). Ces missions ont évolué de différentes façons et confié progressivement le gouvernement de leurs églises à des Malgaches qu'elles ont formé. Ainsi, après avoir reçu son autonomie en 1954, la LMS se transforme en Fiangonan'i Kristy eto Madagasikara (FKM), Église du Christ à Madagascar en 1962. En 1956, la FFMA, devient la Fiangonana Frenjy Malagasy (FFM). Enfin, en 1958, la MPF se transforme en Fiangonana ara-Pilazantsara eto Madagasikara (FPM).

Notons que ces trois missions sont sensiblement différentes du point de vue doctrinal. Les Églises issues de la MPF sont presbytériennes. Celles issues de la LMS sont congrégationalistes. Et celles de la FFMA sont des Quakers. Ces divergences doctrinales n'ont pas empêché l'unification de ces trois Églises au sein de la FJKM en 1968.

FLM : NMS / UNCA /LFC

L'Église Luthérienne Malgache, FLM (Fiangonana Loterana Malagasy), est issue de l'union de trois missions. La première, la NMS, est norvégienne.

> Cette société missionnaire avait rassemblé en un foyer unique toutes les organisations isolées qui s'étaient fondées en Norvège pour l'extension du royaume de Dieu sous l'influence du Réveil au début du XIXe siècle. Celles-ci s'étaient bornées, jusque là, à soutenir de leurs dons d'autres sociétés

---

2. « Madagascar et le christianisme », p. 385.

missionnaires comme les sociétés missionnaires des Moraves ou de Leipzig.[3]

Rappelons que les deux premiers missionnaires de la NMS furent Engh et Nilsen. Ces deux missionnaires, et les autres qui vont suivre, ont été formés dans le séminaire de Stavanger. Ils sont donc, de tradition piétiste et possèdent une certaine expérience du Réveil.

Les Américains sont venus parce qu'ils avaient des liens avec les Missionnaires de la Norwegian Misionary Society (NMS). Leur Église mère s'est scindée en United Norvegian Lutheran Church in America (UNCA) and a Lutheran Free Church (LFC). Cette dernière s'est engagée à Madagascar en tant que LFC/LBM Lutherian Board of Mission.

Les deux autres missions, la NLCA (National Lutheran Church of America) et la LBM-LFC sont américaines. Ces trois missions se sont constituées en une seule Église en 1950, sur la base d'une seule et même dogmatique. Mais la direction de la FLM est restée entre les mains des missionnaires étrangers jusqu'en 1957.

FFPM : FFMA / MPF / LMS / FLM

Actuellement, la Fédération des Églises Protestantes Malgaches, FFPM, est composée de la FLM et de la FJKM. Mais en réalité, la FFPM est une émanation des deux Conférences inter-missionnaires : d'une part, les missionnaires de la FFMA, MPF et LMS, et d'autre part les missionnaires luthériens. En effet, en 1958, les deux conférences se sont transformées en FFPM. Celle-ci est gouvernée par le Comité Protestant. Jusqu'en 1995, l'un des objectifs de la FFPM était l'unification de la FLM et la FJKM en une seule et même Église. Les deux protagonistes ont cependant décidé d'abandonner cet objectif lors de l'Assemblée Générale de la FFPM à Antsirabe en 1995.

La NMS, Norske Mission Selskab

Le mouvement de Rainisoalambo est né dans le champ de mission des Norvégiens. Si, d'une part, les premiers disciples du Seigneur ont grandi

---

3. *Histoire du Christianisme*, tome 11.

spirituellement sous la responsabilité de missionnaires norvégiens, ceux-ci ont, d'autre part, intégré dans l'histoire de leur mission l'œuvre du mouvement de Rainisoalambo. Il nous semble donc primordial de remonter aux racines spirituelles et historiques de cette Société de Mission Norvégienne (NMS).

Le Réveil

Les pays de l'Europe du Nord, la Suède, la Norvège, la Finlande et le Danemark, ont chacun connu un mouvement populaire de Réveil au début du XIXe siècle. Ces mouvements de Réveil ont des caractères communs :

> Engagement accru et autonomisation spirituelle des laïcs dans des mouvements venus de la base (les paysanneries indépendantes, les artisans et commerçants ruraux ou la foule des vicaires, adjoints de paroisses et autres membres du prolétariat ecclésiastique) ; piété individualiste mettant l'accent sur la conversion et plongeant ses racines dans le substrat piétiste et herrnhutiste du XVIIIe siècle ; organisation progressiste, dans le cadre des Églises d'Etat, de sociétés démocratiquement dirigées dont les premiers objectifs sont la diffusion des traités religieux ou de la Bible, le soutien aux missions étrangères et peu à peu, vers 1840-1850, la mission intérieure selon les modèles allemand ou anglais.[4]

Ces mouvements populaires de Réveil sont donc de tradition piétiste et herrnhutiste. Emile G. Léonard apporte des précisions sur ce piétisme en ces termes :

> Le piétisme caractérisa la conception germanique de la mission. Le père du piétisme est le pasteur alsacien Philippe-Jacques Spener (1635-1705). Luthéranisme strict et piété ardente sont les deux bases du piétisme spenérien, à quoi il faut

---

4. Christian Chanel, in *Histoire du christianisme*, tome 11, Paris, Desclée, 1995.

ajouter l'activisme : il faut connaître le Christ et il faut vivre et agir pour lui.

Ce fut Auguste-Hermann Francke (1663-1712), de Lubeck, qui appliqua ces vues à la mission. Incliné vers l'irréligion qui gagnait alors l'Allemagne, il fut saisi par la méditation du fragment de l'Evangile de Jean, 20/31, et devint un ami de Spener, qui le fit nommer professeur à la récente Université de Halle. C'est là qu'il fit du piétisme une puissance missionnaire. Et c'est de là aussi, qu'il amena tout le christianisme évangélique à ce que l'on peut appeler déjà le Réveil.[5]

Selon Karl Heussi,[6] Spener n'a apparemment rien d'un prophète, mais il possède une claire vision de ce qui manque à l'Église de son temps. Il propose quelques réformes précises qui ont un grand retentissement :

1. L'étude plus sérieuse de la Bible
2. L'organisation du « sacerdoce spirituel », c'est-à-dire le ministère pour les laïcs.
3. L'adhésion au fait que l'essence du christianisme n'est pas science mais amour et action.
4. Un comportement fraternel dans les dissensions théologiques.
5. Une réforme des études de théologie : la théologie doit être une science pratique liée à une vie pieuse.
6. La prédication doit édifier et non être un discours savant.

Le hernnhutisme est une des branches importantes du mouvement issu de Spener :

---

5. Emile G. Léonard, *Histoire générale du protestantisme*, Tome III, Paris, PUF, 1964, p. 469.
6. Karl Heussi, *Précis d'Histoire de l'Église*, Neuchatel, Delachaux et Niestlé, 1967, p. 197.

La communauté des Frères de Hernnhut est, à côté des piétistes de Halle et de Wurtemberg, la troisième branche importante du mouvement issu de Spener. Son fondateur est le comte de Zinzendorf (1700-1760), témoin original et remarquable de la piété chrétienne du 18e siècle.

Né dans une famille piétiste, filleul de Spener, Zinzendorf a fréquenté le collège de Halle, fait des études de droit et voyagé en Hollande et en France, où il est entré en rapport avec des ecclésiastiques réformés et catholiques.

En 1722, un groupe de Frères moraves persécutés viennent s'installer sur les terres du comte sous la conduite d'un charpentier catholique converti, Christian David, et fondent la colonie de Hernnhut (Haute Lusace). Ce lieu devient bientôt une terre de refuge pour les illuminés et les dissidents d'origine variée. Zinzendorf met toute son ingéniosité et son enthousiasme à organiser la communauté. Il veut créer avec eux une ecclesiola in ecclesia conforme à la pensée de Spener. Ainsi est fondée le 12 mai 1727, l'Unité des Frères renouvelée.[7]

Voilà les caractères communs du Réveil de l'Europe du Nord. Mais malgré ces caractères communs, chaque pays présente une forte originalité. Voyons le cas qui nous intéresse, la Norvège.

La Norvège et la Norwegian Mission Society (NMS)
En Norvège, l'initiateur du Réveil fut Hans Nilsen Hauge (1777-1824). Sa prédication insiste sur plusieurs points :

1. L'absolue obéissance à la volonté divine.
2. La conversion.
3. La soumission à la loi en vue de la sanctification.
4. Une éthique centrée sur la vocation.
5. Le rejet des plaisirs mondains.

---

7. *Ibid.*, p. 198.

6. Et la réussite matérielle perçue comme signe de la bénédiction divine.

Ses disciples suivent fidèlement les consignes laissées par Hauge dans son « Testament à mes amis » (1824) : elles insistent sur la fidélité à l'Église d'Etat, l'organisation d'équipes de croyants autour des « patriarches » du mouvement (désignés par le Testament) chargés d'exercer un contrôle sévère sur les « colporteurs-prédicateurs » et les publications, le rejet des adiafora et un mode de vie austère dont le prototype est fourni par celui du riche marchand de Stavanger J. Haugvalstad (1770-1850). Peu à peu, ce rigorisme a pourtant fait place à une vision plus « évangélique » de la foi axée sur le sola fide de Luther. Après s'être heurté à une forte répression au début du siècle, ce Réveil réussit à s'intégrer de mieux en mieux à l'Église et à la société.[8]

La deuxième génération organise plus solidement le mouvement en développant différentes branches d'activité : des sociétés de mission (1830), des sociétés de tempérance (1836), l'emploi de prédicateurs à plein temps vers 1850 et la fondation d'un centre permanent à Stavanger en 1845. Parmi ces sociétés de mission, on compte celle de Stavanger qui datait de 1842.[9] « Cette société missionnaire avait rassemblé en un foyer unique toutes les organisations isolées qui s'étaient fondées en Norvège, pour l'extension du règne de Dieu sous l'influence du Réveil du commencement du siècle, et qui s'étaient bornées jusque là à soutenir de leurs dons les Sociétés missionnaires des Moraves ou de Leipzig ».[10]

Nous savons que les deux premiers missionnaires de la NMS furent Engh et Nilsen. Ces deux missionnaires, et les autres qui vont suivre, ont

---

8. Christian Chanel, in *Histoire du christianisme, tome 11*, p. 256.
9. Gustave Mondain, *Un siècle*, p. 241.
10. *Ibid.*

été formés dans le séminaire de Stavanger. En d'autres termes, ils sont de tradition piétiste et possèdent une certaine expérience du Réveil.

La Mission Protestante Française

De même que les missionnaires norvégiens, la Mission Protestante Française a également intégré l'œuvre du mouvement de Rainisoalambo dans son histoire.[11] Il convient donc de définir l'arrière-plan théologique et la racine historique de ces missionnaires protestants français.

Au milieu du XIXe siècle, les protestants français rencontrent deux difficultés majeures. La première tient à leur statut de minorité religieuse dans un Etat à forte majorité catholique. Cette première difficulté se situe donc à deux niveaux : au niveau de leur rapport avec l'Etat et au niveau de leur rapport avec la société. L'affaire aboutira à ce que les historiens appellent « l'anti-protestantisme français à la fin du XIXe siècle ». Nous traiterons, dans le paragraphe suivant, cette question. Mais à cela s'ajoute un autre problème, le conflit théologique au sein du protestantisme lui-même. Deux tendances théologiques, en effet, se développent : une tendance « libérale » et une tendance « évangélique ».

Le libéralisme[12]

Contrairement aux Spener et Herrnhut, les libéraux entendent interpréter la Bible de façon assez libre. Les principaux représentants de ce courant en France sont les pasteurs Athanase Coquerel (1795-1868) et Samuel Vincent (1787-1837).

> Longtemps pasteur à Nîmes, Samuel Vincent est caractéristique de son époque : il est marqué par la façon dont le XVIIIe siècle a abordé le problème théologique (il atténue souvent les formulations dogmatiques traditionnelles), mais aussi par le romantisme et par Schleiermacher. Il veut que les chrétiens soient en mesure de répondre au défi que représente le

---

11. *Ibid.*, pp. 344-346.
12. Notre source principale dans les paragraphes qui suivent est le tome 11 de *Histoire du christianisme*, pp. 196-197 et pp. 537-543.

renouvellement des sciences profanes. Dans ce but, il dirige la publication de plusieurs revues théologiques successives où il s'efforce de suivre l'évolution de la pensée religieuse outre-Rhin. L'une d'elles porte, d'ailleurs, le titre caractéristique de Mélanges de religion, de morale et de critique sacrée : influencée par le XVIIIe siècle.[13]

Ainsi selon Vincent, l'un des devoirs fondamentaux des théologiens de ce temps est de présenter une expression du christianisme adaptée au monde moderne. C'est pourquoi, chez les libéraux, « les sermons ont l'aspect de longues dissertations philosophiques sur des questions morales. Le plus souvent, la dogmatique des XVIe et XVIIe siècles n'est pas contestée de façon explicite, mais on a tendance à réduire le christianisme à un code moral, parfois teinté de romantisme ».[14]

Au cours des années 1820 et 1830, sous l'influence des mouvements populaires de Réveil en Europe, la tendance dite « évangélique » se développe en France et concurrence le libéralisme.

La tendance évangélique

En France, il n'y a pas eu, à proprement parler, de mouvement populaire de Réveil. Ce sont les pasteurs suisses et britanniques qui ont propagé la théologie du Réveil en France. La théologie des « évangéliques » se présente sous forme de retour à la dogmatique des Réformateurs du XVIe siècle. Leur but est de « réveiller » les chrétiens.

> Assez peu intéressés par la recherche théologique, ils ont tendance à se tourner vers les expressions dogmatiques du XVIe siècle a priori (ce sont celles des Réformateurs) et non pas à la suite de longues études, parce qu'ils demandent surtout à la doctrine de leur fournir un guide pour l'action dans le siècle. Mais ils sont aussi des hommes de leur temps car ils expriment une spiritualité sentimentale. Ils chantent des cantiques

---

13. *Ibid.*, p. 197.
14. *Ibid.*

où s'épanche une vie spirituelle fondée sur les élans du cœur, fort éloignée de la spiritualité un peu froide des psaumes huguenots traditionnels.[15]

Les représentants de cette tendance, dans les années 1830 et 1840, sont les pasteurs Adolphe Monod (1802-1856) dans l'Église réformée et Franz Haerter (1797-1874) dans l'Église luthérienne.

Jusqu'en 1850, le débat entre les deux tendances est plus ou moins normal. Mais le climat se dégrade à partir de cette date. En effet, sous l'influence de la pensée allemande, le Pasteur Scherer (1815-1889) met en doute l'autorité de la Bible et soutient qu'elle n'est pas pleinement inspirée. Ainsi, pour faire la distinction entre les passages inspirés et non-inspirés, la Bible sera jugée par l'homme au lieu d'être juge de l'homme. C'est là que réside la différence essentielle entre les libéraux et les évangéliques : se laisser guider par les Ecritures et juger par elles ou en être juge.

La Mission de Paris et les conflits théologiques de 1822 à 1914

Ceci est le titre d'un paragraphe, dans le livre de J-F. Zorn.[16] Dans quel camp se situe la Mission de Paris par rapport aux évangéliques et aux libéraux ? Il n'y a pas lieu d'entrer dans le détail de ces questions. J-F. Zorn, dans le paragraphe que nous avons cité, offre une étude très complète sur le sujet. Nous nous contenterons donc de rapporter ici quelques-unes de ses remarques. Voici comment J-F. Zorn aborde la question :

> Comment les libéraux se situent-ils par rapport à la Mission de Paris ?
> Dès la seconde Assemblée générale de la Mission de Paris (1825), Charles Coquerel[17] n'épargne guère de ces critiques certaines personnalités en vue de la Société : Mark Wilks, sa

---

15. *Ibid.*
16. Jean-François Zorn, *Le grand siècle d'une mission protestante. La mission de Paris de 1822 à 1914*, Paris, Karthala/Les Bergers et les Mages, 1993, pp. 584-598.
17. « Un pasteur libéral », in *Histoire du Christianisme*. André Encrevé l'appelle aussi Athanase Coquerel. p. 197.

bête noire, est épinglé à cause de son style improvisé et parce qu'il aurait laissé entendre que les Français sont des êtres vains en déclarant qu'ils ne le sont plus lorsqu'ils sont régénérés.[18]

Ainsi, les libéraux critiquent les responsables de la Mission de Paris et n'hésitent pas à traiter certains d'entre eux de sectaires. De son côté, la Mission de Paris refuse les candidatures des libéraux qui veulent être missionnaires. C'est ce qui est advenu à un certain André-Numa Bertrand, candidat qui n'a pas caché sa tendance « libérale ». Le pasteur Boegner a refusé sa candidature et l'a invité à réétudier l'Evangile.

Visiblement, ces refus ou ces hésitations devant les candidatures des libéraux montrent que les missions françaises ont une orientation théologique différente : celle du Réveil. Les trois premiers pasteurs français, Edmond Meyer, Siméon Delord, Paul Minault, envoyés à Madagascar s'inscrivent bien dans cette ligne.

---

18. Jean-François Zorn, *Le grand siècle d'une mission protestante*, p. 585.

CHAPITRE 5

Les journaux et revues missionnaires

Pour étendre et maintenir leur influence sur les Malgaches en général et sur leurs adhérents en particulier, les missionnaires ont produit des publications en tout genre. Parfois, ces revues et publications étaient aussi des instruments. Ainsi, chaque mission possédait deux ou trois journaux.
Voici un petit tableau récapitulatif de quelques échantillons de journaux, de la mission qui les ont créés et de leur année de création.

Mission	LMS	MPF	Luthérienne
Journaux	1-*Ny Mpanolo-tsaina* (Le Conseiller) (1877) 2-*Ny Teny Soa* (1886) (La Bonne Parole)	1-*Journal des Missions Évangéliques* (1826) 2-*Ny Mpamafy* (Le Semeur) (1899) 3-*Fiainana* (1928) (La Vie)	1-*Ny Mpamangy* (Le visiteur) (1882)

Les publications de la MPF furent l'objet d'un mémoire de Maîtrise d'Histoire.[1] Comme le titre l'indique, le mémoire est assez critique vis-à-vis des auteurs qui ont contribué dans ses publications. Voici par exemple le propos de L. Rasolondraibe-Rahanehatra :

---

1. Lucie Rasolondraibe-Rahanetra Razaimananoro, « Les missions évangéliques et leurs publications devant la mise en dépendance du Royaume Merina », Université Paris VII, 1983.

> Qu'il s'agisse des missionnaires ou des Malgaches, un grand nombre de leurs publications est pleine d'admiration pour la France et très peu pour Madagascar. S'ils parlent des Malgaches, ce n'est guère pour en faire des compliments ».[2]

Parmi ses auteurs, il y a le pasteur Ravelojaona dont on connaît le patriotisme et le nationalisme.

La plus connue parmi ces publications missionnaires est le *JME* Créé en France en 1826, le journal a commencé à publier des nouvelles de Madagascar dès 1827. Selon le *JME* de 1826, voici son objectif :

> Le journal spécialement consacré à faire connaître les travaux des serviteurs du Christ qui propagent son Evangile parmi les peuples non chrétiens et les merveilleux succès dont il plaît au Seigneur de bénir leurs efforts.[3]

C'est pourquoi le *JME* est riche en témoignages missionnaires et est parmi les premiers qui ont fait connaître les mouvements de Réveil malgaches aux lecteurs francophones.

Comme les publications de la M.P.F., la revue *Teny Soa* de la LMS a été l'objet d'une thèse de Doctorat en 1980.[4] Comme Lucie Rasolondraibe, Josette Randriamanantena est aussi assez critique contre Teny Soa. L'un des reproches que J. Randriamantena fait contre la revue est le manque de participation des auteurs malgaches ou plus exactement la censure effectuée contre ces derniers. Ainsi, à propos des missionnaires de la *LMS* au sujet de leur Revue, voici la remarque de J. Randriamanantena : la revue est *« comme leur revue propre, leur instrument de propagande, [qu'ils opèrent] une censure sévère des articles envoyés par les lecteurs et préfèrent insérer dans la revue leurs productions plutôt que celles des autres pour pouvoir mieux imposer leur idées ».*[5]

---

2. *Ibid.*, p. 49.
3. *Ibid.*, p. 10.
4. Le titre de la thèse de Josette Randriamantena est : *Une revue missionnaire : Teny Soa, 1866-1896*.
5. *Ibid.*, pp. 122-123.

Pratiquement aucune revue n'a échappé à ces accusations d'instrument de propagande missionnaire. Ceci n'est pas étonnant dans la mesure où, d'une part, les missionnaires ont quitté leur pays pour cette raison. Et d'autre part, dans la perspective wébérienne, ceci est un aspect de la domination bureaucratique. La censure est une façon pour les missionnaires d'assurer leur autorité bureaucratique et de soumettre autrui à cette autorité. Weber explique que :

> La soumission résulte de l'attachement impersonnel au « devoir de fonction » (Amtspflicht) dans sa définition générale et objective, et non pas de la croyance de l'abandon à des personnes — prophètes et héros – dotées de charisme ; cette soumission ne résulte pas non plus d'une tradition sacrée ou un respect pour un maître personnel désigné par un ordre traditionnel. Ce « devoir de fonction », ainsi que le droit de domination qui lui correspond – la « compétence » – sont définis par des normes établies rationnellement (la lois, décrets, règlements) de telle manière que la légitimité de la domination devient la légalité de la règle, laquelle est générale, élaborée en fonction d'une fin, établie et promulguée selon des critères de correction formelle.[6]

Il nous semble donc que les missionnaires manifestent leur « compétence » et leur « supériorité » à travers leur publication. Ainsi, en dépit de leur bonne volonté et de leur nationalisme, les auteurs malgaches, comme Ravelojaona, furent sous cette domination missionnaire tant qu'ils écrivaient dans leurs journaux et revues.

---

6. Max Weber, Sociologie des religions, Paris, Gallimard, p. 375.

CHAPITRE 6

Les Instituts de formation

La formation est aussi un autre aspect de cette domination. Nous avons déjà signalé que la mission de D. Jones consista, dans un premier temps, dans l'ouverture d'une école qui fut suivie par beaucoup d'autres. Après la venue d'autres missionnaires en renfort, l'œuvre se développa rapidement : des milliers de futurs instituteurs pour les brousses furent scolarisés. C'est toujours M. Leenhardt qui écrit en 1923 :

> Il y a dans les premières années de la mission protestante à Madagascar, et du travail spécial que les missionnaires y ont accompli, quelque chose qui rappelle les œuvres entreprises en Asie. Les efforts scolaires sont si grands qu'on se demande parfois si on n'en a pas exagéré l'importance. C'est la différence du travail initial qui manifeste entre des peuples plus avancés et d'autres plus attardés.[1]

Toutes les missions, toutes tendances confondues, ont créé des écoles qui devinrent, non seulement, des lieux de formation, mais aussi des lieux de lutte d'influence. Lutte d'influence entre les écoles confessionnelles et également entre écoles confessionnelles et écoles laïques. En effet, en 1896, l'école laïque a été créée en vue d'un enseignement au service de la colonisation.

---

1. Maurice Leenhardt, *La condition missionnaire*, p. 11.

Ainsi, les Malgaches, avec les différentes missions, ont dû subir et assumer les divisions confessionnelles des Européens. Et à travers les écoles, le pouvoir colonial leur imposa aussi la guerre des deux France.

Dans son livre,[2] F. Koerner, retrace bien l'évolution et les différents enjeux de ces luttes d'influences et affrontements.

> Au cours de ces affrontements l'enseignement laïque émerge lentement, trop lentement au gré des gouverneurs généraux qui bâtissent leur carrière sur des supports de complaisance. L'éduction nouvelle est donnée dans des écoles de 1er, 2e, 3e degré. En 1926 quand la Colonie semble entrer dans sa phase de production capitaliste, Madagascar possède 856 écoles congréganistes. Les écoles de 2e degré, remaniées en 1916, doivent assurer à leurs élèves un métier ou une qualification au service de la colonisation.[3]

En matière de formation théologiques et pastorale, les enjeux n'ont pas été tout à fait distincts de l'enseignement général. Une commission d'enquête sur la préparation des pasteurs à Madagascar a été constituée en 1956.[4] La problématique de leur enquête fut « Les pasteurs qu'il faut à l'Église : quelle fonction théologique semble-t-il nécessaire de donner aux pasteurs d'aujourd'hui à Madagascar ? Telle est la question qu'il nous faut aborder ».[5] Après avoir exposé les matières indispensables en théologie, la commission propose quatre aspects spécifiques à Madagascar qui méritent d'être approfondis. Voici l'un de ces aspects :

> En face des mouvements de Réveil spécifiques aux Églises de Madagascar. Les heureux résultats de ces mouvements ne sont pas contestables dans la vie des Églises et de nombreux

---

2. *Histoire de l'enseignement privé et officiel à Madagascar (1820-1995). Les implications religieuses et politiques dans la formation du peuple.*
3. *Ibid.*, p. 14.
4. « Le ministère pastoral aujourd'hui et demain à Madagascar », *Le monde non Chrétien*, n° 39, 1956.
5. *Ibid.*, p. 221.

chrétiens actuels. Bien des vocations pastorales y sont nées et de ministères en ont été renouvelés et enrichis. Cependant il apparaît à l'évidence que certaines pratiques inséparables dans la pensée de plusieurs, d'un réel Réveil spirituel, posent à l'Église des problèmes très sérieux. Le seul facteur susceptible d'éviter ces dangers reste un enseignement biblique bien authentique et une connaissance effective de la doctrine chrétienne.[6]

La commission qualifie certaines pratiques des revivalistes comme dangereuses et posant des problèmes à l'Église. Les formations théologiques et pastorales serviront donc à « corriger » et « purifier » ces pratiques. Voilà encore un autre aspect de la domination bureaucratique.

---

6. *Ibid.*, p. 227.

CHAPITRE 7

La médecine moderne et les œuvres sociales

Dans son livre sur les missions modernes, Arthur T. Pierson les qualifie de « Nouveaux Actes des Apôtres ».[1] A.T. Pierson, en 1906, classe parmi ses « Nouveaux Actes des Apôtres » la « mission médicale » :

> Quant à la mission médicale, elle pénètre aujourd'hui partout : dans maint champ de travail, en Corée, par exemple, elle a fait jouer la clef qui en a ouvert la porte d'entrée. C'est là le don de la guérison moderne. Il doit précéder l'Evangile, et par le soulagement accordé au corps, disposer les hommes à écouter les paroles qui à l'âme usée par le péché, accablée de maux et de misère, apporte la santé et la vie.
> La mission médicale, qu'on la considère comme un moyen ou comme un but, peut rendre de grands services. Considérée comme but, elle élimine, en les remplaçant, les systèmes actuels d'une soi-disant médecine, foncièrement inutile pour enrayer le mal et foncièrement nuisible, cruelle même, pour la maladie.[2]

---

1. A. T. Pierson, *Les Nouveaux Actes des Apôtres ou les Merveilles des Missions Modernes*, Lyon, E. Bischsel, 1905.
2. *Ibid.*, pp. 477-478.

Aussi, au départ, la médecine moderne était à cheval entre la formation et les œuvres sociales à Madagascar. En effet, comme nous l'avons déjà signalé, dans la mentalité malgache traditionnelle, maladie et religiosité sont étroitement liées. C'est pourquoi, les *ombiasa* sont les plus souvent les guérisseurs ou les guérisseurs sont des *ombiasa* :

> Bien avant l'introduction de la médecine européenne, les populations malgaches disposaient d'une « médecine», qualifiée de traditionnelle, qui reposait sur la connaissance de plantes médicinales mais aussi sur de nombreuses croyances et superstitions. Les guérisseurs étaient les détenteurs de ses savoirs et les praticiens de cette médecine.[3]

Les missionnaires anglais suivis par les Norvégiens ont été les premiers à pratiquer la médecine moderne à Madagascar. C'est pourquoi, avant la colonisation, 1895, les plus grandes institutions sanitaires à Madagascar furent l'œuvre des missionnaires :

> Des mesures contre la variole sont aussi présentes dans le Code des 305 articles promulgué sous la Reine Ranavalona II (1829-1883) : les malades doivent être isolés afin de limiter le risque de contamination. C'est aussi sous le règne de Ranavalona qu'ouvre l'hôpital d'Isoavinandriana (portant le nom aujourd'hui d'hôpital Girard et Robic) dans la capitale. Cet établissement sanitaire est créé grâce à une convention signée en 1889 entre la London Misionary Society et la Reine.[4]

A.T. Pierson fait remarquer que :

---

3. Fabienne Rafidiharinirina, « La médecine européenne dans le cadre de la royauté et de la colonisation jusqu'en 1914 à Madagascar », *Bulletin d'Information sur la Population de Madagascar*, n° 48, avril 2009, p. 1. Notons que nous avons tiré la majeure partie de notre information dans ce Bulletin.
4. *Ibid*.

C'est grâce à l'importance qu'a prise presque soudainement depuis soixante ans environ la mission médicale, que s'est trouvé résolu un des plus grands problèmes qui se posent à propos de l'œuvre missionnaire. Sans doute il n'y a jamais eu de période dans l'histoire de l'Église où l'œuvre de la guérison n'ait été étroitement associée à la prédication de l'Evangile. « Toute œuvre missionnaire digne de ce nom, a dit avec raison Mackay, de l'Ouganda, sera toujours, dans le sens le plus élevé du mot, une œuvre de guérison ». C'est aussi à l'homme tout entier que la rédemption doit apporter le salut.[5]

Cette affirmation est particulièrement vraie dans le cas de Madagascar dans la mesure où beaucoup de missions ont contribué à la création d'institutions médicales et à la formation pour combattre les infections comme la lèpre :

> Ce sont aussi des missionnaires (mission norvégienne) qui ont créé la léproserie d'Antsirabe en 1881. En 1885, la London Misionary Society ouvre une autre léproserie à Soavina et les Jésuites en installe une à Avaratr'Ilafy. En 1881, furent exploitées les eaux thermales de Fianarantsoa pour ses vertus thérapeutiques.[6]

À partir de 1896, le gouvernement colonial va également promouvoir la médecine moderne et les industries pharmaceutiques.

À travers les publications et les instituts de formation, nous pouvons constater que la période de la fin du XIXe siècle et début du XXe siècle était une période riche en conflits politico-religieux. Voyons de près un aspect de ce contexte.

---

5. A. T. Pierson, *Les Nouveaux Actes des Apôtres,* pp. 478-479.
6. Fabienne Rafidiharinirina, « La médecine européenne », pp. 1-2.

CHAPITRE 8

Contexte politico-religieux

Le sujet, vu son étendue, relève d'un travail de thèse. Toutefois nous sommes contraints d'en toucher mot dans la mesure où le mouvement de Réveil est né durant cette période trouble, période de la campagne antiprotestante de la fin du XIXe (importante surtout de 1864 à 1902). Plusieurs livres et articles se penchent déjà sur l'envergure de la question à Madagascar. Le dernier ouvrage en date est celui de Jean Baubérot et de Valentine Zuber, *Une haine oubliée, l'anti protestantisme avant le « pacte laïque » (1870-1905)*. Jean Baubérot lui-même a déjà abordé le sujet dans un numéro de la *Revue d'histoire et de Philosophies Religieuses*.[1] Jean-François Zorn en parle aussi assez longuement dans son ouvrage que nous avons déjà cité. Enfin, le jésuite Adrien Boudou ne manque pas de réfuter, dans son ouvrage, les critiques contre les catholiques. Parmi les témoins directs de la situation, on peut citer Gustave Mondain, qui a consacré quelques chapitres sur ce thème dans « Un siècle de mission Protestante à Madagascar », et plusieurs autres articles encore.

Nous nous contenterons, dans un premier temps, de reprendre brièvement les témoignages et conclusions de ces auteurs déjà cités. Ensuite, pour ce qui est de Madagascar, après avoir fait un inventaire des conflits, nous essaierons de formuler une hypothèse que nous développerons ultérieurement.

---

1. Le titre de l'article est « L'Anti-protestantisme politique à la fin du XIXe siècle », et comporte deux parties qui sont : Les débuts de l'Anti-protestantisme et la question de Madagascar.

L'anti-protestantisme français à la fin du XIXe siècle

Faut-il le rappeler, les protestants français ont, au milieu du XIXe siècle, deux problèmes de fond. Si la question du conflit entre les libéraux et les évangéliques a été traitée dans le paragraphe précédent, il s'agit à présent d'aborder la seconde difficulté : le statut de minorité religieuse dans un Etat à forte majorité catholique. Deux axes s'imposent pour appréhender le problème : le rapport avec l'Etat et celui que les protestants entretiennent avec la société. Le problème avec l'Etat est résolu par la loi du 9 décembre 1905.[2] Quant à la relation avec la société française, voici ce qu'Albert de Broglie, cité par Jean Baubérot, écrivait :

> C'est le malheur du protestantisme en France d'y être toujours, comme un étranger récemment naturalisé et dont la manière d'être et de parler trahit, à son insu, son origine. Cette condition n'est que trop bien expliquée par son histoire…Tout étonne…le lecteur français ordinaire dans un livre de piété et de théologie protestante…aussi bien les questions que l'on y traite que les solutions qu'elles recouvrent et les termes dont on se sert…(la langue du protestantisme) est toujours du français d'émigré, dénaturé tantôt par le vocabulaire de l'érudition germanique, tantôt par les invitations empâtées de la Suisse Romande.[3]

Par ailleurs, Jean Baubérot décrit les différentes étapes de la campagne antiprotestante en France :

Il y a eu d'abord la guerre entre la France et l'Allemagne en 1870. Les protestants sont accusés de tiédeur dans la lutte contre l'Allemagne.

---

2. Dominique Le Tourneau, *L'Église et l'Etat en France*, Paris, PUF, coll. « Que sais-je ? », 2000.
3. Jean Baubérot et Valentine Zuber, *Une haine oubliée*, p. 463.

> Les désastres du début de la guerre franco-prussienne provoquèrent surprise et désarroi, donnant rapidement lieu à une recherche de coupables dont les protestants eurent à souffrir. Les accuser de faire preuve de tiédeur – voire même de menées suspectes – dans la lutte contre la « Prusse protestante » était relativement facile. Une campagne de presse et des accusations orales se développèrent en août 1870....[4]

Ensuite, après une brève accalmie sous la Commune, l'anti-protestantisme s'est accru durant les années 1880.

> Durant les années quatre-vingt, la montée, dans les milieux de droite, d'une hostilité latente envers le protestantisme se remarque à plusieurs signes. Ainsi les protestants furent accusés de se montrer trop favorables à la politique coloniale anglaise qui protégeait les missions protestantes.[5]

Jean Baubérot[6] souligne que l'anti-protestantisme fut un des aspects du nationalisme français et ajoute que ce dernier se lia dans une large mesure au traditionalisme et au catholicisme. Ceci est vrai dans le cas de Madagascar où administration coloniale et missionnaires jésuites coopéraient pour malmener les missions protestantes.

Le cas de Madagascar

Notre intention n'est pas ici de rappeler les agissements des missionnaires jésuites de Madagascar contre les missions protestantes. Nous aimerions commencer cette partie par l'histoire suivante. Nous avons fait toutes nos études secondaires dans un Collège jésuite bien connu à Madagascar. Une fois en France pour suivre des études supérieures, nous avons eu l'occasion de visiter un prêtre jésuite, ancien responsable de ce Collège et avec lequel nous avons tissé des liens d'amitiés. Sachant que l'endroit où il nous

---

4. *Ibid.*
5. *Ibid.*, p. 454.
6. *Ibid.*, p. 460.

avait reçus était un centre d'accueil des jésuites revenus de Madagascar, nous avons demandé à notre ami, prêtre jésuite, s'il n'avait pas un livre qui retraçât la mission des jésuites à Madagascar. C'est alors qu'il nous a présenté les deux tomes de l'histoire des jésuites à Madagascar.[7] Ensuite, dans la mesure où nous ne sommes pas de confession catholique, le prêtre nous a fait la remarque suivante : « Lisez-le bien et ne soyez pas choqué ou en colère à cause des erreurs du passé et sachez tirer des leçons pour notre temps ». En fait, notre prêtre n'avait pas tort. Il y a effectivement des points choquants dans les textes proposés par Boudou. Ce sont les passages dans lesquels Mondain ou les autres missionnaires parlaient d'églises brûlées ou confisquées par les jésuites, des intimidations diverses contre les paysans qui n'acceptent pas de se faire rebaptiser « catholique ». Boudou[8] ne semble pas démentir les faits mais interprète différemment la situation. Par exemple, il concède qu'il y ait eu confiscation d'églises, mais il ajoute que ces églises n'appartenaient pas aux missionnaires anglais ni norvégiens, mais aux Malgaches qui en étaient membres. Si ces protestants malgaches devenaient donc catholiques, il était tout à fait normal, selon Boudou, que leur temple se transformât en église catholique. Dans cette logique, on comprend pourquoi les missionnaires protestants surnommaient ces jésuites les « jésuites des grands chemins ».

Selon Gustave Mondain,[9] la persécution des jésuites n'avait pas encore pris fin quand les missions protestantes subissaient déjà les contrecoups de la guerre de 1895 et l'assaut du « mouvement du *fahavalisme* ». C'est dans ce contexte que la Mission Protestante Française a fait son entrée à Madagascar pour venir au secours des autres missions protestantes. Maurice Leenhardt rapporte :

> Lorsque la Société de Paris a été alors appelée à Madagascar, elle n'a pas été prise au dépourvu. La Direction observait l'influence grandissante de la France et avait deviné le danger

---

7. Adrien Boudou, *Les jésuites à Madagascar*, tome I et II, Paris, Beauchesne et ses fils, 1940.
8. *Ibid.*, pp. 469-477. Le paragraphe porte le titre de : L'affaire des temples convertis en églises.
9. Gustave Mondain, *Un siècle de mission*, pp. 295-327.

que couraient les Missions protestantes du fait qu'on assimilait leur œuvre à celle de la politique anglaise. Elle avait fait des enquêtes, elle suivait avec sympathie le travail des Sociétés sœurs, anglaises, norvégiennes ou américaines ; elle leur porterait secours si les circonstances l'exigeaient.[10]

Au moment où la Mission Protestante Française intervient à Madagascar, il y a au moins quatre protagonistes dans le jeu politico-religieux : les missionnaires catholiques jésuites, les missionnaires protestants, le mouvement du *Fahavalisme* et l'administration coloniale. De ces quatre, les missions protestantes ont le plus souffert. Alors pourquoi ?

Jean Baubérot dit dans sa conclusion : « …Le protestantisme a joué, à propos des difficultés de la conquête puis de la 'pacification' de Madagascar, un rôle de bouc émissaire ».[11]

Dans une perspective wébérienne, nous ajoutons, comme hypothèse, que les protestants sont victimes des conflits de domination entre les trois protagonistes religieux : mission catholique, mission protestante et mouvement du fahavalisme. En effet, le conflit catholique-protestant peut être considéré comme un conflit prêtre-prêtre. Dans ce cas, on peut dire que les missionnaires jésuites se sont servis de l'administration coloniale pour fortifier leur légitimité auprès du peuple malgache. On comprend pourquoi les jésuites ont fait le plus de mal aux protestants plutôt que l'inverse. D'autre part, les protestants et les catholiques ont subi l'attaque du mouvement du Fahavalisme. Comme l'a dit G. Mondain :

> Le mouvement de Fahavalisme est un essai de réaction païenne contre les nouveaux occupants de Madagascar dont les victoires tendaient à bouleverser le système des fétiches ancestraux, et aussi contre tout ce qui était européen, et en particulier tout ce qui avait une apparence de christianisme.[12]

---

10. Maurice Leenhardt, « La Condition Missionnaire », p. 20.
11. Jean Baubérot et Valentine Zuber, *Une haine oubliée*, p. 484.
12. G. Mondain, *Un siècle de mission*, pp. 297-298.

Carte I : Les six Provinces

Ainsi, le mouvement du *Fahavalisme* joue le jeu des *ombiasa* ou devins malgaches. Par conséquent, toujours dans une perspective wébérienne, ce conflit est un conflit prêtre-magicien. Les catholiques ont encore trouvé l'avantage sur les protestants grâce à leur politique d'assimilation.

Voilà brièvement le contexte politico-religieux de Madagascar à la naissance du Réveil. La déclaration suivante de Marc Spindler résume bien la nature de ce conflit et ce qui va en résulter.

> Si c'est à Madagascar que la lutte entre Administration intégriste (soit dans le sens du cléricalisme gallican, qu'on appellerait aujourd'hui 'national-catholicisme', soit dans le sens du laïcisme fanatique) et les missions protestantes fut la plus violente, c'est aussi là que s'instaure pour la première fois une jurisprudence respectueuse des valeurs missionnaires

protestantes et reconnaissant l'existence 'd'une autre catholique'…, la catholicité évangélique.[13]

Les mouvements nationalistes : l'exemple des Menalamba et de la VVS

Madagascar a été déclaré protectorat français en 1895 et colonie en 1896. Par la suite, des sentiments nationalistes à l'encontre du gouvernement colonial français ont émergé ici ou là dans des groupuscules malgaches. Le plus célèbre et le plus violent d'entre ces groupes fut les *Menalamba*. Au nombre de ces groupes, on peut aussi compter le VVS (*Vy Vato Sakelika* ou Ramification de Fer et de Pierre).[14]

Les Menalamba

Littéralement, le mot veut dire « Rouge-Tissus ». Mais dans son livre, Gustave Mondain[15] les désigne comme *fahavalo*, ennemis. Ainsi, comme évoqué dans le paragraphe précédent, quand on parle de *Fahavalisme*, il s'agit surtout des *Menalamba*. En effet, le mouvement des *Menalamba* était un mouvement insurrectionnel qui se révoltait contre les Européens et leur religion. Voici comment Mondain relate les débuts de ces révoltes :

> L'essai de révolte commença par des massacres, le 22 novembre 1895, à Arivonimamo, à une cinquantaine de kilomètres à l'ouest de la capitale, d'abord de quelques miliciens indigènes envoyés pour enquêter dans la région, puis du missionnaire Johnson et de sa famille, massacre exécuté par des membres de la tribu des Zanakantitra, une des tribus restées les plus attachées aux vieilles coutumes fétichistes. Avant d'attaquer la station missionnaire, les révoltés avaient consacré à nouveau leur ancienne idole Ravololona.[16]

---

13. Marc Spindler, « Maurice Leenhardt et Madagascar », *Le Monde non chrétien*, n° 65, pp. 41-42.
14. Notons que *Vy* veut dire Fer, *Vato* Pierre et *Sakelika* Ramification ou Réseau.
15. G. Mondain, *Un siècle de Mission*, p. 295.
16. *Ibid*, p. 298.

Vigen James et Tronchon Jacques voient en cette date du 22 novembre 1895, le début de l'insurrection des *Menalamba*. En effet, après avoir exposé le contexte politico- religieux précédant la colonisation, ils ajoutent que :

> Ce tableau de la situation religieuse de Madagascar au début de l'occupation française serait incomplet, s'il n'évoquait pas aussi le contexte particulier de l'Insurrection des Menalamba. Le 22 novembre 1895, peu après la capitulation du gouvernement de Rainilaiarivony, et tandis que se met en place le régime colonial, ce mouvement insurrectionnel patriotique est déclenché au Nord-Ouest d'Antananarivo, dans la région d'Arivonimamo où sont assassinés le pasteur Johnson et les siens, ainsi que le gouverneur catholique Raphaël Ramanitra. Il se propage rapidement dans l'Imerina et, de proche en proche, dans certaines provinces voisines.[17]

Vigen James et Tronchon Jacques pensent que le mouvement des *Menalamba* était d'abord dirigé contre l'occupation française et s'apparente à d'autres insurrections qui s'opposent à l'expansion coloniale de la fin du siècle dernier en Afrique sud-saharienne.[18] Cette explication ne nous semble pas correspondre à la réalité dans la mesure où les premiers assassinés furent un pasteur missionnaire et sa famille. En plus avant d'exécuter leur assassinat, ils ont pris le temps de consacrer leur idole Ravololona. Ainsi, comme G. Mondain, nous disons que l'aspect anti-religieux était présent depuis le commencement de l'Insurrection. Dans une perspective wébérienne, nous sommes là devant le conflit prêtre et magicien.

La VVS (Vy Vato Sakelika ou Fer, Pierre et Réseau)

À propos du nationalisme malgache, Solofo Randrianja fait remarquer que : « La littérature fut la première forme d'expression du nationalisme malgache, elle sera relayée par le journalisme et les associations, pôles d'ancrage de la VVS ».[19]

---

17. Bruno Hübsch (dir.), *Madagascar et le christianisme*, pp. 331-332.
18. *Ibid.*
19. Solofo Randrianja, « Société et luttes anticoloniales à Madagascar », p. 153.

Créé vers 1913, la VVS est composé d'intellectuels très bien instruits par des Européens. Il s'agit d'une société secrète consacrée à l'affirmation de l'identité culturelle malgache. D'après les enquêtes menées par Solofo Randrianja, beaucoup affirment que la VVS est plutôt une secte philosophique qu'une association. Et il ajoute que :

> La plupart des personnalités qui ont appartenu à la VVS insistent toutes sur ce caractère, la présentant comme un cercle de réflexion plutôt qu'une organisation de militants. Propos qui contredisent le mythe selon lequel le sakelika (réseau) était composé de plusieurs cellules qui se développent en s'ignorant les uns les autres, à l'instar d'un parti bolchevique léninisé en quelque sorte.[20]

Le groupe, basé à Antananarivo, a été mené par le Pasteur Ravelojoana, très forte personnalité et très écouté dans le milieu protestant. On dit qu'il a été considéré comme le pape du nationalisme malgache. Le Pasteur Ravelojaona a été particulièrement influencé par le modèle japonais de la modernisation. En effet, il a écrit une série d'articles sur le Japon dans la revue *Ny Mpanolotsaina* (Le conseiller).

> La VVS constitue assurément la première manifestation du nationalisme moderne à Madagascar. En ce sens, il ne peut nullement être considéré ni comme une revanche des anciennes classes dirigeantes évincées du pouvoir par la colonisation ni comme l'expression d'une classe sociale particulière. Les sakelika étaient avant tout des citadins occidentalisés engagés dans la (re)construction de la malgachitude. Ils étaient attachés à de nombreux traits de celle-ci dans une stratégie de la survie (F. Rajaonah, 1996-97 : 3), mais aussi par romantisme du fait de la confrontation avec l'étranger et le monde en général. En même temps, ils aspiraient à accéder à un monde présenté et perçu comme supérieur. De ces contradictions naquit la

---

20. *Ibid.*, p. 155.

VVS, un lieu d'abord d'interrogations et de discussions sur le point de devenir une association de militants en faveur de l'idée nationale.[21]

En 1916, la VVS a été brutalement réprimée et supprimée par le gouvernement colonial français.

Carte II : Emplacement des quatre grands Mouvements de Réveil

■ Les 4 grands centres de Réveil (Toby lehibe)
- Soatanana 1894
- Manolotrony 1927
- Ankaramalaza 1941
- Farihimena 1947

---

21. *Ibid.*, p. 159.

Partie 3

Les quatre mouvements de réveil malgaches et l'émergence du « ministère de berger »

CHAPITRE 9

L'intérêt de ces quatre personnages pour la recherche

Quand on parle de mouvement de Réveil à Madagascar, quatre noms et quatre dates viennent immédiatement à l'esprit des observateurs. Le premier nom est celui de Rainisoalambo, 1894. Le second est celui de Ravelonjanahary, 1927. Le troisième, celui de Volahavana Germaine, 1941. Enfin, le quatrième est celui de Rakotozandry, 1947. Ces quatre personnages vont successivement fédérer autour de leur nom des chrétiens malgaches et ont fini par donner naissance à quatre grands mouvements de Réveil connus sous le nom de *Toby Lehibe*. Ces mouvements continuent d'exister jusqu'à nos jours et exercent une influence non négligeable sur la vie politique, sociale et religieuse à Madagascar. De plus, ces personnages, avec leur mouvement respectif, ont adopté une rupture avec la religiosité malgache basée sur le culte aux ancêtres.

Enfin, bien que ces dates, 1894, 1927, 1941 et 1947 désignent les dates de naissance de ces mouvements de Réveil, elles évoquent également d'autres événements importants dans l'histoire de Madagascar. Autour de l'année 1894, par exemple, il y a à la fois la colonisation (1896) et la naissance de mouvements nationalistes comme les *Menalamba* (1895-1899) et le VVS (vers 1913).

Ainsi ces quatre personnages nous intéressent sur trois points au moins de notre recherche : Historique, Anthropologique et Sociologique.

Intérêt historique des personnages
Selon S. Randrianja,

> Après le mouvement des menalamba, les historiens du politique malgache passent directement à l'épisode de la Vy Vato Sakelika (VVS), donnant ainsi une large place au nationalisme dans l'histoire du mouvement contre la colonisation. En effet, la VVS, cette association, qui, aux alentours de la première guerre mondiale, a regroupé essentiellement les intellectuels de l'époque issus pour leur très grande majorité des Hautes Terres centrales [...], est considérée comme le point de départ du nationalisme moderne à Madagascar.[1]

Le mouvement de Rainisoalambo est né et a atteint son apogée dans cette période de 1894-1916. Ainsi, historiquement, le mouvement de Rainisoalambo se trouve entre celui des *menalamba* et de la VVS Bien que les *menalamba* et la VVS fussent des nationalistes, il y a une différence non négligeable dans le fond et la forme de leurs agissements. Les *menalamba* font usage de violence et cherchent à rétablir la religiosité malgache. Aussi, en parlant de la VVS, S Randrianja dit que :

> Si une partie de sa démarche est, on le voit, identique à celle des menalamba à travers la référence à la royauté, par contre, à bien des égards, elle en diffère fondamentalement dans la mesure où elle entraîne Madagascar dans l'historicité vue à l'aune du progrès.
>
> Les menalamba du Sud se réfèrent à une époque plus lointaine, antérieure au règne d'Andrianampoinimerina, c'est-à-dire à une époque où la mémoire 'sans passé reconduit éternellement l'héritage, renvoyant l'autrefois des ancêtres au temps indifférencié des héros, des origines et du mythe'....[2]

---

1. Solofo Randrianja, « Société et luttes anticoloniales à Madagascar », p. 56.
2. *Ibid.*, p. 50.

La question se pose donc : le mouvement de Réveil suscité par Rainisoamlambo est-il une autre réponse à la colonisation et à la crise qui en résultait ? La question est tout à fait légitime dans la mesure où, comme il l'a fait avec la VVS, le gouvernement colonial cherchait à supprimer le mouvement de Réveil durant cette période. Autrement dit, le mouvement de Réveil est-il une autre forme de nationalisme comme semble le craindre le gouvernement colonial ? Dans ce cas, Rainisoalambo représente une rupture par rapport aux *menalamba* et à la VVS.

Les mêmes questions se posent aux trois autres mouvements parce qu'ils sont également contemporains à des mouvements et à des actions politiques intenses, relatifs à la colonisation. Le soupçon d'instrumentalisation politique du mouvement de Rainisoalambo n'est pas encore tombé quand surgit Ravelonjanahary en 1927. Les documents montrent qu'elle aussi était surveillée de près par les agents de renseignement du gouvernement colonial. Tous ces déplacements et toutes ses prises de parole dans les églises étaient signalés aux autorités coloniales. Pourquoi Ravelonjanahary faisait-elle peur à ces autorités coloniales ? En tout cas, le soupçon qui pesait contre cette femme était si grand qu'elle avait dû faire une déclaration en faveur de ces autorités coloniales.

L'intérêt historique de Germaine Volahavana et de Daniel Rakotozandry est aussi évident que pour les deux premiers. En effet, leurs mouvements ont émergé entre 1939 et 1947. Or, entre ces deux dates, deux partis politiques anti-colonialistes ont aussi intensifié leurs activités. Il s'agit du Parti Communiste de la Région de Madagascar (PCRM) et le Mouvement Démocratique pour la Rénovation Malgache (MDRM). Ces activités ont abouti à l'insurrection du 29 mars 1947. Ainsi dans un contexte d'effervescence politique et sociale, les mouvements de Réveil semblent aussi actifs sinon plus que ces mouvements anticolonialistes, dans le domaine qui leur est propre, la religion. En conséquence, la question se pose réellement : les mouvements de Réveil sont-ils une autre réponse à la colonisation et à la crise qui en résultait ? Ces mouvements de Réveil sont-ils une autre manière de chercher l'émancipation et de revendiquer la malgachitude ou une malgachitude ?

Intérêt anthropologique

Dans cette perspective anthropologique, les mouvements de Réveil présentent également un intérêt. En effet, tout en revendiquant une certaine malgachitude, les revivalistes n'ont pas hésité à rompre avec la religiosité malgache centrée sur les cultes aux ancêtres. Ils sont même amenés à combattre cette religiosité lors de leurs campagnes d'évangélisation.

Dans son article, L. Jacquier-Dubourdieu[3] affirme que le mouvement de Réveil est un syncrétisme qui s'ignore. Dans le même ordre d'idée, les missionnaires protestants disent que les mouvements de Réveil sont à la fois malgaches et bibliques. Mais ils ne précisent pas ce qui est malgache et ce qui est biblique. Alors, qu'entendaient les missionnaires par « malgache » ? Est-ce qu'il s'agit de la religiosité malgache dans sa forme et son fond ? Ou s'agit-il de l'ethos malgache du *fihavanana* (parenté, amour) ?

Dans quelle mesure peut-on donc parler de syncrétisme. L. Jacquier-Dubourdieu pense que les pratiques cultuelles des revivalistes sont centrées sur l'exorcisme et la guérison. Certes, les mouvements de Réveil pratiquent l'exorcisme et la guérison. Mais, ceux-ci sont-ils vraiment le centre de leurs pratiques ? Leurs combats contre les cultes de possession et les supposés esprits des ancêtres suffisent-ils à justifier le syncrétisme ?

Comme le dit toujours L. Jacquier-Dubourdieu : « Aujourd'hui, les pratiques cultuelles de ce mouvement, centrées sur l'exorcisme et la guérison, ont perdu le caractère suspect qu'elles avaient à la fin du XIXe siècle, alors que le rationalisme triomphait jusque dans le protestantisme malgache ». Comment et à quel prix ces quatre initiateurs des mouvements de Réveil ont-ils réussi à dissiper cette suspicion et à faire admettre par tous les protestants leurs pratiques et le ministère de berger que Rainisoalambo a institué et que les trois autres ont adopté ?

Tel qu'il se présente, ce ministère de berger est incontestablement le fruit de la rencontre entre deux cultures, malgache et occidentale. C'est sur cet aspect de ce ministère que les quatre personnages représentent un intérêt sociologique.

---

3. « Soatanana la nouvelle Jérusalem... », *Géographies et Cultures*, n° 33, 2000, p. 89 et 91.

Intérêt sociologique

Le premier intérêt que représentent les quatre personnages vient en fait de ce ministère qu'ils ont institué et dont ils ont su négocier l'adoption par les Églises protestantes traditionnelles. Tant sur leurs aspects historiques qu'anthropologiques, les quatre personnages initiateurs du Réveil présentent également un intérêt sociologique. En effet, la question de la pérennité des mouvements de ces quatre personnages se pose sous ces deux aspects.

Tout d'abord, du point de vue historique, comment se fait-il que les mouvements ou associations anticoloniales comme les *menalamba*, la VVS et le MDRM n'ont pas eu cette pérennité dans leurs actions ? Alors que le mouvement de Réveil, malgré le harcèlement et les tentatives multiples du gouvernement colonial pour le dissoudre, continue à exister et à influencer la vie religieuse, sociale et politique de Madagascar ?

Du point de vue anthropologique, dans la rencontre entre deux cultes, R. Jaovelo-Dzao, à la suite de G. Balandier, affirme que :

> Ce culte novateur, selon la préface de Georges Balandier, est également contestataire. Il révèle que l'homme des sociétés, dites dualistes, n'organise nullement son existence en se situant alternativement face à deux secteurs séparés, et réglés l'un par la tradition, l'autre par la modernité. À partir de l'expérience vécue, il permet de saisir la dialectique qui opère entre un système traditionnel (dégradé) et un système moderne imposé de l'extérieur, en quelque sorte. Cette dialectique tend à susciter, l'apparition d'un troisième type de système socio-culturel, instable, dont l'origine est liée à l'affrontement des deux premiers.[4]

On peut dire que suivant cette affirmation le « Camp de Réveil » ou « Village de Réveil »[5] est ce système socio-culturel, suscité par la dialectique de la rencontre entre un village malgache et le christianisme protestant des missionnaires occidentaux. Mais, contrairement à cette affirmation, le

---
4. Robert Jaovelo-Dzao, *Mythes, rites et transes à Madagascar*, p. 310.
5. En effet, Rainisoalambo a transformé son village en ce Village de Réveil.

Village de Réveil ou le Camp de Réveil est stable. Jusqu'à nos jours, les Églises protestantes avec les mouvements de Réveil continuent l'implantation de ces Villages un peu partout dans toute l'Ile.

Pourquoi donc parmi les principaux mouvements et associations qui ont vu le jour pendant les périodes charnières de l'histoire de Madagascar, le mouvement de Réveil est-il pratiquement le seul à avoir connu une pérennité et une stabilité ?

Notre hypothèse est double. D'une part, les revivalistes n'ont pas été des contestataires ni des révolutionnaires qui cherchaient à bousculer l'ordre établi par les occidentaux. Ils étaient plutôt des prophètes réformateurs. Leurs actions n'étaient pas fondées sur un sentiment de révolte contre les 'envahisseurs' mais par un désir de partager une découverte. Pour ce faire, les revivalistes ont forgé leur propre instrument, le ministère de berger. Ainsi, la pérennité et la stabilité des mouvements des quatre personnages initiateurs du Réveil sont dues à ce ministère de berger. En effet, comme le ministère pastoral introduit par les missionnaires, le ministère de berger est le centre de gravité des agissements des mouvements de Réveil dans la société malgache. Non seulement il définit le rapport de ces mouvements au reste de la société malgache, mais il en assure leur continuité. En conséquence, le ministère de berger est à la fois un ministère au service de l'évangile et au service de la malgachitude des revivalistes.

L'étude de la vie et l'œuvre de ces quatre revivalistes s'impose donc pour répondre à toutes ces questions historiques, anthropologiques et sociologiques et, par conséquent, pour comprendre le ministère de berger dans son rôle de pérennisation et de stabilisation des mouvements de Réveil et de leur influence dans la vie religieuse, sociale et politique malgaches.

Voyons donc maintenant la vie et l'œuvre de ces quatre plus grand revivalistes malgaches.

CHAPITRE 10

Le cas de Rainisoalambo (1844-1904)

Sa conversion

Dire que toutes les remarques sur la religion traditionnelle sont valables pour tous les chrétiens malgaches est peut-être discutable. Mais il est difficile de les contester dans le cas de Rainisoalambo, l'initiateur du premier mouvement de Réveil à Madagascar, connu sous le nom de « mouvement des apôtres » ou « mouvement des disciples du Seigneur ». En effet, Rainisoalambo a eu, en quelque sorte trois vies : sa vie avant sa rencontre avec les missionnaires, sa vie de chrétien baptisé tout en étant *ombiasa* et enfin sa vie après avoir renoncé à ce compromis.

Rainisoalambo Sorcier

Rainisoalambo, né vers 1844 et mort le 30 juin 1904, fut élevé dans un village[1] où les habitants croyaient fermement à toutes les pratiques traditionnelles que nous avons décrites auparavant. A. Thunem[2] affirme que la population y était très fortement attachée à la tradition ancestrale. Comme

---

1. Ce village s'appelle Ambatoreny. Il s'agit d'une bourgade à côté de l'Isandra où les Norvégiens de la NMS, les Anglais de la LMS et les Français de la mission catholique étaient déjà installés.
2. A. Thunem était l'un des missionnaires de la NMS., témoin direct de la conversion de Rainisoalambo, et fut plus tard trésorier du Mouvement de Réveil. Il a écrit un livre sur *Le Réveil à Madagascar*.

dans toute société à domination traditionnelle, il aurait été difficile de leur faire accepter des idéologies ou des idées nouvelles. Par contre, c'était une population qui supportait beaucoup de souffrances[3] et d'épreuves. Leur plus grand plaisir était de rester dans leur village à contempler les volailles et travailler la terre. Rares sont ceux qui quittaient leur village pour subvenir à leurs besoins. Parmi ces personnes, se trouvait Rainisoalambo, né vers 1840 et de père *Marambasia*. Dans son *Essai de Dictionnaire Betsileo*,[4] Henri Dubois définit le *Marambasia* comme un Garde du Hova ou du Prince. En tant que tel, le père de Rainisoalambo s'occupait de l'éducation des princes. Rainisoalambo fut donc élevé avec les princes du Betsileo. Ensuite il succéda à son père comme *Marambasia*. Plus d'un témoin a fait remarquer sa grande éloquence et sa maîtrise de la technique rhétorique malgache. Il était donc souvent envoyé par le roi, appelé ici ou là pour prononcer des discours ou pour participer à des concours de rhétorique. F. Raison-Jourde précise que Rainisoalambo a servi avec Ralambo, à la cour du roi Rajaokarivony de l'Isandra. Elle ajoute que :

> Ralambo et Rainisoalambo ont tous deux servi ce roi qui a gouverné l'Isandra de 1862 à 1892. Le second, fils d'une lignée de devins chargée de l'éducation des princes, occupa les fonctions de chef de la garde royale puis, en raison de son grand talent pour les discours et les joutes verbales, celles de porte-parole du roi. Ralambo, d'un rang social sans doute supérieur, fut grand juge (andriambaventy) et chroniqueur de la dynastie. Converti par un prédicateur merina, il fut envoyé en mission à Tananarive, prêcher devant la reine et les missionnaires anglais, en compagnie de sept de ses compatriotes. Leur talent surprit et émerveilla la cour. Le gouverneur de Fianarantsoa les chargea aussitôt de relayer le discours royal

---

3. En effet, durant cette période, la population a dû subir beaucoup d'épreuves, tant du point de vue économique que social. En plus de leur pauvreté, les colons français, par l'intermédiaire des fonctionnaires qui travaillaient pour eux, faisaient payer de lourds impôts aux paysans Betsileo qui furent par ailleurs frappés par une sorte d'épidémie de gale (Cf. A. Thunem, *Le Réveil à Madagascar*).
4. Henri Dubois, *Essai de dictionnaire Betsileo*, Tananarive, Imprimerie Officielle, Edition de l'Académie Malgache, 1917.

instituant l'école obligatoire pour tous. Ils deviennent alors les propagandistes d'une politique de scolarisation qui va préparer, comme en Imerina au début du siècle, l'enrôlement massif des Betsileo dans les campagnes militaires qui se succèdent.[5]

En tant que bon paysan traditionaliste, il ne s'est jamais aventuré à prononcer un discours sans s'assurer de la protection des ancêtres. Il avait beaucoup de fétiches pour se protéger et pour espérer la réussite. Quand Rainisoalambo fut plus âgé, il abandonna le *Marambasia* et s'occupa uniquement de la culture du riz et du travail de la terre. Là encore, pour se protéger et pour avoir du succès, il faisait confiance à ses fétiches. Non seulement il connaissait presque tous les '*ody*', fétiches, mais il pratiquait aussi le *sikidy*, art divinatoire qui consiste à déterminer le *ody* approprié à telle ou telle situation. Rainisoalambo, comme tous ses compatriotes, mettait toute sa foi dans le culte traditionnel. En outre, à cause de ces capacités divinatoires, il faisait fonction de *ombiasa* ; on le consultait, il soignait, il conseillait, il chassait les esprits qui habitaient ou tourmentaient ses clients. Bref, Rainisoalambo fut un véritable prêtre de la religion traditionnelle malgache, un devin ou *ombiasa*.

La conversion de Rainisoalambo

Nous avons trois sources principales de documentation concernant la conversion de Rainisoalambo. Le premier document est celui de A Thunem, de la NMS, *Le Réveil à Madagascar*, un texte de 112 pages écrit en norvégien en 1925 et traduit en malgache en 1934. La seconde source principale que nous avons à disposition est le livre d'Elysée Escande, *Les disciples du Seigneur*, 1926, 97 pages. Escande a fait une synthèse de tous les articles parus sur le mouvement, dans le *Journal des Missions Evangéliques*, avant 1926. Ces sources émanent de témoins directs issus de la Mission Protestante Française. Enfin, la troisième source principale se trouve dans un rapport d'enquête sur le mouvement de Rainisoalambo. Ce rapport du 15 juin 1916, de cinquante neuf pages, est rédigé en 1916 par F.

---

5. Lucile Jacquier-Dubourdieu, « Représentation de l'esclavage et conversion », *Cahiers des Sciences Humaines*, 32(3) 1996, p. 605. L'auteur tire en fait ces informations du livre de F. Raison-Jourde : *Bible et pouvoir à Madagascar*.

Compagnon, Administrateur en chef, chef de la Province de Fianarantsoa. Dans ce rapport, on trouve beaucoup de témoignages des familles et amis de Rainisoalambo, recueillis par les chefs de districts ou les responsables de la sûreté générale des colonies.

D'après ces trois sources de documentations principales et d'autres documents que nous avons à disposition, trois questions peuvent être posées. D'abord, à quelle date Rainisoalambo s'est-il réellement converti ? Ensuite quelles sont les circonstances de sa conversion ? Enfin comment a démarré le mouvement de Rainisoalambo ?

La date de conversion

Elysée Escande fait commencer la conversion de Rainisoalambo en 1884. « Le 9 juin 1884, à la suite de circonstances ignorées jusqu'ici, Rainisoalambo se convertit à Jésus-Christ ».[6] Rainisoalambo n'a pas beaucoup parlé de son passé. On sait qu'il fut un temps *Mpitandrina*[7] de la LMS, où il a apprit à lire et où il s'était fait baptiser en 1884. Ceci correspond probablement à la conversion-assimilation que L. Jacquier-Dubourdieu a attribué en premier à Ralambo. En effet, au sujet de la Province de Fianarantsoa en comparaison avec l'Imerina, voici ce que L Jacquier-Dubourdieu raconte :

> Après 1869, dans un but d'assimilation des populations conquises, la possession est interdite et les palladiums brûlés ; le culte protestant, religion de la reine, est désormais obligatoire. Les officiers réquisitionnent les paysans dans les campagnes et les poussent jusqu'aux temples urbains où

---

6. E. Escande, « Les disciples du Seigneur », *Cahiers Missionnaires*, n° 8, Paris, 1926, p. 19.
7. Selon E. Escande, « l'Evangéliste est un véritable pasteur, ayant fait des études régulières, envoyé par les Missions pour diriger un petit groupement d'églises. Son traitement est fait, partie par la Mission, partie par les églises. Le Pasteur est un Evangéliste appelé par une église locale comme conducteur spirituel. Dans les églises de notre Mission, son salaire est uniquement à la charge de celles-ci. Le *Mpitandrina* (littéralement « celui qui prend soin ») est dans chacune des églises fondées par la Mission de Londres, celle des Amis et la nôtre, celui de leurs membres qu'elles ont choisi comme conducteur spirituel. Le *Mpitandrina* n'ayant pas fait d'études ne reçoit aucun traitement. Il doit donc travailler dans la semaine pour gagner son pain quotidien. Le *Mpiandry* (berger, gardien) est le nom choisi par les Disciples du Seigneur pour désigner leur *Mpitandrina* ». (Cf. E. Escande p. 9).

les dernières places leur sont réservées. Pour eux, l'esclavage qu'implique la conversion n'est pas une métaphore. S'agissant de sociétés techniquement aussi avancées l'une que l'autre, dotées de la même langue et des mêmes rituels, la production de la différence, qu'implique la domination politique, ne pouvait se réalise que par la maîtrise affichée du savoir religieux occidental.[8]

A. Thunem ajoute que Rainisoalambo n'avait jamais eu l'intention d'adhérer à la cause missionnaire. Mais quelqu'un lui avait en effet conseillé de s'engager dans le christianisme et de se faire baptiser : il deviendrait très vite *Mpitandrina* et ainsi il gagnerait beaucoup d'argent. E. Escande considère donc que le moment de la conversion de Rainisoalambo correspond à l'année de son baptême. A. Thunem semble minimiser ce baptême et fait commencer la conversion de Rainisoalambo en 1894. Cette date est suivie par tous les documents écrits en malgache et par la Fédération des Églises Protestantes Malgaches qui a fêté les cent ans du mouvement de Rainisoalambo en 1994. Pourquoi donc ces deux interprétations différentes de la conversion de Rainisoalambo ? Pour E. Escande, Rainisoalambo a expérimenté, en quelque sorte, deux conversions. La première lors de son baptême, et la seconde au moment des épreuves qu'il a subies en 1892[9] et où Dieu a exaucé ces prières. « Ce fut chez lui comme une nouvelle conversion[10] (selon les termes de Rainisoalambo lui-même un nouveau Réveil) ou plutôt ce fut l'occasion d'une véritable et complète consécration de Rainisoalambo à Dieu ».[11] Pour A. Thunem,[12] cette période où Rainisoalambo fut *Mpitandrina* est un fiasco total. Il n'était qu'un chrétien de nom et, toujours selon A. Thunem, comment une personne qui ne sait même pas prendre soin de son âme saurait-t-elle prendre soin de celle des

---

8. L. Jacquier-Dubourdieu, 1996, p. 604.
9. Cette date est probablement la date où ont commencé la maladie et les épreuves de Rainisoalambo mais pas la date de sa conversion.
10. E. Escande ajoute en note de bas de page que, selon les termes de Rainisoalambo lui-même, c'est d'un nouveau Réveil qu'il s'agit.
11. E. Escande, *Les Disciples du Seigneur*, p. 20.
12. A. Thunem, *Le Réveil à Madagascar*, p. 19.

autres ? Puisqu'il restait dans son paganisme, tout en étant *Mpitandrina*. Ces deux approches différentes nous semblent dues à la revendication implicite de paternité du mouvement de Rainisoalambo par les Norvégiens de la NMS, les Français de la MPF et les Anglais de la LMS. Les Anglais sont en fait à l'origine du baptême de Rainisoalambo et sont en droit de dire que c'est grâce à leur mission que celui-ci est entré dans la religion chrétienne. Les Norvégiens, par contre, ont tendance à négliger les expériences chrétiennes de Rainisoalambo avant 1894 : Ambatoreny[13] où il a reçu ce qu'il appelle « le nouveau Réveil », le 15 octobre 1894, faisait partie du champ de mission de la NMS. Ainsi, quant à la paternité du mouvement de Rainisoalambo, on peut renvoyer dos à dos les différentes missions parce qu'il n'a reçu d'aucun missionnaire le « plus » qu'il a cru découvrir dans la Bible. D'autre part, Rainisoalambo n'a jamais renié son baptême. E. Escande rapporte ce que Rainisoalambo a toujours dit et qui a été repris par les *Iraka* (envoyés) au cours de leur prédication :

> Nous ne saurions assez remercier Dieu de nous avoir envoyé ici des Missionnaires européens pour nous annoncer l'Evangile. Ils nous ont présenté Jésus-Christ comme notre sauveur au même titre que le leur, ils nous ont traduit la Bible dans notre langue. Nous leur en resterons toujours reconnaissants. Mais, jusqu'ici, ils ne nous ont pas annoncé tout le conseil de Dieu ; ils ont laissé de côté, en particulier, la guérison des malades par l'imposition des mains et la prière et la sanctification parfaite.[14]

On ne doit pas sous-estimer les expériences chrétiennes de Rainisoalambo avant 1894, dans la mesure où c'est là que nous pouvons comprendre toute son attitude et sa théologie après son « nouveau Réveil »: le refus du compromis dans lequel il pataugeait après son baptême. Un compromis qui a peut-être engendré la paix sociale mais ne lui a pas donné la paix du

---

13. Village natal de Rainisoalambo situé à 8 km de Soatanana où se trouvait la Station de la NMS.
14. E. Escande, Les Disciples du Seigneur, pp. 14-15.

cœur. En effet, Rainisoalambo a aussi assimilé les missionnaires à un de ses *Raiamandreny*. Il les a respectés, il a adhéré au protestantisme en se faisant baptiser. Mais il n'a pas laissé de côté sa croyance aux fétiches et à la protection des ancêtres. C'est pourquoi, après sa conversion, son message va principalement dans deux directions. Dans un premier temps, vers les chrétiens qui restent dans ce compromis avec la religion traditionnelle. C'est dans ce sens que E. Péchin dit que :

> L'action des apôtres m'apparaît des plus restreintes, sinon tout à fait nulle,[15] sur les incrédules ; et les païens qui étaient allés vers eux au commencement pour voir des prodiges sont vite revenus à leur ancien état. En revanche, d'après ce que je vois, l'influence des apôtres est durable chez les âmes déjà chrétiennes. C'est donc bien un Réveil des chrétiens endormis dans la routine qui s'est opéré.[16]

E. Péchin a mis l'accent sur la première partie du message. La seconde partie du message s'adresse plus aux païens qui sont encore entièrement dans le paganisme.

C'est l'expérience de 1894 qui a permis à Rainisoalambo de renoncer à ce compromis et de s'intéresser à ses compatriotes, alors qu'est-il arrivé à Rainisoalambo cette année-là ?

Les circonstances du Réveil de Rainisoalambo

Rainisoalambo vivait à Ambalavato, une petite bourgade qui se trouvait à Ambatoreny, district de Soatanana. En plus de Rainisoalambo, six autres personnes dans sa famille maîtrisaient bien le *Sikidy*, art divinatoire.[17] Son

---

15. D'autres missionnaires dans d'autres champs de mission disent exactement le contraire et font remarquer que, sans le secours des apôtres, ils n'ont rien pu faire dans les régions où l'incrédulité et le paganisme régnaient encore (Cf. E. Escande et A Thunem).
16. E. Pechin, « Encore les apôtres », *JME*, 1904, p. 279.
17. Dans un rapport fait par un comité du Réveil à Soatanana en 1951, on raconte que Rainisoalambo et sa famille croyaient à plusieurs fétiches : chaque problème ou chaque rubrique de la vie quotidienne a son propre fétiche. Des fétiches de protections, des fétiches de bonne chance. Très souvent, ces fétiches se présentent pour les femmes et les enfants sous formes de collier. Ce sont les *ombiasy* qui « sanctifient » ces fétiches avant que le peuple puisse en faire usage.

neveu, Rainitiaray, fut le plus doué. Ce fut une période où la population était frappée par plusieurs épreuves. Nous avons déjà signalé dans le paragraphe sur l'intérêt historique du personnage qu'il était contemporain des *menalamba*. C'est-à-dire dans un contexte où la situation politique et sociale fut pesante et révoltante. Les témoins ont surtout signalé l'impôt trop élevé pour le peuple. De plus, il y a eu une épidémie qui n'a épargné personne. Selon ces différents témoins, cette maladie ressemblait beaucoup à la gale et couvrait tout le corps de la personne atteinte. Rainisoalambo et plusieurs autres membres de sa famille furent aussi touchés par cette maladie. Les conséquences ne tardèrent pas à venir, car Rainisoalambo ne pouvait plus travailler. Il dut rester alité pendant des mois. Il faisait tous les *Sikidy* possibles et imaginables pour se débarrasser de sa maladie et de celle de sa famille, mais rien n'y faisait. On ne venait plus consulter Rainisoalambo en tant qu'*ombiasa*.[18] La maladie avait recouvert tout son corps, de la tête jusqu'aux pieds. Rainisoalambo était méconnaissable et ne reconnaissait plus personne. Il invoquait les ancêtres et faisait des rites de purification sans résultat. Lorsqu'il comprit que ni sa famille,[19] ni les ancêtres, ni ses fétiches, ni toutes les autres pratiques païennes dans lesquelles il avait mis toute sa confiance ne pouvaient rien pour lui, il tourna son regard vers le Dieu[20] des chrétiens. Rainisoalambo commençait à désespérer et voulait en finir avec la vie. Un soir, avant de se coucher, il soupira et pria de la sorte : « O Dieu ! Pourquoi suis-je atteint par cette malédiction ? Délivre-moi ô ! Dieu ».[21] Cette nuit là, Rainisoalambo raconte qu'il avait bien dormi et fait un rêve. Dans son rêve, il vit un homme vêtu de blanc

---

18. Peut-être parce qu'il n'était pas en état d'exercer. Ou, sûrement, on ne lui faisait plus confiance parce qu'il n'était pas capable de soigner sa famille et lui-même.

19. En effet, les membres sa famille n'étaient plus à son chevet parce que certains étaient également malades.

20. On est en droit de se demander de quel Dieu s'agit-il ? Du Dieu unique cité dans les proverbes malgaches avant la venue des missionnaires ou du Dieu que les missionnaires de la LMS lui ont enseigné ou du Dieu des missionnaires norvégiens de la NMS qu'il rencontrera plus tard ? A nos yeux, même si certains diront que les trois n'en font qu'un, Rainisoalambo pensait au Dieu qu'il avait connu par le catéchisme des missionnaires de la LMS, c'est-à-dire au Dieu des chrétiens.

21. A. Thunem, *Le Réveil à Madagascar*, p. 20. La prière en malgache dit : « Dia ny manao akory sosoa (dia ny manao ahoana indrindra), Andriamanitra ô, no anton'izao loza mahazo ahy izao ! Afaho re izaho Andriamanitra ô! ».

qui se tenait devant lui et lui parla ainsi : « Jette tous tes *Sikidy* et tous tes fétiches ».[22] « Lorsque je me suis réveillé, j'ai compris que Dieu s'était manifesté à moi. Cette nuit même fut le commencement du changement de mon âme », dit Rainisoalambo. La première chose qu'il fit fut de jeter ses innombrables fétiches et tout ce qui avait rapport à la sorcellerie. Voici comment Rainisoalambo lui-même raconte sa joie : « Ce jour-là, j'étais rempli d'une joie que je n'avais jamais eue auparavant. Ce fut comme si on avait arraché de mon corps ma maladie, et mes forces me revinrent. On aurait dit que je n'étais plus moi-même à cause du grand changement qui s'était produit en moi ».[23] Depuis, Rainisoalambo était devenu un autre homme. Ce fut le 15 octobre 1894.[24] Rainisoalambo s'appliqua à la lecture du Nouveau Testament. À partir de ce jour-là, il ne puisa conseil que dans le Nouveau Testament et commença à partager son expérience. Petit à petit, une communauté émotionnelle se constitua autour de Rainisoalambo.

Rainisoalambo : Leader Charismatique ?

Une qualité extra quotidienne attachée à un homme, voilà comment on peut comprendre le mot 'charisme' selon Max Weber. Ainsi selon Weber lui-même, « autorité charismatique signifie : une domination (qu'elle soit plutôt externe ou interne) exercée sur des hommes, à laquelle les dominés se plient en vertu de la croyance en cette qualité attachée à cette personne en particulier ».[25] La question se pose donc : quel type d'autorité religieuse

---

22. *Ibid*. La version de A. Thunem diffère quelque peu de celle de E. Pechin (in. *JME*, 1904, p. 275) suivit par G. Mondain (*Un siècle de mission*…p. 344.) et E. Escande (« Les Disciples du Seigneur », p. 20). En effet, dans ce *JME* de 1904, E. Pechin affirme que l'événement s'est produit en 1892. Il ajoute qu'à cette même date, Rainisoalambo passa par une cruelle épreuve, toute sa famille était malade, il entendit la voix de Dieu lui disant : « Prie pour les tiens, et ils seront guéris ». Il prie, les siens guérissent, et, dès cet instant, il prend au sérieux l'intervention divine dont il a été témoin. Visiblement E. Pechin n'est pas au courant de la maladie qui a frappé d'abord Rainisoalambo et de sa guérison.
23. A. Thunem, *Le Réveil à Madagascar*, p. 20.
24. *Ibid*.
25. Max Weber, *Sociologie des religions* (textes réunis et traduits par Jean-Pierre Grossein), Paris, Gallimard, 1996, p. 370.

Rainisoalambo exerce-t-il dans cette communauté ? Ou plus exactement, peut-on affirmer que Rainisoalambo est un leader charismatique ?

Première conséquence de la conversion de Rainisoalambo

Rainisoalambo n'oublia pas les membres de sa famille qui, eux aussi, étaient atteints par la même maladie que lui. Il commençait à leur témoigner de ce qui lui était arrivé. Presque tous les jours, il leur rendait visite un à un, et leur lisait la Bible. Il leur demandait aussi de se débarrasser de leurs fétiches et de leur croyance païenne. Rainisoalambo disait que ce qui le poussait à témoigner auprès de sa famille, c'était la voix de Dieu qu'il entendait dans son cœur, mais c'était aussi le commandement de Dieu qu'il lisait dans la Bible.

Le fruit ne tarda pas à venir. Vers la fin de l'année 1894, et au début de l'année 1895, quelques membres de la famille de Rainisoalambo et d'autres personnes de son village acceptèrent de se séparer de leurs idoles et se convertirent à leur tour au christianisme. Ils étaient en tout douze hommes et femmes, anciens malades et guéris après avoir jeté leurs idoles. Voici leurs noms :

1. Rainisoalambo
2. Rajeremia
3. Rainitiaray
4. Razanabelo
5. Ramongo
6. Rasoarimanga
7. Ratahina
8. Reiniestera
9. Ralohotsy
10. Rasamy
11. Ramanjatoela
12. Razanamanga
13. Rasoambola

Selon A. Thunem toujours, et dans tous les documents officiels du mouvement, Rainisoalambo réunit dans une maison ces douze[26] premiers dis-

---

26. D'après A. Thunem, les premiers disciples étaient au nombre de douze. Les noms et une brève histoire de ces personnes sont cités dans tous les documents officiels de ce mouvement. Parmi eux, Rainitiaray, le successeur de Rainisoalambo après sa mort le 30 juin 1904. Il faut noter qu'en 1916, Rainitiaray lui-même, interrogé par le chef du district,

ciples le 9 juin 1895. Les douze décidèrent qu'ils allaient être les « disciples du Seigneur ». Voici les termes de l'alliance[27] des premiers membres du mouvement des disciples du Seigneur.

1. Apprendre à lire pour pouvoir lire la Bible.
2. Apprendre à compter et à écrire pour savoir prendre des notes et retenir les chapitres et les versets des Ecritures Saintes.
3. Les femmes et les hommes doivent se coiffer de manière digne.
4. L'intérieur et l'extérieur des maisons doivent être bien propres.
5. Planter des bois et des plantes comestibles.
6. Tout ce qu'on fait doit être inauguré par la prière et fait au nom de Jésus.
7. Les morts doivent être uniquement vêtus de linge et de vêtements propres. Pendant l'enterrement, on doit uniquement chanter, prier, prêcher et on ne tuera pas un bœuf.

Les termes de cette alliance semblent à première vue banals et sans grande signification. Mais si on les analyse bien, ils sont les signes d'une rupture fondamentale entre la communauté de Rainisoalambo et la société malgache traditionnelle. Prenons l'exemple du septième article. Compte tenu de ce que nous avons déjà dit sur le *famadihana* et la conception malgache de la mort, ne pas envelopper un mort avec le linceul traditionnel

---

ne compte pas parmi les douze premiers membres du Mouvement de Rainisoalambo. Voici ce qui est rapporté à la page 10 de ce rapport : « Voici les noms des personnes admises, pour la première fois, comme 'associés' » :
1° Rajosefa et sa femme à Vohibola, 2° Rajaona (décédé) et sa femme Ravaoasitera ainsi que sa famille, également à Vohibola, canton de Nasandratrony. La deuxième année, c'est-à-dire en 1895, voici le nom des gens admis, d'après mes souvenirs, dans la société : Rajosava et sa femme Rafaravelo, ainsi que tous les membres de sa famille, demeurant à Miandrinirariny (Soatanana) ; Rajeremia et sa femme Razanamino, ainsi que tous les membres de sa famille…Ainsi, parmi les douze disciples annoncés par A. Thunem, Rainitiaray mentionne le nom de Rajeremia dans cette deuxième vague de disciples. Alors d'où vient ce chiffre douze ? L'explication est peut-être dans le fait que Rainitiaray parle d'après ses souvenirs, 20 ans après le début du mouvement.
27. A. Thunem (in *L'histoire du Réveil*, pp. 23-24) mentionne sept articles tandis que Rainitiaray n'en mentionne que six.

et ne pas sacrifier, s'apparente à une insulte contre l'ancêtre et à un affront contre l'âme malgache. C'est une véritable révolution. Il en est de même pour l'article six. En effet, tout ce qu'on fait doit normalement être accompli dans la crainte et à la manière des ancêtres pour éviter toute malédiction. Ici, on oublie les ancêtres : les membres de la communauté de Rainisoalambo se tournent vers le Dieu des missionnaires. Quant à la propreté, un missionnaire a fait la remarque suivante :

> L'intérieur des maisons est encore plus intéressant. En général, les maisons malgaches sont remarquables par leur saleté. À Soatanana, au contraire, les habitations ont un air de gaîté et de coquetterie qui fait plaisir à voir. Toutes les maisons ont été bâties par leurs propriétaires. Rappelez-vous que ce sont des évangélistes itinérants bénévoles ; chaque année, ils partent en tournée à 200, 500, 1000 kilomètres. Mais, au retour, ils se mettent à l'ouvrage, font des briques, construisent des murs, et, probablement aussi, s'entraident pour leur construction.[28]

Nous pouvons continuer ainsi sur chaque article et verrons qu'ils sont tous les marques d'une rupture entre la société traditionnelle et le mouvement de Rainisoalambo.

Comment ces premiers disciples ont-ils vécu au quotidien et quels étaient leurs rapports avec l'église locale ?

L'évolution du mouvement

C'est F. Compagnon, chef de Province de Fianarantsoa, qui a recueilli les propos de Rainitiaray :

> Chaque matin à cinq heures, avant d'aller travailler dans les champs, nous faisions des prières, durant une demi-heure, dans la maison de Rainisoalambo. Le soir à 18h quand nous sommes rentrés chez nous, chacun laissait son 'angady' et

---

28. *Journal des Missions Evangéliques*, 1922, tome 2, p. 371.

avant de prendre son repas du soir, va d'abord prier. Avant de se coucher, on faisait une prière finale.

Durant une année, il n'y eut pas de changement. Nous n'avions exhorté personne, de même que nous n'étions dirigés par personne d'autre.

Pendant tout ce temps, nous ne faisions nos prières dans aucun temple. Mais après un an, nous eûmes le désir d'aller prier avec les fidèles luthériens. C'était Rainisoalambo qui, le premier, avait eu cette idée, puisque, quoiqu'il ait été dit que ce dernier était idolâtre, il avait été baptisé bien longtemps avant, dans la religion protestante L.M.S.

Nous allâmes donc trouver le pasteur Radanielina. Celui-ci nous conduisit à Soatanana chez le vazaha,[29] le missionnaire Théodor Olsen. Ce Vazaha accéda à notre désir en nous donnant l'enseignement religieux pendant un mois avant de nous baptiser.

Quand notre société progressa ainsi, soit dans le travail, soit dans le commerce, on constata qu'elle était bonne, alors quelques personnes demandèrent à y entrer…

La Troisième année (1896), comme notre nombre était assez élevé et que la maison de Rainisoalambo, notre chef, ne pouvait plus nous contenir, ce dernier nous dit, […]: 'Ma maison, dans laquelle nous faisions nos prières, ne peut plus nous contenir, parce que nous sommes nombreux ; allons donc à Soatanana rejoindre la mission luthérienne, puisque c'est elle qui possède un grand 'fiangonana' (temple). Nous tous associés, à l'exception de Rasaia et de sa femme, désignés à garder notre 'Vala' Ambatoreny, allâmes donc à Soatanana. Depuis et jusqu'à présent, nous sommes restés à Soatanana.[30]

De son côté, T. Olsen, cité par A. Thunem (*Le Réveil à Madagascar*, p. 25), écrit :

---

29. Le *vazaha* veut dire l'étranger.
30. « Rapport Compagnon ».

> Une lumière apparaît ces derniers temps. Il me semble que c'est une bonne nouvelle, mais je peux me tromper. Il y a en effet quelque chose qui bouge à l'Ouest de la Station de Soatanana… C'est en effet vers la fin de l'année 1895 que j'ai appris l'existence de quelques païens, vingt à trente, qui demandaient le baptême. En plus de leur assiduité au culte dominical, ils ont demandé à l'instituteur de venir dans leur bourgade pour leur prêcher et pour les enseigner, car ils avaient déjà l'habitude de se réunir chaque soir. Ainsi, l'instituteur leur annonçait la Parole et les enseignait. Ceux qui en savaient déjà aidaient les autres, aussi bien dans la lecture que dans la doctrine. Plus tard, ils ont consacré les lundis et les jeudis de chaque semaine pour leur réunion de prière et d'exhortation. Je les ai visités un lundi, ils étaient trente à quarante personnes, très attentives à la Parole que je leur ai annoncée.[31]

C'est ainsi que Rainisoalambo a fondé, grâce à son charisme personnel, une communauté émotionnelle : son autorité a été reconnue et acceptée par les disciples du Seigneur et son mouvement s'est inscrit dans une rupture avec la société traditionnelle. Rainisoalambo est bien un leader charismatique et son mouvement est un mouvement charismatique. Peut-on dire qu'il est prophète ?

Rainisoalambo : prophète ?

Les réunions de prière et d'exhortation ont continué. Rainisoalambo et les autres disciples du Seigneur chassaient les démons et imposaient les mains à ceux qui venaient à ces réunions. Ceux qui voulaient adhérer à la société des disciples du Seigneur devaient suivre des cours, accepter les règles de leur alliance et devenaient membres du groupe après avoir été baptisés. Les disciples du Seigneur passaient leur temps libre à étudier la Bible, à prier et louer le Seigneur et à annoncer le royaume de Dieu dans les autres bourgades. Les dimanches, ils continuaient à aller à l'église. Ils ont agi ainsi

---

31. A. Thunem, *Le Réveil à Madagascar*, p. 25. Cette lettre de T. Olsen date du 6 février 1896.

jusqu'à la fin de l'année 1896, année où ils commencèrent à rencontrer des oppositions et toutes sortes de calomnies. En 1897, au mois de mars, ils construisirent leur église. Ils élirent leur *Mpitandrina* (pasteur), homme ou femme, qui allait être chargé de vérifier la mise en application de tout ce que les disciples avaient appris.

Malgré l'état de siège,[32] proclamé en 1895, le Réveil n'a pas cessé de progresser dans toutes les bourgades autour d'Ambatoreny. Et au mois d'octobre 1898, Rainisoalambo a choisi quelques-uns des membres de « disciples du Seigneur » pour les envoyer annoncer l'Evangile dans les autres villes. On les appela « Apôtres » ou *Iraka* (envoyés) parce qu'ils étaient envoyés pour prêcher l'Evangile. Ils furent huit[33] hommes dans un premier temps. Rainisoalambo les avait formés à part pendant plusieurs mois. Rainisoalambo insista sur six points :

1.- Sur la repentance selon Matthieu chapitre quatrième le verset 17, où il est écrit : « Repentez-vous car le royaume des cieux est proche ». Le chrétien doit abandonner ses amulettes et fétiches, les vaines paroles et les mensonges, et tout ce qui n'est pas digne de sa nouvelle identité. Le candidat au baptême doit être une personne qui s'est réellement repentie et non quelqu'un qui a uniquement une connaissance du christianisme.

2.- L'humilité selon la parole de Mat.18 : 4 « Celui-là donc qui se fera petit comme cet enfant, voilà le plus grand dans le royaume des cieux ». L'humilité, dit Rainisoalambo, n'est pas une question d'idée ou d'idéologie. C'est un mode de vie et cela doit se manifester dans les comportements : la façon de parler et de regarder, la manière de marcher et de s'habiller, etc.

3.- La patience selon Luc.21 : 19 : « C'est par votre persévérance que vous gagnez la vie ».

4.- La prière qu'il faudra toujours faire et par laquelle il faut sanctifier tout ce que l'on fait.

---

32. L'état de siège fut proclamé dans toute l'Ile à la suite de la révolte qui suivit la conquête de Madagascar par la France. E. Escande ajoute que « quoique cette révolte eût été vite réprimée, les jésuites s'en servirent pour persécuter nos églises protestantes et dénoncer nos coreligionnaires comme étant d'accord avec les révoltés. C'était l'époque, en effet, où l'on appelait « anglais » (donc ennemi de la France) tout protestant indigène, tandis que le terme de 'français' (donc ami de la France) désignait les catholiques romains.

33. A. Thunem, *Le Réveil à Madagascar*, p. 28. Voici le nom de ces huit « apôtres » : 1 Rasaia, 2 Rainitiaray, 3 Rainivaonoro.

5.- Le commandement nouveau selon Jean 13 :34-35 : « Je vous donne un commandement nouveau : « Aimez-vous les uns les autres. Comme je vous ai aimés, vous devez vous aimer les uns les autres. Si vous avez de l'amour les uns pour les autres, tous reconnaîtront que vous êtes mes disciples. »

6.- La sainte communion.

Outre ces différents points sur lesquels Rainisoalambo a beaucoup insisté, il a laissé plusieurs enseignements recueillis dans un petit fascicule de quarante-sept pages sous le titre suivant : « L'enseignement laissé par Rainisoalambo pour les disciples du Seigneur ».[34] Dans ce fascicule sont exposées les grandes lignes de la théologie de Rainisoalambo qui a beaucoup influencé sa conception de la prédication et sa « théologie pastorale » aussi bien que celles des disciples du Seigneur. Ce fascicule est resté jusqu'à aujourd'hui une référence.

Jean-Paul Willaime dit que « tout système religieux […], s'atteste dans une certaine forme de présentification du divin…Dans le système religieux protestant, cette présentification se fait donc par la prédication et cette forme de présentification est lourde de conséquences. »[35] J.-P. Willaime cherche en effet à établir le type-idéal du pasteur protestant en repérant la logique particulière à laquelle obéit ce type de clerc. Il arrive à la conclusion que le pasteur se trouve entre docteur et prophète :

> Nous pensons en effet que telle est bien la situation du pasteur. Un agent institutionnel, incontestablement, le serviteur d'une tradition sacrée, incontestablement aussi : par ces deux traits, le pasteur relève du type wébérien du prêtre. Mais, en tant que prédicateur, en tant que clerc qui doit régulièrement faire jaillir le sens du texte des Ecritures, le pasteur se rapproche du type de prophète : le charisme personnel devient alors très important.[36]

---

34. Ce fascicule, écrit en malgache, porte le titre suivant : *NY FAMPIANARANA, Napetra-dRangahy RAINISOALAMBO amin'ny Fifohazana Mpianatry ny Tompo ao Soatanana*. Recueilli et écrit par le Pasteur Rasamoela, Joela Iraka ao Soatanana, 1975.
35. Jean-Paul Willaime, *Profession Pasteur*, p. 52.
36. *Ibid.*, p. 55.

Il nous semble que Rainisoalambo peut aussi entrer dans la catégorie des prophètes par son côté prédicateur. En effet, il possède un charisme personnel incontestable. Mais en plus de cela, sa prédication, bien que puisant ses sources dans l'enseignement et la doctrine des missionnaires, sort un peu de la ligne classique et présente une rupture par rapport à celle de ces derniers. En effet, pour Rainisoalambo, malgré son charisme, la prédication seule ne semble pas suffire à la présentification de Dieu. À plusieurs reprises, les disciples du Seigneur rapportent le propos suivant de Rainisoalambo :

> Allez, prêchez la bonne nouvelle à toutes les nations, guérissez les malades et chassez les démons. Ne faites pas comme les missionnaires qui annoncent l'amour de Jésus et le pardon des péchés mais s'abstiennent de manifester la puissance de Dieu en refusant d'imposer les mains aux malades et de chasser les démons.

Pour Rainisoalambo, une prédication doit être suivie de l'imposition des mains et de l'exorcisme, sinon elle sera incomplète. C'est ainsi qu'il l'a enseigné et répété à tous les *Iraka* et futurs *Iraka* qui venaient l'écouter à Soatanana.

Rainisoalambo est un prophète charismatique qui, malgré tout le respect qu'il avait pour les missionnaires, n'a pas hésité à les critiquer et à imposer sa conception de la théologie et de la vie chrétienne dans une société malgache qui n'avait plus beaucoup de place pour une nouvelle doctrine.

CHAPITRE 11

Le mouvement de Rainisoalambo

La routinisation

Dans la perspective de Weber, la domination charismatique constitue un phénomène social transitoire qu'il désigne par le concept de « communauté émotionnelle ». Celui-ci, soit se transforme en institution, soit disparaît purement et simplement comme réalité sociale en raison de l'échec de celui qui prétend à la domination charismatique. À l'opposition extraordinaire/quotidien correspond cette autre opposition, communauté institutionnelle/institution.[1]

Le mouvement de Rainisoalambo n'est pas étranger à cette remarque de Weber. Dès les débuts de leur succès, les disciples du Seigneur ont senti le besoin d'organiser leur mouvement pour mieux contrôler la situation. Nous avons vu que Rainisoalambo n'a pas hésité à faire appel aux missionnaires lorsqu'il a constaté que sa maison ne pouvait plus contenir les foules qui venaient à ces réunions. C'est Rainisoalambo encore qui tenait à ce qu'il y ait une convention annuelle de tous les fils et filles du Réveil de Soatanana. Cette convention est fixée au 10 août de chaque année et la première a eu lieu en 1904, c'est-à-dire quelques mois après la mort de Rainisoalambo. Rainisoalambo n'a donc pas pu assister à cette première

---

1. Jean Martin Ouedraogo, « La réception de la sociologie de Weber », *Archives de sciences sociales des religions*, 83 (juillet-septembre), 1993, p. 144.

convention. Mais il a quand même eu le temps de laisser quinze propositions adoptées à l'unanimité par les délégués qui y ont assisté. Voici deux de ces propositions :

Deuxième proposition : La convention du 10 août prend toutes les décisions relatives à ce Mouvement de Réveil et fixe toutes ses activités.

Quatorzième proposition : La convention du 10 août est responsable du Mouvement de Réveil et dirige le Mouvement. Toute demande d'Iraka est à adresser à la convention et c'est elle qui envoie les *Iraka* là où il faut.

Cette première convention du 10 août 1904 fut donc l'assemblée constituante du mouvement de Rainisoalambo. Elle est devenue l'instance suprême du mouvement. Les disciples du Seigneur y ont élu les dix membres du comité qui allaient être chaque année reconduits ou sortis par les votes des délégués. Ce fut également dans cette première convention que les disciples du Seigneur ont désigné Rainitiaray, Rajeremia et A. Thunem comme trésoriers. Rappelons que Thunem est un missionnaire norvégien.

Rainisoalambo a donc préparé son départ, et sa succession s'est déroulée sans trop de difficulté. Il disait aussi aux futurs *Iraka* : « Autrefois, nous avons fonctionné avec des signes et des miracles, mais désormais, vous devez marcher par la foi ». Cela veut-il dire la fin du charisme ? En tout cas, entre 1904 et 1916, les témoignages de conversion, de guérisons et de délivrance sont très nombreux de la part de missionnaires. Dans presque chaque numéro du *Journal des Missions Evangéliques*, on trouve des articles ou lettres de missionnaires sur les disciples du Seigneur. Ce qui est sûr aussi, c'est qu'en 1916 le Mouvement voit sa renommée accrue et devient une véritable institution nationale dont l'organe central et le siège se trouvent à Soatanana. Voici le Sommaire du Rapport de François Compagnon, rapport que nous avons déjà mentionné à plusieurs reprises :

I.-	Objet du présent rapport	
	Considérations générales	Pages : 1 à 8
II.-	Historique et organisation de la Société	Pages : 8 à 17
	D'après Rainitiaray, son Président	
III.-	Questions posées à Rainitiaray	Pages : 17 à 23
IV.-	La Société d'après les documents recueillis	Pages : 24 à 58

    a – La mission norvégienne connaît
    l'existence de la société
    b – Fonctionnement de la société
    c – Ses ressources
    d – But poursuivi
    e – Son influence
V. - Conclusion.

Dans sa conclusion, F. Compagnon confirme l'existence du Mouvement de Réveil comme société bien organisée qui a de l'influence sur tout le territoire malgache :

> « Il est ainsi prouvé, tant par la déclaration de Rainitiaray que par les documents reproduits au cours de ce rapport :
> 1°- Que la société des « Apostoly » (Apôtres) ou « Mpianatry ny Tompo » (disciples du Seigneur) étend son action sur toute la colonie ;
> 2°- Que c'est une association exclusivement indigène dont les membres obéissent au seul président, Rainitiaray;[2]
> 3°- Que ses membres appartiennent à plusieurs confessions religieuses et se livrent à des pratiques désapprouvées par ces confessions ;
> 4°- Que ce groupement a des intérêts distincts de ceux de la Mission Norvégienne dont le patronage paraît avoir pour seul but de soustraire les « apostoly » aux sanctions administratives ;
> 5°- Que la société des *apostoly* est pratiquement indépendante par ses procédés cultuels, ses intérêts matériels, son Chef, sa hiérarchie, son siège, etc.… de la mission norvégienne qui, le sachant, donne son approbation au schisme qui se prépare ;

---

2. Rainitiaray est le successeur de Rainisoalambo.

6°- Que par les miracles les *apostoly* sont les ennemis de notre assistance médicale et, par suite, de la civilisation européenne ».[3]

À travers cette conclusion du Rapport de Compagnon, nous pouvons constater que, malgré la disparition de Rainisoalambo, le groupe reste influent dans toute l'île. Dans le paragraphe IV- e (Influence de la société) du Rapport, F. Compagnon écrit : « L'influence de la société, le rôle qu'elle peut jouer sont, à mon avis, immenses et pleins de dangers ».[4] À cet égard, peut-on vraiment affirmer que le charisme se soit effacé ? Le groupe, malgré la disparition du chef, reste apparemment un groupe charismatique. Pour avoir plus de précisions sur la question voyons qui sont les *Iraka* et les *Mpiandry*.

Les IRAKA (Apôtres ou Envoyés) et les MPIANDRY (Bergers ou Gardiens)

Les *Iraka* sont donc chargés d'annoncer l'Evangile et de faire de toutes les nations des disciples selon Matthieu 28 :18-20. L'évangélisation est accompagnée de l'exorcisme et de la prière pour les malades par l'imposition des mains. Rainisoalambo insistait sur ces trois points : évangélisation, lutte contre les esprits mauvais, le diable ou des démons, et prière pour les malades par l'imposition des mains. Faut-il le répéter, Rainisoalambo aimait rappeler aux « Apôtres » envoyés en mission qu'ils ne devraient pas faire comme les missionnaires : « Ils prêchent l'Evangile mais ils ne chassent pas les démons ni ne guérissent les malades ». Ces exorcismes et ces impositions des mains sont, jusqu'à aujourd'hui, les principales sources des conflits entre les mouvements de Réveil et les églises des missionnaires. Les dissensions portent à la fois sur la forme et sur le fond théologique des pratiques. Dans les conférences inter-missionnaires, et par la suite dans les synodes régionaux ou nationaux, lors desquels on a parlé du mouvement,

---

3. « Rapport Compagnon », pp. 58-59.
4. *Ibid.*, p. 46.

la question qui revenait le plus souvent était la suivante : où, quand, comment les « Apôtres » devaient-ils pratiquer ces exorcismes ? Le problème du lieu était de première importance, car les missionnaires ne voulaient pas de ces exorcismes dans leurs Temples. D'autre part, ils avaient interdit de telles activités pendant les cultes dominicaux. Enfin, la manière de procéder dérangeait quelque peu : d'aucuns estimaient, en effet, que les « Apôtres » faisaient trop de bruit quand ils chassaient les démons. Voilà des questions que se posent des missionnaires et des pasteurs plus ou moins sympathisants du Réveil. Mais leur principale préoccupation se traduit dans ces termes : « Pourquoi cette pratique païenne ? ». Nous verrons plus loin par quel compromis le « mouvement des apôtres » et les missionnaires ont apaisé ce problème. Pour l'heure, arrêtons-nous sur la méthode d'évangélisation et d'édification « des disciples du Seigneur ».

La méthode d'évangélisation[5]

1.   Les disciples du Seigneur sont envoyés deux à deux : le mari et la femme ou deux frères ou deux sœurs. Nous avons vu que ces envoyés s'appelaient *Iraka*. Rainitiaray fut l'un des premiers *Iraka*. Selon E. Escande, le missionnaire Parrot le considérait comme le saint Paul des disciples du Seigneur. Dans cette perspective, les missionnaires qui ont écrit ont souvent mentionné un épisode, où Rainitiaray fut mis en prison dans le Vakinankaratra, région Nord du Betsiléo. Voici ce que relate E. Escande :

> Ensuite, répondant à un appel d'un chrétien malade de Soavina, qui a entendu parler des guérisons obtenues par leurs prières, ils quittent la province du Betsiléo, pour pénétrer dans celle du Vakinankaratra au nord. Leur réputation d'exorcistes les y a précédés ; aussi, quand Rainitiaray et sa femme, accompagnés de deux autres disciples du Seigneur, se mettent en route, ils sont reçus à bras ouverts dans tous les villages qu'ils traversent. Des populations entières veulent entendre leur discours et surtout voir leurs miracles. La foule est si considérable

---

5. E. Escande expose brièvement cette méthode dans son livre *Les Disciples du Seigneur*, p. 31ss.

à Antsirabe que l'administration s'en émeut et ne trouve rien de mieux que d'emprisonner Rainitiaray. On ne le relâche, quelques jours après, que pour l'expulser de la province.[6]

A. Thunem[7] rapporte le même épisode avec d'autres détails. Les deux autres compagnons de Rainitiaray et sa femme furent Radaniela et Rapetera. L'histoire s'est passée en 1900 à Manandona, banlieue sud d'Antsirabe. Voici ce que John Johnson, cité par A. Thunem, dit de ces trois disciples du Seigneur :

> Les trois évangélistes et leurs femmes demeuraient chez nous matin et soir durant leur mission. À travers nos conversations et nos réunions de prières, j'ai bien compris la qualité de ce Réveil. Je peux affirmer que je n'ai jamais rien vu de pareil à Madagascar. Radaniela, qui fut un bon instituteur, a beaucoup fait dans la communication avec la foule, tandis que Rainitiaray a beaucoup fait dans la communion avec Dieu [...] Maintenant ils devront quitter la région selon l'ordre de l'administration coloniale. Ils ont passé un mois à Italaviana, un village à la frontière du Betsiléo et du Vakinankaratra. La foule est venue nombreuse pour recevoir des guérisons physiques et surtout des guérisons spirituelles.[8]

À travers ces récits, nous comprenons que les *Iraka* s'arrêtent dans tous les villages qu'ils rencontrent sur leur route. Ils annoncent l'Evangile, guérissent les malades et chassent les démons. Ils restent dans ces villages aussi longtemps que les habitants, en les hébergeant et en leur donnant le riz nécessaire à la nourriture, consentent à écouter leur message. Avant de quitter chaque village, ils prennent soin de former des hommes et des femmes qui continuent leur œuvre. Ces derniers sont appelés *Mpiandry*

---

6. Chef-lieu de la province du Vakinankaratra.
7. A. Thunem, *Le Réveil à Madagascar*, p. 32.
8. *Ibid.*

(gardiens ou bergers). Ce sont, très souvent, ceux qui auront détruit leurs idoles et accepté Jésus comme Sauveur par la prédication des *Iraka*. C'est à ces *Mpiandry* que les chrétiens font appel quand ils cherchent la guérison par la prière ou la délivrance de l'oppression d'un esprit mauvais. Comme les *Iraka*, les *Mpiandry* ont appris la théologie du Réveil concernant la lutte contre les esprits mauvais et la guérison par la prière.

Ce sont là les prémices du ministère des *Mpiandry*, « ministère de berger » à Madagascar. Dans un chapitre sur la Relation du Mouvement des disciples du Seigneur avec les différentes Missions installées à Madagascar, voici ce que F. Compagnon dit dans son rapport :

> La Mission Protestante Française se donne du reste beaucoup de mal pour expliquer au point de vue diplomatique la tolérance qu'elle accorde aux 'Mpianatry ny Tompo' (aux disciples du Seigneur). Alors que cette religion nouvelle chez eux constitue un véritable schisme, puisque les disciples du Seigneur dressent devant la leur une hiérarchie différente, pratique l'imposition des mains que la religion protestante n'admet pas, puisque les Iraka ne sont autorisés à prêcher dans les temples que s'ils renoncent à cette cérémonie, les missionnaires français ne justifient leur façon de faire qu'en assimilant les disciples du Seigneur aux Vaudois ou aux illuminés.[9]

Cette déclaration de F. Compagnon reflète bien tous les problèmes qui existent entre l'Église des missionnaires et le mouvement de Réveil. On comprend là-dessus que les missionnaires ne voulaient pas refuser aux *Iraka* et *Mpiandry* l'entrée dans les temples, mais ils ne pouvaient pas tolérer ces pratiques nouvelles qu'étaient les exorcismes et l'imposition des mains. F. Compagnon n'a pas tort de dire que le Mouvement de Réveil dresse une hiérarchie différente de celle des missionnaires, en l'occurrence les *Iraka* et les *Mpiandry*. Ces problèmes de relation entre le Mouvement des disciples du Seigneur et les Missions sont d'autant plus aigus que la méthode

---

9. « Rapport Compagnon », Chapitre sur les Rapports entre les Missions et les Mpianatry ny Tompo, p. 26.

des *Iraka* et des *Mpiandry* a beaucoup de succès auprès de la population malgache. Dans le même rapport, rappelons que Compagnon s'inquiète beaucoup de l'extension de la Société des disciples du Seigneur dans toutes les régions de Madagascar.

Ainsi, par ses pratiques et sa conception, le groupe de Rainisoalambo reste toujours en rupture avec la société malgache traditionnelle et avec la société ecclésiale des missionnaires. Par conséquent, on peut dire que le mouvement reste charismatique. Mais les *Iraka* et les *Mpiandry* peuvent-ils être considérés comme des prophètes ?

Les IRAKA et MPIANDRY : prophètes ?

À ce sujet, les témoignages sont très nombreux. Parmi les lettres recueillies par F. Compagnon, en voici une qui parle de Rainitiaray, déjà considéré comme l'apôtre Paul du Groupe :

> Rainitiaray est arrivé ici, Jésus a passé. On ne pouvait cacher le bruit de ses pas à la vue du public puisque la terre tremblait et les rochers se fendaient….. C'était un jour d'allégresse.[10]

Voici une autre lettre de 1915, signée Jakoba, diacre à Alanandraraka et adressée à papa Radanielina à Soatanana :

> Le 9 mai dernier, Messieurs Rainiasitera et Rainimavo ont imposé les mains sur un individu appelé Rajaona. Ce dernier est un chef de poste (remplaçant d'un vazaha) sur les chantiers où je me trouve à Alanandraraka. Vers le 24 mai, il (Rajaona) a rêvé avoir ressuscité des morts (ceci n'est qu'un songe). Et le 29 Mai, le Saint-Esprit est descendu en lui ; aussi à chaque réunion du soir il tremble, sans s'en apercevoir, on le voit imposer les mains sur la tête des malades et il chasse le démon et celui-ci sort ; tout à coup les malades sont guéris.

---

10. « Rapport Compagnon », p. 46.

> Du temps du Seigneur, on ne voyait que l'histoire mais aujourd'hui cette époque se réalise notoirement à Madagascar.[11]

Malgré leur scepticisme, des missionnaires ont donné de tels témoignages. Jean Séguy développe certaines thèses qui nous semblent intéressantes et s'appliquent bien au cas du groupe de Rainisoalambo :

> Il n'existe donc pas, dans les faits, d'incompatibilité nécessaire entre groupe et charisme. On peut, par conséquent, contester l'idée wébérienne selon laquelle le 'groupe charismatique' se caractériserait paradoxalement par l'absence de charisme chez tous ses membres, le leader mis à part.[12]

Les différents témoignages sur Rainitiaray et les autres corroborent cette thèse. La disparition de Rainisoalambo n'a pas entamé le charisme de Rainitiaray et des autres membres du disciple du Seigneur. Le feu de leur action continue toujours d'enflammer tout Madagascar. D'où vient la force qui anime encore ces *Iraka* et *Mpiandry* ? À nos yeux, Jean Séguy détient une part de vérité lorsqu'il dit que:

> Le charisme sous toutes ses formes tient son origine et son efficace de la force qui émane du groupe [...], les adhérents reçoivent leurs charismes propres, c'est-à-dire, [...] la force intériorisée qui leur permet de faire face à la quotidienneté de façon significative [...]. Les leaders charismatiques (les seuls porteurs de charisme selon Weber) représentent un cas particulier du même processus.[13]

Ce que J. Séguy allègue est partiellement vrai, car cette affirmation nous semble incomplète dans le cas du mouvement de Rainisoalambo. En effet, il n'est pas faux de dire que le charisme des disciples du Seigneur tire son

---

11. *Ibid.*, p. 47.
12. Jean Séguy, « Charisme, Prophétie, Religion populaire », *Archives de Sciences Sociales des Religions*, 57/2 (avril-juin), 1984, p. 159.
13. *Ibid.*, p. 160.

origine de la force qui émane du groupe. Mais on peut également trouver une origine extérieure au groupe. Le charisme des disciples du Seigneur procède aussi de « l'imposition des mains » et de « l'exorcisme », pratiques issues de la Bible et que Rainisoalambo a, en quelque sorte, léguées à son Mouvement.

Jean Séguy encore pose les questions suivantes sur le clergé :

> Comment la prétention à un monopole des biens symboliques se constitue-t-elle et se maintient-elle et avec quelles conséquences, même en dépit de la raréfaction des clients sur le marché de ces biens, et de la pénurie parallèle des manipulateurs de ces mêmes biens ? Par quels moyens le pouvoir sacerdotal s'exerce-t-il sur les fidèles ? Avec quels effets .[14]

Si on transpose toutes ces questions de Jean Séguy au cas des disciples du Seigneur, nous pouvons dire que les *Iraka* et les *Mpiandry* exercent leur pouvoir sur les fidèles par l'évangélisation accompagnée de « l'imposition de main » et « l'exorcisme ». On dit même que ces deux pratiques constituent leur charisme. C'est pourquoi, malgré la réticence de beaucoup de missionnaires, les disciples du Seigneur n'ont jamais voulu abandonner « l'imposition de main » et « l'exorcisme ». Dans certains cas, ils ont préféré être chassés de l'Église des missionnaires plutôt que d'abandonner ce charisme. Ainsi, comme l'analyse suivante de J. Séguy, nous disons qu' :« En somme, il existerait deux formes de charisme : l'une ordinaire, celle qui concerne les individus ordinaires et leurs problèmes quotidiens ; l'autre extraordinaire, en ceci qu'elle concerne les seuls leaders et le gouvernement des groupes ».[15]

En fait, dans le cas des *Iraka* et *Mpiandry*, il existe une troisième forme de charisme : le moyen par lequel ils accompagnent leur évangélisation et par conséquent leur pouvoir sur les fidèles, en l'occurrence « l'imposition de main » et « l'exorcisme ». Ce moyen est commun aux deux groupes

---

14. Jean Séguy, « Le clergé dans une perspective sociologique ou que faisons-nous de nos classiques », in *VIe Colloque du Centre de Sociologie du Protestantisme : Prêtres, Pasteurs et Rabbins dans la société contemporaine*, Paris, Cerf, 1982, p. 22.
15. Jean Séguy, « Charisme... », p. 160.

d'individus, ordinaires et leaders. Certes, les disciples du Seigneur font usage des autres moyens comme la prédication, la cure d'âme, etc. Mais, ne serait-ce que par la réticence des missionnaires et de leurs pasteurs, « l'imposition de main » et « l'exorcisme » deviennent des moyens extraordinaires. Avec « l'imposition de main » et « l'exorcisme », les *Iraka* et les *Mpiandry* sont dans un état de combat permanant, combat contre la maladie et combat contre les esprits mauvais. Ils ont le souci de manifester la puissance de Dieu par ces moyens. En outre, l'exorcisme est un message qui s'adresse au monde des esprits que les Malgaches redoutent encore fortement, même aujourd'hui. Et comme l'a dit John Mbiti : « Les Africains croient au monde des esprits, les chrétiens doivent leur apporter des messages qui s'adressent à ce monde ». Le message des disciples du Seigneur est donc supposé, un message de victoire sur ce monde des esprits, un message qui assimile le monde des esprits au royaume de Satan. C'est pourquoi, c'est un message qui suscite encore beaucoup de controverses, même entre les missionnaires et encore plus entre les Malgaches, chrétiens ou non. Par conséquent, avec ce charisme qu'est « l'imposition de main » et « l'exorcisme », le ministère des *Mpiandry* et *Iraka* sera, plus tard, comme une sorte de « clergé prophétique » au sein de la Fédération des Églises Protestantes à Madagascar. Leur ministère est reconnu comme un ministère de l'Église et un ministère dans l'Église, mais certaines fonctions, « imposition de main » et « exorcisme » ne font pas toujours l'unanimité. Ainsi, les *Iraka* et *Mpiandry* se trouvent presque toujours, au sein de la Fédération des Églises Protestantes à Madagascar, entre la « marginalité » et la « légitimité ».

Avec ces *Iraka* et ces *Mpiandry*, un nouveau mode de domination est donc en train de naître à Madagascar : le mode de domination charismatique, un nouveau type de prophètes. En effet, les *Mpiandry* et les *Iraka* sont des prophètes. Ils sont en dehors de la structure établie par les missionnaires, ils sont porteurs de charisme et ils se considèrent comme les porte-parole de Dieu. Ils ne remplissent pas les conditions voulues par les missionnaires pour être des serviteurs dans leurs églises. Mais les *Iraka* et les *Mpiandry*, avec leur charisme, ne se sont pas gênés pour entrer sur le terrain des missionnaires et ils ont trouvé du succès auprès de la foule. E. Escande lui même a fait la remarque suivante :

> Si j'osais risquer une comparaison, je dirais que certains Pasteurs, certains Evangélistes, certains Mpitandrina représentaient les prêtres de l'Ancienne Alliance, reconnus comme tels, ordonnés d'après les règles établies, connues et acceptées de tous, les disciples du Seigneur les prophètes, venus d'on ne sait où, sans aucun mandat des autorités religieuses régulièrement constituées. Or, nous savons la différence qu'il y avait entre l'esprit des prêtres et celui des prophètes, ainsi que les luttes qui se sont livrées entre eux.[16]

La remarque que nous pouvons formuler contre cette comparaison, c'est qu'E. Escande a oublié de classer les missionnaires parmi ces prêtres de l'ancienne Alliance. Comme l'a dit Maurice Leenhardt :

> Que l'envoyé de la Mission soit instituteur, inspecteur ecclésiastique, il est partout un homme de Dieu, conseiller du pasteur indigène, confident des malheureux, confesseur des repentants, directeur spirituel des tourmentés, instructeur, initiateur, animateur, technicien.[17]

D'ailleurs, au niveau de l'institution chrétienne, les conflits étaient d'abord entre les missionnaires et les disciples du Seigneur.

Désormais, au point de vue religieux, trois modes de domination cohabitent à Madagascar. Le mode de domination traditionnel, avec les *ombiasa* (devins) ; le mode de domination bureaucratique avec les missionnaires et leurs Pasteurs ; le mode de domination charismatique avec les *Iraka* et les *Mpiandry* qui ne sont autres que des Pasteurs, version revivaliste. Ce qui nous semble le plus intéressant, c'est que Rainisoalambo, le fondateur du mouvement, a été, successivement, acteur principal dans les trois modes de domination.

---

16. E. Escande, *les Disciples du Seigneur*, p. 81.
17. Maurice Leenhardt, « La condition Missionnaire », *Le Monde Non Chrétien*, n° 65, (Janvier-Mars), 1963.

L'impact social du mouvement

Dans un rapport adressé à F. Compagnon, M. Barthélemy, chef du Poste administratif de Fanjakana, écrit :

« Quant à l'influence que peut avoir la société des disciples du Seigneur, au rôle que peut avoir la Société, au rôle qu'elle peut jouer, ils sont immenses et gros de danger ». Nous avons vu dans la conclusion du Rapport de Compagnon ce qu'il appelle danger ; c'est le risque de voir l'industrie pharmaceutique française ne faire plus aucun bénéfice à Madagascar. En effet voici ce qui est dit en sixième point : « Que par les miracles les Apostoly sont les ennemis de notre assistance médicale et, par la suite, de la civilisation européenne ».[18]

Dans une note confidentielle, rédigée par F. Compagnon, voici ce qu'il fait encore remarquer au sujet de la société des disciples du Seigneur :

> Ce n'est pas une association nouvelle, mais on croyait généralement qu'elle avait décliné au point d'être en voie de disparition. Les événements actuels, en attirant l'attention sur certains indigènes, ont permis de constater que, au contraire, la société avait fait de nombreux adeptes, qu'elle avait acquis une organisation complète et qu'elle couvrait tout Madagascar.
>
> Il serait peut-être temps de dissoudre cette société après avoir invité la mission norvégienne à s'expliquer sur le but qu'elle poursuit en patronnant cette secte qui paraît avoir pour but une religion nouvelle.
>
> Enfin tout groupement exclusivement indigène est actuellement peu désirable parce qu'on peut, à un moment donné, lui imprimer une direction politique. Il suffit de convaincre un chef pour obtenir l'appui moral et matériel des milliers d'individus qui lui obéissent aveuglément.[19]

---

18. « Rapport Compagnon », pp. 58-59.
19. « F. Compagnon, « Note confidentielle », 18 février 1916.

Alors, Compagnon et Barthélemy ont-ils eu raison de se méfier du mouvement de Réveil ? Quel est exactement l'impact de ce mouvement de Réveil dans la société malgache ?

Conversion et remobilisation.

Raoul Allier a écrit :

> À Madagascar, ou du moins dans l'Imerina, la conversion de la Reine a jadis provoqué l'entrée en masse de milliers de Malgaches dans l'Église protestante. Il en a été de même à Tahiti, après la conversion de Pomaré Ire. Un phénomène analogue s'est produit aux îles Fidji. Mais à Madagascar, à Tahiti, aux îles Fidji, dans toutes les Églises de multitude qui se sont formées subitement dans de tels milieux, il a fallu prêcher la conversion tout comme parmi les païens ; et toujours l'appel à la conversion, quand il a été compris, a tout d'abord arraché le même cri : 'C'est trop difficile'.[20]

Voilà pourquoi il est difficile de trancher entre conversion et remobilisation à Madagascar. Pour bien mesurer l'impact du mouvement de Réveil, nous sommes contraints de forger une définition propre à la situation malgache. Ainsi, appelons-nous convertie toute personne ayant accepté de se séparer de ses idoles et refusant tout compromis entre le christianisme et le culte des ancêtres. En outre, nous entendons par « remobilisation » la redynamisation ou revivification de communauté ou d'Église qui, sans l'action des disciples du Seigneur, serait restée dans la monotonie ou même la mort. Dans ce sens, les témoignages sont d'ailleurs multiples. À leurs débuts, les disciples du Seigneur touchaient nombre de gens qui se convertissaient. Alors que Rainisoalambo ne s'intéressait au départ qu'aux païens de sa région. On dit aussi que les disciples du Seigneur ont réussi à pénétrer dans des endroits où les missionnaires n'osaient même pas s'aventurer. Il convient aussi d'accorder que les disciples du Seigneur ont beaucoup

---

20. Raoul Allier, *La psychologie de la conversion chez les peuples non-civilisés*, Payot, Paris, 1925, p. 143.

collaboré avec les missionnaires ou plus exactement porté secours à ces derniers. Le missionnaire Forget raconte par exemple le cas de villages aux alentours d'Ambositra :

> Dans les autres villages des environs, la situation n'était guère meilleure. Tel catéchiste, pourtant chèrement rétribué, était plus occupé du soin de ses bœufs que de son troupeau spirituel. Chaque Dimanche, il faisait une rapide apparition dans l'église pour débiter son sermon, puis retournait dans son pays, à trois heures de là, pour soigner ses terres et ses bestiaux. Son frère, catéchiste également, jadis ancien agent de la propagande catholique, présentait lui aussi bien des insuffisances...
>
> Depuis un an, j'ai essayé à plusieurs reprises de porter remède à cette situation. Mais que peut un missionnaire en pareille occurrence ? Il peut donner des conseils, prendre des décisions, faire des déplacements de personnel. Mais ce ne sont jamais là que des moyens humains et par conséquent, insuffisants, si par ailleurs les consciences ne sont pas touchées. Heureusement, l'action divine s'est fait sentir là-bas, et cela par l'intermédiaire des « disciples du Seigneur ». Leur comité régional, renforcé par les délégués venus de l'Église-mère, a organisé dans le pays des tournées de visites et de prédications. Leur manière de procéder est toujours la même, mais elle conserve toujours sa force agissante : visites individuelles dans les villages et les hameaux, cultes du soir dans les maisons particulières, chants de cantiques, réunions de prière.[21]

M. Forget continue son histoire et témoigne que cette intervention des disciples du Seigneur a abouti à la reconstruction du temple abandonné depuis huit ans. Il ajoute ceci :

---

21. M. Forget, « Le désert refleurit », *Journal des Missions Evangéliques*, 1923/2, pp. 325-326. Notons que M. Forget oublie de mentionner, dans la méthode d'évangélisation des Disciples du Seigneur, l'exorcisme et l'imposition des mains. Il serait intéressant aussi de relever que, dans les conclusions de ce genre de témoignage, les missionnaires ne se sont jamais remis en question dans leur méthode d'évangélisation.

Mais c'est surtout à Ambohidrakitra que la situation actuelle est réjouissante : dans cette église où, encore récemment, ne se réunissait qu'une dizaine d'auditeurs, nous avons compté 173 personnes.[22]

En ce qui concerne le catéchiste, voici ce que note M. Forget :

Le catéchiste de cette localité, celui-là précisément qui avait un soin particulier pour son troupeau de bœufs, a été remué profondément, semble-t-il, par un mouvement si remarquable. Il s'est humilié de son peu de zèle antérieur ; il s'en humilie encore dans ses prières ; il demande à Dieu la force nécessaire pour continuer un travail si bien commencé. Il a pris la décision d'habiter au milieu de ses paroissiens ; on commence à lui construire une maison, et il a trouvé un jeune homme auquel il a confié le soin de ses bêtes.[23]

C'est donc grâce aux disciples du Seigneur qu'une région toute entière est sortie de sa torpeur. Ceci n'est pas un cas isolé. D'autres témoignages de missionnaires s'inscrivent dans la même perspective. Elysée Escande[24] nous rapporte également avec beaucoup de détails tout ce que les disciples du Seigneur ont accompli dans le district de Tamatave, à Vatomandry, de 1916 à 1922. L'œuvre qu'ils ont entreprise dans cette région était immense et avait même influencé l'action missionnaire. Voici en effet la conclusion d'Elysée Escande :

Et ce mouvement continue à tel point que le Comité vient de décider la création d'une station missionnaire entre Tamatave et Diégo-Suarez (villes éloignées de 1200 kilomètres !), afin de

---

22. *Ibid.*, p. 327.
23. *Ibid.*
24. E. Escande, *Les disciples du Seigneurs,* pp. 51-67. Chiffres à l'appui, E. Escande témoigne de l'efficacité des disciples du Seigneur dans leur méthode d'évangélisation et des conséquences qui en résultent : construction et reconstruction de temples, création d'églises et conversions en tout genre, etc.

soulager les deux Missionnaires de ces villes côtières presque aux extrémités de leur district. La conférence de 1925 demande la création d'un nouveau poste au sud de Tamatave, très probablement pour cette région de Vatomandry. Ces chiffres ne nous permettent-ils pas d'achever ce chapitre en affirmant que l'heure de l'Evangélisation de la Côte est de Madagascar sonne à l'horloge divine ? … Le Comité de la Société des Missions l'a compris et si nos églises savent répondre aux exigences du temps présent, et elles le peuvent, nul ne peut prévoir le développement que prendra ce mouvement si émouvant et si impressionnant, mouvement qui illustre magnifiquement cette parole de Jésus : 'La moisson est grande, il y a peu d'ouvriers. Priez le Maître de la moisson d'envoyer des ouvriers… - Où ?—Dans ses champs de travail pour défricher, défoncer, labourer et ensemencer ? – Non… dans sa Moisson. (Matth. IX : 37-38)'.[25]

Il s'impose comme une évidence que ces témoignages de collaborations entre missionnaires et disciples du Seigneur ont souvent conduit à la remobilisation des communautés de missionnaires. Les témoignages de conversions explicites de Malgaches païens ne manquent pas. Voyons par exemple celui du missionnaire Ferrand, successeur d'Elysée Escande à Tamatave :

> Dans les régions de Fénérive, Soanierana et Maroantsetra, ce sont quelques clans païens qui sont venus à l'Evangile d'une façon touchante et ont rejeté leur « ody » (amulettes et fétiches). On en a brûlé par corbeilles pleines ; quelques-unes de ces amulettes, les plus curieuses, m'ont été remises…
> Une semblable décision n'est pas rare chez un Betsimisaraka. Dans la seule région de Maroantsetra, j'ai vu cinq ou six de ces sorciers jadis très influents, à cause de leurs pratiques païennes. Amenés à l'Evangile par des modestes « disciples

---

25. *Ibid.*, p. 66.

du Seigneur », ils ont renoncé à tout et pratiquent le christianisme avec une humilité et un sérieux digne d'exemple.²⁶

Le ministère des disciples du Seigneur engendre bien des conversions et la remobilisation des églises malgaches fondées par les missionnaires. C'est Alfred Peyrot qui résume à peu près la situation en ces termes, parlant des disciples du Seigneur :

> L'on n'a pas affaire à une secte, mais à un mouvement de Réveil tourné vers l'évangélisation. D'ailleurs, pour être fructueuse, leur action doit pouvoir s'appuyer sur celle des Églises. Leur rôle est d'ébranler la forteresse païenne, d'amener les indigènes à se défaire des amulettes et des fétiches. Mais une fois cette décision obtenue, il reste tout un travail constructif à achever : instruction, organisation de la communauté chrétienne, maintien de la vie religieuse, tâche que le disciple itinérant ne puisse plus accomplir s'il veut conserver sa liberté. Il appartient alors à la Mission malgache ou européenne d'établir à demeure un catéchisme ou quelque ancien, revêtu de responsabilités permanentes, qui affrontera, aidé par l'évangéliste, l'épreuve de la persévérance.²⁷

Changement de comportement face à la mort

L'une des conséquences de ces conversions massives réside dans les rejets des amulettes et fétiches, ainsi que l'abandon du culte des ancêtres et de tout ce qui s'y apparente. Les disciples du Seigneur ont tenu des réunions les 20 et 21 septembre 1913 à Soatanana. Ils ont mis au point certaines lignes de leur doctrine et leur organisation. Le compte rendu de ces réunions, qui comporte 12 pages dactylographiées traduites en français, se trouve dans le dossier d'enquête de F. Compagnon. La position des revivalistes à propos de la mort y est clairement indiquée à la page 6 :

---

26. H. Ferrand, « Ombres et Lumières », *Journal des Missions Evangéliques*, 1926, p. 46.
27. A. Peyrot, « Action Missionnaire de l'Église Malgache », *Journal des Missions Evangéliques*, 1946, p. 60.

> Les dépenses inutiles pour les morts (funérailles) et les linceuls seront supprimés et chacun emploiera (au nom de Jésus – pour faire progresser son royaume) les sommes prévues pour ses funérailles, mais abandonnées. Ce n'est pas une coutume des ancêtres de faire des dépenses onéreuses pour les morts mais une consolation aux mânes de ceux-ci pour éviter leur colère, ce qui constitue un culte pour les ancêtres ; voilà pourquoi il convient de ne pas faire ces dépenses.

Nous avons déjà eu l'occasion de dire combien une telle position marque la rupture totale du Mouvement de Rainisoalambo par rapport au reste de la société malgache. Mais la conséquence est encore plus grande. Dans toutes les régions où on accepte le Réveil, on abandonne le *famadihana*. Louis Molet n'a pas manqué de souligner que : « Les Églises revivalistes (*Fifohazana*) sont unanimes à condamner la pratique du *famadihana* quel qu'il soit, comme entaché profondément de paganisme. Elles préconisent ou ont rendu obligatoire l'enterrement sur le lieu du décès et le refus de toute exhumation ultérieure ».[28]

Lupo Pietro critique Rainisoalambo et son mouvement en s'exprimant ainsi :

> C'est un christianisme nouveau, sous forme d'une lumière irrésistible, qui fait irruption dans l'esprit de Rainisoalambo à Soatanana dans l'Isandra (pays betsileo). Rainisoalambo devient un apôtre fougueux de Jésus-Christ, quelquefois trop zélé et ébloui par la lumière reçue ; ce qui provoque chez lui des jugements sévères, voire injustes parfois, sur la religion traditionnelle. Ces premiers caractères du Fifohazana sont d'ailleurs conservés jusqu'à nos jours et il n'est pas rare que les évangélistes du mouvement qualifient de diabolique telle ou telle manifestation de la religion ancestrale.[29]

---

28. L. Molet, *La conception*, tome 2, p. 299.
29. L. Pietro, in *Madagascar et le christianisme*, p. 309.

Ces témoignages et différentes opinions montrent que le refus ou l'abandon par le mouvement de Réveil du culte aux ancêtres en général, et du *famadihana et du tromba* en particulier, se font sentir dans la société malgache et provoquent des réactions diverses que nous verrons dans le chapitre sur les conflits.

Le village des disciples du Seigneur

C'est à Soatanana que les disciples du Seigneur ont établi leur demeure. Des réunions de prière y sont tenues deux fois par jour. Peu à peu le village devient le siège national du Mouvement. Les *Iraka* et *Mpiandry* qui sont dispersés dans toute l'Ile viennent s'y former et se ressourcer au moins une fois par an. Ils y viennent également pour travailler. En général, les *Iraka* partent six mois et restent six mois à Soatanana. Dans son rapport d'enquête administratif, Compagnon pense que les disciples du Seigneur pratiquent une sorte de communisme. En effet, ceux-ci s'entraident beaucoup et en plus, le fait de travailler et de planter fait partie intégrante de leur charte. Dans le même rapport, voici la question numéro 12 que Compagnon pose à Rainitiaray :

> Pour quelles raisons les membres de cette société ne font pas partie des fidèles de la Mission norvégienne ? Quelle est la différence ? dans les prières ? dans les pratiques religieuses ? dans les malades, les indigents ? etc.
>
> Pourquoi forment-ils un groupe à part dans cette religion ? Réponse.- Parce que depuis la formation de la société, les membres avaient décidé qu'ils devaient travailler, planter et se livrer aux travaux d'industrie comme j'ai dit précédemment. Nous continuons cela encore, quoique actuellement nous faisons partie des fidèles de la mission norvégienne. Nous ne pouvons pas obliger ces fidèles à travailler avec nous : c'est là la petite différence.
>
> Les prières sont les mêmes que celles de la religion luthérienne, puisque nous suivons les siennes, d'ailleurs nous sommes également les fidèles de la mission norvégienne.

> Les pratiques religieuses sont les mêmes depuis le commencement, car nous sommes de sa religion.
>
> Pour les malades, s'il y en a parmi eux qui désirent l'imposition des mains pour être guéris, c'est à ceux-ci qu'on doit imposer les mains et non pas à tous les malades. La religion norvégienne ne pratique pas l'imposition des mains.
>
> Tous les fidèles de la société font ensemble la charité aux indigents. Cependant, c'est nous autres membres qui les surveillons et leur donnons asile à Soatanana, c'est-à-dire les loger dans les maisons que nous habitons.[30]

C'est pourquoi, imputer la création du village de Réveil, le *Toby* à l'échec d'une tentative d'investir l'Église protestante en Imerina n'est pas tout à fait juste. En effet selon L. Jacquier-Dubourdieu :

> … la répartition de l'espace urbain de Tananarive obéit à une distribution hiérarchique des dèmes que mémorise la localisation des temples. L'espace social d'une église est donc réservé aux relations internes d'un groupe bien identifié et le mode de prédication des mpifoha, qui s'exerce dans la transversalité sociale et spatiale, n'a ici aucun sens.
>
> C'est alors que la création d'un lieu spécifique à son activité religieuse, le Toby, s'impose au mouvement : le terme est emprunté au vocabulaire militaire de l'armée merina du XIXe siècle et désigne les camps retranchés où s'installait l'armée à la conquête des royaumes côtiers. Il conserve la même signification pour les fifohazana, c'est la base de l'armée du Christ.[31]

Nous avons remarqué dans la dernière partie de la réponse de Rainitiaray qu'à Soatanana, on héberge aussi des malades. Presque au même moment que le Réveil, une infrastructure d'accueil est née à Soatanana. Le village, exclusivement habité par des sympathisants, s'est très vite transformé en

---

30. « Rapport Compagnon », pp. 22-23.
31. Lucile Jacquier-Bubourdieu, 1996, p. 609.

une sorte d'hospice. On y organise une grande œuvre diaconale : des malades physiques, mentaux, spirituels, des jeunes et des enfants dévoyés y sont amenés. Ils sont répartis dans les foyers des *Iraka* et des *Mpiandry*. Ainsi, les disciples du Seigneur ont fait de leur village une sorte de « communauté villageoise », une communauté de vie où s'expriment, à la fois, spiritualité, thérapie et solidarité. Dans le chapitre sur la contextualisation, nous en traiterons plus amplement cette question.

De son vivant, Rainisoalambo voulait retenir certaines dates historiques pour le Mouvement. Ce fut le 9 juin 1895 que Rainisoalambo et les premiers disciples se réunirent et établirent leur charte. On a fait de cette date une date mémorable. Les disciples du Seigneur la considèrent comme la Pentecôte de Madagascar et se réunissent dans chaque région pour glorifier Dieu.

Dès la deuxième ou troisième année, la convention du 10 août accueille de plus en plus de personnes provenant de toutes les parties de Madagascar (5000 à 6000 personnes). Cela attira l'attention du gouvernement colonial. Ce fut lors de la convention de 1909 que le mouvement décida de construire une église plus grande pour accueillir plus de monde. La convention du 10 août a beaucoup contribué à faire connaître le village des disciples du Seigneur dans tout Madagascar. Voici encore l'impression du missionnaire Forget à propos de ce village :

> J'ai fait, le 25 août dernier, un voyage, ou plus exactement un pèlerinage, à Soatanana, à 33 kilomètres de Fianarantsoa. Peut-être en France, ne connaissez-vous pas ce village, ni son nom, ni son origine, ni son influence. À Madagascar, au contraire, il n'existe sans doute pas d'église, ou de district, où l'on n'ait entendu parler de Soatanana.[32]

L'impact institutionnel

Le Mouvement de Rainisoalambo a eu aussi des impacts non négligeables sur les institutions des Églises des missionnaires. Le premier fut la création de départements de Réveil au sein des Églises protestantes locales ou

---

32. M. Forget, *JME.*, 1922/2, p. 370.

régionales. En effet, les membres de ces Églises, anciens ou nouveaux, acquis à la cause du Réveil, furent de plus en plus nombreux au point qu'il était difficile de les ignorer. Peu à peu donc, ces départements ont été créés, au niveau local, régional et finalement national. Les statuts du mouvement de Réveil et les protocoles d'accord avec les Églises des missionnaires se sont fait également au niveau local, régional et national.

Nous avons signalé dans notre introduction l'existence d'un second mouvement de Réveil vers 1927, le mouvement de Ravelonjanahary. Cette conversion de Ravelonjanahary et le mouvement qui s'en est suivi résulte encore de l'impact de celui de Rainisoalambo. Nous allons traiter son cas dans le chapitre suivant.

Une de ses contributions dans l'affirmation du Réveil et de sa tradition fut la parution d'une revue. En effet, vers 1935, sous l'influence de ce mouvement, et à côté de celles déjà existantes, une nouvelle Revue mensuelle entièrement rédigée en malgache est née. Le titre de la Revue est « *Zanaky ny Fifohazana* » (Enfants du Réveil). Dans un chapitre ultérieur, nous aurons également à examiner et à analyser le contenu de cette Revue. Mais d'ores et déjà, nous pouvons signaler que la mission norvégienne n'a pas beaucoup de place dans cette Revue. Elle est imprimée et éditée par la FFMA Les articles émanent de pasteurs et chrétiens non issus de la mission norvégienne mais se présentant comme des héritiers du mouvement de Rainisoalambo.

CHAPITRE 12

Le mouvement de Ravelonjanahary (1860-1970)

Nous sommes en 1927. Le mouvement de Rainisoalambo est presque adopté par les Églises des missionnaires. Mais le Réveil n'a pas encore achevé son évolution et son affirmation dans la Grande Ile. En effet, dans la même province de Fianarantsoa, un peu plus au Sud, un autre mouvement de Réveil est en train d'émerger. Cette fois-ci l'initiateur de ce Réveil est une femme du nom de Ravelonjanahary.

Ravelonjanahary, comme Rainisoalambo, était très fidèle au culte des ancêtres. Après avoir connu l'expérience de « retour de la mort », elle se consacra à la cause de l'Evangile. Son mouvement est connu actuellement sous le nom de « Réveil de Manolotrony » et fait partie des quatre mouvements reconnus et en protocole d'accord avec la Fédération des Églises Protestantes de Madagascar.

La personne de Ravelonjanahary

Paysanne, née probablement vers 1860,[1] Ravelonjanahary vivait à Manolotrony, district d'Ambalavao, environ 60 Km au sud de Fianarantsoa.

---

1. Personne ne connaît la date de naissance de Ravelonjanahary. Par déduction, nous l'estimons vers 1860 dans la mesure où plusieurs témoignages indiquent qu'en 1930 elle avait une soixantaine d'années et qu'au moment de sa mort, le 8 novembre 1970, elle avait plus de 100 ans.

Ambalavao fait partie des champs de mission de la London Misionary Society. Selon l'enquête du Journal *Ny Fahasambarana*:

> Manolotrony, village de Mme Ravelonjanahary, est un tout petit hameau très peu peuplé et où l'on ne rencontre aucune maison de commerce. Il n'est pas célèbre comme Ambalavao Tsienimparihy, dont la population dense compte de nombreux commerçants et d'élites comme Tananarive, malgré que la plupart de ses habitants sont de race Betsileo, de même origine que ceux de Manolotrony.[2]

Son vrai nom est Renilahy et son père fut de son vivant un grand et très efficace *ombiasa* (devin). Il était donc prêtre dans la religion traditionnelle malgache, ce qui signifie, comme nous l'avons décrit précédemment, qu'il était guérisseur et qu'il pratiquait le culte aux ancêtres.

Renilahy était la fille aînée de ce grand *ombiasa*. Comme telle, elle avait été élevée dans la crainte et le respect des rites et coutumes de la religion traditionnelle malgache. Elle fut même « habitée » par l'esprit d'un ancêtre. Ainsi, comme son père, elle avait commencé à soigner des malades selon les pratiques ancestrales. Cependant, l'activité principale qu'elle pratiquait avec son mari, Rainiboto, fut celle de chercheuse d'or dans la région d'Ivohibe.

Ravelonjanahary est restée complètement anonyme jusqu'en 1927, année où les rumeurs de ses guérisons « miraculeuses » commencèrent à se repandre au-delà de son village natal. Ainsi, le missionnaire Eugène Groult, de la LMS, et résident à Fianarantsoa, écrit le 15 janvier 1928 « *Depuis trois mois, une femme du Betsiléo, très simple, peu instruite, mais de véritable foi exerce un don indéniable de guérison par la foi et...* 'tous vont à elle' ».[3] Le 4 février 1928 à Antsirabe, le missionnaire P. Buchsenschütz présente la situation de la manière suivante : « *Il y a quelques mois un maître de notre Ecole Pastorale à Fianarantsoa m'écrivait qu'une femme chrétienne de la campagne*

---

2. Journal *Ny Fahasambarana*, 29 décembre 1927, N° 16.
3. Eugène Groult, « Guérisons par la prière », *Journal des Missions Evangéliques*, 1928, pp. 238-239.

guérissait des malades par la prière et que beaucoup de gens étaient gagnés à l'Evangile ».[4]

La renommée de Ravelonjanahary était telle qu'elle n'a pas laissé indifférents les grands quotidiens nationaux de l'époque. Ainsi, les quotidiens *Le Madagascar, Le Madécasse, La Tribune de Madagascar, La voix du Sud* titraient respectivement, entre le 27 novembre et le 6 décembre 1927, « Autour d'un miracle », « l'Antéchrist à Fianarantsoa et Les miracles d'Ambalavao », « La guérisseuse d'Ambalavao », « L'hystérique d'Ambalavao ».

Qui était vraiment Ravelonjanahary ? Et quels furent les impacts de son ministère et de son charisme ?

Sa conversion

Il y a beaucoup de confusion sur la date de conversion de Ravelonjanahary. Ceci s'explique peut-être par le fait que personne ne s›est vraiment intéressé à elle avant 1927. Aucun des documents officiels concernant Ravelonjanahary ne mentionne sa date exacte de conversion. Certains pensent qu›elle s›est convertie au christianisme à la même époque ou un peu plus tard que Rainisoalambo. D›autres, comme le pasteur James Rabeantonina vont dans le même sens et situent la conversion de Ravelonjanahary vers 1900.

En tout cas selon divers témoignages, en 1910, Ravelonjanahary opérait déjà des guérisons. Voici ce qu'on pouvait lire dans le numéro du mardi 6 décembre 1927 dans le journal *La Tribune* de Madagascar:

> Il nous fut dit, dimanche, par personne qualifiée, que l'origine de l'histoire d'Ambalavao remonterait à 17 ans. La guérisseuse, aujourd'hui en vedette, aurait mis un pasteur norvégien au courant « de ses guérisons »; le pasteur lui aurait conseillé de s'abstenir de toute publicité, mais elle n'aurait pas moins continué à recevoir des croyants.

Nous pouvons donc situer la conversion de Ravelonjanahary vers 1910 dans la mesure où un autre journal, *Le Madécasse*, dans son numéro du 30

---

4. Périodique : *Pour Madagascar*, Comité de Paris des Missions Luthériennes, 1928, p. 3.

novembre 1927 rapporte un autre témoignage qui affirme qu'en 1909 elle était toujours batteuse d'or :

> Le monde protestant fait grand cas et se fait grand honneur de la miraculée d'Ambalavao, que nos braves gasy[5] croient avec conviction être une incarnation de la puissance du Christ. Rien de plus divertissant que de lire les relations que, gravement, et, sans esprit critique, nos feuilles gaches donnent sur ce phénomène hystéro-démoniaque. Ainsi nous relevons dans l'une d'elles que Ramoma, d'origine betsileo fut, jusqu'en 1909, une « batteuse » d'or. À partir de cette époque, elle se trouva; prise de ce trouble nervo-mental dont une épidémie sévit en Imerina sous le règne de Radama II, sous le nom 'Ramanenjana' ou 'Menabe' dont on trouve la description dans les ouvrages du R.P. Malzac. Ces temps derniers elle annonça sa mort de 6 jours pendant lesquels son âme conversa avec le Christ et les saints du Paradis qui essayèrent en vain de la retenir parmi eux. À son 'Réveil', elle se baptisa Ravelonjanahary (Ombre ou émanation divine) et commença la série de miracles que l'on sait.

Les circonstances du Réveil de Ravelonjanahary

Comme il est dit dans la citation précédente, Ravelonjanahary est passée par des expériences de « retour de la mort ». Mais avant d'en arriver là, elle affirme avoir eu plusieurs visions. Voyons les circonstances de la conversion de Ravelonjanahary.

Le contexte de la conversion de Ravelonjanahary est semblable à celui de Rainisoalambo sur tous les plans: maladie, pauvreté, etc. Le missionnaire P. Buchsenschütz témoigne qu'« en 1910 il régnait dans cette région (région où vécut Ravelonjanahary) une sorte de maladie nerveuse, appelée la 'danse des Bara'. On l'appelle ailleurs le tromba ».[6] Le journal *Le*

---

5. Malgache.
6. P. Buchsenschütz, *Pour Madagascar*, p. 2. Nous pouvons constater dans cette citation que le *tromba* était considéré par beaucoup de Malgaches comme une maladie. Dans son

Madécasse, déjà cité, affirme que Ravelonjanahary était atteinte par cette maladie. Il peut sembler étrange qu'elle en ait été atteinte puisqu'en tant qu'apprentie *ombiasa* elle soignait elle-même cette maladie. Mais comme nous l'avons vue dans le témoignage de Rakotomihantarizaka, le *tromba* peut être aussi une maladie.

L'histoire de la conversion de Ravelonjanahary ressemble presque à des contes ancestraux si bien qu'aucun missionnaire n'a osé aborder directement la question. Voici ce que le missionnaire Eugène Groult disait par exemple à ce sujet :

> Nous n'intervenons que comme témoins bienveillants, reconnaissant qu'il ne nous appartient pas de limiter les dons de Dieu, reconnaissant aussi la foi, la simplicité, la sincérité, la pondération étonnantes de Ravelonjanahary, ce qui forme un ensemble assez sympathique pour que nous désirions qu'elle puisse exercer librement son ministère dans le calme et la dignité, déclarant qu'il ne nous appartient pas de dire : 'Défense à Dieu de faire miracle en ce lieu'.[7]

Nous pouvons emprunter au Sadhou Sundar Singh les termes de la conversion de Ravelonjanahary. Voici en effet comment le Sadhou Sundar Singh raconte sa conversion :

> Alors il se passa quelque chose que je n'avais jamais attendu : la chambre fut remplie d'une merveilleuse lumière qui prit la forme d'un globe et je vis un homme glorieux debout au centre de cette lumière. Ce n'était pas Bouddha, ni Krishna, c'était le Christ. Durant toute l'éternité, je n'oublierai pas sa face glorieuse, si pleine d'amour…[8]

---

livre, F. Raison-Jourde explique la manifestation de cette maladie comme une réaction contre le christianisme.

7. Eugène Groult, « Guérisons par la prière », p. 243.
8. Témoignage du Sadhou Sundar Singh, recueilli par Alice Van Berchem dans le livre : *Le Sadhou Sundar Singh. Un témoin de Christ*, St. Légier, Emmaüs, 1993.

De même que le Sadhou Sundar Singh, Ravelonjanahary affirme avoir eu des visions de lumière et du Christ lui adressant des messages. Tous les propos de Ravelonjanahary sur ses visions et apparitions sont recueillis et rapportés par le pasteur Rajosefa Danielson.[9]

Ravelonjanahary elle-même a eu plusieurs fois l'occasion de parler de sa conversion en ces termes:

> Quand j'étais encore paysanne, je m'appelais Renilahy, j'avais souvent des songes. Quelqu'un m'a dit en songe que je m'appellerais désormais Ravelonjanahary. Une voix m'a annoncé que je deviendrais son envoyée pour prêcher son nom. J'ai demandé: 'Qui êtes vous, vous qui m'envoyez?' Elle me répondit: 'Je suis Jésus-Christ'. J'ai accepté la mission sans hésiter. La voix m'a fait plusieurs recommandations que je ne puis toutes répéter ici. Mais remerciez Dieu qui a désigné la France pour administrer notre pays, Madagascar, car elle nous laisse prier librement. Respectez-la.[10]

Les manifestations[11] semblaient avoir des aspects pédagogiques qui avaient pour but de préparer Ravelonjanahary à son ministère futur. Les premières leçons consistaient, semble-t-il, à démontrer à Ravelonjanahary combien le « péché » était mauvais et qu'elle devait s'en éloigner. Ainsi, Ravelonjanahary raconte qu'un soir elle vit ce grand homme blanc, qu'elle affirme être le Christ, s'approcher et s'arrêter à une distance d'environ deux longueurs de bras parce qu'il ne pouvait la toucher à cause de ses péchés. Une autre fois encore il vint, mais s'approcha à une distance beaucoup plus proche car Ravelonjanahary commençait à prendre de plus en plus conscience de ses péchés. Cela se reproduisit jusqu'à ce que le grand homme blanc touche Ravelonjanahary parce qu'elle était enfin pleinement consciente de son état de pécheur et qu'elle demandait pardon pour cela.

---

9. D. Rajosefa, *Le Réveil spirituel à Madagascar* (ouvrage en malgache), Tananarive, Imprimerie Luthérienne, 1958.
10. Note du Service de Sûreté Générale, Au temple d'Anosivavaka, 7 avril 1931.
11. D. Rajosefa, *Le Réveil spirituel*, pp. 16-17.

Par ces rencontres et apparitions Ravelonjanahary fut donc formée et reçut les commandements et la mission qu'elle devait accomplir au nom de celui qui l'appelait.

L'expérience de « retour de la mort » et les guérisons.

Avant de s'engager dans son ministère Ravelonjanahary passa encore par des expériences de « retour de la mort ».

Ces expériences sont longuement racontées dans des ouvrages en malgache et mentionnées assez discrètement ici ou là dans des témoignages missionnaires. Voici, par exemple, comment, le même P. Buchsenschütz relate les faits avec beaucoup de pudeur:

> Le mal se répandait rapidement, et naturellement les sorciers et les devins y trouvaient leur compte. À ce moment, dit Ravelonjanahary, elle perçut pour la première fois, la voix de l'Esprit qui lui disait de renoncer aux pratiques païennes et de consacrer sa maison au culte de Dieu. Elle le fit et la maladie s'arrêta dans le village. Les païens lui en voulurent naturellement et lui cherchèrent querelle.
>
> À ce moment elle paraît avoir eu un accès de catalepsie qu'elle annonça d'avance aux siens et dont elle se releva alors qu'elle avait été apportée à l'Église.[12]

Le missionnaire P. Buchsenschütz ajoute en note de bas de page que Ravelonjanahary en parle comme d'une mort et d'une résurrection.

Avant Buchsenschütz, le missionnaire Eugène Groult, témoin direct, disait:

> Elle eut alors des visions, et entendit des voix; il lui fut annoncé qu'elle mourrait et ressusciterait et en effet, elle passa pour morte pendant six jours, et on porta son cadavre au temple pour le service funèbre. C'est là qu'elle perçut le chant des cantiques comme un chœur et qu'elle se redressa.

---
12. P. Buchsenschütz, *Pour Madagascar*, p. 2.

> Le même événement se reproduisit quatre années plus tard, avec cette différence qu'elle le pressentit, et put l'annoncer, disant que cette fois elle passerait par le même stade que le Seigneur Jésus, mourant le vendredi et ressuscitant le dimanche, ce qui s'accomplit en effet.[13]

Plusieurs quotidiens malgaches de l'époque ont fait écho à tous ces phénomènes autour de Ravelonjanahary. Ainsi, le quotidien *Le Madagascar* du 30 novembre 1927, dans sa rubrique « Tribune indigène » produit un premier article intitulé « Autour d'un miracle ». L'article commence de la manière suivante :

> Tananarive, si calme, est réveillée en sursaut par un fait inattendu: par la nouvelle de la résurrection d'une morte…Voici le fait dans toute sa simplicité. Une femme âgée d'environ 58 ans, native du village de Manolotrony, répondant au nom de Ravelonjanahary, est décédée à Ambalavao (de Fianarantsoa). Elle aurait de son vivant recommandé de ne l'enterrer qu'au bout de huit jours, et, ce délai expiré, la morte (sentant le cadavre) allait être menée au tombeau, lorsque qu'en plein temple et en plein office elle s'est réveillée en chantant la louange du Seigneur.

Toujours le 30 novembre 1927, le journal *Le Madécasse* fait aussi un article titré comme suit : « *L'Antéchrist à Fianarantsoa* ». Nous reproduisons intégralement ici ce court article :

> Les esprits indigènes de l'île entière sont en ébullition depuis deux semaines. Les journaux de la capitale sont remplis de relations fantasmagoriques au sujet d'une Betsileo qui, après s'être ressuscitée – parfaitement – accomplit des miracles de guérison: aveugles, paralytiques, asthmatiques, cancéreux,

---

13. E. Groult, « Guérisons par la prière », *Journal des Missions Évangéliques*, Paris, 1928, p. 239.

gastralgiques, et dysentériques guéris complètement par sa seule volonté se comptent déjà par douzaine. Il en accourt de tous les points de l'île et les miraculés de retour chez eux – il y en aurait déjà quatre à Tananarive – font une propagande des plus actives pour la thaumaturge.

Il s'agirait d'une protestante (cette secte n'a jamais admis de miracles en dehors de ceux accomplis par le Christ) du nom de Ravelonjanahary, âgée de 58 ans, qui jusqu'ici ne s'était fait remarquer que comme une fervente chrétienne. Mourante, il y a, 15 jours, elle déclara qu'il ne fallait pas l'enterrer, car elle ressusciterait au 8ème jour. Ainsi fut fait et comme au 8ème jour, le corps se putréfiait, on se résigna à lui faire ses funérailles, mais au temple, au beau milieu des prières et chants, Ravelonjanahary ressuscita, faisant peau neuve – son ancienne peau décomposée resta adhérente au linceul – et se mit à prêcher disant que Dieu l'envoyait pour une grande mission et que tous ceux qui croiraient avec foi, seraient guéris de n'importe quels maux, même les chronicités de plus de 25 ans.

Et les « croyants » souffrants s'étant présentés, elle les guérit par commandement dans le rite suivant :

« Croyez-vous en Dieu ? – R..., Je crois – Eh ! bien, levez-vous, vous êtes guéri ! » Et le miracle s'opère. Point n'est nécessaire de changer sa religion, affirme Ravelonjanahary, il suffit de croire au Christ.

Elle a encore déclaré qu'elle mourrait encore 4 fois[14] et qu'à, la 5ème résurrection elle sera douée du pouvoir de ressusciter les morts.

Et voilà le Christ enfoncé, Ravelonjanahary opère en série, ce qu'il ne put faire qu'une fois ; mourir et revenir à la vie.

Jusqu'à présent, toutes les enquêtes et les recherches seraient résolues en conviction profondes sur les « miracles » de cette « salvatrice » qu'aucun prophète n'a prédite, a moins que

---

14. Les témoins directs ne mentionnent que deux « expériences de retour de la mort », la première du dimanche au vendredi et la seconde du vendredi au dimanche (cf. le témoignage de Groult).

ce ne soit un de ces faux bergers annoncés pour les temps derniers et qui doivent faire des choses étonnantes.

Nous répétons que l'agitation est grande dans la population indigène et les journaux qui relatent ces faits, d'un tirage précèdent 12 à 1400 sont passés à 5 et 6000 exemplaires au numéro et on se bat pour en avoir. Ça fait la « kapoka » et pour la thaumaturge et pour ses apôtres.

Plusieurs autres quotidiens ont à plusieurs reprises relaté les faits et exprimé leur propre vision des choses. Voici, par exemple, le témoignage d'un « curieux », qui, visiblement, cherche à discréditer et à ridiculiser Ravelonjanahary. Ce témoignage est rapporté par le Journal *L'Indépendance de Madagascar*, numéro du 2 décembre 1927 :

> Curieux n'étant pas synonyme de crédule, j'avoue que si le récit de la merveilleuse résurrection de Ravelonjanahary a excité ma curiosité, ma naturelle et solide incrédulité n'en a guère été ébranlée, du moins au premier abord...
>
> Ce n'est pas moi qu'on eut fait courir sur les quais du Port de Marseille pour voir la fameuse sardine, ce n'est donc pas moi, me suis-je dit qui ira à Ambalavao voir la « miraculée ».
>
> Car, je ne vous le cache pas, la complicité des entrepreneurs de transports automobiles et des hôteliers gasy de la Mecque du Sud ne m'a pas un seul instant paru douteuse. Mon ami Rakoto m'affirma qu'il aura sous peu de jours amorti complètement le prix d'une superbe machine achetée à crédit pour la circonstance... le nombre de pèlerins indigènes entassés à raison de vingt par voiture à quatre places est incalculable.
>
> Tout ce monde veut voir le nouveau Christ en jupon ; les uns pour se faire guérir, les autres pour assister aux miraculeuses guérisons. Bon nombre de voyageurs sont revenus enchantés et font une active propagande. Ceux qui ne sont pas guéris reviennent avec la foi qui les fera revenir à la santé.
>
> D'étranges rumeurs sont venues jusqu'à moi. J'ai pensé tout d'abord qu'elles émanaient de journalistes plus soucieux

de faire monter leur tirage que de dire la vérité. Mais les bruits ont persisté, tenaces; un tel, sourd depuis plus de vingt ans, entend maintenant voler une mouche dont les pattes sont devenues visibles pour tel autre, aveugle de naissance. De nombreux manchots ont vu repousser leurs mains dans lesquelles il n'y a pas le moindre poil…

Ma foi, tout cela a fini par me troubler quelque peu et j'ai voulu y aller pour y voir plus clair ; d'autres peut-être auraient préféré y croire tout de suite.

Dimanche dernier, donc, je sortais de la réunion des contribuables et le discours d'un orateur me trottait dans la cervelle: « Nous savons quelle est notre maladie disait-il, nous souffrons d'un grave mal d'impôts, mais nous ne trouvons pas le remède ».

Une idée a jailli brusquement: si j'allais voir Ravelonjanahary! Il s'agit bien d'une affection incurable, donc elle me guérira. Aussitôt j'ai pris l'auto pour Ambalavao, coût 3000 frs, à peu près le montant de mes contributions. J'ai vu la guérisseuse qui m'a dit : « As-tu la foi? — « Oui, dis-je — » Eh bien, répartit-elle, si l'impôt t'écrase, ne le paie pas ». Je me suis décidé à suivre son conseil. Je ne paie plus d'impôts et me voilà guéri. Que tout le monde fasse comme moi ! Aussi maintenant je suis comme Pauline, je vois, je sais, je crois, je suis désabusé..

Pan ! Le porteur de contraintes m'annonce que je vais être saisi!

Un leader charismatique dans la lignée de Rainisoalambo

On a toujours soutenu que la croyance aux miracles de guérison remonte à 1905 dans la tradition pentecôtiste. Cette affirmation ne tient pas compte de l'expérience des revivalistes malgaches. Rainisoalambo, depuis 1894, a souvent dit et redit devant les missionnaires occidentaux sa croyance aux miracles de guérisons. Nous reproduisons ici ce qu'il a déjà exprimé devant les missionnaires à Fianarantsoa :

> Nous ne saurions assez remercier Dieu de nous avoir envoyé ici des Missionnaires européens pour nous annoncer l'Evangile. Ils nous ont présenté Jésus-Christ comme notre sauveur au même titre que le leur, ils nous ont traduit la Bible dans notre langue. Nous leur en resterons toujours reconnaissants. Mais, jusqu'ici, ils ne nous ont pas annoncé tout le conseil de Dieu ; ils ont laissé de côté, en particulier, la guérison des malades par l'imposition des mains et la prière et la sanctification parfaite.

Rien que par les titres que lui attribuent les journaux malgaches, Ravelonjanahary est incontestablement un personnage charismatique qui n'a laissé personne indifférent. Selon *La Tribune de Madagascar*, elle est la « guérisseuse d'Ambalavao » ; *La Voix du Sud* dit qu'elle est « l'hystérique d'Ambalavao », d'autres disent encore qu'elle est « l'Antéchrist de Fianarantsoa » ou encore « le Christ en jupon ».

D'autre part, sa renommée a fait exploser les recettes des imprimeurs, des transporteurs et les chiffres d'affaire des petits commerçants.

De tels commentaires et les témoignages de tels impacts financiers abondent dans les journaux et les brochures de littérature chrétienne :

> Ce qui va être curieux à considérer, c'est la réaction des dirigeants de la religion protestante. Bien que n'ayant jamais fait de la théologie, il me semble bien que les protestants n'admettent pas les miracles et qu'ils n'ont jamais voulu prendre en considération les guérisons obtenues à la Salette ou à Lourdes. Il y a là, me semble-t-il, chez eux, l'équivalent d'un dogme pour la religion romaine. L'aventure de Ravelonjanahary, étant susceptible d'amener de nombreuses conversions au protestantisme, vont-ils admettre la possibilité de miracles accomplis par une de leurs adeptes, l'intérêt de leur Églises étant en jeu ?

Pour l'instant, Ravelonjanahary contribue surtout et mieux qu'une réclame bien payée, au développement des transports automobiles en commun. Si les constructeurs d'automobiles connaissaient leur devoir, ils perpétueraient le souvenir de la guérisseuse de façon tangible.

Qui sait si un jour nous ne verrons pas sur la grande place d'Ambalavao, dont elle assure pour l'instant la prospérité, une statue de « Sainte Ravelonjanahary », en métal anti-friction ?[15]

Voilà une partie d'un article qui en dit long sur le caractère charismatique de la personne de Ravelonjanahary. Elle fait des guérisons, des conversions et transforme la vie sociale.

Ainsi, ces caractéristiques renvoient à un type d'autorité défini par Max Weber comme « charismatique » c'est-à-dire, marqué par une qualité « extraordinaire » hors du commun, reconnue et admirée par l'entourage. Elle se manifeste par un ascendant sur la foule. Cette domination, souligne Max Weber, n'est pas « rationnelle, bureautique », ni « traditionnelle », mais repose sur une « vocation » individuelle susceptible de marquer une certaine rupture par rapport au passé et à l'ordre établi.[16]

Pour bien illustrer la passion qui se déchaîne autour de Ravelonjanahary et pour confirmer que le concept wébérien du charisme s'applique bien à son cas, voici un extrait du journal *Ny Telegraphy*, intitulé, « Ce que disent les Médecins »:

Traduction de l'extrait de l'article du journal *Ny Telegraphy* du 23 Décembre 1927, intitulé « Ce que disent les Médecins »

---

15. Parklet, *La Voix du Sud*, n° 36 du 16 décembre 1927.
16. Sébastien Fath, *Billy Graham, pape protestant* ?, Paris, Albin Michel, 2002, p. 20.

D'aucuns vont à Ambalavao pour se soigner, d'autres pour y puiser un supplément de foi, d'autres pour rechercher des preuves contraires. On s'y rend aussi pour se promener. Les journaux ont envoyé des représentants pour recueillir des nouvelles suivant le goût des lecteurs. Ci-dessous les avis des médecins officiels qui sont allés examiner Ravelonjanahary.

Dès les premiers mots concernant Ravelonjanahary, les protestants étaient ravis d'avoir une nouvelle sainte, bien que ce soit diamétralement opposé au dogme de leur religion. Les catholiques auraient, semble-t-il été inquiets de perdre des adeptes. Certains journaux, s'emparant de cette nouvelle curieuse, l'ont largement amplifiée, avec succès au point de vue tirage. Les malades se mettaient en route en foule, car la vie est bien douce, et coûte que coûte, il faut se guérir de l'infirmité.

Beaucoup prétendent avoir été guéris. Des hommes de bonne foi reconnue le disent aussi, et alors même qu'ils ne seraient pas complètement guéris, il faut penser qu'ils se sentent mieux.

Il y en a d'autres, tels que l'indien[17] d'Ambalavao qui inspirent des doutes, car les journaux européens, tout comme ses coreligionnaires, le soupçonnent fort de s'y mêler par intérêt, et comme personne n'a la preuve qu'il a été bien malade, nul ne peut certifier sa soi-disant guérison.

Plus de 2000 personnes sont allées à Ambalavao. Il est regrettable qu'il n'y en ait pas une vingtaine qui puisse prouver péremptoirement avoir été guérie (à Tananarive). Ceux qui en sont revenus bredouilles s'évertuent à proclamer pour leur propre réconfort qu'ils se sentent mieux, de peur d'être raillés par les mécréants, ou d'être taxés de tiédeur religieuse par les bien-pensants.

On ne sait si c'est à cause de leur peu de foi qu'ils n'ont pas été guéris, mais il se trouve ceci que Ravelonjanahary fait des miracles à condition bien dures, car ses guérisons ne sont pas

---

17. Nous avons le témoignage de cet Indien et nous allons le reproduire plus loin.

immédiates et ne durent pas non plus, car si le patient retombe dans le péché, sa maladie ferait sa réapparition, et que d'autre part, les croyants aussi sont trop intéressés, ne professant leur foi que contre guérison de leur maladie, à l'encontre des martyrs de jadis qui sacrifièrent leur vie pour la sainte cause.

Mais tout cela n'est que vain mot. L'affaire se résume en ceci. Dès que nous avons entendu parler de la résurrection de Ravelonjanahary, et de ses affirmations d'être l'envoyée du Christ, il nous revint immédiatement à la mémoire le souvenir des gens que nous avons connus dans bien des endroits de notre pays, et il ne nous fallut pas beaucoup de temps pour savoir ce qu'est Ravelonjanahary. Un journal annonça que des docteurs ont examiné Ravelonjanahary et l'ont trouvée saine d'esprit. Peu de temps après un journal européen affirma qu'en effet l'examen médical a eu lieu, mais que le résultat en était tout à fait le contraire de celui annoncé par le précédent confrère, Ravelonjanahary était une hystérique d'après le second.

Moi, j'étais accusé de propager de fausses nouvelles; d'autres ont insinué que les prétendus résultats de l'examen médical étaient le produit de mon imagination.

Je ne suis pas un inventeur et ne dis jamais ce que je ne sais pas. J'ai attendu l'arrivée du médecin et suis allé m'informer auprès de lui.

Ils étaient deux à examiner Ravelonjanahary; le Docteur Trautmann, chef du service antipaludique et antivénérien d'Analgie, et le docteur Cloître, un vieil habitant de Fianarantsoa, un protestant que l'on ne saurait suspecter d'être anti- protestant.

Le Dr Cloître étant à Fianarantsoa, c'est le Dr Trautmann à Tananarive que nous avons pu questionner à fond. Je n'étais pas allé à lui uniquement pour pouvoir appuyer ma thèse. Je me suis conduit à la façon d'un véritable admirateur de Ravelonjanahary et pouvais ainsi poser des questions que tout autre adepte de Ravelonjanahary n'aurait pas manqué de soulever s'il était en présence du Dr Trautmann.

Vous verrez ci dessous ce qu'il m'a dit:

Il allait se rendre à Ihosy, paraît-il, lorsque le Dr Cloître lui a parlé de Ravelonjanahary. Le Dr Cloître a été son condisciple; sa thèse inaugurale traite précisément de la psychiatrie. C'est donc quelqu'un de la partie. Il a vu Ravelonjanahary. Il était accompagné de M. l'administrateur Deville qui, n'étant pas médecin, n'a pas assisté à la consultation. Il était avec le Dr Cloître à examiner Ravelonjanahary. Le Dr Croître parlant malgache, l'explication n'eut aucune difficulté.

Les premiers mots de Ravelonjanahary étaient qu'elle est une envoyée de Jésus. Ce disant, elle était très calme, sans aucun trouble. La conversation continuant, on a pu se rendre compte qu'il s'agit d'une personne atteinte d'une folie connue sous le nom de folie mystique.

Je l'interromps. La seule conversation est-elle suffisante pour établir la folie d'un sujet? Ai-je dit.

Il y a une part de vérité en cela. Si extraordinaires que puissent paraître les propos tenus par un individu, ils ne peuvent servir de preuve intangible de sa folie, car si tous les hommes devaient être diagnostiqués sur leurs conversations, n'importe qui pourrait être taxé d'aliénation mentale. Il achève dans un sourire.

Alors y a-t-il une autre preuve palpable, matérielle, de clinique, en ce qui concerne Ravelonjanahary?

Rien de plus facile que de l'avoir, paraît-il. On la fit approcher, sa paupière fut soulevée. Il fut constaté nettement qu'elle avait l'absence totale du réflexe cornéen ou insensibilité conjonctivale.

En ce qui concerne l'hystérie ou Bilo, nous n'avons rien de mieux à reproduire que ce qu'en disent les livres médicaux. (Citation du livre du Dr Régis de Bordeaux, Traité de psychiatrie). Ce livre a été écrit il y a 21 ans par le professeur Régis de Bordeaux; c'est le produit d'une quantité d'observations médicales; nous n'avons qu'à comparer ce qu'il dit avec le cas de Ravelonjanahary.

Mais je continue à demander:

Une folle pareille peut-elle guérir des malades? Rien n'est plus clair, paraît-il. Les patients qui vont à elle sont pleins de foi, et loin de penser qu'elle est folle, ils la considèrent même supérieure aux gens normaux et la prennent pour une sainte ou une prophétesse ou une envoyée de Dieu telle qu'elle le dit.

Quelles sont donc les maladies qui pourraient trouver leur guérison de cette façon? Dans toute maladie, la confiance du patient constitue déjà un puissant auxiliaire de la thérapeutique. Mais dans les maladies nerveuses, la suggestion forme presque à elle seule la médication efficace.

S'est il produit des guérisons à Ambalavao? Le Dr Cloître a permis à tous ses malades qui voulaient recourir à Ravelonjanahary d'y aller. Ils sont revenus à l'hôpital, non guéris probablement parce que leur maladie n'était pas nerveuse, ou parce qu'ils avaient peu de foi?

Que se passe-t-il en d'autres pays à propos de ce genre de guérison? Quand il était étudiant, il a, paraît-il, vu une preuve de cela, la guérison par le professeur Pic d'un malade atteint de contraction musculaire hystérique du bras.

S'il n'y a pas miracle, comment se fait-il que le Fanjakana (l'Etat) laisse faire? Les affaires religieuses n'intéressent pas le Gouvernement Ravelonjanahary et, d'autre part, ne provoquent pas de troubles dans son affaire de guérisons. Elle ne tombe pas non plus sous le coup de la loi sur l'exercice illégal de la médecine, n'administrant et ne vendant aucune drogue. C'est donc affaire à ceux qui vont à elle, car jusqu'ici on n'a pas établi qu'elle fait de l'escroquerie. Le Dr Cloître est un homme aussi compétent que digne de confiance. S'il y a du nouveau, il le dira.

La conversation prit fin. C'est ce que j'ai pu retenir de notre entretien. À vous d'examiner. Quant à sa résurrection, le Dr Trautmann nous dit simplement que c'était une catalepsie.

> Souvenez vous de ce que le Telegraphy disait depuis le commencement, avant même que les Dr Trautmann et Cloître aient examiné Ravelonjanahary, et jugez en vous mêmes de quel côté se trouvent les blagueurs.

L'auteur de cet article s'appelle Ratsimisetra et le directeur du journal le *Telegraphy* s'appelle Rajesy. Cet article est intéressant parce que dans un premier temps, il relève tous les arguments qui cherchent à faire passer Ravelonjanahary comme une folle. Ensuite, il invite quand même à la réflexion tout en laissant entendre qu'il n'est pas convaincu par les témoignages en faveur de Ravelonjanahary.

L'histoire de Ravelonjanahary a déchaîné la passion du public parce que le jour même de sa parution il a eu son contradicteur :

La date de sa parution, c'est-à-dire le 23 décembre 1927, un lecteur a écrit à Rajesy pour répondra à l'article de Ratsimiseta. La traduction de cette réponse se trouvait également dans l'ensemble de documents, sur Ravelonjanahary, recueillis par le Service de la Sûreté Générale. Nous reproduisons ici cette réponse:

Tananarive le 23 Décembre 1927

Monsieur Rajasy (Rédacteur en chef du Telegraphy)
   Excusez-moi si je vous adresse la présente bien qu'elle ne vous fasse peut être pas plaisir; permettez moi quand même de dire ce que je connais et ce que je veux dire, comme vous dites ce que vous voulez dire et ce que vous savez sur votre journal « Ny Telegraphy ». Je ne possède pas de journal me permettant de causer avec vous et je vous écris, mais d'ici quelque temps, nous causerons dans un journal. Mais voici ce qui me pousse. En examinant les écrits que vous avez portez sur votre journal, j'en déduis les réponses suivantes.

   1° Rajasy déshonore ses compatriotes.
   2° Il a touché de l'argent pour trahir le sang innocent.
   3° Il est timbré et parle a tort et à travers comme un fou.
   Je développe ci-après ces trois phrases; ne vous en déplaise.

1° Rajasy déshonore ses compatriotes. Si l'on examine l'état de choses actuel concernant la nommée Ravelonjanahary, on constate que la nation malgache a une grande honte dans le monde entier et si cela est, c'est parce que ce sont des Malgaches eux-mêmes et non d'autres nations, qui déshonorent leurs compatriotes; ainsi le nommé Robinary autrefois, a déshonoré ses compatriotes dans un journal. Il voulait être traité d'intelligent; il ne doit pas ignorer que personne ne doit l'élever et l'admirer. Aujourd'hui Ravelonjanahary paraît, c'est une Malgache de sang, accomplissant des œuvres malgaches, douée par Dieu d'une grâce au profit des Malgaches. Elle est aujourd'hui persécutée par un Malgache appelé Ratsimiseta; il parle mal d'elle et persécute beaucoup ses œuvres, alors qu'il est notoirement connu que ses œuvres sont saines et bonnes. Dieu élève les Malgaches au rang des nations européennes possédant des histoires et de grande réputation; il veut inscrire les noms des Malgaches dans le livre d'or, parce que le cas de Ravelonjanahary se produit dans tout l'univers; elle veut élever Madagascar et c'est pour cela que Dieu agit ainsi. Mais hélas, on constate que les Malgaches natifs de Madagascar déshonorent leur patrie au point de lui donner une mauvaise réputation devant le monde entier; cela fait de la peine et verser les larmes des compatriotes. O, grâce du ciel et de la terre; O, Madagascar qui ne s'abaissera pas mais qui s'élèvera; trahis ceux qui te trahissent, enferme les dans les petites cases bâties sur toi et dont les fermetures sont solides et ne s'ouvrent.

Si cette chose (Ravelonjanahary) se produisait dans une autre nation, ô Rajasy, vous l'auriez vantée beaucoup, mais comme c'est un Malgache comme vous, vous l'avez déshonorée ou bien vous n'êtes plus Malgache. Quand est ce que vous êtes devenu vazaha? Combien de fois vous êtes vous plongé dans le lac d'Anosy pour effacer votre nationalité malgache? Voyez votre état civil et celui de votre femme. Voyez ce que sont chez vous vos belles sœurs, vos frères, votre père ou votre mère, etc. Sont-ils malgaches ou vazaha? Peu importe si vous déshonorez les vôtres, mais ce qui est triste, c'est que vous nous déshonorez, nous qui n'avions aucune affaire avec vous. Ne croyez pas que ceux qui achètent les journaux sont des gens peu intelligents ou fous parce qu'ils achètent votre travail; s'ils achètent les journaux, c'est pour constater votre folie et connaître votre tête frivole; mais vous ne devez pas ignorer, Monsieur Rajasy, que les gens sages et intelligents se trouvent parmi les acheteurs de journaux, et vous leur vendez cependant des chats à grosse tête (sic) (bêtises?). Quoi que vous disiez, nous croyons aux œuvres de Ravelonjanahary, œuvres saintes. Vous dites qu'elle fait disperser les brebis du Christ, au contraire, on voit clairement maintenant qu'elle réunit les brebis en une seule bergerie où elles sauront se rendre.

Cette femme simple de race inférieure que vous persécutez aujourd'hui est aimée beaucoup du peuple; mais vous, homme de race supérieure, qui prétend être sage, vous êtes la risée du monde et traité de fou par tous les sages. Dès que vous présentez les symptômes de folie, les gens vous attendent pour vous admettre à Anjanamasina; les enfants et insensés iront contempler après votre folie.

2° Il a touché de l'argent pour trahir le sang innocent. Il est triste de voir un homme comme vous, élevé selon la bible, un des élèves de M. Rasoamanana, devenir Judas pour trahir le sang innocent et toucher de l'argent pour vendre la vérité. Rappelez-vous bien que ce n'est pas Ravelonjanahary que vous persécutez; non Ravelonjanahary ne travaille pas pour elle, elle travaille pour le Christ ; si vous persécutez Ravelonjanahary, vous persécutez le Christ; car elle travaille pour lui. C'est bien vous jusqu'à présent l'AntéChrist; vous persécutez jusqu'aux pasteurs. Combien avez-vous touché Rajasy, pour que vous ayez osé trahir la vérité et persécuter le Christ. Si vous voulez avoir des preuves, le Très Haut vous en donnera très claires. Vous souvenez vous de feu Ramaroson ancien rédacteur du journal « Ny Masoandro » d'autrefois, qui avait cherché des preuves sur l'existence de Dieu; ces preuves lui ont été montrées de suite par le bon Dieu. Où est-il maintenant cet homme? Vous aussi, vous aurez vos preuves, ne vous pressez pas. Ce qui me fait de la peine, c'est ceci : vous dites que plus tard vous allez avouer vos fautes, mais les épreuves que vous cherchez viendront subitement, seriez-vous Rajasy. Merci quand même de vos persécutions, car la présence de Belzebut qui persécutait a affermi la foi des gens et on voit bien que vous êtes un Belzebuth, persécuteur de la foi, laquelle foi s'affermit, grâce à vos persécutions.

3° Il est timbré et parle à tort et à travers et comme un fou. Vous parlez de tout, mais toutes vos paroles sont irréfléchies. Vous dites que Ravelonjanahary a une maladie du Zanahary (Créateur). Qu'appelez-vous maladie du Créateur; cela veut dire tout simplement maladie de Dieu. Dites donc, Monsieur Rakotobeloha (le jeune à grosse tête), vous pensez donc que c'est Dieu qui rend malade Ravelonjanahary alors que c'est elle qui est malade qui travaille pour son maître et vous dites qu'elle est AntéChrist et il est étonnant de voir qu'elle prêche pour le Christ. C'est tout cela que je dis que vous avez dans la tête un peu atteinte. Vous ne croyez pas non plus à la résurrection de Ravelonjanahary ni vous ni moi nous n'avons rien vu mais voici ce que j'ai à vous faire observer. Est-ce que vous pouvez commander Dieu de ne pas faire ce qu'il veut? N'avez vous pas lu cette parole: Dieu fait faire des enfants pour lui-même parmi les pierres qui sont là. Vous dites que Ravolonjahahary est atteinte d'une maladie dite Bilo. Qu'est-ce que le Bilo? N'est ce pas le Ramanenjana[18] d'autrefois, maladie censée diabolique; celui à qui les morts apparaissent et que les démons possèdent? C'est curieux parce que vous avez les mêmes idées que M. Régis; vous dites que les possédés du Bilo savent prophétiser, entendre des voix au-delà, prier, etc., mais qu'est ce qu'au juste le Bilo? N'est ce pas une maladie

---

18. Nous voyons une fois de plus que le « ramanenjana » est considéré par les Malgaches comme une maladie.

> de démon? Il est étrange que le serviteur de Satan ait reçu de Dieu de prêcher ses paroles. O Rajasy, allez habiter dans une même maison que Régis; vous êtes tous les deux fous; ce sera intéressant de voir vous deux loger dans une même maison. Vous êtes un grand menteur; vous dites que votre journal trouvera plus d'acheteurs qu'auparavant. Ah, quel mensonge; il est manifeste que votre journal est celui qui se vend le moins au marché et il est en train de mourir en ce moment. Il y a aujourd'hui honte à acheter votre journal, car dès que quelqu'un demande à acheter le Telegraphy, tous les yeux le fixent et rient par ironie; je n'en achèterai plus car il déshonore; quelle honte j'ai eue en achetant votre journal.
>
> Si Ravelonjanahary n'était pas la servante de Dieu, l'affaire serait déjà devant le tribunal pour diffamation. Je ne puis écrire davantage, c'est assez; voici ce que mes amis et moi nous vous demandons: « Faites paraître dans votre journal l'écrit que je vous envoie ».

Ainsi, tous les propos de Max Weber sur le charisme sont parfaitement adaptables au cas de Ravelonjanahary. Voici encore, en effet, comment Weber développe sa conception du charisme:

> L'expression de « charisme » doit être comprise dans les analyses qui suivent comme une qualité extraquotidienne attachée à un homme (peu importe que cette qualité soit réelle, supposée ou prétendue). « Autorité charismatique » signifie donc: une domination (qu'elle soit plutôt externe ou plutôt interne) exercée sur des hommes, à laquelle les dominés se plient en vertu de la croyance en cette qualité attachée à cette personne en particulier. Le magicien, le prophète, le chef d'expéditions de chasse ou de rapine, le chef de guerre, le maître « à la César », éventuellement le chef de parti dans sa personne, représentent ce type de dominant (Herrscher) dans ses rapports à ses disciples, à sa suite, à la troupe qu'il a levée, au parti, etc. La légitimité de leur domination repose sur la croyance

et l'abandon à l'extraordinaire, à ce qui dépasse les qualités humaines normales et qui pour cela même se trouve valorisé (comme surnaturel, à l'origine). Cette légitimité repose donc sur la croyance en la magie, en une révélation ou en un héros, croyance qui a sa source dans la « confirmation » de la qualité charismatique par des miracles, des victoires et d'autres succès, autrement dit par des bienfaits apportés aux dominés ; c'est pourquoi cette croyance s'évanouit ou risque de s'évanouir en même temps que l'autorité revendiquée, dès que la confirmation fait défaut et que la personne dotée de la qualité charismatique paraît abandonnée par sa force magique ou par son dieu. La domination n'est pas exercée selon des normes générales, qu'elles soient traditionnelles ou rationnelles, mais en principe en fonction de révélations et d'inspirations concrètes: en ce sens, elle est « irrationnelle ». Elle est « révolutionnaire » au sens où elle se présente comme affranchie de tout ce qui est établi Il est écrit... mais moi je vous dis....[19]

Qualité extraquotidienne

« L'Antéchrist à Fianarantsoa », « les miracles d'Ambalavao », « La guérisseuse d'Ambalavao », « l'hystérique d'Ambalavao », « le Christ en jupon ». Voilà certains des titres attribués à Ravelonjanahary par les journaux locaux et nationaux. Ces titres supposent bien qu'elle avait des qualités extraquotidiennes.

« L'Antéchrist à Fianarantsoa » est le titre d'un article du journal *Le Madécasse*, quotidien catholique, du 30 novembre 1927. Selon le dictionnaire Robert, l'Antéchrist est, « Ennemi du Christ qui, selon l'Apocalypse, viendra prêcher une religion hostile à la sienne un peu avant la fin du monde ».

L'article souligne l'origine protestante de Ravelonjanahary et ajoute que cette secte n'a jamais admis de miracle en dehors de ceux accomplis par le Christ. Suivant cette définition du dictionnaire Robert, on ne voit pas le rapport entre le titre du journal *Le Madécasse* et le contenu de l'article. En

---

19. Max Weber, *Sociologie des religions*, p. 370.

effet l'article ne dit pas en quoi Ravelonjanahary est ennemie du Christ ou quelle religion hostile à celle du Christ elle prêche? Le titre, Antéchrist, ne sert qu'à porter des jugements négatifs sur la personne et les œuvres de Ravelonjanahary en l'occurrence ses guérisons diverses. Quoiqu'il en soit, de tels titres, Antéchrist, hystérique, Christ en jupon, guérisseuse, etc., laissent entendre et confirment que beaucoup perçoivent des qualités extra-quotidiennes en Ravelonjanahary.

Comme le dit Weber, « ces qualités peuvent être réelles, supposées ou prétendues ». « Dans le cas de Ravelonjanahary, sa personnalité charismatique s'affirme par sa sincérité, la simplicité et la force de son message et surtout par ses 'dons' de guérison. Ainsi comme l'affirme encore Weber, la légitimité de la domination de Ravelonjanahary et des revivalistes repose sur la croyance et l'abandon à l'extraordinaire, à ce qui dépasse les qualités humaines normales et qui pour cela même se trouve valorisé (comme surnaturel, à l'origine) ».[20] À tous les niveaux de la vie sociale on trouve des témoignages de reconnaissance de cette légitimité. D'illustres pasteurs[21] de Tananarive comme Ravelojaona sont allés voir Ravelonjanahary à Manolotrony et trouvent en elle une vraie servante de Dieu:

> J'étais au nombre de ceux qui étaient à Manolotrony (Ambalavao). Mon but était de bien observer ce que fait cette femme. À mon départ d'ici, j'avais l'intention de la critiquer, j'étais près d'elle observant ses gestes, j'ai voulu savoir si elle n'était pas atteinte d'une maladie mystique ou si elle n'était pas folle, mais je n'ai rien constaté d'anormal, je n'ai rien à lui reprocher. L'instruction religieuse les prières et les sermons qu'elle fait sont irréprochables, ils concordent bien avec les principes religieux. Nous avons eu également l'idée de contrôler ce qu'ont écrit divers journaux locaux, en langue française ou en langue malgache lui donnant des éloges ou des critiques.

---

20. *Ibid.*
21. Voici la liste des pasteurs qui sont allés à Manolotrony pour voir Ravelonjanahary : Ravelojaona du temple d'Ambohitantely, Randriamasinoro du temple d'Amparibé, Rakotovao du temple d'Analakely, Rabetafika du temple d'Ambatonakanga, Randrianaivo d'Isotry et Ravalo du Temple d'Ambohibotsy.

> Il a été écrit par exemple dans un certains journaux que quand Ravelonjanahary priait ou prêchait; des rayons lumineux entouraient sa tête ou qu'elle était comme un ange. Je n'ai pas vu tous ces signes, mais j'ai constaté que ses prières et sermons faisaient mouvoir le cœur et verser les larmes de ceux qui l'écoutent.[22]

Faisant partie de la même délégation que Ravelojaona, voici également les propos des pasteurs Randriamasinoro et Ravelo, rapportés dans une autre Note du Service de la Sûreté Générale en date du 27 février 1928:

> Dans l'après-midi d'hier, au temple d'Amparibe, le pasteur Randriamasinoro qui revenait d'Ambalavao avec d'autres pasteurs a parlé de la nommée Ravelonjanahary après le sermon. Il se serait exprimé à peu près ainsi: « Nous croyons aux œuvres bienfaitrices de Ravelonjanahary; nous ne la croyons cependant pas sainte; mais comme Dieu l'aide, elle guérit tous ceux qui croient fermement en ces paroles. Elle ne fait exception pour personne; elle guérit les personnes à quelque religion qu'elles appartiennent. Il suffit de croire. » Un Antaimoro incroyant qui était malade a été guéri par Ravelonjanahary; après sa guérison, cet Antaimoro a déclaré se rendre dans son pays pour prêcher le Christ.
>
> « Ravelonjanahary ne touche pas un sou, mais il y a la quête dont le montant est distribué aux pauvres. »
>
> Il aurait terminé en disant: « Ne nous occupons pas de la résurrection de Ravelonjanahary; cela ne nous regarde pas; il suffit de l'approuver pour ces œuvres bienfaitrices. »
>
> Au temple d'Ambohipotsy, le pasteur Ravelo qui était également à Ambalavao, aurait dit aux fidèles de son temple, hier matin, que l'argent qu'ils avaient versé pour ses frais de voyage à Manolotrony, n'était point perdu. Ravelo a parlé de la guérison d'un malade et a encouragé les fidèles à croire aux œuvres

---

22. Propos recueilli par le Service de Sûreté Générale dans une note du 29 février 1928.

de Ravelonjanahary. « Ce n'est pas surtout les guérisons corporelles qui nous intéressent, a-t-il dit, mais c'est surtout la guérison des âmes malades.

Il faut signaler que les Notes de la Sûreté Générale sont des résumés de témoignages de ces pasteurs recueillis et rapportés par des agents inconnus. Il n'est pas trop difficile de deviner ou de supposer les questions auxquelles on leur a demandé de répondre dans leur rapport. Le but principal du Service de la Sûreté Générale est de recueillir le maximum d'information sur Ravelonjanahary. Les questions auxquelles il faut répondre sont: Où se déroule l'événement? Qui prend la parole? Quelle est son opinion sur Ravelonjanahary? Et qu'est-ce qu'il recommande ou prescrit au peuple?

Dans les notes trouvées au Service de la Sûreté Générale, les pasteurs membres de l'expédition à Manolotrony au mois de février 1928 ont tous eu une opinion positive sur Ravelonjanahary. Randriamasinoro et Ravelo ont confirmé avoir vu des expériences de guérison et ont incité leurs paroissiens à avoir une considération positive sur le « ministère » de Ravelonjanahary. Nous pouvons en effet dorénavant parler de « ministère » dans la mesure où le témoignage de ces grands pasteurs de la capitale est une véritable légitimation des œuvres de cette petite provinciale qu'est Ravelonjanahary. Cette légitimité est fortement renforcée par l'ouverture des portes des Églises de la Capitale pour Ravelonjanahary. Désormais, Ravelonjanahary va pouvoir exercer son ministère dans les églises protestantes de Tananarive. Cette ouverture des portes des églises de la Capitale pour Ravelonjanahary est en effet une véritable consécration. Rainisoalambo et son mouvement, les « disciples du Seigneur », n'ont eu cette possibilité que plusieurs années plus tard.

Manolotrony, village de Réveil

L'un des points communs des quatre mouvements de Réveil malgache sera les villages de Réveil. Le premier village de Réveil fut Soatanana, petite bourgade, demeure de Rainisoalambo. Soatanana était connu essentiellement grâce à aux activités des bergers, disciples du Seigneur. Comme nous l'avons déjà signalé, les *Iraka* et *Mpiandry* qui sont dispersés dans toute l'Ile viennent se former et se ressourcer au moins une fois par an à Soatanana. Nous avons déjà signalé que petit à petit une infrastructure d'accueil est née et que le village de Soatanana fut rapidement transformé en une sorte d'hospice. Il en est de même pour Manolotrony, village de Ravelonjanahary. Mais contrairement à Rainisoalambo, Ravelonjanahary n'a pas eu de disciple au début de son ministère. C'est sa réputation de « guérisseuse » qui a attiré tout Madagascar. Ce sont également les journaux locaux et nationaux qui ont fait la publicité pour Ravelonjanahary dans la mesure où elle a fait « la une » des journaux pendant plusieurs mois. Les articles et reportages sur Ravelonjanahary n'ont, en effet, cessé qu'après arrêt d'interdiction de la part du gouvernement général :

> Le gouvernement général (affaires politiques) aurait convoqué vendredi soir tous les rédacteurs de journaux. On leur a défendu de ne plus parler dans leurs journaux de la nommée Ravelonjanahary d'Ambalavao, car cela fait troubler le peuple.[23]

> Ravelonjanahary a fait construire une maison d'accueil à Manolotrony. C'est là qu'elle devait accueillir et soigner les malades. C'est pourquoi Ravelonjanahary a donné à cette maison, le nom de « Maison de Guérison » ou la « Deuxième Jérusalem ».

Ainsi, comme Soatanana, Manolotrony est devenu un centre d'accueil, un centre de soin et un centre de Réveil. C'est dans ce centre, après bien des années, que s'est fait sentir la nécessité de consacrer des bergers. Ravelonjanahary n'en avait pas eu l'idée immédiatement. Ce sont les débordements constatés à Manolotrony et la mobilisation de plus en plus grande dans les autres villes qui ont poussé les conseillés de Ravelonjanahary à consacrer des *Iraka*, dans un premier temps, et des *Mpiandry* (bergers) par la suite.

---

23. Service de Sûreté générale, Note du 26 mars 1928.

Une filiation revivaliste

Comme Rainisoalambo et ses « disciples du Seigneur », Ravelonjanahary avait rompu avec la religion et les pratiques ancestrales malgaches. Les disciples de Ravelonjanahary sont appelés « les enfants du Réveil ». Parmi ces disciples, le plus connu est Rajaofera Daniel qui a également collaboré étroitement avec Ravelonjanahary. Rajaofera, bien que disciple de cette dernière, est presque classé par certain au rang des Revivalistes comme Rainisoalambo et Ravelonjanahary. Il tenait également une position radicale contre la religion traditionnelle malgache et le culte des ancêtres. Il est tout à fait utile de s'attarder un peu sur Rajaofera pour bien comprendre certains aspects du revivalisme malgache.

Rajaofera Daniel (1884-1936)[24]

Dans tous les écrits qui concernent l'histoire de Ravelonjanahary, il est aussi question de Rajaofera et de sa collaboration étroite avec elle en tant qu'évangélistes itinérants. La revue *Les enfants du Réveil*, après la mort de Rajaofera, consacre par exemple, plusieurs numéros à celui qu'on appelle « L'Etoile de l'Ile ». Cette « Etoile de l'Ile » est en fait Rajaofera dans la mesure où il était un grand évangéliste. On pourrait dire qu'il était devenu le « passeport » de Ravelonjanahary dans la capitale et que cette dernière n'existait presque que par lui. Voyons maintenant qui est vraiment Rajaofera Daniel?

Fils de Pasteur, Rajaofera Daniel est né à Vatotsara, district d'Antsirabe. Vatotsara a été visité par Rainitiaray et Raogostina de Soatanana. Cette visite a mobilisé et converti beaucoup de monde dans cette région. Mais le missionnaire Snekkenes dit dans son rapport que la ferveur des chrétiens de la région commençait à se refroidir lorsque Rajaofera Daniel débute son ministère.

C'est là, à Vatotsara qu'il a commencé ses études primaires. Il n'a pas eu son C.A.E, Certificat d'Aptitude Elémentaire mais il a quand même été instituteur dans une école norvégienne de sa ville natale. À cause de sa santé, Rajaofera n'a pas eu une vie très stable avant sa rencontre avec

---

24. La vie et l'œuvre de Rajaofera Daniel sont longuement racontés dans les numéros de janvier à septembre 1937 de la revue *Zanaky ny Fifohazana* (Les enfants du Réveil), mensuel, ainsi que dans tous les manuels en malgache de l'histoire du Réveil.

Ravelonjanahary. Ainsi, il n'a pu être instituteur que pendant une année. Ensuite, dans plusieurs villes différentes, il a essayé successivement les métiers d'agent de police (à Tamatave et Tananarive), de photographe (à Fianarantsoa et Antsirabe) et d'évangéliste (dans plusieurs villes). Pendant ces périodes troubles de sa vie, il a rencontré et épousé, en 1908, Christine Ranjavao.

Agé de 44 ans, en novembre 1928, ayant appris la réputation de Ravelonjanahary par la presse, Rajaofera a pris la décision d'aller la voir pour être guéri de sa maladie. D'après le pasteur Rajosefa Danielson,[25] en tant qu'évangéliste, Rajaofera voulait aussi demander un don de guérison. Avant son départ pour Manolotrony, Rajaofera est allé voir ce pasteur Rajosefa Danielson pour lui dire au revoir. Rajosefa lui a posé des questions pour le persuader de ne pas y aller. Pourquoi tu veux aller là-bas lui dit Rajosefa? Jésus n'a-t-il pas dit: « Tout ce que vous demanderez en mon nom je le ferai » et encore, « Celui qui croit en moi, fera lui aussi les œuvres que je fais, et il fera de plus grandes… ». Ces paroles de Jésus sont claires. Tu n'as qu'à le croire et tout cela t'arrivera, dit Rajosefa. Mais Rajaofera Daniel ne changea pas d'avis, il partit à Manolotrony, laissant derrière lui sa femme et ses six enfants.

Rajaofera avait prévu de rester dix jours à Manolotrony mais il y resta finalement un mois et une semaine. Pendant son séjour, Ravelonjanahary lui a « imposé les mains » et l'a béni. Elle lui a signifié devant toute l'assemblée réunie à Manolotrony qu'il était appelé à être son collaborateur. Après cela, il parcourut toute l'île pour annoncer l'évangile et guérir les malades.

Après sa rencontre avec Ravelonjanahary, Rajaofera fut guéri de sa maladie et renouvelé dans son esprit. C'est ainsi qu'il est devenu ce grand évangéliste, disciple et collaborateur de Ravelonjanahary. Rajaofera est allé un peu partout dans toute l'Ile et a accompli de grandes choses. Comme Rainitiaray de Soatanana, on lui a donné aussi le surnom « apôtre Paul de Madagascar ». Dans les temps présents, c'est son combat contre l'idole Ambriambodilova d'Ambohimanarina (Tananarive) qui retient encore l'attention des Malgaches quand on évoque le nom de Rajaofera. En effet, dans la lignée des « disciples du Seigneur », Rajaofera dénonçait la religion

---

25. D. Rajosefa, « Le Réveil à Madagascar », p. 25.

traditionnelle et le culte des ancêtres et opérait une rupture radicale avec eux. Partout où il annonçait l'évangile, les gens se convertissaient et brûlaient leurs idoles.

L'idole la plus populaire et qui influençait le plus de monde était l'idole « Andriambodilova » d'Ambohimanarina. Le dimanche 8 septembre 1929, Rajaofera arriva à Ambohimanarina pour annoncer l'évangile et dénonça à la manière d'Elie, le prophète biblique, le culte offert à cette idole. Ce même jour, les adeptes d'Andriambodilova préparaient, également à Ambohimanarina, une cérémonie grandiose en l'honneur de leur idole et ce pour défier les chrétiens, en particulier Rajaofera. Mais cette cérémonie en l'honneur d'Andriambodilova ne put se dérouler car le gardien de l'idole, Ramiaramanana, s'était enfui tout comme la vache qu'il devait offrir en sacrifice. Depuis ce jour du 8 septembre 1929, plusieurs personnes ont abandonné l'idole Andriambodilova et ont renoncé à son culte. Dans son rapport sur le mouvement de Rajaofera Daniel, le missionnaire Snekkenes n'a pas manqué de relater les événements du 8 septembre à Ambohimanarina en ces termes : « L'événement le plus étonnant est ce qui s'est produit au temple d'Anosivavaka, à Ambohimanarina, Tananarive, le 8 septembre 1929. Plusieurs idoles, en effet, y ont été brûlées et la confiance que portait le peuple au culte des morts est détruite ».

Ces faits sont interprétés par les chrétiens comme la victoire du christianisme sur le paganisme malgache.

Cette date du 8 septembre est donc devenue une grande date du Réveil et continue à être commémorée encore aujourd'hui. Après cela, Ravelonjanahary monta chaque année, à Tananarive pour annoncer l'évangile et assister à cette cérémonie de commémoration. Rajaofera Daniel est décédé en 1936 à l'âge de 52 ans.

Méthode de travail : entretien ou relation d'aide

Les entretiens ou la relation d'aide
Les qualités de Ravelonjanahary apparaissent surtout dans sa capacité d'écoute et dans sa façon de questionner les gens. G. S. Chapus nous rapporte comment elle procède :

Pourquoi êtes-vous venu me trouver? Demandait-elle fréquemment. Ce n'est pas à moi qu'il faut aller, car je ne suis qu'une simple femme, une interprète. Seul Jésus peut, si vous avez la foi en Lui, vous guérir du mal dont vous souffrez.

Croyez-vous en Lui, avant d'être malade, ou votre repentir a-t-il suivi votre maladie?

Ce repentir sera-t-il définitif ou voulez-vous guérir afin de retourner ensuite à vos péchés? Estimez-vous qu'il n'y ait aucun mal dans toutes les fautes cachées que vous avez commises? Si votre regret est sincère, soyez assuré que vous guérirez. Mais ne péchez plus. Levez-vous. Jésus vous dit de vous levez.[26]

Voilà un aperçu de la méthode d'entretien de Ravelonjanahary. Comme il y a souvent une foule immense à Manolotrony, Ravelonjanahary faisait inscrire les visiteurs et les recevait chacun à leur tour. Ainsi l'attente pouvait durer jusqu'à quinze jours. Entre temps, ils assistaient aux cultes célébrés chaque jour dans le petit temple du village et l'atmosphère de piété fervente dans laquelle ils se trouvaient contribuait fréquemment à améliorer leur état de santé : c'était une préparation spirituelle aux grâces qu'ils escomptaient de l'intervention de Ravelonjanahary en leur faveur.

Chaque jour, le temple se remplissait dès la première heure et beaucoup de gens ne pouvaient pas y entrer... Ceux qui ont assisté à des cultes célébrés par Ravelonjanahary sont unanimes à déclarer qu'ils étaient empreints d'une ferveur rarement rencontrée ailleurs.[27]

Comme pour Rainisoalambo, pour Ravelonjanahary l'annonce de la parole ne suffisait pas mais devait être suivie d'entretien, d'exorcisme ou de séance de guérison. En effet, nous l'avons déjà signalé, Rainisoalambo

---

26. G. S. Chapus, *Au souffle de l'Esprit, la vie consacrée de Daniel Rakotozandry*, Imprimerie Luthérienne, Tananarive, 1951, p. 7.
27. *Ibid.*

aimait rappeler à ses « Apôtres » ou *Iraka* qu'ils ne devaient pas faire comme les missionnaires: « ils prêchent l'Evangile, mais ils ne chassent pas les démons ni ne guérissent les malades ».

> Ainsi, Ravelonjanahary entraînait un auditoire comme un capitaine la troupe qu'il mène au combat. Que ce fut dans le chant, la prière, ou l'exhortation, elle avait un air souverain de vérité et de décision. Sa confiance en Dieu et en Jésus était absolue…Dès qu'elle prenait la parole, la chaleur de ses sentiments se communiquait à toute l'assemblée. Elle paraissait insensible à la fatigue. Après les cultes, elle recevait les malades pour s'enquérir de leurs besoins, prenait des dispositions en vue de nouvelles réunions, suivies à leur tour de nouveaux solliciteurs.[28]

---

28. *Ibid.*, p. 8.

CHAPITRE 13

Le mouvement de Daniel Rakotozandry (1919-1947)

Le troisième grand mouvement de Réveil a pris naissance dans un village appelé Farihimena, district de Betafo. L'émergence du mouvement a eu lieu entre 1946-1947, c'est-à-dire peu de temps après la fin de la deuxième guerre mondiale et dans la période de l'insurrection du 29 mars 1947 qui a fait environ 80000 victimes dans toute l'Ile. Comme avec Rainisoalambo et Ravelonjanahary, le mouvement va surgir dans un contexte difficile. Cette fois-ci, l'initiateur du Réveil est un pasteur du nom de Daniel Rakotozandry. Comme Rajaofera Daniel, il souffre de problème de santé. Il est d'ailleurs décédé le 13 novembre 1947 à l'âge de 28 ans. Pourtant ce jeune homme est à l'origine d'un grand mouvement de Réveil qui s'est développé très rapidement.

Nous avons trois sources principales sur la vie et l'œuvre du pasteur Daniel Rakotozandry. La principale source est le livre *Au Souffle de l'Esprit, la vie consacrée de Daniel Rakotozandry* de Chapus-Bothum.[1] La deuxième source est *L'histoire du Réveil à Farihimena* du pasteur Rasolofomanana Joseph. Ce pasteur et collègue de Rakotozandry a été témoin direct de tous les événements le concernant. Enfin nous disposons de plusieurs rapports de Synode, rapports de Conférence d'Église et plusieurs articles dans la revue *Mpamangy* de l'Église Luthérienne Malgache.

---

1. Imprimerie Luthérienne, Tananarive, 1951.

La vie de Rakotozandry peut être divisée en trois parties. Avant 1943, son enfance et sa formation par la maladie. Ensuite entre 1943 et 1946, la confirmation de sa vocation. Enfin de 1946 à 1947, la naissance du Réveil.

Avant 1943 : enfance et vocation

Né le 16 août 1919, Daniel Rakotozandry fut un enfant maladif. Il était souvent pris de migraines et de crises d'évanouissements. Il lui arrivait parfois de s'évanouir trois fois dans une même journée. Ces problèmes de santé affectèrent beaucoup Rakotozandry ainsi que ses parents. G.S. Chapus raconte que le père de Daniel Rakotozandry, « cherchant pour lui la guérison, alors qu'il était âgé de onze ans le mena chez un sorcier ».[2] Malgré tout, ces parents avaient hâte de l'envoyer à l'école à cause de son âge assez avancé. On l'a donc inscrit à l'école de la mission à Betafo. Comme sa santé ne s'améliorait pas, ses parents furent obligés de le ramener dans son village. Le pasteur Rasolofomanana Joseph a assisté à plusieurs témoignages de Rakotozandry lui-même. Voici, en résumé, ce qu'il raconte au sujet de sa maladie et de ses évanouissements :

> À l'âge de 7 ou 8 ans, je n'ai encore connu ni vu celui qu'on appelle Jésus. Les Iraka et bergers de Soatanana nous ont déjà rendu visite et m'ont imposé les mains à trois reprises, mais je n'ai pas encore vu ni connu Jésus. Pourtant j'avais un vif désir de le voir. Un jour je me suis évanoui tellement longtemps que mes parents me croyaient mort. Pendant ce profond et très long sommeil, j'ai aperçu un homme habillé en blanc debout à mon côté. Il m'a adressé la parole et dit : « si tu as confiance en moi, je guérirai ta maladie ». J'ai accepté et je lui ai dit que je ferai confiance en lui. Alors je me suis réveillé de mon sommeil. J'étais beaucoup étonné en voyant la famille et les amis qui sont venus pour mes obsèques. Depuis que j'ai accepté

---

2. G.S. Chapus, *Au soufle de l'Esprit*, p. 13.

cet homme habillé en blanc, mes crises d'évanouissement ont complètement disparu.³

D'autres témoins racontent que l'homme habillé en blanc a conseillé Rakotozandry de se consacrer à lui et de se détourner des sorciers que ses parents consultaient pour obtenir des guérisons.

Rakotozandry retourna donc à Betafo pour poursuivre ses études élémentaires et y resta cinq années. Pendant toutes ses années d'études à Betafo, sa santé fut parfaitement normale. À la veille des examens d'entrée à l'Ecole Normale, qui se trouve à Antsirabe, l'homme habillé en blanc, qu'il croyait être Jésus, lui apparut de nouveau et lui dit: « soit confiant, tu réussiras tes examens ».⁴ Il passa effectivement avec succès ses examens et il déménagea donc à Antsirabe où se trouvait l'Ecole Normale de la Mission norvégienne.

Pendant son séjour à Antsirabe, qui dura trois ans, Rakotozandry tomba de nouveau malade. Mais il n'avait plus que des migraines : des maux de tête très douloureux qui rendaient impossible tout effort prolongé. Aussi, à la fin de la troisième année, en 1938, Rakotozandry échoua-t-il d'un point à son CESD (Certificat d'Etudes du Second Degré). Après cela, Rakotozandry déclara en quelque sorte la guerre contre Dieu. Ainsi, par exemple, au lieu d'aller au culte le dimanche matin, il partait travailler dans les champs. Chapus et Bothun estiment que son échec l'avait sans doute beaucoup affecté, et sa foi en avait été profondément ébranlée. Rakotozandry retourna chez ses parents et continua sa résistance à l'homme habillé en blanc. Il raconte lui-même qu'à chaque fois que l'homme faisait son apparition pour l'appeler à son service, il refusait systématiquement.

En 1939, à l'âge de 20 ans, il accepta finalement un poste d'instituteur dans une garderie de la mission norvégienne, dans le village de Tsaratanana. Une fois installé, Rakotozandry sentit le besoin d'assurer l'Ecole du Dimanche pour les enfants. Il y resta jusqu'en 1943, année où il décida d'aller au Collège pastoral de l'Église luthérienne qui se trouve à Ivory, Fianarantsoa.

---

3. « Farihimena », in *Histoire du Réveil à Madagascar*, p. 106.
4. *Ibid.*

Confirmation de sa vocation (1943-1946)

Vers la fin du mois d'avril 1943, quelques Églises de la même région célébraient ensemble la fête de Pâques[5] à Morarano Manarilefona, village non loin de Farihimena. Rakotozandry était parmi les visiteurs. Le Pasteur Rasolofomanana Joseph présidait la cérémonie de célébration de cette fête de Pâques. Il raconte que cette fois-là, il ne suivait pas une liturgie stricte. « Nous avons procédé à la manière simple des revivalistes de Soatanana ».[6] Il s'agissait d'un culte libre où la participation de chacun était souhaitée. Le président de séance a donc demandé à Rakotozandry s'il avait quelque chose à dire. Il répondit oui, prit la parole et révéla les choses suivantes :

> Je ne sais pas mes amis si ce fut un rêve ou une vision. En effet cette nuit j'ai entendu une voix me disant : Va célébrer la fête de Pâque à Farihimena et dis à l'assemblée que après trois ans tu seras le pasteur de cette église de Farihimena. Pourtant votre pasteur est ici présent et il est en train de se demander : 'comment est-ce possible?', je suis bien installé et bien apprécié par tout le monde ici.[7]

Suite à cela, Rakotozandry prit donc la décision de partir à Ivory Fianarantsoa, Collège théologique de la mission luthérienne, pour se préparer à sa vocation.

Avant de s'engager dans cette voie, Rakotozandry eut encore à surmonter la réticence de ses parents qui se rappelaient combien sa maladie l'avait perturbé dans ses premières études. Ils essayèrent de le dissuader de recommencer un autre cycle. « Mais, Rakotozandry, quand il eut le sentiment d'obéir à un ordre divin, se contenta de les informer de son prochain départ, sans plus solliciter leur consentement. Comme son père en

---

5. G. S. Chapus dans son livre parle de Pentecôte. Rasolofomanana Joseph, qui était avec Rakotozandry ce jour-là, affirme qu'il s'agit bien de la fête de Pâques et non de la Pentecôte.
6. « Farihimena », in *Histoire du Réveil à Madagascar*, p. 104.
7. *Ibid.*

manifestait de la tristesse, il lui déclara: 'Dieu aura soin de moi'. Et ce fut son dernier argument ».[8]

Ces migraines ne le quittaient pas et entravaient beaucoup ses études pastorales. En 1945, dernière année de sa formation, Rakotozandry dut interrompre ses études car sa maladie semblait s'aggraver. Il dut entrer à l'hôpital de la mission luthérienne à Antsirabe. Le Pasteur Rasolofomanana Joseph, son collègue, eut plusieurs entretiens avec Rakotozandry. Il lui aurait, semble-t-il, confié les choses suivantes: « Je ne sais pas comment interpréter ce qui m'arrive; est-ce une épreuve qu'on me fait passer? Je sais une chose, il y a beaucoup de ressemblance avec les 40 jours et 40 nuits de la tentation de Jésus. Je suis, en effet, resté un mois et 10 jours à l'hôpital ».[9]

Rakotozandry put finalement rentrer à temps au Collège pastoral, pour passer et réussir ses examens de sortie. Sans l'avoir demandé, Rakotozandry était désigné pasteur à Farihimena. Ainsi, le 26 mai 1946, le missionnaire Borgenvik l'installa à son poste. Son ordination eut lieu à Betafo le 6 juillet 1947.

Naissance du Réveil ou la courte vie de Daniel Rakotozandry (1946-1947)

Tous ceux qui ont écrit sur la vie de Rakotozandry considèrent comme événement fondateur de son mouvement de Réveil les éléments suivants. Dès son installation à Farihimena, « Rakotozandry visita fréquemment une jeune malade du village. Cette jeune femme s'appelait Razanamanana.[10] Il l'instruisait dans la parole de Dieu et l'encourageait à se repentir de ses péchés. Quelque temps plus tard, le 12 juillet 1946, Razanamanana pleura si fort à cause de ses péchés qu'on ne pouvait plus arrêter ses larmes. Cette pieuse émotion marquerait le début du mouvement qui apparut seulement quelques semaines plus tard »[11] avec l'événement suivant:

« Le 25 août, Rakotozandry était alité, en proie à un accès de fièvre… C'était le jour d'une assemblée religieuse dans la paroisse et les fidèles

---

8. G. S. Chapus, *Au souffle de l'esprit*, p. 15.
9. *Ibid.*, p. 114.
10. Cette histoire est rapportée longuement dans la revue *Mpamangy*, numéro de novembre 1949.
11. G. S. Chapus, *Au souffle de l'Esprit*, p. 19.

eurent tout naturellement l'idée d'aller rendre visite à leur pasteur obligé de garder la chambre ».[12] Rakotozandry leur raconta alors qu'il avait reçu des révélations concernant la vie cachée et les péchés de ceux qui devaient venir le voir. Quand ils apprirent le message que Rakotozandry avait adressé à chacun, plusieurs d'entre eux se mirent à fuir. G. S. Chapus qui relate cette histoire a omis de raconter que ceux[13] qui restèrent avec Rakotozandry firent fonctionner la sirène pour convoquer toute l'assemblée dans le temple. Ceci donna l'occasion à ceux qui s'étaient défilé de revenir par petits groupes dans le Temple pour suivre le service qui était en train de s'y effectuer. Ils avaient le sentiment de leur indignité et pleuraient amèrement, car tous avaient conscience de la gravité et de l'énorme poids de leurs péchés. Rakotozandry conclut la réunion par un enseignement. La population venait en masse, tous les jours, pour rencontrer Rakotozandry et beaucoup confessaient leurs péchés. Après avoir entendu la prédication de Rakotozandry, plusieurs devins et sorciers vinrent en nombre pour suivre Jésus Christ et firent brûler leurs idoles et amulettes. Selon le rapport de la Conférence des Églises Luthériennes du Centre, certains pasteurs, après leur rencontre avec Rakotozandry s'exprimèrent ainsi: « Maintenant je suis un vrai pasteur dans la mesure où c'est aujourd'hui, grâce au conseil de Rakotozandry, que je suis bien conscient de ma vocation et de la mission que Dieu m'a confiée. »[14]

Partout où Rakotozandry allait dans sa région, les réunions faisaient salle comble. La plupart des gens venaient par curiosité mais, touchés par la puissance de l'enseignement et de la prédication de Rakotozandry, finissaient par se repentir.

> Dans l'Église d'Ampananobe, il y avait un jeune homme d'une notoriété détestable. Associé à des bandits bara, il volait des bœufs et beaucoup d'autre biens. Il était porteur de talismans

---

12. *Ibid.*
13. Plusieurs rapports des « Conférences des Églises Luthériennes du centre de Madagascar » relatant l'émergence du mouvement de Réveil de Farihimena. Ce que nous rapportons ici à ce sujet se trouve dans le rapport de la conférence de 1948, rubrique Question IV, sur le mouvement de Réveil, par le Comité du District de Betafo, p. 29.
14. *Ibid.*

renfermés dans une corne et la puissance de ses fétiches était tenue pour prodigieuse. On rapportait que, lorsque leur possesseur avait commis un vol, en saison d'été et qu'il fuyait, avec son butin, si les rivières débordaient, il lui suffisait pour pouvoir passer librement, de menacer l'eau de son amulette. Lorsqu'il eut rencontré Rakotozandry et que celui-ci lui eut parlé, il reconnut ses fautes et vint livrer ses fétiches. Après avoir été ainsi « éveillé », ce voleur converti amena ses complices à ne plus commettre d'acte de banditisme et on n'entendit plus parler d'eux dans la région.[15]

On rapporte également que des malades venaient en foule et beaucoup furent guéris. Comme Soatanana ainsi que Manolotrony,

> Farihimena devint bientôt un lieu de pèlerinage, et le travail du jeune pasteur dépassa largement sa tâche paroissiale. La petite église ouvrait sa porte chaque jour pour des cultes successifs dès l'aube. Des centaines de personnes l'occupaient chaque fois, l'église était comble. On y passait le temps à exécuter des cantiques ou à écouter des ferventes prières que les fidèles font monter spontanément vers Dieu pour la réunion qui va avoir lieu et pour le pasteur Rakotozandry qui sera en chaire. Le petit temple recevait parfois jusqu'à deux mille visiteurs en une journée. Les services au temple n'étaient interrompus que vers midi pour le repas toujours pris en commun et de la façon la plus fraternelle dans le village.[16]

Parmi les nombreux témoins oculaires de la naissance et de l'affirmation du Réveil de Farihimena, on cite souvent M Rakotomanga, le catéchiste et père de Razanamanana, qui, selon G.S. Chapus « donne, lui aussi d'abondants détails sur ces premiers temps du mouvement ».[17] Ces témoignages

---

15. G.S. Chapus, *Au souffle de l'Esprit*, p. 20.
16. *Ibid.*, p. 35, 38.
17. *Ibid.*, p. 19.

sont recueillis dans le livre de G.S. Chapus et dans quelques numéros de la revue *Mpamangy*.

Les lourdes charges, inhérentes à la fonction de Rakotozandry ne contribuèrent pas à arranger la santé de celui-ci. Il allait de plus en plus mal. Il avait pourtant la très forte conviction que la majeure partie de sa dette envers son Seigneur n'était pas encore acquittée. Il estimait qu'il ne devait pas se taire tant qu'il lui restait un peu de force pour annoncer l'Evangile.

> Le 9 novembre 1947 était jour de Sainte Cène et Rakotozandry, se sentant dans l'impossibilité de se lever, demanda à son frère de le remplacer. Le lendemain seulement, il devina l'imminence de sa mort: « Je n'ai plus que trois jours à vivre, déclara-t-il, et il me reste encore une telle dette ».
>
> Ravelonjanahary (la revivaliste de Manolotrony) se trouvait alors auprès de lui et ils s'entretenaient joyeusement, bien que la voix du malade fût à peine perceptible. Elle lui demanda une fois: « Que te dit le Seigneur », Il lui répondit d'un air tout radieux: « Pars, pars, viens ici te reposer ». Et le 13 novembre, à la date qu'il avait prévue, il expira tout heureux.[18]

La méthode de travail de Rakotozandry

L'avantage de Daniel Rakotozandry fut le fait qu'il était pasteur attitré dans une Église déjà bien établie. Par conséquent, il était membre du « clergé » protestant. Jean-Paul Willaime évoque dans son livre que :

> Dans la classification de l'INSEE, le clergé est rangé parmi les professions qui travaillent beaucoup sur la base de la relation interpersonnelle et qui, de façon extrêmement diverse et avec des légitimations différentes, s'occupent […] de conduite de la vie. Ces professions 'sociales' s'occupent des personnes, interviennent dans leur vie, ont une certaine autorité pour le

---

18. *Ibid.*, p. 25.

faire, autorité qui s'appuie à la fois sur des institutions dont ils sont les agents et sur les savoirs qu'ils revendiquent et qui les situent comme expert.[19]

Ainsi Rakotozandry, en tant que Pasteur, avait pour lui tout seul une structure et un cadre qu'il exploitait à fond suivant son inspiration et ses convictions revivalistes. D'autre part, il exerçait dans une région où l'aspiration au Réveil était très profonde depuis des années. Les « disciples du Seigneur » et Ravelonjanahary en personne y avaient déjà beaucoup travaillé. Depuis des années, des délégués de la région de Betafo assistaient aux conventions annuelles des « disciples du Seigneur » qui se déroulaient tous les 17 septembre. Chaque année, au retour de ces conventions, les délégués réaffirmaient leur vif désir d'avoir un Réveil dans leur région. Le missionnaire Borgenvik, pour souligner les aspirations religieuses qui précèdent le Réveil de Farihimena, s'exprime de la manière suivante:

> Il me semble que la vérité historique doit être recherchée autant que possible. Il est tout autant à la gloire de Dieu de montrer qu'il ne travaille pas seulement par des éclairs de foudre mais aussi par tous ses humbles serviteurs dans leurs efforts persévérants.
>
> Le Réveil de Farihimena n'est guère compréhensible que si on rend compte du travail effectué dans l'église les années précédentes. Je mentionne les cours bibliques, institués en 1937 et innovation à Madagascar. Ils n'avaient d'autre but que le Réveil. Un petit nombre de fidèles prièrent assidûment pour qu'il se produise. Nous avons senti nous même qu'il était proche. Quand Ravelonjanahary était à Betafo en Novembre 1945, j'ai cru que ce serait elle qui le provoquerait. Elle revint en janvier et février 1946 et fit du bon travail. Une cinquantaine d'âmes se réveillèrent; mais ce n'était pas encore ce que

---

19. Jean-Paul Willaime, *Profession Pasteur*, p. 31.

nous avions espéré. Elle avait préparé le terrain pour le véritable instrument qui allait être Rakotozandry.[20]

Dans un milieu complètement ouvert à la cause du Réveil, comme pasteur, Rakotozandry avait une légitimité que personne ne pouvait contester pour accomplir sa mission. Sa méthode de travail, que l'on peut diviser en trois parties, tenait compte de ce contexte bien déterminé. Le premier aspect de sa méthode était la cure d'âme, ensuite les réunions de Réveil et enfin les cultes dominicaux.

La cure d'âme

Nous avons déjà signalé que l'événement fondateur du Réveil résultait des cures d'âme, c'est-à-dire des relations interpersonnelles, effectuées par Rakotozandry dans le cadre de ses visites pastorales. Tout se situait donc dans des rapports de pasteur à paroissien. Ce fut à l'occasion de ces cures d'âme que Rakotozandry put faire usage de son charisme. Voici comment G.S. Chapus témoigne à ce sujet:

> Tous ceux qui ont approché le jeune revivaliste ont été frappés de la clairvoyance extraordinaire de ses perceptions ou de ses intuitions, ainsi que de la netteté de ses jugements. Il semblait découvrir d'emblée les pensées qui se dissimulent au plus profond des cœurs; puis, toutes les fois qu'elles étaient répréhensibles, il partait en lutte, car il voyait une manifestation du Malin.[21]

Selon Max Weber,

> Les deux grands moyens utilisés par le clerc pour agir sur les laïcs sont la prédication et la cure d'âme. Si la prédication déploie son pouvoir le plus fort aux époques d'excitation prophétique, la cure d'âme est en revanche sous toutes ses formes,

---

20. Borgenvik, cité par G. S.Chapus, p. 28.
21. *Ibid*, p. 29.

le véritable instrument de la puissance des prêtres, et cela précisément dans la vie de chaque jour, souligne Weber.[22]

Ainsi, pour Rakotozandry, en tant que clerc protestant, d'inspiration revivaliste, la cure d'âme était un instrument de sa puissance. Aussi, souvent, n'attendait-il même plus que les paroissiens viennent le voir, mais il lui arrivait de les convoquer un à un pour les éduquer et les corriger le cas échéant. Voici comment, au début du Réveil, le catéchiste Rakotomanga raconte son cas:

> Un jour du mois d'août (1946), de très bonne heure, ma fille Ramanana, que le pasteur avait éveillée, vint me trouver en disant: « Papa, M. Rakotozandry te demande d'aller chez lui ». Etant fiévreux, à ce moment-là, je ne me rendis pas à son invitation. Il envoya trois fois; et à la troisième seulement, j'y allai. Or, voici les propos qu'il me tint : « Dadakoto, repens-toi car tes péchés sont très nombreux ». Mon premier mouvement fut de me raidir au dedans de moi. Alors il me montra mes fautes cachées et je me mis à trembler; il m'exposa tous mes manquements et je reconnus qu'il disait vrai.[23]

G. S. Chapus ajoute que:

> Cette franchise se donnait surtout libre cours à l'égard des membres du corps pastoral; c'est bien naturel, car les défaillances des ministres du culte sont d'une toute autre importance que celle des individus. Les reproches adressés au catéchiste de Farihimena ne furent donc pas les seuls. Rakotozandry n'avait égard ni à l'âge ni à la position sociale de ses collègues. Sa parole était comme un jugement de Dieu. Il les exhortait tous, tant pasteurs que catéchistes, à témoigner plus de bienveillance, leur montrant qu'une hostilité, même secrète, était

---

22. Jean-Paul Willaime, *Profession Pasteur*, p. 34.
23. G.S. Chapus, *Au souffle de l'Esprit*, p. 19.

en flagrante opposition avec la Loi de l'Evangile et entraînant la stérilité de toute leur activité. Il les blâmait aussi de leur manque de courage et d'audace dans leur activité.[24]

Ainsi, comme Ravelonjanahary, et plus tard comme Germaine Volahavana, la cure d'âme et les entretiens individuels étaient un puissant instrument entre les mains de Rakotozandry. Les mouvements de Réveil adopteront ces méthodes comme un des moyens d'évangélisation. G.S. Chapus dit de la cure d'âme « qu'elle présente quelque analogie avec les escarmouches qui préparent sur les terrains les grandes batailles rangées. Car tout se ramenait pour Rakotozandry à un gigantesque corps à corps entre le Bien et le Mal, entre Dieu agissant avec ses légions d'anges, et Belzébuth soutenu par ses cohortes de démons. Et la grande affaire, c'étaient les mêlées sensationnelles au cours des réunions de Réveil ».[25]

Voyons donc comment Rakotozandry prenait en charge ses réunions de Réveil.

Les réunions de Réveil ou d'évangélisation

Dans la classification de l'INSEE: la rubrique « clergé » s'y subdivise en deux: clergé séculier et régulier, le clergé séculier comprenant selon l'INSEE les « *personnes chargées d'instruire les fidèles dans une religion, d'en célébrer le culte et d'en propager la foi* ». *Le noyau de cette catégorie est formé par le curé, le pasteur, le rabbin et le prêtre*, précise l'INSEE. Dans ce court repérage, trois fonctions du clergé sont mentionnées: l'instruction, la célébration du culte et la propagande (ce que les *Églises* chrétiennes appellent « l'évangélisation ») .[26]

Toujours en tant que pasteur, de conviction et d'inspiration revivaliste, Rakotozandry va transformer son église en un véritable centre de propagande ou d'évangélisation. L'époque était encore, comme le dit Max Weber, une époque de *l'excitation prophétique*. Le pouvoir de la prédication

---

24. *Ibid.*, p. 30.
25. *Ibid.*, p. 33.
26. Jean-Paul Willaime, *Profession Pasteur*, pp. 33-34.

va donc se déployer dans ses réunions de Réveil que Rakotozandry allait organiser jusqu'à trois fois par jour dans sa paroisse.

À la suite de Rainisoalambo et de Ravelonjanahary, Rakotozandry ne se satisfaisait pas d'une simple prédication. Celle-ci devait être suivie d'une séance de guérison ou de délivrance. Voici comment G.S. Chapus décrit ces réunions de Réveil:

> Avec Rakotozandry, le service commençait d'ordinaire par une prédication courte, mais donnée avec beaucoup de puissance persuasive. C'était le moment de l'enseignement proprement dit et les auditeurs étaient très impressionnés par la grande spiritualité du pasteur. « Dans tous ses propos on reconnaît, déclare M. Rajaobelina, qu'une grande force émane de sa bouche ». L'état d'émotion et d'attente étaient si grands dans l'auditoire que des personnes commençaient à pleurer, au moment même où le pasteur prenait la parole.
>
> Le sermon une fois terminé, Rakotozandry invitait les gens à rentrer en eux-mêmes et à examiner leurs péchés en demandant au Saint-Esprit de descendre dans leur cœur pour les éclairer. Ceci marquerait la transition entre la première partie du combat, la préparation à la lutte, et l'offensive contre le Malin qui allait s'engager peu après. Afin de donner aux pécheurs le temps de prendre une décision ou de se fortifier pour la lutte qu'ils allaient avoir à livrer, chacun en son for intérieur, Rakotozandry indiquait un cantique très connu, comme le jour où il s'efforça de provoquer la conversion de Ramanana.
>
> Aussitôt après le chant, il engageait l'action du haut de la chaire, déclare M. Rajaobelina, en ordonnant à tous les esprits impurs dans les personnes de l'assemblée, toutes celles du moins disposées à laisser agir en elles l'esprit de repentance, l'ordre de sortir immédiatement. Il les chassait au nom du Seigneur Jésus de Nazareth. Et le démon sortait. Quand les

gens reconnaissaient leur péché et imploraient le pardon de Jésus, ils faisaient le vœu de le servir fidèlement à l'avenir.[27]

Rakotozandry réservait le jeudi de chaque semaine pour ses collègues pasteurs et catéchistes. L'affluence des gens de tous les points du district était très importante en nombre, en effet, le petit temple de Farihimena recevait jusqu'à deux mille visiteurs par jour.

Ainsi, dans la perspective de Jean-Paul Willaime, Rakotozandry peut être situé entre « docteur et prophète ». Il est un agent institutionnel, mais il est aussi le serviteur d'une tradition sacrée. Dans le cas de Rakotozandry, cette tradition était celle du protestantisme d'inspiration revivaliste.

> Par ces deux traits, le pasteur relève du type wébérien du prêtre. Mais, en tant que prédicateur, en tant que clerc qui doit régulièrement faire jaillir le sens du texte des Ecritures, le pasteur se rapproche du type de prophète: le charisme personnel devient alors très important.[28]

Effectivement, ces réunions de Réveil de Rakotozandry, comme toutes les réunions de Réveil organisées par les revivalistes, reposent sur le charisme personnel des ministres, pasteurs et « bergers ».

Il en était de même pour les cultes dominicaux présidés par Daniel Rakotozandry. Sans s'écarter du cadre liturgique de l'Église luthérienne malgache, Rakotozandry transformait chaque réunion dominicale en une rencontre remplie de profonde spiritualité revivaliste.

La suite du mouvement ou le ministère prophétique à Farihimena

Le jour de son ordination, le 6 juillet 1947, Rakotozandry a prononcé un sermon qui peut être considéré comme la doctrine de son mouvement. Il avait déjà une grande expérience de la pratique du Réveil. Son message s'adressait tout particulièrement aux membres du corps pastoral et

---

27. G.S. Chapus, *Au souffle de l'Esprit*, pp. 35-36
28. Jean-Paul Willaime, *Profession Pasteur*, p. 55.

commentait le texte de l'évangile de Luc chapitre 5 au verset 4 : « Avancez en eau profonde et jetez vos filets pour pêcher ». Voici comment G.S. Chapus résume cette prédication :

> Il montrait qu'en présence d'une tâche ardue à entreprendre et de quelque responsabilité à assumer, en s'avançant hardiment vers le large, le chrétien est porté à s'excuser en disant: « Je suis encore faible et cette besogne est au-dessus de mes forces ; donc, nul au ciel ne s'en scandalisera, si je la décline ». De même, si l'on demande de nous une vie meilleure nous nous récusons. L'homme est épris de son péché et cherche par tous les moyens à en atténuer l'importance.
>
> Mais celui qui se trouve en présence de Jésus mesure immédiatement son amour et sa sainteté. Et le résultat de cette rencontre, c'est qu'il décide aussitôt de sortir de son péché. Il n'est même pas nécessaire de l'exhorter, car la rencontre est suivie d'une résolution instantanée. L'homme qui reçoit le Saint-Esprit, et en qui Jésus demeure véritablement, ne cherche plus d'excuses. En présence de la sainteté du Seigneur, il avoue ses fautes et prend son péché en aversion. Se jugeant absolument indigne, il ouvre son cœur aux souffles de l'Esprit. On peut alors l'orienter vers les eaux profondes.
>
> « Vous êtes-vous vraiment libérés de vos mauvaises habitudes et de vos péchés ? Si oui, vous pouvez vous élancer résolument sur les grandes eaux ? Mais les besognes spirituelles qui vous attendent : diriger des pêcheurs, corriger des insensés, redresser des jugements faux, sont véritablement dures et demandent une grande consécration. »

Evoquant sa propre expérience, Rakotozandry déclarait ensuite que, lorsqu'il s'était trouvé en présence de cette tâche, son premier mouvement avait été de s'y dérober, parce qu'elle lui semblait par trop lourde. Mais la force lui était venue pour l'accomplir : « Si j'ai le sentiment de l'amour du Christ, puis-je me refuser à être son instrument ? »

Et le sermon se terminait par un appel au service fidèle. « Allez, chacun à l'accomplissement de votre devoir, dans l'église et dans la paroisse. Cherchez les pêcheurs. Avancez-vous entre les maisons. Allez vers les fontaines. Partout, partout, cherchez les dans votre canton ; tous les Malgaches sont le canton qui vous est confié ».[29]

Quelques remarques sur cette prédication :

G.S. Chapus dit de cette prédication, que « c'était bien là des formules de Réveil, la sonnerie qui doit mener une troupe à l'assaut ». En quelque sorte, Rakotozandry invitait les chrétiens et en particulier les pasteurs à suivre son exemple, garder et poursuivre la tradition du Réveil. Rakotozandry semblait ainsi relativiser son charisme personnel dans la mesure où il disait que cette tâche était à la portée de quiconque avait le sentiment de l'amour du Christ et qui acceptait de devenir son instrument. Trois mois après cette ordination Rakotozandry décéda. C'est pourquoi, cette prédication que personne n'a oubliée, est interprétée comme une des chartes du mouvement de Rakotozandry. En effet, après la mort de Rakotozandry, l'Église et le village de Farihimena continuaient à être un lieu de pèlerinage. Et les pasteurs qui s'y sont succédé maintenaient les réunions de Réveil et d'évangélisation. Ainsi est né le mouvement de Rakotozandry.

---

29. G.S. Chapus, *Au souffle de l'Esprit,* p. 31.

CHAPITRE 14

Le mouvement de Germaine Volahavana (Nenilava) (1918-1998)

C'est à Ankaramalaza, zone de l'est de Madagascar, champ de mission des Norvégiens que le quatrième mouvement de Réveil, celui de Germaine Volahavana, a fait son apparition. La région était complètement imperméable à l'évangile car la population était encore très attachée aux coutumes et aux religions ancestrales. Le pasteur Armandin Rajoelisoa dit que :

> Cette population avait confiance en ses sorciers et en ses amulettes et s'émerveillait jadis de leur puissance et de leur savoir faire. Des miracles ont été accomplis par leurs devins et les paroles de leur bouche ont autant de puissance que les paroles des prophètes de l'Ancien Testament.[1]

Ce champ sera dur et hostile au christianisme. Vingt et un missionnaires ont laissé leur vie dans cette région. C'est là, dans cette région que va prendre naissance le quatrième mouvement de Réveil, initié par une autre femme, Germaine Volahavana, dit Nenilava.

Parmi les quatre mouvements de Réveil, celui de Nenilava est le plus grand et a eu le plus d'impact aussi bien à Madagascar qu'à l'étranger. En effet, de son vivant, Nenilava a pu visiter la France, la Norvège et les Etats-Unis d'Amérique. La plupart des cadres dirigeants, des pasteurs, des professeurs des Ecoles Bibliques et Faculté de théologie et même des

---
1. Rajoelisoa Armandin, mémoire de Maîtrise en théologie, Strasbourg, 1978.

missionnaires norvégiens et américains de l'Église Luthérienne Malgache sont des fils spirituels de Nenilava ou se réclament de son mouvement. Au sein de la FJKM, il est assez difficile d'évaluer l'influence de Nenilava car jusqu'en 1980, année où le département Réveil a été créé, les cadres laïcs ou pasteurs qui adoptaient la théologie du Réveil étaient marginalisés ou allaient vers les luthériens. Depuis plusieurs années, on remarque également que de plus en plus de « bergers » issus du mouvement de Nenilava occupent des responsabilités très importantes dans le pays ; député, sénateur, ministre, président de l'Assemblée Nationale, directeurs, etc.

La vie et l'œuvre de Nenilava

Nous avons déjà signalé que l'histoire de la conversion de Ravelonjanahary s'apparentait presque à un conte ancestral et qu'aucun missionnaire n'avait pris le risque d'aborder directement la question. Nous avons aussi déjà cité ce que le missionnaire Eugène Groult a dit à ce sujet :

> Nous n'intervenons que comme témoins bienveillants, reconnaissant qu'il ne nous appartient pas de limiter les dons de Dieu, reconnaissant aussi la foi, la simplicité, la sincérité, la pondération étonnantes de Ravelonjanahary, ce qui forme un ensemble assez sympathique pour que nous désirions qu'elle puisse exercer librement son ministère dans le calme et la dignité, déclarant qu'il ne nous appartient pas de dire : « Défense à Dieu de faire miracle en ce lieu ».[2]

Toutes ces remarques sont encore plus valables dans le cas de la conversion de Nenilava. Ainsi, le pasteur Albert Greiner, qui a écrit un article[3] sur Nenilava, fit la remarque suivante en guise d'introduction :

---

2. Eugène Groult, « Guérisons par la prière », p. 243.
3. *Fraternité Évangélique*, journal mensuel de l'Église Luthérienne de Paris, numéro de juin 1973, p. 6ss.

Jamais de la vie je ne me suis trouvé aussi embarrassé pour écrire un article! Assis à mon bureau, devant ma feuille de papier vierge, j'entends en effet les rires que risquent de susciter chez ces rationalistes que sont, à un degré quelconque, tous les Français, les lignes que je m'apprête à écrire...

Peut-être faut-il avoir eu le privilège d'un séjour un peu prolongé à Madagascar, peut-être faut-il avoir vécu l'atmosphère si sereine, et pourtant si poignante d'un « camp de Réveil » comme le « Toby Betela » que nous avons visité aux portes de Tuléar, peut-être faut-il avoir vu de ses yeux la misère vraiment « élémentaire » qui s'y étale – déchéance physique et pauvreté absolue – et avoir entendu les chants qui montent de ce néant à la gloire du Seigneur, pour faire taire notre scepticisme et pour accueillir avec un esprit de simplicité enfantine les nouvelles de merveilles que Dieu fait encore aujourd'hui.

Toutes ces réflexions me sont inspirées non seulement par le thème de ce numéro de « Fraternité évangélique » mais encore par la récente visite à Paris de Nenilava, qui exerce au sein de l'Église luthérienne malgache un ministère de guérison, de Réveil et d'évangélisation dont nous avons recueilli les échos auprès de sa compagne de travail et de voyage, Mme Razanamiadana.[4]

Selon les témoins directs et les observateurs attentifs de l'histoire religieuse de Madagascar, aucun missionnaire ou évangéliste n'a réussi à faire ce que Nenilava a accompli en tant qu'évangéliste. Grâce à sa grande mobilité et à sa longévité dans le ministère, 1941-1998, l'œuvre accomplie par Nenilava est tellement grande et si extraquotidienne qu'un livre entier ne suffirait pas à la raconter. Comme pour Rakotozandry, nous allons donc diviser en trois parties la vie et l'œuvre de Nenilava. Nous parlerons de la vocation et de la formation de Nenilava jusqu'en 1941. Ensuite nous évoquerons son rôle d'évangéliste et le ministère de guérison qu'elle a exercé de

---

4. *Ibid.*

1941 à 1971. Enfin, nous verrons comment elle a poursuivi son ministère jusqu'en occident, de 1971 à 1998.

Sa vocation et sa formation (avant 1941)

Dans son entretien avec Mme Razanamiadana, Albert Greiner amorce la question en donnant quelques éléments sur l'apparence physique de cette femme: « Qui est Nenilava? Qui est cette 'grande femme' au teint très sombre, silencieuse et recueillie, qui est venue participer aux offices de St-Marcel dans son vêtement blanc, insigne des membres du mouvement de Réveil, ordonnés 'mpiandry' (bergers) par l'*Église* ? »[5]

Germaine Volahavana, née le 14 juillet 1918, est issue d'une famille paysanne entièrement soumise aux coutumes et religions traditionnelles des Antaimoro. Son père était d'ailleurs un devin réputé dans toute la région. Le pasteur Zakaria Tsivoery[6] raconte que grâce à cette réputation le père de Nenilava recevait beaucoup de consultations, presque chaque jour, et pour des raisons assez variées: s'enrichir, avoir des enfants, posséder des zébus…

Depuis son enfance, Nenilava manifestait une certaine réticence par rapport aux pratiques de son père. Il arriva souvent que Nenilava exprime ses réticences et ses doutes devant les clients de son père. Dans son livre sur *le Réveil spirituel à Madagascar*, le pasteur Rajosefa Danielson raconte les manières tout à fait inhabituelles ce qu'on suppose comme « Jésus » a employé pour approcher et former Nenilava à son service. Depuis son enfance, en effet, Nenilava entendait des voix. Elle inquiétait ses parents, si bien que, pour en avoir le cœur net, « son père qui était sorcier et aussi 'roitelet' de la région, consulta à plusieurs reprises les oracles qui, chaque fois,

---

5. *Ibid.*
6. Zakaria Tsivoery, *L'histoire du Réveil d'Ankaramalaza*, Tananarive, Imprimerie luthérienne, 1972. Zakaria Tsivoery été conseillé et aidé par Nenilava en personne pour composer ce livre en malgache. Il a pu s'entretenir avec elle pour recueillir certaines informations relatives à sa vie privée. Nous nous sommes donc appuyés sur les informations de ce livre en ce qui concerne l'enfance de Nenilava.

furent formels : 'Tu seras, lui disent-ils, son esclave ; elle sera ta reine' ».[7] Par la suite, elle fit des rêves, elle eut des apparitions et des « visions du ciel et de l'enfer », toujours selon Rajosefa Danielson et Zakaria Tsivoery. Elle utilisera d'ailleurs plus tard ces visions pour encourager ses disciples à l'étude de la Bible. En effet, dans les entretiens privés, Nenilava aimait répéter les choses suivantes : « Tout ce que j'ai vu au ciel et en enfer se trouve écrit dans la Bible, je vous encourage vivement à étudier et à mettre en pratique la Bible ».

À l'âge de 18 ans, ses parents l'obligèrent plus ou moins à se marier avec Mosesy Tsirefo, le catéchiste de son village. Rajosefa Danielson[8] dit que Mosesy Tsirefo, un autre catéchiste, Petera, et Nenilava ont été appelé ensemble au service ce Dieu. Les deux premiers acceptèrent immédiatement, tandis que Nenilava refusa à cause de sa jeunesse, de son manque de connaissance et de sa condition de femme. Cependant, le Réveil va démarrer avec elle, dans sa maison le 2 août 1941,[9] jour où Nenilava accepta finalement de prêcher Jésus. Ce jour-là, une des filles de son mari Tsirefo, était « violemment tourmentée par des esprits mauvais ». Devenue complètement « folle », elle fut exorcisée deux jours de suite par Petera, le catéchiste de Vohidravy. Mais cela fut sans résultat. Le 2 août 1941, alors que Nenilava soufflait sur le feu de bois pour la cuisson du repas, un grand homme blanc, qu'elle affirma, par la suite, être Jésus, lui apparut et la toucha en disant : « Lève-toi et chasse le démon de cette enfant ». Nenilava manifesta quelques hésitations, ou plutôt, resta indifférente, en s'activant davantage à son feu. Mais le grand homme blanc se fit pressant par sa voix et fit lever Nenilava. Alors elle se sentit entraînée par une force terrible qui la souleva et la poussa vers l'enfant malade. Après un travail intense et des « luttes spirituelles », le démon qui tourmentait l'enfant finit par céder en

---

7. Albert Greiner, *Fraternité Evangélique*, p. 6. Il faut ajouter que le père de Nenilava consulta les oracles à plusieurs reprises pour diverses autres raisons. Il en était ainsi, par exemple, lorsqu'à l'âge de 17 ans, Nenilava refusa systématiquement tous ses prétendants.
8. *Le Réveil à Madagascar*, p. 31. En effet, Mosesy Tsirefo, le catéchiste, était déjà veuf lorsqu'il épousa Nenilava. Dans ses propos recueillis par Albert Greiner, Mme Razanamiadana précise que « Mosesy Tsirefo, comprenant que le Seigneur avait un dessein pour sa nouvelle femme, refusa de consommer le mariage, demandant même à Dieu la grâce d'une mort prochaine afin que Nenilava puisse vaquer librement à son ministère ».
9. Nous nous sommes basé principalement sur le livre de Zakaria Tsivoery dans cette histoire du 2 août 1941.

déclarant : « nous nous rendons, nous acceptons de partir car celui qui est plus fort que nous est arrivé! ». L'enfant redevint donc normal ce 2 août 1941. Et c'est dans la nuit de ce jour que « Jésus » dit à Nenilava : « *Lève-toi ! Prêche l'Evangile partout ! Chasse le démon ! À* l'œuvre (…) assez de tergiversations ! Le moment est venu de glorifier le Fils de l'Homme au sein de ce peuple (…). Je t'ai choisie pour annoncer cette bonne nouvelle. Je te l'ordonne ».[10] Nenilava n'accepta pas tout de suite cet ordre. L'article d'Albert Greiner nous explique pourquoi:

> Effrayée par cette vision et se demandant comment elle, qui ne savait ni lire ni écrire, pouvait s'acquitter d'une pareille mission, Nenilava s'entendit répondre : « Ce n'est pas toi qui le feras, c'est moi. Je t'enseignerai et te conseillerai ». C'est là que se situe l'épisode le plus mystérieux de la vocation de Nenilava, un épisode dont elle-même parle avec beaucoup de réticence. Elle mourut un vendredi, priant ses voisins de ne pas l'enterrer. Elle devait effectivement revenir à la vie le dimanche suivant à 11 heures. Pendant ce temps, elle fut enlevée au ciel jusqu'en la présence de Dieu. Lorsqu'elle revint dans le monde des hommes, instruite par le Seigneur dans la connaissance de l'Ecriture, elle commença à exercer son ministère selon les ordres reçus d'en haut.[11]

Nenilava accepta donc finalement de devenir évangéliste pour annoncer la bonne nouvelle de Jésus-Christ. Ainsi dans le mouvement de Germaine Volahavana, la date du 2 août est devenue une grande date. Chaque année des milliers de chrétiens, malgaches, français, américains, norvégiens etc., viennent en « pèlerinage » à Ankaramalaza.

---

10. Rajoelisoa Armandin, mémoire de Maîtrise en théologie, p. 96.
11. Albert Greiner, *article dans Fraternité Evangélique*.

Nenilava évangéliste itinérante ou le ministère de guérison : 1941 à 1971

Sa condition de femme au sein de l'Église Luthérienne Malgache n'a pas facilité l'entrée de Nenilava dans son ministère d'évangéliste. En effet, l'Église Luthérienne Malgache reste, encore aujourd'hui une des seules Églises, membre de la Fédération Luthérienne Mondiale, à refuser le sacerdoce des femmes. Il n'y aura pas de charisme de fonction pour Nenilava. Elle sera obligée de compter sur son charisme personnel, sur les « qualités extraquotidiennes » que son « Seigneur » va lui accorder. Ainsi, plus que Rainisoalambo, que Ravelonjanahary et que Rakotozandry, Nenilava entre dans son ministère en ne comptant que sur ses propres charismes. On peut dire que Nenilava a cristallisé à elle seule les charismes de ces trois prédécesseurs. Tous ceux qui l'ont entendu ont été interpellés par la puissance de ses prédications. Elle opérait des guérisons et pratiquait systématiquement l'exorcisme après chaque prédication.

Pendant 12 ans, les activités de Nenilava furent limitées au district de Vohipeno. En effet, lorsque Nenilava fut prête à accomplir son ministère, elle fit équipe avec le catéchiste Petera qui était déjà un évangéliste confirmé et reconnu par les missionnaires, et le Comité du district de Vohipeno. Zakaria Tsivoery raconte dans son livre[12] que ce furent les collaborateurs et collaboratrices de Petera qui avaient donné, par jalousie, à Germaine Volahavana le surnom de Nenilava, mère longue, à cause de sa grande taille.

Rajosefa Danielson[13] ajoute que lorsque les missionnaires et le Comité du District de Vohipeno furent convaincus de la conformité de la prédication de Nenilava à l'Evangile de Jésus-Christ, ils la reçurent comme collaboratrice au service de l'église. Au départ, le Comité construit une maison à Ankaramalaza pour charger Nenilava de s'occuper des malades mentaux et des pauvres. Ainsi, Ankaramalaza fut d'abord un centre de soin et d'évangélisation des malades mentaux et des pauvres, transformé très rapidement en une sorte d'hospice. Comme Soatanana avec Rainisoalambo, Manolotrony avec Ravelonjanahary, Nenilava installera son quartier général

---

12. Zakaria Tsivoery, *L'histoire du Réveil à Ankaramalaza*, p. 190.
13. *Le Réveil spirituel...*, pp. 100-111.

à Ankaramalaza. C'est ici qu'après avoir été reconnue par la mission et le Comité du district, elle resta pour effectuer sa première mission qui durera 12 ans. Sa carrière d'évangéliste itinérant commença réellement en 1953.

Comme Antsirabe était la capitale de la mission norvégienne à Madagascar, les missionnaires y établirent le quartier général de Nenilava pour la région centre. C'est de là qu'elle partira pour sillonner tout Madagascar, du Nord au Sud, de l'Est à l'ouest.

Voyons maintenant quelques aspects des qualités extraquotidiennes qui transparaissent dans la vie et l'œuvre de Nenilava jusqu'en 1971.

La puissance de sa prédication ou Nenilava prophétesse

Tous ceux qui ont entendu la prédication de Nenilava sont unanimes pour affirmer qu'ils ont rarement vu quelqu'un parler avec une telle autorité. Pour présenter l'œuvre accomplie par Nenilava, l'Association « Manolotsoa » évoque comme point de départ la façon de prêcher de Nenilava.

> Madame Germaine Volahavana, Nenilava, servante de Jésus-Christ par la grâce de Dieu, s'est consacrée à la propagation de l'Evangile dès l'âge de vingt ans, en 1942. Laissant en marge les spéculations théologiques et sectaires, elle n'a voulu que proclamer « JESUS CHRIST SAUVEUR DU MONDE » et en particulier, Jésus-Christ crucifié, reposant ainsi ses prédications non sur les « discours persuasifs de la sagesse humaine, mais sur la démonstration d'Esprit et de puissance de Dieu » (cf. 1Corinthiens 2 : 2-5).[14]

Pour mieux saisir la description de la puissance de cette prédication de Nenilava, voici le témoignage du pasteur Rabekoto Paul Henri.[15] Monsieur Rabekoto, issu de la Mission Protestante Française, est un pasteur de l'Église de Jésus-Christ à Madagascar connue sous le sigle FJKM. Le pasteur Rabekoto fut pendant plusieurs années collaborateur de Nenilava en

---

14. Lettre de présentation de l'Association « Manolotsoa », œuvre de bienfaisance créée en 1963 pour soutenir les activités du Camp de Réveil d'Ankaramalaza.
15. Le pasteur Rabekoto est décédé le 12 mars 2005 à l'âge de 85 ans.

tant que formateur des futurs « bergers » au « Camp de Réveil de la cité 67 Ha ». Dans le livre publié en 1991 en commémoration du cinquantième anniversaire du mouvement de Nenilava, le pasteur Rabekoto donne le témoignage de sa première rencontre avec Nenilava :

> J'ai reçu pour la première fois le Réveil spirituel en 1949 au Camp de Réveil de Farihimena. Depuis il était dans mon habitude d'assister aux conventions annuelles de Farihimena, les 26 août de chaque année. Après la convention du 26 août 1953 à Farihimena, j'ai appris l'existence d'une femme Antaimoro appelée Nenilava. Il semblait que Dieu se servait de cette femme pour réveiller les gens en les appelant à la repentance et en les incitant à recevoir et à croire en Jésus comme Sauveur et Seigneur. Elle prêcha dans la cathédrale luthérienne d'Antsirabe. J'entrai juste au moment où elle était en train de prêcher : « sa parole est comme une flamme, très puissante et touche votre cœur à tel point que l'on ne peut pas s'empêcher de se repentir et de pleurer »…Au commencement de mon ministère pastoral j'étais timide et peureux devant la lourde tâche que l'Église m'avait confiée. Mais depuis ma rencontre avec Nenilava tout ceci n'est que du passé car j'ai vaincu les soucis, les timidités et les peurs.[16]

Le pasteur Rabekoto est un pasteur très éloquent et prêche avec puissance. Aussi, un tel éloge, au sujet de la prédication de Nenilava, de la part de cet homme atteste-t-il la qualité de celle-ci comme grande prédicatrice. De tels compliments et reconnaissances abondent dans les témoignages de ceux qui ont eu l'occasion d'écouter Nenilava. Par conséquent, on peut qualifier Nenilava de prophète suivant les caractéristiques définies par Max Weber. En effet, l'éloquence de Nenilava, sa force de conviction, son dynamisme et le caractère fédérateur de son message sont admirés et reconnus par tous.

---

16. *Histoire et témoignage en commémoration du cinquantième anniversaire du ministère de Nenilava*, p. 161.

Voici une prédication de Nenilava qui donne un aperçu de ces caractéristiques:

Prédication de Nenilava à Ankaramalaza, un 2 août à l'occasion de la convention annuelle et de la consécration de bergers :

> Le texte choisi pour cette prédication se trouve dans la deuxième épître aux Corinthiens, chapitre 12, verset 9. Le thème qui y était développé était « Ma grâce te suffit ! dit Jésus à Paul ». Voici donc une traduction de cette prédication :
>
> C'est une parole du Christ à Paul. Ce fut une grande garantie pour lui, car le Christ qui est apparu à Paul lui a accordé l'Esprit Saint. Et le Saint-Esprit conduit Paul à être un vrai serviteur du Christ dans sa vie et dans ses œuvres
>
> C'est parce que Paul ignorait complètement la puissance du Christ et sa vie, qu'il partit pour Damas muni d'une lettre lui donnant le plein pouvoir, pour interdire à l'Église Chrétienne de cette ville de proclamer Jésus Christ et son Evangile. D'ailleurs, plusieurs serviteurs de Dieu, ayant annoncé le salut en Jésus-Christ, ont déjà été persécutés et assassinés.
>
> Jésus intercepta Paul sur le chemin de Damas et lui dit « Saul, Saul, pourquoi me persécutes-tu ? Qui es-tu Seigneur ? demanda-t-il. Je suis Jésus, c'est moi que tu persécutes ».
>
> C'était un esprit mauvais, l'esprit du diable qui a poussé Paul à faire taire la voix de Dieu, l'annonce de l'Evangile. Jamais Paul ne réussira une telle entreprise car Jésus est tout puissant. Dieu l'a envoyé pour délivrer les captifs, ceux qui sont enchaînés par Satan, pour libérer le monde et chaque individu.
>
> Le monde est en effet couvert d'épine et c'est Jésus, celui qui a donné à Paul l'Esprit Saint, qui est le libérateur.
>
> Qu'est-il arrivé à Paul sur le chemin de Damas ? Eh bien, il tomba à terre. Paul, l'érudit et le puissant, est devenu aveugle à tel point qu'il eut besoin du secours d'un autre homme que Jésus envoya pour lui imposer les mains, afin qu'il recouvre la vue et retrouve son intelligence pour saisir que Jésus est le Sauveur

Paul était tout à fait condamnable car il voulait tuer les chrétiens et mettre fin au dessein et à la sagesse de Dieu. Ses yeux ont été remplis de la force du mal, force destructrice. Ainsi, il n'a vu en Dieu que des choses mauvaises.

Ce Paul devint un instrument digne de confiance entre les mains de Jésus, il fut la puissance de Dieu. Les gens d'Iconiome, saisis d'admiration disaient de Paul : « les dieux se sont rendus semblables à des hommes et sont descendus vers nous ».

Paul fut ravi par Dieu au troisième ciel pour qu'il voie sa divinité et sa face...

Et pour qu'il ne soit pas enflé d'orgueil, à cause de l'excellence de ces révélations et de la grâce, Jésus permit à l'ange de Satan de souffleter Paul dans sa chair. Le diable aussi connaît la piété et la pensée humaine, alors Dieu se sert de lui. Il est en effet dans la manière de faire du diable de dire la chose suivante : « je ferai ceci à cette personne et il va s'enorgueillir ». Paul eut donc une épine dans sa chair, une plaie, une maladie.

Ainsi, je vous mets en garde, vous, bergers, qui sont enflés d'orgueil, parce que vous chassez les démons et qu'ils semblent vous obéir. Vous croyez que vous êtes son ennemi parce que vous le chassez. Alors je vous dis que vous êtes ami du diable, vous êtes tombés dans ces pièges parce que vous êtes orgueilleux.

Christ est votre vie, vous devez le suivre et vous devez être fortifiés par sa force toute puissante. Lorsque Paul priait, trois fois, pour que l'épine soit enlevée, pour toute réponse, cette voix douce et simple du Christ : « ma grâce te suffit ».

Votre épine ce sont vos enfants, leur éducation, etc. Vos épines, ce sont aussi vos foyers et la mission que Dieu vous confie. À cause de ces épines certains serviteurs de Dieu démissionnent. Si on passe par des épreuves, si on souffre, qu'on se réjouisse parce qu'on est en Christ et qu'on a son Esprit. Le vrai serviteur de Dieu doit endurer son épine, c'est de cette façon que le Christ entreprit l'éducation de Paul. Beaucoup ne supportent pas leur épine, Pasteurs, bergers, catéchistes. Alors que l'épine en nous est une occasion pour déterminer la profondeur de notre vie en Christ.

C'est Christ qui vous envoie, serviteurs de Dieu. Allez faites de toutes les nations des disciples. Suivons la trace du Christ, que les serviteurs de Dieu se réveillent et qu'ils ne se laissent pas abattre par leurs épines.

Tu es le serviteur du Christ, son délégué pour annoncer la vérité au monde, et aussi pour que ta vie soit sainte et parfaite. Ne soit pas paresseux à l'œuvre de Dieu, à l'annonce de l'Evangile, travaillant avec Christ, car Jésus est le Dieu des vivants et non des morts, des vivants par la foi en Christ. Alors, si l'épine se plante dans notre chair, invoquez le Seigneur Jésus.

À travers cette prédication, nous pouvons constater un aspect de la conception revivaliste des épreuves de la vie et de la souffrance. En effet, dans cette prédication, Nenilava livre aux chrétiens, cette conception de la manière suivante : Si on passe, disait-elle, « par des épreuves, si on souffre, qu'on se réjouisse parce qu'on est en Christ et qu'on a son Esprit ». Ceci est une autre rupture avec la conception malgache de la maladie et des épreuves. Car pour un Malgache, la maladie et les différentes épreuves de la vie sont conçues comme une « malédiction » ou la conséquence de la transgression des règles de vie imposées par les esprits des ancêtres. Pour Nenilava, et les revivalistes, la maladie peut donc être un moyen de sanctification, un moyen d'avoir une relation plus profonde avec Jésus. C'est pourquoi, elle va dire encore : « Le vrai serviteur de Dieu doit endurer son épine, c'est de cette façon que le Christ entreprit l'éducation de Paul. Beaucoup ne supportent pas leur épine, Pasteurs, bergers, catéchistes. Alors que l'épine en nous est une occasion pour déterminer la profondeur de notre vie en Christ ». « Avoir cette communion profonde avec Jésus par la prière » sera aussi le centre d'intérêt ou l'orientation théologique du mouvement de Nenilava.

Exorcisme et guérison

Plus que tous les autres revivalistes, Nenilava faisait suivre, systématiquement, ses prédications par des séances de délivrance et d'imposition des mains. Le pasteur Rabekoto décrit bien le phénomène :

> Dès qu'elle avait fini sa prédication, elle chassait les démons avec les bergers. Plusieurs auditeurs poussaient des cris et étaient libérés de leur démon. Un jour, je fus très surpris en voyant un homme grand et robuste qui se précipitait vers Nenilava pour l'agresser. Nenilava ne fut même pas intimidée, elle a pris la main de l'homme « au nom de Jésus » et ordonna, « au nom de Jésus » au démon de sortir. L'homme fut guéri instantanément et retrouva ses esprits.
>
> Après la lutte contre les esprits mauvais, les gens venaient un par un devant Nenilava qui proposait à chacun un chant, des versets de la Bible et leur imposait les mains en les exhortant par la prière et par des bénédictions. En écoutant la prière et la bénédiction de Nenilava, qui leur sont destinées personnellement, la plupart ont le cœur brisé et pleurent.[17]

Ainsi, la clé de la compréhension du ministère de Nenilava et des bergers est leur conscience de la réalité du combat spirituel. Ce que dit Paul dans l'épître aux Éphésiens chap. 6 verset 12 est compris comme une réalité et interprété comme faisant parti du monde des esprits des ancêtres : « Car nous n'avons pas à lutter contre la chair et le sang, mais contre les dominations, contre les autorités, contre les princes de ce monde de ténèbres, contre les esprits méchants dans les lieux célestes ».

C'est pourquoi, pour les revivalistes, et en particulier pour Nenilava, la prédication et les séances de délivrance sont en quelque sorte des combats. En effet, comme dans le cas de Rakotomihantarizaka, nous avons vu comment les supposés esprits des ancêtres, qui se considèrent comme celui d'un roi, résistent. Dans le contexte de cet affrontement, la puissance de la parole et de la prédication est mieux comprise.

---

17. *Histoire et témoignage*, p. 161.

Ainsi, bien que le noyau du message de Nenilava ne diffère pas trop des messages protestants classiques, elle fait preuve, à l'image des autres revivalistes malgaches, d'innovation en adoptant une relecture de la Bible dans le contexte de la religiosité malgache. La prédication et le ministère de délivrance et de manifestation d'autorité qui en découlent ne consistent donc pas, pour Nenilava et les revivalistes à satisfaire des concepts bien véhiculés par des systèmes de doctrines ou de pensées. Cela consiste en la présentification[18] de la puissance de l'amour de Dieu en Jésus Christ pour sauver et guérir.

C'est pourquoi, dans toutes ses campagnes d'évangélisation Nenilava ne va jamais changer sa méthode : prédication suivie de séance de délivrance et d'imposition des mains en vue de la guérison. En agissant ainsi, elle reste fidèle à son appel initial : « *Lève-toi ! Prêche l'Evangile partout ! Chasse le démon ! À* l'œuvre (…) assez de tergiversations ! Le moment est venu de glorifier le Fils de l'Homme au sein de ce peuple (…). Je t'ai choisie pour annoncer cette bonne nouvelle. Je te l'ordonne ».

Jusqu'en 1971 donc, Nenilava sillonna tout Madagascar, à l'exception d'Antsiranana, ex Diégo-Suarez, située tout à fait au nord de l'île. En tant qu'évangéliste itinérante, elle établissait ses programmes selon les demandes des églises et selon les conseils qu'elle recevait de son Seigneur par ses abondantes prières. Contrairement aux campagnes d'évangélisation modernes comme celle de Billy Graham, il n'y a presque pas de publicité autour des manifestations de Nenilava. Les informations se font de bouche à oreille, mais l'église où Nenilava va prêcher fera toujours salle comble. Comme nous l'avons décrit auparavant, l'approche de Nenilava était une approche individuelle car après la prédication, la séance de délivrance et l'imposition des mains, elle passait un temps bien plus important à écouter individuellement toutes les personnes qui venaient la voir. D'ailleurs, le pasteur Rabekoto qui fut un jour interpellé par une des prédications de Nenilava à Antsirabe ne put s'entretenir avec elle que trois jours plus tard :

> J'ai réussi à m'entretenir avec Nenilava trois jours après mon arrivée à Antsirabe. Elle priait pour moi en imposant ses mains

---

18. Ce terme est de J.-P. Willaime, *Profession pasteur*.

sur ma tête. Quelle ne fut pas ma joie en écoutant les prières et la bénédiction que Nenilava prononçait à mon intention. On aurait dit qu'elle savait tous mes souhaits et tous mes désirs.[19]

Pour finir, signalons que, parmi les quatre mouvements de Réveil, celui de Nenilava est celui qui a le plus produit en matière de littérature, surtout après la célébration de son cinquantenaire en 1991. Les tournées d'évangélisation, les guérisons, conversions qui en ont découlé, sont relatées presque jour après jour, dans un cahier de voyage, par les collaborateurs de Nenilava.

De 1971 à 1998, les voyages en dehors de Madagascar

À partir de 1971, Nenilava ne voyageait plus aussi intensément qu'avant. Petit à petit, les entretiens individuels prirent la place des tournées d'évangélisation. C'est pourquoi, Nenilava choisit d'établir un autre quartier général à Antananarivo, la capitale de Madagascar. Le Dr Rakoto Andrianarijaona raconte[20] les débuts de l'aménagement de Nenilava à Antananarivo. Ce fut entre 1972 et 1973 que Nenilava commença à séjourner pendant des périodes beaucoup plus importantes à Antananarivo. Elle fréquentait donc, assidûment, l'Église d'Ambatovinaky, l'unique Église Luthérienne de l'époque à Antananarivo, et où, le Dr Rakoto Andrianarijaona était pasteur. À cause des dons exceptionnels de guérison de Nenilava, l'Église d'Ambatovinaky faisait salle comble tous les dimanches. Et elle-même était souvent empêchée de prier et surtout de participer à la Sainte Cène parce que tout le monde se bousculait autour d'elle pour amener des malades. C'est pourquoi Nenilava décida de ne plus aller à Ambatovinaky, et chaque dimanche de Sainte Cène le pasteur Rakoto Andrianarijaona vint chez elle pour la lui donner. C'est à son domicile, le logement numéro 238 à la Cité des 67 Hectares que les bergers se réunissaient, en semaine, depuis quelques années

---

19. *Histoire et témoignage*, p. 162.
20. *Ibid.*, p. 81ss.

pour des cultes journaliers. Selon le Dr Rakoto Andrianarijaona, Nenilava demanda que l'on dresse un autel dans le local où les bergers faisaient les cultes journaliers pour que ceux qui venaient auprès d'elle puissent prier et recevoir la Sainte Cène selon la liturgie et le rituel luthériens.[21] Le logement de Nenilava est ainsi devenu un lieu de culte journalier, dominical et un Camp de Réveil: *Toby*.

C'est aussi dans ce logement que va se développer un véritable ministère de cure d'âme, de prophétie et de conseil pour tout le peuple malgache et du monde entier. Ainsi, Français, Suisse, Américains, Norvégiens, Africains, etc., viendront, à longueur d'année, rencontrer Nenilava pour demander conseil. Le monde politique malgache, croyant ou non, vient également s'entretenir avec Nenilava : Présidents de la République, Premiers ministres, ministres, etc.

Il n'est donc pas exagéré de dire que les entretiens individuels accordés par Nenilava ont fait presque autant de convertis que ses campagnes d'évangélisation. Ces entretiens individuels redonnent également un certain dynamisme aux chrétiens manquants d'engagement. Le ministère de Nenilava était basé sur la compréhension biblique de la grâce et la réponse humaine de la foi active : « Vous avez reçu gratuitement, donnez gratuitement » (Mt 10, 8). C'est pourquoi, depuis son installation à Antananarivo, Nenilava a consacré tout son temps aux autres. Après avoir établi le *Toby* d'Ankaramalaza, et celui des 67 Ha, le jour de Pentecôte 1987, Nenilava se déplaça à Ambohibao, à 20 km d'Antananarivo, où l'association des Bergers a pu construire un autre *Toby* plus grand encore que celui des 67 Ha et qui fut doté d'un dispensaire. Depuis, le *Toby* d'Ankaramalaza s'est étendu pour former un réseau de plus de 50 *Toby* à travers Madagascar et à l'étranger.

Comme nous l'avons déjà signalé, Nenilava était appelée à prêcher dans les églises et elle a parcouru ainsi toute l'île à l'exception de l'extrémité nord-est. Dans son entretien avec Razanamiadana, Albert Greiner ajoute

---

21. Le Dr Rakoto Andrianarijaona avoue qu'il était dans un profond embarras devant la demande de Nenilava, car il avait l'impression d'imposer aux non-luthériens sa propre liturgie. Pourtant huit personnes non luthériennes étaient venues le voir pour lui dire que cela ne les gênait pas du tout.
Histoire et Témoignages, p. 82.

que « c'est même cette 'lacune' qui l'a fait hésiter à accepter le voyage aux Etats-Unis et en Norvège que quelques missionnaires lui ont offert. Elle fini par se décider, mais en exigeant de faire un séjour à Paris où le Seigneur lui indiquait qu'elle avait quelques affaires à régler ».[22]

La première visite européenne de Nenilava fut la Norvège et Paris en 1972. Dans sa lettre adressée à Monsieur Armandin Rajoelisoa, le pasteur Greiner affirme ne pas savoir grand-chose sur le séjour parisien de Nenilava. Voici ce qu'il a écrit :

> Nenilava a essentiellement habité chez notre collègue Noël Rabemanatsoa, alors pasteur de notre paroisse de Noisy-le-Sec, et elle a consacré la majeure partie de son temps à la colonie malgache de Paris dans laquelle figurent beaucoup de ses anciens adeptes. Elle a eu l'occasion de rencontrer chez nous plusieurs pasteurs de notre Inspection luthérienne et d'avoir avec eux un entretien approfondi. Elle a également participé à l'un des services d'intercession pour les malades qui sont régulièrement organisés dans notre paroisse de Bonsecours. Il ne me semble pas qu'il s'y soit passé des choses « extraordinaires », mais je sais que Nenilava a eu une heureuse influence sur tel ou tel paroissien de Noisy-le-Sec avec lesquels elle était mise en contact par leur pasteur.[23]

Pendant ce séjour à Paris, Nenilava a donc habité chez le pasteur Rabemanantsoa qui préparait son doctorat en théologie à la Faculté Protestante du boulevard Arago. Le pasteur Rabemanantsoa lui-même s'est exprimé, à plusieurs reprises, à ce sujet, et a dit qu'au départ il n'était pas du tout un adepte de Nenilava et qu'il n'était pas très enthousiaste pour l'accueillir chez lui. Mais lorsque Nenilava a su répondre à toutes les questions théologiques qu'il lui avait posées, il a fini par être convaincu du bien fondé de son ministère.

---

22. Albert Greiner, *Fraternité Evangélique*, p. 7.
23. Albert Greiner, Lettre à Monsieur Armandrin Rajoelisoa, Paris, 20 septembre 1977. A l'époque, M. Rajoelisoa préparait son mémoire de maîtrise en Théologie à la Faculté de Strasbourg.

Toujours à propos du séjour de Nenilava à Paris, Albert Greiner dit :

> Je sais que Nenilava s'est sentie très mal à l'aise à Paris. Elle avait le sentiment de vivre dans une ville et dans un pays totalement détournés du Seigneur. Je sais aussi que sa souffrance était grande de voir beaucoup de ses anciens fidèles avoir sombré dans l'absence de toute pratique religieuse.[24]

Après son séjour en France, Nenilava visita encore les Etats-Unis d'Amérique et la Norvège. C'est encore Madame Razanamiadana qui raconte ces voyages dans une brochure intitulée « Parole des témoins ». Le 4 juin 1973, Nenilava et son équipe quittèrent la France pour les Etats-Unis d'Amérique sur l'invitation du missionnaire Walters. Vers la fin du mois de juillet de la même année, l'équipe était de retour en France pour préparer le voyage en Norvège qui a eu lieu au début du mois d'août 1973. Avant sa mort en 1998, elle séjourna encore à deux reprises dans ces pays, en 1980 et en 1989. Ce dernier séjour en 1989 fut de courte durée car elle était gravement malade.

---

24. *Ibid.*

Carte III : Les centres de Réveil répartis dans tout Madagascar
Les petits triangles représentent le nombre approximatif par province

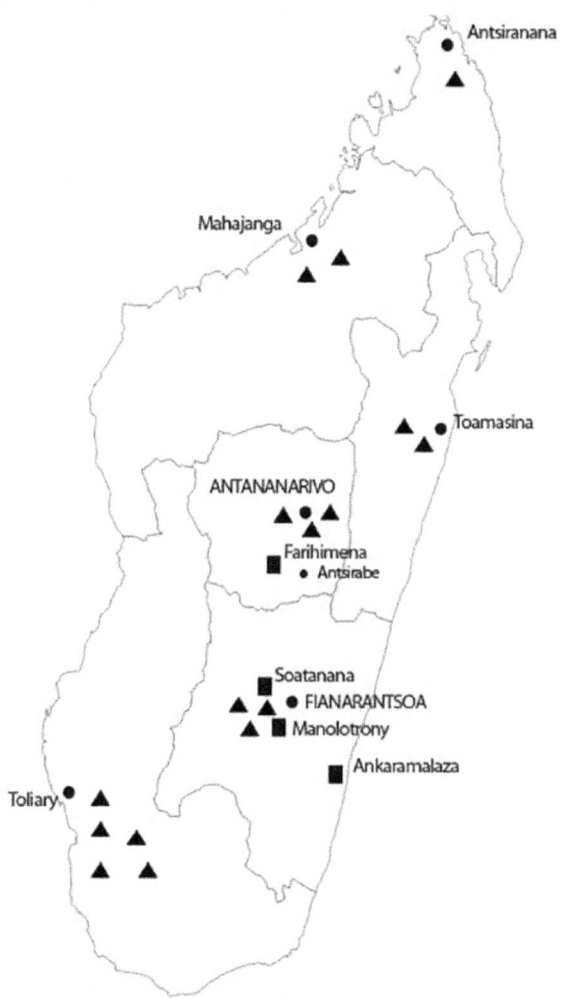

▲ Centres de Réveil dépendant des 4 grands centres

Partie 4

Les traits communs du revivalisme malgache

Le mouvement de Réveil existe maintenant dans la plupart des Églises protestantes historiques de Madagascar, inspirant et influençant profondément leur vie et leurs ministères. Aujourd'hui, on peut dire avec certitude que toutes ces Églises historiques sont plus ou moins touchées par les mouvements de Réveil. Le docteur Péri Rasolondraibe affirme qu'au moins 75% des luthériens malgaches appartiennent au mouvement de Réveil, *Fifohazana*.

Avant d'aller plus loin dans notre étude, il serait utile de dresser une vue panoramique de ces mouvements sur certains aspects et de retracer le processus de leur adoption. Nous avons vu qu'il existe, en effet, quatre principaux mouvements de Réveil à Madagascar. Chaque mouvement a commencé avec une conversion, un appel et un envoi en mission d'une personne dotée d'un charisme extra-quotidien et qui est devenu plus tard le chef charismatique ou le fondateur du mouvement. Ces quatre personnes sont en l'occurrence, Rainisoalambo, Ravelonjanahary, Daniel Rakotozandry et Germaine Volahavana.

CHAPITRE 15

Leur conversion

Définitions

Dans son cours[1] donné à l'Institut Catholique de Paris, Geneviève de Médevielle propose une définition de la conversion. Elle commence d'abord par la remarque suivante :

> Il faut pour commencer souligner que du point de vue anthropologique l'expérience de conversion n'est pas typique du christianisme. En tant que changement qui modifie le système de référence et le mode de fonctionnement, les sagesses et philosophies classiques et orientales connaissent la conversion... À chaque fois il y a transformation de l'horizon de pensée, d'appréciation du sens de la vie, des valeurs et des comportements.

Elle présente ensuite les trois dimensions anthropologiques de ce processus de retournement et de changement d'horizon établi par Bernard Lonergan :[2] La conversion intellectuelle, la conversion morale et la conversion religieuse dont voici la définition :

---

1. Cours de Théologie Morale Fondamentale donné le 18 mars 1997 (Cours polycopié non publié).
2. *Ibid.*, p. 19.

> La conversion religieuse, est le fait d'être saisi par la préoccupation ultime, par ce par quoi une vie se gagne ou se perd. Elle se vit,..., à l'égard du fait d'aimer sans réserve, « fondement efficace de tout dépassement de soi, que ce soit dans la poursuite de la vérité, dans la réalisation des valeurs humaines ou dans l'orientation que l'homme adopte par rapport à l'univers, à son fondement et à son but³

Ainsi, d'après G. Médevielle, « phénomène large qui peut toucher toutes les composantes de notre être, la conversion est toujours exercice de remaniement de sens ».⁴

Selon le *Dictionnaire de Théologie Fondamentale*, « dans le vocabulaire théologique, le mot conversion signifie d'ordinaire un mouvement spirituel vers Dieu qui se communique dans le Christ et dans l'Esprit Saint ».⁵

Du 14 au 16 mars 2002, le GSRL organisa un colloque intitulé: « Le protestantisme évangélique un christianisme de conversion, entre ruptures et filiations » dont est tiré un livre portant le même titre. Voici la définition donnée dans le glossaire de ce livre pour le mot conversion :

> Changement personnel suite à une expérience religieuse, la conversion s'interprète, chez les protestants évangéliques, comme un processus en trois étapes. L'individu reconnaît Jésus-Christ comme son « sauveur », mort pour ses péchés et ressuscité pour son salut. Cette étape s'accompagne de la repentance (regret du mal commis) et d'un choix d'obéissance (« suivre Jésus »), engendrant une reconfiguration globale de l'itinéraire biographique du converti.⁶

Chacune de ces définitions est valable et s'applique bien dans les cas des revivalistes malgaches. D'après la première définition, nous pouvons bien

---

3. *Ibid.*
4. *Ibid.*
5. Cf. article « Conversion », p. 201.
6. Sébastien Fath (dir.), *Le protestantisme évangélique, un christianisme de conversion*, p. 335.

remarquer qu'il y a eu changement de système de référence qui entraîna par exemple un changement de comportement face à la mort et aux morts. Suivant la deuxième définition, les quatre expériences religieuses des quatre revivalistes sont des mouvements spirituels vers Dieu. Enfin, suivant la troisième définition également, les trois étapes sont bien présentes dans la conversion des quatre revivalistes. La seule différence ou la seule précision à faire se trouve dans le « regret du mal commis ». En effet, d'habitude, dans les conversions classiques, ce « mal commis » est souvent assimilé aux mauvaises conduites et mauvaises vie de la personne converti. Dans le cas des revivalistes, ce mal est avant tout la transgression du premier commandement, « Tu n'auras pas d'autres dieux devant ma face ».[7]

C'est pourquoi, les résultats de ce colloque et certaines pistes de réflexions qui s'y sont dégagées intéressent beaucoup notre étude sur plusieurs aspects. En effet, d'une part, les mouvements de Réveil malgache sont incontestablement un christianisme de conversion. Et d'autre part, ces mouvements se développent au sein du protestantisme historique. Ainsi, nous sommes bien dans la problématique centrale des réflexions de ce colloque: « ruptures et filiations ».

Dans son article sur le mouvement de Rainisoalambo, à propos de sa conversion, Lucile Jacquier-Dubourdieu affirme que :

> Pour les adeptes du mouvement de « Réveil » - les *mpifoha* -, la conversion n'est pas un travail de la conscience nourri par le temps et la réflexion. Telle qu'ils la décrivent, c'est la « révélation de Jésus », donnée par le rêve ou la vision, soudaine, située et datée, qui saisit le sujet et le change, ainsi que Paul sur le chemin de Damas. La révélation tire son effet de réel et de vérité de sa soudaineté même. Celle-ci actualise, au cours de l'expérience du changement immédiat, la présence performante du Christ dans l'espace et l'histoire d'un individu qui peut alors témoigner et, légitimement, s'instituer « Apôtre ».[8]

---

[7]. Il faut préciser ici que Rakotozandry n'est pas concerné dans la mesure où il était déjà pasteur engagé dans le Réveil quand le Réveil de Farihimena commença.
[8]. Lucile Jacquier-Dubourdieu, « Représentation de l'esclavage », p. 597.

Il nous semble que cette interprétation de Lucile Jacquier-Dubourdieu ne fait pas la distinction entre la conversion et ce que Sébastien Fath appelle « la reconfiguration globale de l'itinéraire biographique du converti ». En effet selon J.L. Richardeau aussi, la régénération, la nouvelle nature, n'introduisent pas de mécanismes nouveaux, mais un sens nouveau, une finalité nouvelle, des valeurs nouvelles et une énergie nouvelle destinées précisément à soutenir la croissance et la maturité.⁹

Aussi, suivant la problématique du Colloque et suivant ses résultats, le mouvement de Réveil malgache est dans la lignée du protestantisme évangélique sur bien des aspects.

En outre, ces mouvements restent et se réclament du protestantisme luthérien et réformé. Cette explication de Lucile Jacquier-Dubourdieu nous semble donc partielle. Partielle parce qu'elle ne tient pas assez compte du processus de « ruptures » des revivalistes :

D'une part, « ruptures » par rapport à certaine théologie et pratiques introduites par les missionnaires occidentaux ; d'autre part, « ruptures » par rapport à la religiosité traditionnelle malgache. Dans cette explication, non seulement L. Jacquier-Dubourdieu confond la conversion et l'appel ou l'envoi en mission reçus par les revivalistes, mais, en outre, elle ne tient pas compte de l'herméneutique biblique des revivalistes dans l'auto-interprétation de leurs expériences ou de leur mouvement spirituel vers Dieu.

Pour mieux comprendre la nature de la conversion des revivalistes malgaches et de la conversion qu'ils prêchent, il est important de la situer dans les différents aspects de son contexte.

Leur conversion et la religiosité malgache

Nous avons déjà signalé que les Malgaches, en général, par leur culture, par leur cosmologie, et leur religiosité sont bien informés et éduqués pour gérer la complexité et l'interconnexion avec les forces spirituelles. Ainsi, dans leur culture et leur tradition, les Malgaches cherchent, par l'intermédiaire

---

9. Jean-Louis Richardeau, « Maturité psychologique et maturité spirituelle », *Hokhma*, n°16, 1981, p. 1.

des *ombiasa*, un moyen pour négocier et apaiser la colère et les attaques des forces spirituelles sur les humains. L. Jacquier-Dubourdieu explique ceci de cette manière :

> C'est en effet, essentiellement en respectant les rituels qu'il doit à ses ancêtres qu'un individu obtient d'eux la protection et la bénédiction qui assurent sa survie dans le monde de « forces » invisibles et dangereuses. La maladie ou la mort sanctionnent toujours une faute vis-à-vis de ces forces que, seule, la puissance ancestrale, mobilisée par la médiation des devins, peut discipliner.[10]

Rainisoalambo, Ravelonjanahary, Nenilava et Rakotozandry ont tous été élevés dans cette tradition. Nous savons que Rainisoalambo continuait cette pratique après avoir été baptisé et malgré le fait qu'il ait été *mpitandrina*, c'est-à-dire « pasteur ». Donc, au moins, dans le cas de Rainisoalambo, nous pouvons dire qu'il y a eu une première conversion. Mais une conversion sans rupture, une conversion par inscription dans un milieu croyant. Cette première expérience de Rainisoalambo cadre bien dans la définition d'A. Mary qui affirme que :

> La conversion n'est pas seulement (peut-être pas du tout) la conclusion d'un débat intellectuel, d'une délibération réfléchie et argumentée, c'est aussi un acte social d'engagement dans une communauté marqué par un itinéraire « initiatique » et des gestes rituels appropriés, le tout témoignant d'un changement d'identité sociale.[11]

Ainsi, tout en adoptant le protestantisme, tout en étant baptisé et tout en pratiquant le ministère de *mpitandrina*, « pasteur », Rainisoalambo n'a

---

10. Lucile Jacquier-Dubourdieu, « Représentation de l'esclavage... », p. 598.
11. André Mary, « Retour sur la 'conversion africaine' : Horton, Peel, et les autres », *Journal des africanistes*, 68 (1-2), 1998, pp. 11-20.

pas renié ni abandonné le système cosmogonique malgache. Celui-ci restait toujours sa référence en matière de religion et de société.

Leur conversion et l'histoire de Madagascar

Tous ceux qui ont écrit sur les mouvements de Réveil n'ont pas manqué de les mettre en relation avec l'histoire de Madagascar. En effet, nous avons vu que ces mouvements ont émergé à certaines époques charnières dans l'histoire du pays, dans des moments de crise. Ainsi, le Réveil de Rainisoalambo émergea au début de la période de la colonisation de Madagascar par la France. La colonisation française commence militairement après la guerre Français/Merina de 1883–1885 et politiquement en 1896. Ce furent des années de trouble politiques, socio-économiques et religieux extrêmes. F. Raison-Jourde prend le début de la guerre 1883-1885 comme le *terminus ad quem* de ses études du Royaume Merina pour lequel ce fut effectivement le début de la fin : « Distendue, désespérée ou amorphe ».

Selon elle, la guerre (1883-1885) mit fin aussi au monopole des missions classiques quant à l'organisation du contact de Madagascar avec le monde extérieur. La situation était tellement désespérée que les missions exprimèrent aux environ de 1890, le désir de retour à un Etat fort quelle qu'en soit la nationalité. Des mouvements de révolte se manifestaient avec des famines et des épidémies qui ont fini par atteindre Rainisoalambo. Dans le cas de Rainisoalambo, voici encore comment L. Jacquier-Dubourdieu présente sa conversion :

> La conversion de Rainisoalambo ne répond qu'à la parole que Jésus lui adresse directement au cours de la révélation qu'il reçoit dans sa propre demeure, le 15 octobre 1894, hors de la médiation des clercs. Alors qu'il vit depuis plusieurs années dans un extrême dénuement, que ses dépendants l'ont abandonné, que ses rizières ne sont plus cultivées, que ses maux sont immenses et qu'il ne lui reste que sept bœufs, il rêve, cette nuit-là, qu'un messager vêtu de blanc lui ordonne de jeter ses ody, ses talismans qui sont à la fois ses « protecteurs » et – en

tant que devin – son identité, et d'invoquer la puissance de Jésus ; ce qu'il fait au matin suivant.[12]

Nous avons déjà raconté longuement les circonstances de cette deuxième expérience religieuse de Rainisoalambo. Réveillé à la puissance de Dieu par une complète guérison après une longue maladie, Dada Rainisoalambo est devenu le leader charismatique de la communauté chrétienne « apostolique », le *Toby* de Soatanàna.

Après une première conversion par adhésion, Rainisoalambo fit donc l'expérience d'une conversion-rupture. L. Jacquier-Dubourdieu interprète cette seconde expérience religieuse comme le moment où Rainisoalambo a rejeté son identité religieuse malgache. Ainsi, elle oublie qu'à ce moment-là Rainisoalambo a déjà adopté l'identité chrétienne. Cette rupture est aussi double : rupture avec la religiosité traditionnelle malgache ; rupture et filiation avec le protestantisme historique. Rappelons encore ce que Rainisoalambo a dit à ses collaborateurs:

> Allez, prêchez la bonne nouvelle à toutes les nations, guérissez les malades et chassez les démons. Ne faites pas comme les missionnaires qui annoncent l'amour de Jésus et le pardon des péchés mais s'abstiennent de manifester la puissance de Dieu en refusant d'imposer les mains aux malades et de chasser les démons.

Yvan Droz, dans une étude sur la conversion entendue comme une pratique sociale polymorphe, « propose de distinguer trois types de conversion: conversion cosmogonique qui concerne le passage d'une cosmogonie à l'autre, conversion liturgique au sein d'un même univers religieux, conversion additionnelle propre au pentecôtisme ».[13]

Dans cette perspective, on peut dire que la conversion de Rainisoalambo et des deux autres revivalistes englobe ces trois types de conversions. En effet, dans un premier temps (1884-1894), en adoptant le protestantisme

---

12. Lucile Jacquier-Dubourdieu, « Représentation de l'esclavage », p. 606.
13. In *Convocation thérapeutique du sacré*, 2002, p. 82.

sans renier le système cosmogonique malgache, Rainisoalambo est passé par une simple conversion liturgique. Ensuite, à partir de 1894, par ses doubles ruptures, avec la religiosité malgache et la conception pastorale missionnaire, Rainisoalambo est passé à la fois par une conversion cosmogonique et additionnelle.

Dans le cas du pentecôtisme, voici comment Yvan Droz explique cette conversion additionnelle :

> À proprement parler, devenir pentecôtiste ne correspond pas à une conversion puisqu'il n'y a pas de changement d'affiliation religieuse, ni d'adoption d'un système cosmogonique particulier. Le fidèle qui accepte de renaître grâce au second baptême n'abandonne pas son affiliation religieuse antérieure. Le pentecôtisme est donc parfaitement compatible avec les autres dénominations chrétiennes, à l'exclusion peut-être du catholicisme qui propose sa propre version du Pentecôtisme sous la forme du Renouveau Charismatique. Le 'born again' peut donc rester anglican ou méthodiste, luthérien ou presbytérien sans que cela ne constitue un obstacle à sa conversion. Il s'agit plutôt de nuancer ou de caractériser une expérience religieuse classique en insistant sur le vécu de la foi, sur l'effusion de l'Esprit saint, sur la conviction de vivre les temps enchantés du premier siècle et sur la certitude de voir très prochainement les prédications apocalyptiques se réaliser.[14]

Cette explication d'Yvan Droz est tout à fait applicable à l'expérience des revivalistes malgaches à l'exception de deux faits qui leur sont spécifiques :

D'une part, les revivalistes malgaches n'acceptent pas de second baptême et s'y opposent même fermement. Ils se considèrent comme n'ayant pas de doctrine autre que celle du protestantisme plus ancienne. Au sujet du baptême, on raconte qu'un jour un jeune chrétien issu du milieu pentecôtiste devenu adepte de Nenilava lui a reproché de baptiser les enfants et de refuser le second baptême. Nenilava lui a répondu qu'elle veut bien qu'il

---

14. *Ibid.*, p. 93.

la rebaptise mais au « Nom de Qui » ? Ou au « Nom de Quoi »? demanda-t-elle. En effet, Nenilava dit qu'elle ne veut plus qu'on la rebaptise « au nom du Père, du Fils et du Saint-Esprit » parce qu'elle l'a déjà été une fois.

Par conséquent, Rainisoalambo et les autres revivalistes n'emploient pas le terme « converti » ou « born again » pour désigner ceux qui ont adopté le christianisme en abandonnant le système cosmogonique malgache. Rainisoalambo lui-même a promu les termes *mifoha* (réveillé), *mpifoha* (celui qui est réveillé ou revivaliste) et l'expression *mpianatry ny Tompo* (disciples du Seigneur). Ce qui implique que pour les revivalistes malgache, d'après un passage de l'Epître aux Ephésiens, les « non convertis » sont plutôt des « morts spirituels » ou des « non réveillés ».

D'autre part, l'expérience religieuse que le *mpifoha* doit nuancer ou ajouter, selon cette perspective d'Yvan Droz, est justement la conséquence de ce changement de système cosmogonique. En effet, les revivalistes ont « compris » que les esprits qu'ils avaient terriblement redoutés, qu'ils avaient souvent pris pour les esprits des ancêtres et autres, et avec qui ils avaient l'habitude de négocier par l'intermédiaire des *ombiasa*, ils ont « compris » que ces esprits ne sont autres que les esprits mauvais. Ceci avait pour effet que les prédications des revivalistes devaient être suivies de séances d'exorcisme et d'imposition des mains.

Lucile Jacquier-Dubourdieu abordait le cas de Rainisoalambo suivant le schéma classique des séquences temporelles de conversion. Christian Décobert résume bien ce schéma : « Les histoires individuelles se moulent dans un schéma très classiquement attesté, qui oppose un 'avant' tragique, désespérant ou simplement médiocre, et un 'après' caractérisé au contraire par la plénitude du sens ».[15] Ainsi, suivant ce schéma, L. Jacquier-Dubourdieu, trouve trois séquences temporelles dans la vie de Rainisoalambo. La première dit-elle « décrit les maux qui 'emprisonnaient' le témoin dans des termes qui suscitent la répulsion et le rejet »... La deuxième séquence décrit le parcours des recours proposés par la « tradition ancestrale. »[16] L. Jacquier-Dubourdieu affirme ensuite que :

---

15. Christian Décobert, *Archives de Sciences Sociales des Religions*, 116, 2001, p. 74. En effet, C. Décobert cite ici D. Hervieu-Léger : *Le pèlerin et le converti*, p. 131.
16. Lucile Jacquier-Dubourdieu, « Représentation de l'esclavage », p. 597.

> Dans le discours de la conversion, ce temps est non seulement le temps de la nuit mais celui des « forces obscures » ; si le malade n'est pas guéri par les puissances qu'il a requises et dans lesquelles il avait foi, c'est que l'univers de l'ancestralité est celui du mensonge, un univers habité par la puissance du mal : l'univers du Diable.[17]

Cette conclusion est à nos yeux hâtive dans la mesure où immédiatement après sa conversion, Rainisoalambo n'a élaboré aucune doctrine ni de théorie cosmologique. Il n'a fait qu'inciter tous les membres de sa famille à jeter leur *ody*, amulette. Cela lui fut indiqué dans sa vision. Et lorsque, comme Rainisoalambo, sa famille fut guérie, ils demandèrent aux missionnaires de leur apprendre à lire et à écrire pour pouvoir étudier la Bible. C'est leur propre interprétation, encouragée par d'autres missionnaires qui leur a permis d'avoir leur propre opinion et de reprocher aux missionnaires de leur avoir caché certaines vérités bibliques comme la guérison et l'exorcisme. Ceci est également plus attesté par la conversion des autres grands revivalistes :

Ravelonjanahary, illettrée, n'a jamais été en lutte contre la maladie. Ce fut son expérience « d'une mort annoncée » et de plusieurs visions qui l'ont amenée à comprendre que l'univers de l'ancestralité n'est pas ce qu'on lui a fait croire depuis son enfance. Pour Daniel Rakotozandry, en ce qui concerne la santé, il n'y a jamais eu « d'avant » ni « d'après ». Il a toujours été malade mais en tant que pasteur et enfant du Réveil il n'a jamais fait de compromis avec l'univers des ancêtres. Enfin, Nenilava avait dès son jeune âge interprétait l'univers des ancêtres que son père servait, comme l'univers du diable que l'épître aux Ephésiens dénonce.

En conséquence, si on pose la question, en quoi Rainisoalambo, Ravelonjanahary, Rakotozandry et Nenilava ont-ils changé ? Quel type de conversion ont-ils opéré ? Ou encore, sous quelle forme s'est traduite leur conversion ? Dans la perspective d'Yvan Droz, on peut répondre qu'il s'agit pour tous les quatre d'une conversion cosmogonique et additionnelle. D'où tiennent-ils cette même vision du monde ? Tout simplement

---

17. *Ibid.*, p. 598.

de leur expérience et de leur interprétation de la Bible. C'est pourquoi, leur conception cosmogonique est beaucoup plus à rattacher à leur vocation qu'à la « non guérison par les pratiques ancestrales » comme le fait Jacquier-Dubourdieu. En effet, nos quatre revivalistes n'ont pratiquement pas vécu la même histoire en ce qui concerne la santé et la conversion. Aucun d'entre eux n'a manqué de faire référence à la Bible pour expliquer sa vocation et le contenu de sa mission qui comprend, entres autres, le combat contre les esprits mauvais.

Tous les conflits entre « Réveil et religion traditionnelle » et entre « Réveil et christianisme missionnaire » se situeront autour de ces doubles conversions que prêchent, entre autres, les quatre mouvements de Réveil, à savoir, la conversion cosmogonique et additionnelle.

Ainsi les quatre mouvements de Réveil ont le même message, la même mission et vont adopter le même ministère pour garder et pérenniser le mouvement de Réveil et ses fruits.

CHAPITRE 16

Réveil et fondamentalisme

Les mouvements de Réveil malgaches sont-ils fondamentalistes ? La question se pose dans la mesure où, pour les revivalistes, c'est l'autorité de la Bible qui gouverne leur foi et leurs actions. Nous avons déjà signalé que certains missionnaires aiment souvent répéter que « le ministère de berger est à la fois malgache et biblique » sans jamais préciser ce qui est malgache et ce qui est biblique. La plupart des conflits théologiques, éthiques, liturgiques etc., qui opposent les mouvements de Réveil et les Églises historiques malgaches trouvent leur origine dans leurs interprétations de la Bible. Ainsi, leurs détracteurs accusent souvent ces revivalistes de prendre la Bible à la lettre ou d'êtres simplistes.

Certes, la Bible occupe une place centrale dans la spiritualité des revivalistes malgaches. Est-ce que tout ceci suffit à dire que les mouvements de Réveil malgaches sont fondamentalistes ? Si oui, de quel fondamentalisme s'agit-il ? En effet, les observateurs, sociologues et théologiens parviennent à peu près à une même définition du « fondamentalisme chrétien ». Mais les facteurs et les configurations contextuelles déclenchant l'émergence des mouvements fondamentalistes sont très différents. C'est pourquoi, les mouvements que l'on présente comme fondamentalistes ne se reconnaissent pas tous dans telle ou telle définition que certains observateurs avancent pour les qualifier. Dans le cas des évangéliques, Sébastien Fath apporte la précision suivante :

> Il reste qu'on ne peut pas comprendre les évangéliques, en France comme ailleurs, sans tenir compte du rôle culturel et normatif de la Bible. On rétorquera que ce statut privilégié

des Ecritures est très classique chez les protestants. En quoi ce trait caractériserait-il particulièrement les évangéliques ? La réponse à cette question varie suivant les milieux étudiés.[1]

Aussi, en ce qui concerne l'infaillibilité des Ecritures, Sébastien Fath dit que :

> L'infaillibilité des Ecritures, la Bible, ne signifie pas que les évangéliques adhèrent tous à la théorie de la dictée. Même lorsqu'ils défendent cette dernière, dans l'axe de Louis Gaussen (1790-1863), ils admettent que la Bible est le fruit d'une élaboration historique, et reconnaissent qu'elle compile différents genres littéraires. Ils distinguent « la lettre » et « l'esprit », comme souligne le pasteur Edmond Itty : « La bible n'est pas un livre magique, un traité mystérieux de théologie auquel on rend un culte sans réflexion, pour en recueillir, automatiquement, les faveurs que réservent certaines religions aux seuls initiés ».[2]

Dans le même souci de précision et pour éviter tout amalgame entre fondamentalisme chrétien en général et fondamentalisme protestant, Jean-Paul Willaime prend l'exemple de Luther et du luthéranisme :

> Le protestantisme, en faisant sortir le moine du monastère, a aussi voulu spiritualiser le temporel et le moraliser selon ses préceptes divins. D'où cette ascèse intramondaine, ce rigorisme éthique caractéristique du protestantisme. Le fondamentalisme protestant se manifestera aussi comme un mouvement de régénération morale visant à rétablir ce qu'il estime être le comportement chrétien légitime. Le fondamentalisme

---

1. Sébastien Fath, *Du ghetto au réseau : Le protestantisme évangélique en France 1800-2005*, p. 26, Genève, Labor et Fides 2005.
2. *Ibid.*, p. 27

protestant s'est historiquement manifesté, de fait, comme un mouvement de réassurance doctrinale et éthique.³

Venons-en à la définition du fondamentalisme chrétien. Parmi les nombreuses formulations de la définition du mot fondamentalisme, nous aimerions en retenir deux qui sont assez proches et résument plus ou moins toutes les autres. Ainsi, selon Joseph Moingt :

> Le fondamentalisme chrétien est avant tout croyance et référence étroite à la Bible. Il s'origine dans la volonté de la défendre, non seulement contre les attaques du monde....⁴

James Barr, plus fort encore dans sa formulation, soutient que

> Le fondamentalisme est une tradition du christianisme protestant qui se signale par sa forte accentuation sur l'autorité absolue de l'Ecriture, entendue comme étant inspirée et infaillible.

Il ajoute que :

> Pour les fondamentalistes, l'Ecriture vient de Dieu et est inspirée dans toutes ses parties. Elle fournit la base de la prédication et de l'influence pratique sur la vie personnelle.

En tant que mouvement chrétien et biblique, le revivalisme malgache n'échappe pas à toutes ces questions. Et dans le cas particulier du protestantisme, la remarque de l'éditorialiste de la revue *Lumière et Vie* est aussi valable pour Madagascar. En effet, écrit-il,

> Il reste que le phénomène fondamentaliste met le doigt sur un point sensible : le rapport avec l'Ecriture fondatrice n'a jamais

---

3. Jean-Paul Willaime, *La précarité protestante : Sociologie du protestantisme contemporain*, Genève, Labor et Fides, 1992, p. 64.
4. Joseph Moingt, « Séductions fondamentalistes », in « *La tradition dans l'Église* ». Cours polycopié du Centre Sèvres, ouvrage non publié.

> été réglé uniformément pour l'ensemble du christianisme, ni une fois pour toute par chacune des Églises. Il ne peut pas l'être ; il est lui-même pris dans une histoire. Des chemins divers ont été empruntés pour demeurer à l'écoute de la parole de Dieu ; ils ont conduit les communautés à concevoir diversement leur propre réalité ecclésiale, leur relation avec le monde et peut-être aussi la figure de Jésus-Christ.[5]

Alors, qu'en est-il des mouvements de Réveil malgaches ? Sont-t-ils fondamentalistes ? Force est de constater qu'au sein du protestantisme malgache, les mouvements de Réveil apportent une « conception nouvelle » de la réalité ecclésiale et de la relation au monde. Cette « conception nouvelle » aura surtout des conséquences sur la théologie pratique et pastorale. Le ministère de berger en découle. D'où vient cette nouvelle conception ? Rainisoalambo lui-même affirme qu'elle vient de sa propre lecture de la Bible.

Reprenons encore ce que Rainisoalambo a dit, lors d'une prédication qu'il a prononcée au Temple Luthérien de Masombahoaka à Fianarantsoa :

> Nous ne saurions assez remercier Dieu de nous avoir envoyé ici des missionnaires européens pour nous annoncer l'Evangile. Ils nous ont présenté Jésus-Christ comme notre sauveur au même titre que le leur, ils nous ont traduit la Bible dans notre langue. Nous leur en resterons toujours reconnaissants. Mais, jusqu'ici, ils ne nous ont pas annoncé tout le conseil de Dieu ; ils ont laissé de côté, en particulier, la guérison des malades par l'imposition des mains et la prière et la sanctification parfaite.[6]

Nous avons aussi déjà signalé la déclaration suivante de Rainisoalambo :

---

5. Editorial, « L'Ecriture immobile », *Lumière et Vie*, 186, mars 1988.
6. E. Escande, *les Disciples du Seigneur*, pp. 14-15.

> Allez, prêchez la bonne nouvelle à toutes les nations, guérissez les malades et chassez les démons. Ne faites pas comme les missionnaires qui annoncent l'amour de Jésus et le pardon des péchés mais s'abstiennent de manifester la puissance de Dieu en refusant d'imposer les mains aux malades et de chasser les démons.

Voilà deux déclarations de Rainisoalambo qui sont le résultat de son « droit d'inventaire » que nous avons développé dans le cas de Rakotomihantarizaka. Ainsi, ce fut Rainisoalambo qui en premier fait usage de ce « droit d'inventaire ». Il l'a fait dans un premier temps sur la religiosité malgache. Il l'a fait ensuite sur la théologie et la pratique des missionnaires protestants. C'est de là que découlent ces deux déclarations et bien d'autres de la part de Rainisoalambo comme des trois autres revivalistes. Toute la nouvelle conception sur la réalité ecclésiale et sur la relation au « monde malgache » se trouve dans ces discours. Tous les motifs pour traiter le Réveil de simpliste et de fondamentaliste se trouvent également dans ces déclarations. Les implications théologiques et pratiques de ces déclarations ne sont pas minimes. Pourtant les objets du conflit sont là. Guérison des malades par l'imposition des mains et la prière, délivrance des personnes tourmentées par les supposés esprits des ancêtres, recherche de la sanctification parfaite. Ce sont les éléments nouveaux que Rainisoalambo et le mouvement de Réveil cherchent à introduire au sein des Églises des missionnaires. Tout ceci, Rainisoalambo l'a déduit de sa propre expérience de la religiosité malgache traditionnelle et de son interprétation de la Bible. La question se pose d'emblée, Rainisoalambo a-t-il subi l'influence pentecôtiste ? La réponse est non, dans la mesure où les missionnaires qui l'ont encadré avant et après sa conversion avaient déjà été à Madagascar bien avant l'expansion du pentecôtisme. Le fondamentalisme américain non plus n'a eu aucune influence sur Rainisoalambo parce que son Réveil s'est produit bien avant. Toutes les nouveautés introduites par Rainisoalambo et suivies par les autres revivalistes ont été élaborées dans un contexte malgache et avec leur propre lecture et interprétation de la Bible.

La conception biblique de Rainisoalambo et des autres revivalistes est protestante, c'est-à-dire qu'elle est celle des missionnaires qui leur ont appris à lire la Bible. Le statut de la Bible pour les revivalistes est celui des missionnaires protestants. Ainsi comme le dit Jean-Paul Willaime,

> À certains égards, on peut dire qu'avec son affirmation du Sola Scriptura, le protestantisme est un fondamentalisme au sens où il veut réaffirmer les fondements scripturaires de la foi chrétienne et s'en tenir à ces fondements contre toute interprétation de l'institution qui apparaîtrait divergente.[7]

Ceci est sans nul doute la position des revivalistes dans la mesure où ils n'ont d'Église que celle des missionnaires protestants. Ils n'ont pas non plus d'autre doctrine que celle de ces mêmes missionnaires. Leurs conceptions du Baptême, de la Sainte Cène, du ministère, etc. sont, ni plus ni moins, celle des missionnaires. La guérison par la prière, l'exorcisme, etc., ils les ont découverts dans la Bible des missionnaires.

Comment donc expliquer cette divergence de lecture entre les missionnaires et les revivalistes malgaches? Il y a là débat herméneutique qui est chose courante au sein du protestantisme. C'est toujours Jean-Paul Willaime qui nous semble bien expliquer cette situation. Il écrit en effet :

> Si le lieu de la vérité religieuse est, pour le protestantisme, la Bible, c'est autour de l'interprétation de celle-ci que le débat va se nouer entre les différentes sensibilités protestantes, en particulier entre les courants « libéraux » et « orthodoxes ». La question de la vérité religieuse, dans le protestantisme, devient un débat herméneutique. En déplaçant le lieu de la vérité religieuse, de l'institution au message, le protestantisme a transformé le problème de la légitimité religieuse en problème herméneutique.[8]

---

7. Jean-Paul Willaime, *La précarité protestante*, Histoire et Société n°25. Genève, Labor et Fides, 1992, 216 p, p. 64.
8. *Ibid.*

La question qui se pose est donc d'ordre herméneutique. Quelle est l'herméneutique des revivalistes ? Rainisoalambo, Ravelonjanahary, Rakotozandry et Nenilava ont toujours accompagné leur prédication avec l'exorcisme ou délivrance et la guérison par l'imposition des mains. Pourquoi ont-ils tant insisté pour introduire ces éléments nouveaux dans les charges pastorales et dans la liturgie des missionnaires ? Rappelons ici encore ce que nous avons dit sur Nenilava :

La clé de la compréhension du ministère des quatre revivalistes et des bergers est leur conscience de la réalité du combat spirituel. Le cas de Rakotomihantarizaka, qui est loin d'être un cas unique, et de sa femme Mahonjo Olga en est une illustration de ce combat. D'après leur propre expérience de la religiosité traditionnelle malgache et leur compréhension de la Bible, entre autres passages bibliques, ce que dit « Paul » dans l'épître aux Éphésiens chap. 6 verset 12 est interprété comme le fondement de la délivrance et de la dimension lutte dans la liturgie revivaliste : « Car nous n'avons pas à lutter contre la chair et le sang, mais contre les dominations, contre les autorités, contre les princes de ce monde de ténèbres, contre les esprits méchants dans les lieux célestes ». Le « monde des esprits » selon la conception malgache du surnaturel trouve, selon les revivalistes, son explication dans ce verset. Nous avons vu assez longuement que beaucoup de Malgaches, par leur culture, par leur cosmogonie et leur religiosité traditionnelle, sont bien informés et éduqués pour gérer la complexité et l'interconnexion avec le monde des esprits. Tandis que la culture ou la tradition malgache cherche, par l'intermédiaire des *ombiasa*, un moyen pour négocier et apaiser les attaques ou les colères des forces spirituelles sur les humains, les revivalistes et les bergers approchent celles-ci au moyen d'une confrontation. C'est pourquoi, comme nous l'avons déjà signalé, pour les revivalistes, la prédication et l'exorcisme sont des combats.

La puissance de la parole et de la prédication est mieux comprise dans ce contexte. Ainsi, comme nous l'avons déjà dit également, bien que le noyau du message des revivalistes ne diffère pas trop des messages protestants classiques, elle fait preuve, à l'image des autres revivalistes malgaches, d'innovation en adoptant une relecture de la Bible dans le contexte de la religiosité traditionnelle malgache.

> La prédication et le ministère de délivrance et de manifestation d'autorité qui en découlent ne consistent donc pas, pour les revivalistes, à satisfaire des concepts bien véhiculés par des systèmes de doctrines ou de pensées. Cela consiste en la révélation de la puissance de l'amour de Dieu en Jésus Christ pour sauver et guérir. Jésus n'est pas vu comme un objet de palabre ou de discours mais comme une présence à rencontrer, un appel qui nécessite une réponse immédiate.[9]

Nous sommes là encore dans la perspective de Jean-Paul Willaime qui affirme que :

> Tout système religieux,..., s'atteste dans une certaine forme de présentification du divin…Dans le système religieux protestant cette présentification se fait donc par la prédication et cette forme de présentification est lourde de conséquences… D'où l'importance centrale qu'a, dans les Églises Protestantes, la régulation de la prédication des ministres.[10]

Au sein de l'Église Luthérienne Malgache, cette régulation est encore plus stricte que partout ailleurs, car il y est presque impossible pour un « non clerc » de prêcher. C'est pourquoi le fait que Nenilava, une femme « non clerc », ait pu prêcher dans les temples luthériens est une preuve de la reconnaissance et de la légitimité de sa grande qualité de prédicateur.

Néanmoins, amener la présence de la divinité par la prédication n'est pas suffisant pour les revivalistes. Il faut que cette présence soit manifestée par la lutte contre les esprits mauvais et par la guérison. Aussi, dans les réunions ou les séances de délivrance, on peut constater que pour les revivalistes, la présence de l'autorité de Jésus de Nazareth est vécue par la foi et manifestée par les actes. Les séances de délivrance et l'imposition des mains, n'est pas

---

9. Péri Rasolondraibe a affirmé et réaffirmé cette idée dans les cours et conférences sur la prédication des revivalistes.
10. Jean-Paul Willaime, *Profession Pasteur*, p. 52.

seulement une métaphore mais aussi un « acte symbolique » pour signifier et manifester cette puissance de Jésus.

C'est pourquoi, à la question, quelle est l'herméneutique des revivalistes ? On peut la comprendre comme une « herméneutique de contextualisation ». Il y a là rapports entre deux systèmes religieux, le christianisme et la religiosité traditionnelle ou la culture malgache. Selon Roger Bastide,

> Les rapports entre les systèmes religieux peuvent être de deux sortes, hostilité ou pénétration mutuelle. D'ailleurs, chose curieuse, les rapports d'hostilité eux-mêmes aboutissent à des emprunts ou à des infiltrations. C'est ainsi que le christianisme, pour lutter contre le paganisme, a été obligé de lui emprunter quelques-uns de ses éléments, en la modifiant, bien entendu, et par là une rivalité s'est achevée en imitation.[11]

Qu'en est-il des rapports entre le christianisme des missionnaires protestants et de la religiosité malgache ? Nous sommes ici devant ce que les théologiens chrétiens de la mission appellent « concept d'inculturation ». Y-a-t-il eu hostilité ou infiltration entre le christianisme et les cultures malgaches ? La réponse n'est pas simple dans la mesure où après une longue période de persécution il y a eu un semblant d'« accommodation » ou d'« adaptation » du christianisme. Mais après la naissance du Réveil de Rainisoalambo, les hostilités ont réapparu sous d'autres formes et sur différents sujets. Ces hostilités vont dans deux directions opposées. D'une part, hostilité et conflit entre les revivalistes et une partie des membres et cadres des Églises historiques malgaches. D'autre part, hostilité entre les revivalistes et les défenseurs de la religiosité traditionnelle malgache. Toutes ses hostilités ou divergences de point de vue sont les fruits d'interprétations différentes de la Bible ou plus exactement, les conséquences de deux approches différentes de la religiosité malgache. Autrement dit, nous sommes, peut-être, devant deux concepts différents d'inculturation, celle de certains missionnaires avec leurs disciples et celle des revivalistes.

---

11. Roger Bastide, « Eléments de sociologie religieuse », Paris, Stock, 1997, p. 141.

CHAPITRE 17

« Retour de la mort » et « retournement des morts »

Nous avons vu que les deux femmes à l'origine du Réveil à Manolotrony et Ankaramalaza, Ravelonjanahary et Germaine Volahavana, sont passées par une expérience de « retour de la mort ». Rappelons ici les faits. Pour Ravelonjanahary, deux missionnaires relataient l'événement. Le premier fut le missionnaire P. Buchsenschütz qui, après avoir décrit la situation comme une crise de catalepsie, ajoute en note de bas de page que Ravelonjanahary en parle comme d'une mort et d'une résurrection.

Avant Buchsenschütz, le missionnaire Eugène Groult, témoin direct, disait:

> Elle eut alors des visions, et entendit des voix; il lui fut annoncé qu'elle mourrait et ressusciterait et en effet, elle passa pour morte pendant six jours, et on porta son cadavre au temple pour le service funèbre. C'est là qu'elle perçut le chant des cantiques comme un chœur et qu'elle se redressa [...]. Le même événement se reproduisit quatre années plus tard, avec cette différence qu'elle le pressentit, et put l'annoncer, disant que cette fois elle passerait par le même stade que le Seigneur Jésus, mourant le vendredi et ressuscitant le dimanche, ce qui s'accomplit en effet.[1]

---

1. E. Groult, « Guérisons par la prière », *Journal des Missions Evangéliques*, Paris, 1928, p. 239.

Pour Germaine Volahavana, plusieurs témoins directs ont raconté oralement l'évènement. Le pasteur A. Greiner lui-même a entendu l'histoire par la bouche de Nenilava. Nous reprenons ici ce qu'il a dit :

> Effrayée par cette vision et se demandant comment elle, qui ne savait ni lire ni écrire, pouvait s'acquitter d'une pareille mission, Nenilava s'entendit répondre: « Ce n'est pas toi qui le feras, c'est moi. Je t'enseignerai et te conseillerai ». C'est là que se situe l'épisode le plus mystérieux de la vocation de Nenilava, un épisode dont elle-même parle avec beaucoup de réticence. Elle mourut un vendredi, priant ses voisins de ne pas l'enterrer. Elle devait effectivement revenir à la vie le dimanche suivant à 11 heures. Pendant ce temps, elle fut enlevée au ciel jusqu'en la présence de Dieu. Lorsqu'elle revint dans le monde des hommes, instruite par le Seigneur dans la connaissance de l'Ecriture, elle commença à exercer son ministère selon les ordres reçus d'en haut.[2]

Où chercher la bénédiction ?

Voilà comment on raconte l'expérience de « retour de la mort » vécue par Ravelonjanahary et Germaine Volahavana. Compte tenu de l'importance de la mort et de ce qui en est autour de celle-ci dans la société malgache, la question suivante doit être posée : Y-a-il un rapprochement à faire entre ces expériences de « retour de la mort » et le « retournement des morts » ou le *famadihana* ? Voyons donc comment peut-on représenter schématiquement le *famadihana*.

On peut distinguer quatre étapes :
1. La première étape et ce qui déclenche le *famadihana*, c'est la visite d'une personne vivante par « l'esprit d'un défunt ». Le défunt communique par le rêve et révèle son désir de revêtir de nouveaux linceuls parce qu'il commence à avoir froid.

---

2. Albert Greiner, *article dans Fraternité Evangélique*

2. Les personnes vivantes préparent avec l'aide d'un *ombiasa* la cérémonie du *famadihana*. Celui-ci indique le jour et les règles à observer pour la réalisation de ce *famadihana*.
3. Quand arrive le jour du *famadihana* : les vivants vont vers les morts qu'on va sortir de leur tombe. Ils suivent scrupuleusement toutes les règles relatives au rituel du *famadihana* en vue de satisfaire et d'attirer la faveur des défunts.
4. Les ossements des morts retournent dans leur caveau tandis que les vivants attendent impatiemment leurs bénédictions durant les jours qui vont suivre le *famadihana*.

Dans l'expérience de Ravelonjanahary et de Germaine Volahavana, en s'appuyant sur les témoignages des deux missionnaires et du pasteur A. Greiner, on peut trouver aussi quatre étapes dans cette expérience de « retour de la mort ».

1. La première étape concerne aussi la visite d'un vivant par l'esprit de Jésus-Christ (mort et ressuscité selon la confession de foi chrétienne). Jésus manifeste son désir de se servir de la personne pour être son témoin. Il révèle aussi qu'elles vont passer par une expérience de la mort et de « retour de la mort ».
2. La personne vivante annonce à son entourage ce qu'elle a reçu comme révélation et se prépare à cette mort annoncée dont, selon les deux témoignages, le jour a déjà été précisé.
3. La personne entre dans cette mort annoncée et son corps est placé dans le temple où son entourage veille et prie, en attendant le jour de « retour de la mort ».
4. La personne défunte retourne parmi les vivants en étant remplie de l'esprit de Jésus. Grâce à leur charisme, ces personnes sont devenues bénédictions pour beaucoup dans la mesure où elles accomplissaient plusieurs délivrances et guérisons de personnes malades.

Voilà ce qu'on peut dire entre ces deux expériences de « retour de la mort » et le *famadihana*. Dans les deux cas, il s'agit de visitation, l'une par l'esprit d'un défunt et l'autre par Jésus. Dans les deux cas, il s'agit aussi de bénédiction. Dans le premier cas, cette bénédiction est à chercher auprès des morts ou des ancêtres en observant scrupuleusement toutes les règles relatives au rituel du *famadihana*. Tandis que dans l'autre cas, cette bénédiction est offerte gracieusement par une personne vivante habitée par l'Esprit de Jésus.

C'est pourquoi, on peut observer qu'au cours de leur ministère d'évangélisation les deux revivalistes n'insistaient pas sur les trois premiers points et en font même l'impasse dans leurs témoignages ou dans leurs campagnes d'évangélisation. Par contre, elles annonçaient les bienfaits de la foi authentique et de la communion profonde et sincère avec Jésus.

Comme devant tout témoignage, on peut croire ou ne pas croire à ces histoires mais toujours est-il que pour les revivalistes, elles sont l'affirmation de la « grâce » dans une société où la religiosité traditionnelle impose pleine de règles et de tabous que beaucoup de Malgaches trouvent pesantes et aliénantes comme nous l'a fait apparaître le témoignage de Rakotomihantarizaka.

On peut observer aussi que pour les revivalistes, ces expériences de « retour de la mort » témoignent de la gratuité des dons de Jésus dans une religiosité où les prix à payer pour l'accomplissement des rituels, comme le *famadihana* par exemple, coûtent plus chers que la bénédiction qu'on en récolte.

Aussi, une fois de plus, on constate que le conflit entre la religiosité traditionnelle et le mouvement de Réveil est un conflit entre deux choix de vie, de mode de vie et de société qui se résument en ces termes : Où chercher la bénédiction ? Où chercher la vraie vie ?

Voilà, dans un premier temps, ce qu'on peut faire comme rapprochement entre le retournement des morts et cette expérience de « retour de la mort ». Le premier préconise la recherche de bénédiction et de bien-être auprès des ancêtres et le second dans la communion avec Jésus.

Le temple symbole de la nouvelle Jérusalem

Il faut remarquer que dans les deux cas, deux lieux se trouvent au centre des événements : le Temple et le Tombeau. Dans le Temple, leurs vies furent rendues à Ravelonjanahary et à Germaine Volahavana. Tandis qu'au Tombeau, dans le cas du *famadihana*, les ancêtres que l'on suppose vivants, sont renfermés dans leur demeure jusqu'au prochain *famadihana* ou enterrement. Dans le livre de l'Apocalypse, il est écrit :

> Et je vis descendre du ciel, d'auprès de Dieu, la ville sainte, la nouvelle Jérusalem, préparée comme une épouse qui s'est parée pour son époux. Et j'entendis du trône une forte voix qui disait : Voici le tabernacle de Dieu avec les hommes! Il habitera avec eux, et ils seront son peuple, et Dieu lui-même sera avec eux. Il essuiera toute larme de leurs yeux, et la mort ne sera plus, et il n'y aura plus ni deuil, ni cri, ni douleur, car les premières choses ont disparu. (21, 2-4).

Le rapprochement de ces expériences de « retour de la mort » vécues par Ravelonjanahary et Germaine Volahavana dans le temple avec ce passage de l'Apocalypse est intéressante. Car ces expériences se présentent comme un avant-goût de cette affirmation du livre de l'Apocalypse : « les larmes sont essuyées, la mort n'est plus et le deuil a cessé ». Dans la conception du christianisme, la présence de Dieu est effective dans le temple. C'est pourquoi, à partir de l'expérience de nos deux revivalistes le temple est considéré comme une représentation de la Jérusalem céleste. Pour les revivaliste il sera le lieu où l'on partage la vie et où l'unité des disciples du Christ doit être visible. Il sera le lieu où ils vont combattre toute sorte de mort. Ainsi, contrairement au tombeau, demeure des morts et symbole de division, dans la mesure où les races ne s'y mélangent jamais, les revivalistes proposent une alternative, le temple comme lieu de la vie et de l'unité de tous les dèmes et de toutes les races en Jésus-Christ.

C'est pourquoi, dans tous les Camps et Villages de Réveil, le temple ou le lieu de culte sera le centre, même à Soatanana que L.-J. Dubourdieu considère comme la nouvelle Jérusalem. Le temple sera le lieu de rencontre journalier de tout ce qui cherche la vie et le bien être. Le temple accueillera tous les dèmes et les races pour adorer et servir Jésus-Christ. Ainsi, le temple comme marqueur de rang est complètement aux antipodes de l'esprit de cette Jérusalem céleste. Aussi, pour les revivalistes, véhiculer les clivages tribaux, raciaux ou ancestraux au sein du temple revient à le réduire au niveau de tombeau où ces esprits de rang, de groupe statutaire et de supériorité ou d'infériorité raciale règne.

CHAPITRE 18
Réveil, Pentecotisme et autres Religions

Réveil et Pentecôtisme

Le mouvement pentecôtiste à Madagascar présente quelques traits communs avec les mouvements de Réveil initiés par Rainisoalambo. Si bien que lorsque l'on parle des mouvements de Réveil malgache à un observateur étranger, la question qui se pose tout naturellement est la suivante : Y-a-t-il un rapport avec le Pentecôtisme ?

Il est donc tout à fait normal d'ouvrir un chapitre sur ce sujet : Réveil et pentecôtisme à Madagascar.

Dans son article, J.-P. Willaime dresse une brève histoire du pentecôtisme :

> Historiquement, le pentecôtisme a ses origines aux États-Unis dans deux réveils religieux du début du XXe siècle: celui de 1901 dans l'école biblique de Topeka (Kansas) sous l'impulsion d'un pasteur d'origine méthodiste du nom de Charles F. Parham (1873-1929); celui de la Mission de l'Azuza Street à Los Angeles en 1906-1909 sous l'impulsion d'un pasteur noir d'origine baptiste : William J. Seymour (1870-1922).[1]

---

1. Jean-Paul Willaime, « Le Pentecôtisme: contours et paradoxes d'un protestantisme émotionnel », *Archives de Sciences Sociales des Religions*, 105 (janvier-mars), pp. 5-28, 1999, p. 5.

Le pentecôtisme est arrivé à Madagascar presque soixante années après. L'Église pentecôtiste à Madagascar porte le nom de *Jesosy Mamonjy*, Jésus sauve. Créée en 1962 et reconnue comme association cultuelle le 1ᵉʳ juillet 1963. Cette Église pentecôtiste à Madagascar est le fruit d'une campagne d'évangélisation entreprise par un couple d'Américains d'origine indienne, Daoud. Toujours selon J.-P. Willaime :

> Religieusement, le pentecôtisme s'origine dans le mouvement de sanctification (Holiness Movement) du protestantisme nord-américain. Ce mouvement de filiation méthodiste s'est développé dans la seconde moitié du XIXe siècle et a été marqué par des prédicateurs revivalistes comme Charles G. Finney (1792-1875) et Dwight L. Moody (1837-1899) et les fameux rassemblements appelés camp meeting, où les foules pouvaient écouter les prédications durant plusieurs jours et exprimer leur ferveur religieuse. Ce mouvement, dans la ligne de la théologie de John Wesley (1703-1791) insistait aussi bien sur la conversion que sur la sanctification, c'est-à-dire sur la nécessité, pour le croyant, de mener une vie exemplaire, réellement transformée par la foi.[2]

La grande ligne de la prédication de Daoud et de ces disciples ne sort pas de cette orientation théologique habituelle du pentecôtisme. Plus précisément cette orientation théologique se décline en quatre points : Jésus sauve, Jésus baptise, Jésus guérit et Jésus revient. Par rapport à la prédication des revivalistes malgaches, c'est dans le « Jésus baptise » que réside la différence fondamentale entre les deux mouvements :

> L'insistance sur les paroles de Jean-Baptiste, « Moi, je vous baptise d'eau …Lui, il vous baptisera du Saint-Esprit et de feu », et celles de Jésus : « Mais vous recevrez la puissance, le Saint-Esprit survenant sur vous, et vous serez mes témoins » est une caractéristique pentecôtiste. Sans entrer dans une discussion

---

2. *Ibid.*, p. 7.

> de détail, rappelons simplement que, pour les Pentecôtistes comme pour Torrey, il existe après l'expérience de la conversion où l'on reçoit le Saint-Esprit une expérience ultérieure, un revêtement de puissance, appelé baptême du Saint-Esprit. Cette expérience physiquement « palpable » est marquée par la manifestation des dons spirituels dont le parler en langues est le signe par excellence.[3]

Cette interprétation pentecôtiste n'est pas celle des revivalistes malgaches qui ont adopté tout simplement la doctrine réformée et luthérienne du baptême. C'est pourquoi durant la période d'émergence du pentecôtisme dans le paysage religieux malgache, cette doctrine du « baptême du Saint-Esprit » fut le point qui a engendré le plus de controverse et de trouble dans la société malgache.

C'est pourquoi à ces débuts, le pentecôtisme n'a pas laissé indifférent le pouvoir public et les responsables ecclésiastiques. Le couple Daoud fut expulsé de Madagascar pour des raisons peu claires.

Pour les dirigeants des Églises protestantes traditionnelles, à savoir la FJKM[4] et la FLM, toutes dénominations religieuses non membres de la FFPM (Fédération des Églises Protestantes de Madagascar), sont considérées comme sectes. Ainsi pendant plusieurs années, l'existence de ces Églises a été mal perçue. De la part de la FJKM en particulier, on peut établir une similitude entre leur réticence vis-à-vis des mouvements de Réveil à leur début et leur méfiance vis-à-vis du pentecôtisme et des NMR. Les tensions que les Églises protestantes traditionnelles avaient avec les mouvements de Réveil malgaches, ont été transposées vers le pentecôtisme et les NMR. Dans sa préface du livre de Daniel Brandt-Bessire, Walter J. Hollenweger résume en six points ces tensions :

> Puisque la plupart de ces « églises indigènes » à forte croissance sont très proche du Pentecôtisme primitif, il n'est pas

---

3. Daniel Brandt-Bessire, *Aux sources de la spiritualité pentecôtiste*, Genève, Labor et Fides, 1986, p. 184.
4. Au départ du mouvement pentecôtiste à Madagascar, la FJKM n'était pas constituée. Elle était encore sous la forme de LMS, MPF et FFMA.

surprenant que ces mêmes églises vivent une tension avec les églises qui furent exportées de l'Europe ou Amérique. On peut résumer ces tensions de la manière suivante : Racisme [ou complexe de supériorité européen/américain] face à une compréhension interculturelle et interraciale du christianisme ; L'instruction livresque face à une tradition orale ; Des concepts abstraits face à la narration ; Des relations de famille et personnelles face à l'anonymat des organisations bureaucratiques.

Une technologie médicale face à une compréhension globale de la santé et de la maladie ; Des techniques occidentales de psychanalyses en face d'une thérapie de groupe ou de famille qui se concentre sur le toucher humain, la prière et une éducation informelle journalière par des rêves et des visions.[5]

Walter J. Hollenweger soutient en fait que les mouvements autochtones comme celui des revivalistes malgaches ne font qu'un avec le pentecôtisme primitif. En examinant bien ces six points, on est tenté de donner raison à Walter J. Hollenweger. En effet à quelques nuances près, ces six points résument bien les tensions que les missionnaires protestants et leurs Églises avaient avec les mouvements de Réveil initiés par Rainisoalambo. La tentation est d'autant plus grande dans la mesure où les observateurs mettaient souvent dans le même sac les revivalistes malgaches et les pentecôtistes. Par exemple au sujet de l'opposition de certains chrétiens au culte aux ancêtres voici ce que M. Rakotomalala dit :

> Il n'est donc pas séant d'utiliser à Madagascar l'expression « culte des morts » ou « culte aux morts », mais plutôt « culte aux ancêtres ». C'est justement sur ce point que jouent souvent les détracteurs de l'ancestralité : pour eux, il s'agit purement et simplement d'un culte aux morts. Les pentecôtistes et les revivalistes en particulier insistent sur le fait qu'il y a coupure définitive entre la vie et la mort.[6]

---

5. D. Brandt-Bessire, *Aux sources de la spiritualité pentecôtiste*, 1986, p. 25.
6. M. Rakotomalala, *Madagascar : Les ancêtres...*, p. 50.

Nous avons déjà signalé cette autre affirmation de F. Raison-Jourde :

> …La lutte contre ces pratiques légitime la progression dans le champ religieux d'une troisième force : celle des mouvements de Réveil (Fifohazana), Églises pentecôtistes et plus globalement nouvelles Églises, moins de 6% d'adhérents.[7]

Certes, Revivalistes et pentecôtistes soutiennent souvent les mêmes positions. Ceci est tout à fait normal parce que les deux mouvements acceptent l'autorité de la Bible pour gouverner leur foi.

Le fait d'être alliés objectifs sur certains points de la foi chrétienne suffit-il à dire que les deux mouvements n'en font qu'un ? La suite des propos de Walter J. Hollenweger semble plaider le contraire. En effet, voici ce qu'il dit :

> Certaines de ces églises indigènes vont sans doute accepter des enseignants occidentaux, une technologie et une théologie occidentales. Ce faisant, elles participeront aux bénédictions et aux pièges de la culture occidentale. Je soupçonne pourtant que la majorité de ces églises ne voudront pas choisir cette voie. Bien au contraire, elles vont développer leur propre théologie, organisation d'église et liturgie dont nous pouvons deviner la forme. Mais une chose est certaine pour elles, le moyen d'expression dans la communication sera, comme dans les temps bibliques, non la définition mais la description, non la déclaration mais l'histoire, non la doctrine mais le témoignage…[8]

Cette déclaration de Walter J. Hollenweger se présente comme deux cahiers des charges complètement opposés qui dressent la liste des conduites que les revivalistes et les pentecôtistes ont suivies pour édifier leurs mouvements. Ainsi en complément des six points communs plus haut, nous

---

7. *Ibid.*, p. 15.
8. D. Brandt-Bessire, *Aux sources de la spiritualité pentecôtiste*, pp. 25-26.

pouvons établir la liste de trois autres points qui résument la différence entre revivaliste et pentecôtiste à Madagascar.

1. Au sein des Églises protestantes de Madagascar, les revivalistes ont sollicité les enseignants occidentaux, une technologie et une théologie occidentale. Si bien que sur plusieurs points doctrinaux comme le baptême et la Sainte Cène, ils n'ont de positions que la position protestante, FJKM ou FLM. Par contre, ils ont aussi négocié pour faire accepter leur spécificité théologique comme la délivrance et la prière pour les malades.

   Tandis que les pentecôtistes malgaches depuis leur création, par ce prédicateur américain d'origine indienne nommé Daoud, ont toujours préservé leur autonomie, en matière de doctrine et d'enseignement, et n'ont pas cherché à s'approcher des Églises protestantes plus anciennes.

2. Les mouvements de Réveil au sein de la FFPM n'ont pas développé leur propre liturgie, mais ils ont fait en sorte qu'on additionne leur liturgie à celle déjà existante au sein du protestantisme et qu'on reconnaisse leurs ministres, les bergers.

   Le pentecôtisme à Madagascar, qui est donc visiblement un mouvement à vocation indépendantiste, a développé sa propre liturgie, son propre ministère dans sa propre école, qui est essentiellement une formation sur le tas.

3. Dans leur conception de la mission, les revivalistes au sein du protestantisme malgache n'ont pas cherché à créer une nouvelle Église mais plutôt contribuer à édifier celle qui existe déjà. D'où le préambule du protocole d'accord entre mouvement de Réveil et la FFPM : « Le Réveil est un don de Dieu pour l'Église ».

   Le pentecôtisme, plutôt, cherche à créer une nouvelle Église et à ramener dans son giron tous ceux qu'il peut.

Aussi, bien que le revivalisme malgache et le pentecôtisme à Madagascar sont tous les deux des mouvements prophétiques, on peut leur trouver quelques différences fondamentales :

Le mouvement des revivalistes malgaches est un mouvement prophétique local. Au moment de l'émergence du pentecôtisme (1962), les revivalistes étaient déjà bien établis dans toute l'Ile. Les bergers du Réveil prenaient déjà en charge depuis plus de 60 années les ministères de guérison, de sanctification et de délivrance. Ces ministères, ils les ont exercés dans des cadres[9] beaucoup plus variés que ce qu'on trouve habituellement chez les pentecôtistes. Les pentecôtistes n'ont pratiquement amené rien de nouveau que leur baptême du Saint-Esprit et leur glossolalie.

Avec et par leurs charismes, les revivalistes malgaches cherchent à réformer et rénover le protestantisme déjà existant. C'est dans ce sens que nous pouvons considérer les revivalistes malgaches comme des réformateurs et des rénovateurs.

Le pentecôtisme est aussi un mouvement prophétique, mais importé. Dans le contexte malgache, il peut être considéré comme un prophétisme révolutionnaire et radical, dans la mesure où il faisait comme si de rien n'était à Madagascar. Daoud est venu non pour contribuer avec la famille protestante, mais pour créer son Église. D'ailleurs, il n'a pas hésité à solliciter l'aide de deux pasteurs[10] de la FKM (ex LMS) pour arriver à ses fins. En quelque sorte, on peut dire que Daoud s'est servi de son charisme pour construire sa propre Église. Dans une courte réflexion sur le pentecôtisme, Chiarella Matem fait la remarque suivante :

> Le succès de ces églises réside en partie dans le type de culte et de réponse qu'elles offrent à des fidèles qui se sont éloignés des églises historiques. À l'instar, des églises congolaises en Belgique qui sont de réels vecteurs d'intégration pour les nouveaux arrivants dans leur pays d'accueil, ou des églises coréennes qui recréent une communauté urbaine là où l'exode rural l'avait brisée, les églises pentecôtistes malgaches offrent aux fidèles des réponses davantage adaptées aux différentes situations de crises qu'ils parcourent et apparaissent donc comme des menaces pour les églises historiquement instituées.[11]

---

9. Nous avons déjà signalé qu'il y a au moins trois cadres où les bergers peuvent exercer leur ministère : 1. les cultes dominicaux, 2. les cultes journaliers, 3. les Toby ou Camps de Réveil.
10. S. Blanchy, J.A. Rakotoarisoa, P. Beaujard, C. Radimilahy (dir.), *Les dieux au service du peuple*, p. 126.
11. Ch. Mattem, « Le pentecôtisme ou la religion bouclier », *Bulletin d'information sur la population de Madagascar*, numéro 49, mai 2009, p. 3.

Peut-on mesurer le succès du pentecôtisme à Madagascar par rapport à celui des revivalistes ?

Compte tenu des différents aspects du Réveil malgache et du pentecôtisme, il nous semble difficile de faire une étude comparée sur leur impact dans la société malgache. On peut observer que le pentecôtisme se nourrit ou se fournit essentiellement en membres auprès des Églises établies, catholique, anglicane et protestante. Contrairement à ce pentecôtisme, les revivalistes malgaches cherchent à influencer les membres de ces Églises en leur sein même. Ceux qui se convertissent à la foi chrétienne par les campagnes d'évangélisation des bergers sont intégrés dans les Églises protestantes qui acceptent le Réveil.

C'est pourquoi, la mesure réelle de leur impact respectif peut être l'objet d'une recherche particulière.

D'autre part, on peut observer que parmi ceux qui adhèrent au pentecôtisme et ceux qui acceptent le revivalisme malgache beaucoup se réjouissent d'avoir été soustraits à la domination des « ancêtres ». C'est dans ce sens, que l'on peut penser que le revivalisme malgache et le pentecôtisme sont vecteurs de modernité.

Réveil, Pentecôtisme et nouveaux mouvements religieux

L'approche des leaders des Nouveaux Mouvements Religieux à Madagascar sera comparable à celle de Daoud. Chacun s'est servi de son charisme pour créer un groupe ou une église. C. Radimilahy et R. Andriamampianina[12] dressent la liste des lieux de cultes chrétiens à Antananarivo. Cette liste des lieux de cultes chrétiens est présentée pêle-mêle comme le résultat d'une enquête menée par des étudiants malgaches entre 2002 et 2003. Nous pouvons classer ces lieux de culte en quatre catégories suivant leur histoire et leur tendance théologique.

---

12. R. Andriamampianina, « Sources bouillonnantes et lieux de cultes dans la région d'Antsirabe (Madagascar) », *Etudes Océan Indien*, n° 30, 2001, p. 89.

Les premiers sont les lieux de culte dissidents du protestantisme introduit par les missionnaires. Le plus récent et le plus connu dans cette catégorie est le FPVM, *Fiangonana Protestanta Vaovao et Madagasikara* (Nouvelle Église Protestante à Madagascar). « Le pasteur Randrianantoandro Joseph, démis de ses fonctions au temple FJKM d'Andravohangy Fivavahana, a aussitôt créé cette Église à Antaninanandrano (3ᵉ arr.), reconnue par l'administration en janvier 2003) ».[13]

Ensuite, on peut trouver une deuxième catégorie de lieux de culte introduits par des missionnaires issus des NMR venus d'Afrique, d'Europe ou des Etats-Unis d'Amérique. Dans cette catégorie se trouve la Communauté Evangélique Indépendante de Madagascar ou CEIM. C. Radimilahy et R. Andriamampianina situent à tort la CEIM dans la mouvance du pentecôtisme : « Cette église fait partie (ou est issue) de l'Assemblée des frères, mouvement évangélique appartenant au pentecôtisme. L'Assemblée des frères aurait été constituée par Nelson Darby au début du XIXe à l'étranger ».[14] La CEIM ne fait pas partie du pentecôtisme dans la mesure où les Assemblées de Frères ne relèvent pas de cette mouvance. La CEIM a été créé en 1989, et reconnu comme association cultuelle en 1991. « La CEIM est apparue à l'initiative d'un ingénieur des Travaux publics converti qui a 'reçu un appel' pour se consacrer à la théologie et qui est devenu pasteur pour le groupe d'Antananarivo ».[15]

Cet ingénieur malgache, devenu pasteur, est en fait le fondateur de la CEIM. Avant son retour à Madagascar, il fut pasteur de l'Église Protestante Evangélique de Paris Nation. Cette église est membre de l'Assemblée des frères larges. La CEIM n'est donc pas darbyste. Comme toutes les Assemblées de frères larges, la CEIM serait de la tendance de Georges Müller (1805-1898).[16] La CEIM est parmi les rares communautés qui possèdent un Institut Biblique Evangélique[17] et produit une douzaine de pasteurs par an.

---

13. *Ibid.*, p. 112.
14. *Ibid.*, p. 101.
15. *Ibid.*
16. S. Fath, *Du ghetto au réseau*, p. 113.
17. Les professeurs sont pour la plupart des anciens étudiants de la Faculté de Théologie de Vaux-sur-Seine et le cycle des études est de trois ans.

Dans la troisième catégorie de lieux de culte chrétien se trouvent les groupes dissidents des mouvements de Réveil malgache. Parmi ces groupes, il y a le mouvement de Soatanana Nord qui a gardé le nom de « disciple du Seigneur ». Ce mouvement est le résultat du schisme entre les héritiers de Rainisoalambo en 1951-1954. Nous en parlerons plus longuement dans le chapitre sur les conflits. Dans cette troisième catégorie, on peut aussi situer le *Fifohazana Mandoa*, Réveil de *Mandoa*. Pendant les séances de délivrance, il arrive que certaines personnes écument comme dans l'évangile de Marc :

« Et aussitôt que l'enfant vit Jésus, l'esprit l'agita avec violence; il tomba par terre, et se roulait en écumant » (Mc 9,20).

Les adeptes du *Fifohazana Mandoa* (« vomir ») ont décidé de prendre comme signe de délivrance le fait d'écumer :

> Les adeptes sont tenus pour des extrémistes. Le nom de Mandoa (« vomir ») vient d'ailleurs du fait que les « malades » sur lesquels on impose la main ne sont considérés comme guéris que s'ils bavent (mandoa vory), le mal (ou les démons) sortant alors sous forme d'écume de leur bouche.[18]

Voilà les deux principaux dissidents des mouvements de Réveil malgache. Dans la liste des lieux de culte fournie par C. Radimilahy et R. Andriamampianina, d'autres groupes portent le nom de Réveil mais n'ont rien avoir avec les mouvements de Réveil reconnu par le FFPM.

Enfin dans la quatrième catégorie, nous pouvons classer les groupes dissidents du pentecôtisme *Jesosy Mamonjy* (Jésus Sauve) et les groupes à tendance pentecôtiste. Ils sont les plus nombreux et parfois portent des noms qui ne font pas allusion à leur pentecôtisme.

> Le pentecôtisme se manifeste par une multitude de dénominations. Rien qu'aux États-Unis, W. Hollenweger en dénombre deux cents (si certaines de ces dénominations ont des effectifs réduits et sont peu répandues, d'autres, comme les Assemblées

---

18. S. Blanchy (*et al.*), *Les dieux au service du peuple*, p. 113.

de Dieu sont au contraire quantitativement importantes et présentes sur tous les continents).[19]

Cette remarque de J.-P. Willaime s'applique aussi dans le cas du pentecôtisme à Madagascar. Dans ce quatrième groupe, les Assemblées de Dieu sont les plus importants après les Pentecôtistes *Jesosy Mamonjy* (Jésus Sauve). Il y a aussi les Pentecôtistes Unifiés ou les Pentecôtistes Unis. On peut y classer également ce que L.J. Dubourdieu appelle néo-pentecôtisme.[20] Cette Église vient du Brésil et porte le nom de l'EURD. D'après L.J. Dubourdieu,

> C'est une entreprise de guerre sainte, comme le Fifohazana, mais elle en diffère profondément par les moyens mis en œuvre et par une prédication qui n'appelle pas au retrait du monde, comme le pentecôtisme de « sainteté », mais à une participation active de chacun au chantier de Salut. Ses interlocuteurs ne sont pas sollicités en référence à un imaginaire nourri par l'Histoire mais saisis tels qu'ils sont dans la réalité de la modernité urbaine : appauvris, atomisés, hédonistes et démoralisés, en quête d'un Dieu accessible, utile et performant.[21]

L'EURD n'a pas eu beaucoup d'impact à Madagascar, mais sa « théologie de l'abondance ou de la prospérité » se trouve prêchée dans la plupart des NMR à tendance pentecôtiste.

La première partie de la question de Bernard Boutter sur « le pentecôtisme à l'île de la Réunion »[22] peut être posée à certaines communautés se trouvant dans cette quatrième catégorie. B. Boutter se demande si le

---

19. Jean-Paul Willaime, « Le Pentecôtisme : contours et paradoxes d'un protestantisme émotionnel », *Archives des sciences sociales des religions*, n°105, Janvier-Mars 1999. *Le Pentecôtisme : les paradoxes d'une religion transnationale de l'émotion*, p. 7.
20. Nous partageons les remarques de J.-P. Willaime qui juge que le terme néo-pentecôtisme est une distinction floue et contestable (*Ibid.*).
21. L.J. Dubourdieu, « De la guérison du corps à la guérison de la nation. Réveil et mouvements évangéliques à l'assaut de l'espace public », *Politique Africaine*, mai 2002, pp. 80-81.
22. Bernard Boutter, *Le pentecôtisme à l'île de la Réunion*, Paris, L'Harmattan, 2002,

pentecôtisme à l'île de la Réunion est « refuge de la religiosité populaire ou vecteur de modernité ? ». En effet, il arrive que les *tromba* se refugient et essaient de communiquer par les transes ou les glossolalies pratiquées dans ces NMR à tendance pentecôtistes. Ainsi, comme les *tromba*, toutes sortes de transes et de manifestation de l'esprit peuvent être soumis au concept de « droit d'inventaire » que nous avons déjà développé dans le cas de Rakotomihantarizaka. Le « droit d'inventaire » consiste à examiner et étudier la relation de la personne en transe avec l'esprit qui agit en lui, dans sa vie quotidienne. Le cas de *tromba* qui prend pour refuge certains cultes à tendance pentecôtiste nous sont connus parce que ce sont les personnes concernées elles-mêmes qui ont témoigné.

Explosions diverses

On constate actuellement une véritable explosion de la vente de littérature et de musique évangélique. En parallèle, on peut constater également l'explosion de la création de groupes musicaux évangéliques, et celle des émissions de Radios évangéliques. Ce que dit S. Fath à propos des évangéliques de France est aussi vérifiable à Madagascar :

> La croissance de ces réseaux d'Églises a peu à peu créé les conditions d'un véritable marché du livre et de la musique, tourné vers la satisfaction des consommateurs évangéliques. À partir des années 1960, la production éditoriale évangélique connaît un boom, en tout cas quantitatif. Les nouvelles publications se multiplient, aussi bien dans le domaine de la littérature d'édification (histoires pieuses, témoignages) que celui des études bibliques….[23]

Sauf qu'à Madagascar, ces églises sont pour la majorité plutôt du coté ghetto que réseau. Cette explosion a réellement commencé dans le courant des années 1970 suite à la campagne d'évangélisation menée par la Société

---

23. Sébastien Fath, *Du ghetto au réseau*, p. 204.

Biblique et la Ligue pour la Lecture de la Bible. Cette campagne appelée *Tafika Masina* (Guerre Sainte) a fait beaucoup de convertis parmi la jeunesse malgache. Dans les années 1990 jusqu'à nos jours, ce boom des médias à tendance évangélique se confirme. Dans les taxis et les taxis brousses, les chauffeurs font écouter à leurs passagers soit des CD évangéliques, soit un enseignement ou une prédication d'une émission de radio évangélique. Il existe même plusieurs groupes soutenus par des associations étrangères qui éditent et distribuent gratuitement ces CD ou cassettes.

Tout ceci, avec la croissance de ces mouvements religieux chrétiens, contribue à ce que certains sociologues appellent « privatisation » et « marchandisation du religieux ». Privatisation dans la mesure où tous les mouvements religieux proposent maintenant, pratiquement, les mêmes « produits spirituels ». La délivrance, l'imposition des mains et la guérison, qui étaient autrefois (avant 1962) le monopole des revivalistes malgaches font partie de la panoplie des mouvements pentecôtistes. Les cultes journaliers des mouvements de Réveil sont concurrencés par les réunions de prière en tout genre de ces NMR. Il y a donc bien « marché ». Ainsi selon Olivier Roy :

> Les « consommateurs » du religieux ont aujourd'hui le choix. La contrainte politique, qui veut que les sujets partagent la religion du Prince … a ou disparu, ou est vidée de son sens par le développement d'espaces virtuels (Internet, télévisions par satellite).[24]

À travers ce « marché du religieux », nous observons, dans le cas de Madagascar, une déconfessionnalisation des « biens spirituels », plutôt qu'une déculturation comme l'affirme O. Roy. Déconfessionnalisation dans la mesure où ce n'est plus dans le cadre d'une Confession bien déterminée qu'on administre ces « biens spirituels ».

---

24. Olivier Roy, *La Sainte Ignorance. Le temps de la religion sans culture*, Seuil, Paris, 2008, p. 206.

Recomposition religieuse

Selon toujours O. Roy, « les lois du marché existent bel et bien pour tout le monde, et en particulier pour nos paroisses. Force nous est de reconnaître que nos 'produits spirituels paroissiaux' paraissent ou inintéressants, ou inadaptés, ou obsolètes à bon nombre de nos contemporain ».[25] Depuis les débuts des mouvements de Réveil jusqu'à nos jours, avec la croissance des NMR et en passant par l'émergence des pentecôtistes, on constate une tendance à la recomposition dans le paysage religieux à Madagascar. Quelle est l'ampleur de cette recomposition ? À qui profite-t-elle réellement ? Dans le cas de Madagascar, O. Roy a-t-il raison de dire que : « En termes d'environnement sociétal, il est évident que le 'marché' du religieux n'est pas porteurs pour les Églises historiques » ?[26] Dans quelle mesure l'assertion d'O. Roy se vérifie-t-elle dans le cas de Madagascar ? En effet, grâce aux quatre revivalistes malgaches, ce sont les paroisses protestantes qui ont lancé sur le « marché », « les produits spirituels » qui font l'objet de la concurrence aujourd'hui.

Une autre question se pose également : Faudra-t-il toujours opposer ces mouvements religieux ? Le terme de « marché » est-il le seul valable pour qualifier la situation malgache ? Dans une démarche plus « politique » n'est-il pas temps pour ces mouvements de faire un pas les uns vers les autres ? Afin de sortir du ghetto pour aller vers le réseau.

Nous ne pouvons prétendre répondre à toutes ces questions. Dans la recherche du compromis, il nous semble possible d'apporter quelques éléments de réponse.

Pour l'instant, revenons à notre ministère de berger au sein des mouvements de Réveil.

---

25. *Ibid*. O. Roy cite en fait Bernard Grosclaude, « Sortir des incantations » (au sujet des pasteurs luthéro-réformés de Montbéliard), *Réforme* du 14 février 2008.
26. *Ibid.*, p. 205.

CHAPITRE 19

Réveil, syncretisme ou inculturation ?

Considération générale

Syncrétisme et inculturation sont deux termes qui ont en commun l'idée de « mélange ». Mélange entre deux cultures ou entre deux religions. Chaque terme présente ou veut présenter une forme spécifique de mélange. La question que se posent anthropologue et missionnaire est la suivante : Dans quel sens et au profit de quel groupe ou religion s'effectue le mélange ? La réponse de chacun se résume dans ces deux termes : Syncrétisme et inculturation.

Inculturation est plutôt de connotation missionnaire et théologique tandis que syncrétisme est condamné par les missionnaires et à connotation péjoratif. Les deux termes se trouvent définis et expliqués dans le « Dictionnaire œcuménique de la missiologie »:[1]

> Le mot « inculturation » est un néologisme théologique d'origine catholique qui cherche à mieux rendre compte de la « synergie entre la foi chrétienne et les cultures ».[2] Cette définition cherche donc à montrer que le mélange est au profit des deux groupes car il y a synergie. Pour A. Mary ce n'est que du « bricolage » dans la mesure où ce terme, « inculturation » est

---

1. *Dictionnaire œcuménique de la missiologie*, Paris, Cerf, Labor et fides, CLE, Paris, Genève, Yaoundé, 2001.
2. *Ibid.*, art. 44, « Inculturation ».

> un terme ethnothéologique : « La nouvelle stratégie de 'l'inculturation' » - un terme ethnothéologique lui-même remarquablement bricolé à partir des notions d'« incarnation » (du message) et d'« acculturation » - se met à l'écoute des voies ouvertes par les syncrétismes ou prophétismes endogènes, appréhendés comme autant d'expressions méconnues d'une créativité spirituelle africaine.[3]

Par contre dans le syncrétisme les missionnaires considèrent que le mélange dénature le message chrétien. « En situation missionnaire, le syncrétisme désigne le plus souvent péjorativement l'amalgame du christianisme et des religions traditionnelles ».[4] Pour les anthropologues, il en était de même dans un premier temps parce que le syncrétisme dénature également l'authenticité de la religion traditionnelle :

> Les cultes dits « syncrétiques », produits de l'interpellation des religions traditionnelles par les religions missionnaires, au sein de la situation coloniale, ont souvent provoqués chez les anthropologues - pour des raisons diamétralement opposées - la même horreur du mélange que celle qui scandalisait les évangélisateurs. Le malaise engendré par ces réactions hybrides, trahissant la culture indigène authentique au profit d'un mimétisme aliénant, n'a pu être vraiment surmonté que lorsqu'on s'est avisé de lire ces phénomènes comme une sorte de « résistance culturelle » renouant derrière le masque d'une apparente conversion, les ressources de la logique symbolique la plus traditionnelle.[5]

Ainsi le « syncrétisme » peut être lu comme une victoire du paganisme, « une résistance culturelle », « une ruse symbolique ». A. Mary exprime sa ligne directrice de la manière suivante :

---

3. André Mary, *Le bricolage africain des héros chrétiens*, Paris, Cerf, 2000, p. 11.
4. *Ibid.*, art 93.
5. André Mary, *Le bricolage africain*, p. 10.

Une des idées directrices de cet essai est de refuser la facilité qui consiste à laisser entendre que pour comprendre une réalité ambigüe il faut soi-même cultiver l'ambiguïté ou que le syncrétisme savant est la seule réponse au défi intellectuel que représente le travail syncrétique.[6]

Sans entrer complètement dans la problématique d'A. Mary nous devons nous poser la question suivante : Quel terme sera le plus approprié pour qualifier la rencontre entre le mouvement de Réveil malgache et la religion traditionnelle ? Syncrétisme ou Inculturation. La question revient à dire s'il y a un signe ou une marque de « résistance culturelle » ou présence de « ruse symbolique » dans le ministère de berger ? Ou pour s'exprimer comme M. Augé, dans son Avant-propos du livre d'André Mary, qui dit que :

Il (André Mary) relève en somme un défi autour duquel l'anthropologie a tourné pendant plus d'un demi-siècle : comment rendre compte en termes logiques de créations qui semblent tout devoir au hasard des emprunts et à l'histoire ? Comment rendre compte à la fois de leurs singularités respectives et de leur air de famille ? Comment penser l'amalgame et l'hybridité sans mythifier l'origine et la pureté ?[7]

Syncrétisme

Nous avons déjà signalé l'affirmation de L. Jacquier-Dubourdieu qui dit que le mouvement de Rainisoalambo est « un syncrétisme qui s'ignore ». Dans le contexte de Rainisoalambo en particulier et du Réveil en général ces deux termes, « syncrétisme » et « ignorance » sont très forts. Ils semblent sous-entendre que le monde de l'ancestralité résiste culturellement à la protestation revivaliste et que la « ruse symbolique » est présente au sein du Réveil. L. Jacquier-Dubourdieu confirme cette idée dans sa déclaration suivante :

---

6. *Ibid.*, p. 13.
7. *Ibid.*, p. 7.

> Observant au plus près l'organisation du mouvement et ses pratiques cultuelles, on montrerait assez aisément que le monde ancestral, pour « diabolisé » qu'il soit, reste présent et gouverne les conduites. D'une certaine manière, le mode de vie de la communauté de Soatanana (biens, travail et prière en commun, soumission individuelle et prééminence des anciens) actualise, dans une période de forte compétition sociale, la communauté ancestrale idéale.[8]

L'ignorance est-elle réellement présente parmi les revivalistes qui croient faussement s'être débarrassé des ancêtres ?

Pour aborder cette question, il faut prendre en compte les différentes étapes de la rencontre entre le mouvement de Réveil ainsi que leur ministère de berger avec la religiosité malgache traditionnelle. Nous pouvons distinguer quatre étapes.

La première est celle précédant l'arrivée des missionnaires protestant en 1818. La deuxième étape va de la première pénétration de l'évangile à Madagascar jusqu'à la conversion de la reine Ranavalona II. La troisième étape va de cette conversion de la Reine jusqu'en 1894, année de la conversion de Rainisoalambo. Enfin, la quatrième et dernière étape va de 1894 à nos jours.

Nous avons vu qu'avant la venue des missionnaires protestants, c'est le razanisme, culte aux ancêtres, qui dominait l'univers spirituel des Malgaches. La seconde étape fut la phase de pénétration de l'évangile dans la société malgache. Plutôt que compromis, c'est la résistance frontale qui est apparue dans cette phase. La persécution des chrétiens et l'expulsion des missionnaires en ont été les conséquences les plus dures. Des compromis ont certainement commencé vers la fin de cette deuxième étape. La conversion de la Reine Ranavalona II a fait exploser ces compromis dans les Hautes-Terres. C'est dans cette troisième étape que l'on trouve à Madagascar le syncrétisme inspiré de la tradition grecque comme le suggère A. Mary :

---

8. L. Jacquier-Dubourdieu, « Représentation de l'esclavage », p. 608.

> Stratégie de résistance faisant appel à l'union dans la division, à l'accord dans le désaccord, on voit comment, par extrapolation, le syncrétisme peut être au fondement de toutes les formes de ruse symbolique pratiquant, dans l'ordre culturel, la conciliation des opposés comme mode de réponse au défi de l'altérité, et notamment au prosélytisme des religions missionnaires.[9]

C'est là qu'on peut constater « résistance culturelle » ou la « ruse symbolique ». Ce fut, par exemple le cas de la famille Rakotomihantarizaka avant leur rencontre avec les bergers du mouvement de Germaine Volahavana. Les membres de la famille sont baptisées et communiants, mais culturellement ils sont dans le système de référence relatif aux ancêtres malgaches. Il y a effectivement la présence de « ruse symbolique ». Les observateurs affirment qu'il y a actuellement un retour massif à ce genre de syncrétisme dans la société malgache. Nous dirons que, plutôt que retour massif, il y a médiatisation massive d'un fait qui à toujours était présent dans le paysage religieux malgache.

En effet, Rainisoalambo lui-même était dans ce compromis. Après son baptême, il a gardé son système de référence culturelle, l'esprit des ancêtres. À partir de la quatrième étape, bien que ces genres de compromis continuent encore de nos jours, le refus va apparaître avec Rainisoalambo. Ce refus du compromis va être surtout caractérisé par le rejet de son système de référence traditionnelle. Rainisoalambo sera suivi, dans sa position, par les trois autres revivalistes. Et plus tard, en 1962, ces mouvements de Réveil auront comme allier objectif les pentecôtistes et les mouvements religieux évangéliques. Aussi, quand L. Jacquier-Dubourdieu affirme que : « le monde ancestral, pour 'diabolisé' qu'il soit, reste présent et gouverne les conduites », elle semble ignorer que ce monde ancestral est maintenant vidé de sa substance essentielle, l'esprit des ancêtres. En conséquence, si monde ancestral il y a, ce n'est que pure forme. C'est pourquoi le terme syncrétisme nous semble excessif pour qualifier l'expérience et les pratiques des revivalistes malgaches.

---

9. André Mary, *Le bricolage africain*, p. 13.

Inculturation ou contextualisation ?

Tous ceux qui ont traité ce concept d'inculturation ont fait remarquer que celle-ci a toujours existé. Selon Philippe Chanson,

> L'inculturation n'est pas en soi une idée nouvelle. Dès sa naissance, le christianisme s'est inculturé aux diverses situations culturelles (romaine, grecque, syriaque, copte, éthiopienne…), parfois de manière surprenante.

Il s'agit en effet de la rencontre entre le christianisme et d'autres cultures. Le cas qui nous intéresse, c'est la rencontre entre le protestantisme et la culture malgache. Comme nous l'avons signalé plusieurs fois, les missionnaires européens ont affirmé que les mouvements de Réveil malgache en général et le ministère de berger en particulier sont à la fois « malgaches et bibliques ». Entendaient-ils par cette affirmation une inculturation ou une accommodation ou une adaptation ? Ou y a-t-il là une « résistance culturelle » et « une ruse symbolique » ? En effet, en plus du syncrétisme, il existe plusieurs termes plus ou moins proches pour aborder cette question des relations entre le christianisme et les autres cultures.

Nous-même, nous avons eu du mal à choisir entre inculturation et contextualisation. Est-ce qu'il faut choisir ? Et si oui, quelle définition prendre ?

Jean François Zorn dit par exemple que :

> On confond souvent contextualisation et inculturation. Il est vrai que les deux néologismes sont contemporains. Mais le second est d'origine catholique et, pour reprendre une terminologie empruntée à P. Tillich, relève plutôt de la « substance catholique » qui met l'accent sur la présence spirituelle de Dieu dans tout ce qui existe et postule un lien, voire une continuité entre Dieu et l'homme, la nature et la culture.[10]

---

10. Jean-François Zorn, in *Dictionnaire œcuménique de la missiologie*, Paris-Genève, Cerf, Labor et Fides, CLE, 2004.

Emilio Alberich va dans le même sens et dit que :

> Il ne s'agit pas de trop s'arrêter à préciser les sens de ces mots. Il suffit de retenir qu' « indigéniser » fait référence à l'incarnation de la foi dans les cultures des peuples appelés « indigènes », formant généralement des minorités ou des groupes à l'intérieur d'une plus vaste réalité nationale ou continentale, et que « contextualiser » est une terminologie que quelques-uns préfèrent, particulièrement dans le monde protestant, et qui signifie en pratique « inculturer ». Quant au terme traditionnel « adapter », il est aujourd'hui considéré inadéquat et serait plutôt à éviter puisqu'il véhicule l'idée d'une mise en rapport superficielle entre la culture des peuples et un contenu chrétien déjà préformé et complet.[11]

Dans ces deux cas, quelle définition, E. Alberich et J.-F. Zorn donnent-ils à la contextualisation ou à l'inculturation ?

Selon Alberich, l'inculturation peut être définie comme « le processus par lequel le christianisme se vit, s'exprime et se communique dans les divers contextes culturels en agissant sur eux et, réciproquement, en s'enrichissant à leur contact ».[12]

Jean-François Zorn, reprend l'explication du « Fonds pour l'enseignement théologique du Conseil Œcuménique des Églises » :

> La contextualisation contient tous les aspects qui, déjà, caractérisent le concept plus familier de « l'indigénisation », tout en allant au-delà. Elle touche à la question de l'évaluation et de l'appréciation de la spécificité du contexte de vie dans les pays du tiers monde. Le concept d'indigénisation a tendance à être employé pour désigner une réponse à l'Evangile formulée dans les termes d'une culture traditionnelle. Sans oublier

---

11. Emilio Alberich, « Inculturer et indigéniser le christianisme », in *Précis de Théologie Pratique*, Novalis, Lumen Vitae, Bruxelles, 2004, p. 442.
12. *Ibid.*

> ces facteurs culturels, mais en les transcendant, le concept de contextualisation, davantage référé à la société, prend en compte le processus qui se déroule dans le monde séculier, le développement technologique, ainsi que la lutte pour la justice humaine qui déterminent les conditions historiques dans les pays du Tiers Monde.[13]

Par rapport à la définition d'Emilio Alberich, cette explication ajoute aux contextes culturels d'autres contextes comme celui de pauvreté ou d'injustice. C'est pourquoi, David J. Bosch et Klauspeter Blaser nuancent un peu la position de Jean-François Zorn et Emilio Alberich. En effet, pour eux, la contextualisation est un concept plus vaste qui peut englober l'inculturation et la théologie de la libération.

> Un débat méthodologique a vu le jour ces dernières années concernant le rapport entre l'inculturation et la contextualisation : ces deux concepts se recouvrent-ils plus ou moins, ou le deuxième est-il un concept plus vaste qui englobe à la fois celui de libération et celui d'inculturation (Bosch, Blaser) ? Ou au contraire ces concepts divergent-ils au point d'être compris, l'un comme un principe catholique, l'autre comme un principe protestant (Zorn) ?[14].

De toute manière, les deux concepts semblent accepter l'idée de processus. La définition que propose le *Dictionnaire de Théologie fondamentale* est encore plus explicite :

> Par inculturation on désigne le processus actif à partir de l'intérieur même de la culture qui reçoit la révélation à travers l'évangélisation et qui comprend et la traduit selon sa propre manière d'être, d'agir et de se communiquer. À travers le processus d'évangélisation inculturée, on jette dans le sol de la

---

13. *Repères pour la mission chrétienne*, p. 134.
14. *Ibid.*, p. 241.

culture la semence évangélique. Le germe de la foi se développe alors en des termes et selon le caractère particulier à cette culture qui le reçoit.[15]

Cette définition est claire mais très discutable. Elle a aussi le mérite de susciter beaucoup de questions auxquelles il faudra répondre. En effet, « qui » fait « quoi » dans l'inculturation ? Ou encore, qui inculture qui ? Ou qui inculture quoi ?

Dans le cadre général du christianisme, avec Klauspeter Blaser, posons la question de façon plus théologique :

> L'inculturation de l'Evangile concerne en définitive toutes les Églises. Pourtant les questions suivantes demeurent : qui inculture quoi ? Est-il dans les possibilités humaines ou chrétiennes d'inculturer l'Evangile devenu personne en Jésus ? Une telle entreprise ne masque-t-elle pas une prétention chrétienne non avouée, à disposer d'une analyse pertinente et d'une stratégie efficace permettant de comprendre et la culture et l'Evangile pour les mettre en corrélation ?[16]

Ces questions de Klauspeter Blaser ont donc pour objet les lieux et les acteurs de l'inculturation.

Les acteurs et le lieu de l'inculturation

Emilio Alberich dit :

> En considérant plus concrètement les conditions de personnes et de lieux possibles pour inculturer le christianisme, une première réflexion semble s'imposer : l'inculturation ne doit pas être pensée comme étant d'abord une affaire de spécialiste ;

---

15. « Inculturation », *Dictionnaire de Théologie Fondamentale*, Paris, Cerf, 1992, p. 612.
16. *Repères pour la mission chrétienne*, p. 243.

c'est avant tout et surtout une œuvre qui concerne toute la communauté chrétienne. Les lieux par excellence ainsi que les agents principaux de l'inculturation sont les communautés, les Églises (particulières et locales). En ce sens, on doit souligner l'union des efforts d'inculturation avec la nécessité de rendre effectif le sensus fidei qui constitue l'attitude appropriée au moyen de laquelle le peuple chrétien, animé de l'Esprit, peut discerner l'authenticité des formes de pensée et de vie chrétienne.[17]

Il nous semble qu'une telle affirmation est utopique et tombe sous la remarque de Klauspeter Blaser que nous venons de citer : « ... Est-il dans les possibilités humaines ou chrétiennes d'inculturer l'Evangile devenu personne en Jésus ?... » En effet, il est difficile pour tout un peuple chrétien de pouvoir avoir un « même discernement » sans l'aide et l'influence de spécialistes. Dans le cas de la religiosité malgache, par exemple, nous pouvons constater qu'il y a au moins deux ou trois attitudes fondamentalement opposées parmi les chrétiens. Jusqu'à ce jour ces différents concepts d'inculturation divisent encore les chrétiens malgaches. La question est donc la suivante : Qui peut être l'acteur d'une « inculturation sans trahison ou sans déformatio » du message chrétien ? Ici, au sein du monde protestant historique, nous avons au moins trois catégories d'acteurs possibles : les missionnaires, les protestants malgaches historiques et les revivalistes protestants. Ces trois catégories constituent les communautés protestantes malgaches, mais elles sont loin d'avoir les mêmes idées sur l'« inculturation » ou sur la manière d'inculturer l'Evangile à Madagascar.

Qu'en est-il donc du revivalisme malgache ou plus particulièrement du mouvement de Rainisoalambo dans la mesure où il a été suivi par tous les autres ? En effet, Ravelonjanahary, Germaine Volahavana et Daniel Rakotozandry ont tour à tour adopté toutes les ruptures de Rainisoalambo avec certains aspects de la religion traditionnelle malgache. Ils ont également adopté les langages de la foi et l'art que Rainisoalambo a empruntés à la culture malgache. Ainsi, d'une part, la traduction de certains aspects

---

17. Emilio Alberich, « Inculturer et indigéniser le christianisme », p. 447.

de l'Evangile, au sein des mouvements de Réveil, selon la manière d'être, d'agir et de communiquer malgache est due à Rainisoalambo. D'autre part, la lecture et l'explication de certains aspects de la religiosité malgache est également due à Rainisoalambo et à son interprétation de la Bible.

Dans ce cas, le lieu et l'acteur de l'inculturation n'est autre que Rainisoalambo. Il a compris et traduit l'Evangile dans sa propre culture. Il a relu et expliqué sa culture et sa religion à la lumière de l'Evangile qu'il a reçu. Il est l'acteur parce qu'il est le « traducteur » de l'Evangile et l'« interprète » de sa culture. Il est le lieu parce que tout sortait de lui. Sa rencontre avec la Bible et la « personne de Jésus » ont tout remis en place en lui et lui ont permis de produire ses traductions et ses interprétations.

D'une façon plus générale, l'acteur et le lieu de l'inculturation est le « converti », car tel était Rainisoalambo. Tout se passe en lui et se fait par lui. Dans ce cas, l'inculturation n'est ni un processus ni une réflexion, c'est un « réflexe » du converti. Comme le réflexe est un mouvement que l'on fait sans réflexion, l'inculturation est d'abord un mouvement spontané et presque « instinctif » du converti. Spontané parce que sans calcul. La traduction et l'interprétation peuvent donc être considérées comme une des réponses et l'engagement du converti par rapport à l'Evangile qu'il a reçu.

La suite de cette inculturation dépendra donc de la personnalité du « converti » ? Et de quelle conversion s'agit-il ? Cette suite de l'inculturation, nous aimerions la désigner par « contextualisation ». Ainsi, l'inculturation et la contextualisation ne sont pas deux concepts identiques, l'un catholique et l'autre protestant, pour désigner un même processus, comme l'affirment Jean-François Zorn et Emilio Alberich. L'inculturation n'est pas non plus un volet de la contextualisation comme l'affirment Klauspeter Baser et David J. Bosch. L'inculturation et la contextualisation sont plutôt deux concepts complémentaires. En effet, la traduction et l'interprétation de sa culture par le converti, c'est-à-dire l'inculturation, vont être prolongées dans la vie de toute la communauté et seront mises à l'épreuve de la vérité biblique, ecclésiale et sociale.

Le converti est-il une personne influente ? Une reine, un roi ou un prêtre de la religion traditionnelle, etc.? Et sa conversion est-elle radicale ou superficielle ? Alors, il y a de fortes chances que son inculturation sera celle de son village ou celle de tout son peuple. Tout ce que nous disons là peut être vérifié dans le cas de la conversion de la reine Ranavalona II à Madagascar. Voyons le cas de Rainisoalambo qui fut un *ombiasa*, un prêtre de la religion traditionnelle malgache.

CHAPITRE 20

Réveil et contextualisation

Rainisoalambo fut *ombiasa*. Il connaissait tous les « rouages » de la culture et de la religiosité de sa région et de son pays. En tant que *ombiasa*, il était dans les secrets du « monde des esprits », les esprits des ancêtres, et avait l'habitude de négocier avec eux pour attirer leurs faveurs. C'est ce qu'il n'a pas manqué de faire au moment de sa maladie. Ce fut après plusieurs demandes non exaucées et plusieurs rituelles sans résultat que Rainisoalambo se tourna vers le Dieu de la Bible.

Nous avons déjà évoqué le fait que depuis son expérience de guérison, le système de référence de Rainisoalambo avait changé. Il était passé des ancêtres à la Bible. Depuis sa conversion, toute sa science et son expérience de la religiosité traditionnelle malgache, il les avait « relus » à la « lumière » de la Bible. Il les avait rejetés ou réinterprétés au nom du Dieu de la Bible. Ainsi, selon la perspective de Roger Bastide, nous sommes là devant le cas de la substitution d'un dieu à un autre : « Tous ces conflits et croisements [entre religions] ont eu les effets les plus divers. La substitution d'un dieu à un autre, la fonction religieuse demeurant toujours la même… ».[1]

Soulignons que ces conflits et ces croisements se passent d'abord en Rainisoalambo. En étant lui-même *ombiasa*, il est touché jusque dans les racines de sa culture et de sa religiosité. Il est à la fois l'acteur et le lieu de son inculturation. Cette inculturation va se prolonger et se développer au sein de sa communauté. Dans un premier temps, au sein de sa communauté restreinte, dans la mesure où Rainisoalambo a constitué un groupe

---

1. Roger Bastide, « Eléments de sociologie religieuse », p. 143.

de douze disciples. Ensuite, au sein de la communauté protestante toute entière. Là commence la contextualisation.

C'est pourquoi, d'une manière générale, nous pouvons affirmer que le principe de cette contextualisation peut être résumé par cette formule empruntée à Max Weber : « L'Ethique malgache et l'Esprit du christianisme ». L'œuvre la plus connue de Weber porte en effet le titre suivant : « L'Ethique protestante et l'esprit du capitalisme ». Jean-Paul Willaime[2] fait remarquer que cet ouvrage de Weber a été l'objet de nombreux contresens dans la mesure où chaque mot qui compose ce titre peut prêter à confusion. Il nous faut donc préciser que nous entendons cette formule avec le même sens que Weber accorde aux mots « éthique » et « et ». Aussi, Jean-Paul Willaime explique que :

> Il est en effet question d'« éthique » alors qu'il s'agit d'ethos, c'est-à-dire non pas de la doctrine éthique, d'une éthique saisie à travers son système conceptuel et ses justifications théoriques, mais d'une éthique pratiquée, c'est-à-dire d'une « forme concrète de pensée et de vie », d'une façon pratique de se conduire. L'ethos est un système de dispositions qui impriment une orientation donnée à l'action, qui la structure en une véritable conduite de vie.[3]

Jean-Paul Willaime ajoute que :

> Quant au lien entre ethos puritain et esprit du capitalisme occidental, lien indiqué dans le titre par la conjonction « et », il ne s'agit pas d'un lien causal mécanique et unilatéral selon lequel le phénomène A aurait entraîné le phénomène B, mais d'une affinité élective entre deux systèmes mentaux, deux dispositions d'esprit. En utilisant l'expression d'affinité élective..., Weber veut désigner une affinité de sens,

---

2. D. Hervieu-Léger et Jean-Paul Willaime, *Sociologies et religion*, Paris, PUF, 2001 p. 97.
3. *Ibid.*

c'est-à-dire une relation interne, riche et significative entre deux configurations.[4]

Après avoir dressé la liste de l'utilisation par Max Weber de ce concept d'affinité élective, Michael Löwy propose la définition suivante :

> Je propose la définition suivante, à partir de l'usage wébérien du terme : l'affinité élective est le processus par lequel deux formes culturelles – religieuses, intellectuelles, politiques ou économiques – entrent, à partir de certaines analogies significatives, parentés intimes ou affinités de sens, dans un rapport d'attraction et influence réciproques, choix mutuel, convergence active et renforcement mutuel.[5]

Dans leur principe d'inculturation et de contextualisation, Rainisoalambo et le Réveil vont déterminer ces « affinités électives » entre l'Ethique malgache et l'Esprit du christianisme. Ainsi, plusieurs systèmes mentaux et plusieurs aspects de la configuration culturelle malgache vont pouvoir s'exprimer de façon concrète dans l'expérience du Réveil. Plusieurs dispositions d'esprit, chères aux Malgaches, telles le *fihavanana* (parenté), vont se doter de possibilités concrètes et de diverses expressions au sein des mouvements de Réveil.

Les revivalistes eux-mêmes vont être les principaux acteurs de cette contextualisation. Les lieux seront relatifs aux « affinités électives » qu'ils vont déceler dans les contextes culturel, socio-économique et certains aspects des théologies pratiques.

---

4. *Ibid*, p. 99.
5. Michael Löwy, « Le concept d'affinité élective chez Max Weber », *Archives des Sciences Sociales des Religions*, n°127, 2004.

Contextualisation culturelle

Le premier lieu de la contextualisation est situé dans le domaine du langage[6] de la foi et de l'art. Notons d'emblée que nous n'aurons pas la place ici pour examiner tous les langages de la foi en usage au sein des mouvements de Réveil malgache. De plus, l'aspect culturel est transversal aux contextes socio-économiques et théologie pratique. Nous nous contenterons de traiter un exemple de contextualisation dans le domaine du langage. Cet exemple sera celui du *Raiamandreny* (à la fois père et mère). En effet, cet exemple montre bien l'affinité qui existe entre le respect et la crainte du sacré dans la culture malgache, d'une part, et, le concept d'autorité au sein du protestantisme, d'autre part.

Nous avons vu que les rois, les autorités, les vieux et les parents sont désignés sous le nom commun de *Raiamandreny* (à la fois père et mère). Ces différentes personnes sont, à des degrés divers, honorées comme des divinités. Dans la mentalité malgache, le titre *Raiamandreny* suscite le respect, la crainte et sous-entend le sacré. Tout naturellement le titre est entré dans le langage des chrétiens. Tous ceux qui ont une autorité quelconque dans la société civile ou religieuse sont des *Raiamandreny*. C'est-à-dire des personnes à respecter et à honorer. La nouveauté au sein du mouvement de Réveil est le fait de réserver ce titre à une seule personne. Au sein du mouvement de Réveil de Soatanana, Rainisoalambo fut le premier et seul Raiamandreny jusqu'à sa mort. Mais pour Rainisoalambo et les revivalistes, cette crainte n'a plus rien à voir avec l'esprit des ancêtres comme le pense L. Jacquier-Dubourdieu. Elle est plutôt issue de l'esprit du christianisme.

Dans une perspective wébérienne, et dans la mentalité malgache, le mode de domination d'un *Raiamandreny* est le mode traditionnel. En réservant pour une seule personne ce titre, les revivalistes donnent la possibilité à ce mode de domination traditionnel de coexister à coté d'un mode de domination rationnelle-légale qui est celui des missionnaires et des Églises protestantes historiques malgaches. Les conséquences en sont incommensurables. Car, bien que le *Raiamandreny* d'un mouvement de Réveil comme

---

6. Nous signalons ici une étude plus générale effectuée par Noël Guenier sur la traduction de la Bible en malgache « La traduction de la Bible et l'évolution du malgache contemporain », *Archives des Science Sociales des Religions*, n°147, 2009.

Rainisoalambo n'existe pas dans l'organigramme des Églises historiques, dans les faits, ce *Raiamandreny* sera celui de tout le monde. Missionnaires, pasteurs, hommes d'Etat reconnaissent son statut de Raiamandreny et lui accordent le respect.

Les trois grands Réveils qui ont suivi celui de Soatanana ont aussi adopté ce titre. Ainsi depuis l'émergence du Réveil en 1894, il n'y a eu que quatre grands *Raiamandreny* qu'on appelait aussi « Dada » (père ou papa) ou « Mama » (mère ou maman) : Dada Rainisoalambo, Mama Ravelonjanahary, Mama Germaine Volahavana (Nenilava) et Dada Rakotozandry.

Depuis sa mort, en 1904, Dada Rainisoalambo a eu plusieurs successeurs plus ou moins influents mais sans jamais égaler son charisme.

Un des reproches que l'on peut faire aux missionnaires, c'est le fait d'avoir sous-estimé cette institution de base traditionnelle au profit de leur système d'administration. En effet, les premiers malaises entre l'Église et le mouvement de Rainisoalambo sont apparus lorsque les missionnaires cherchèrent à prendre la direction du mouvement en mettant les *Raiamandreny* sous leur autorité.

Par contre, Mama Ravelonjanahary (décédée en 1970), Mama Germaine Volahavana (décédée en 1998) et Daniel Rakotozandry (décédé en 1947) n'ont jamais trouvé de véritables successeurs. En effet, en plus du mode de domination traditionnelle, nous avons longuement relaté qu'ils étaient également revêtus de charisme personnel. Au mode de domination traditionnelle s'ajoute donc le mode de domination charismatique.

Depuis la mort de Rakotozandry en 1947, Germaine Volahavana est progressivement devenue la seule vraie *Raiamandreny* des mouvements de Réveil. Son statut était reconnu par les plus hauts dirigeants de l'Etat et des Églises historiques malgaches, toutes confessions confondues.

Voilà un exemple de contextualisation dans le domaine du langage de la foi. En matière d'autorité, le titre *Raiamandreny* porte tout le poids de la tradition malgache. C'est pourquoi l'influence de ces *Raiamandreny* a été immense dans le developpement du protestantisme à Madagascar.

Contextualisation socio-économique

Selon le missionnaire Thunem, la maladie qui frappait Rainisoalambo faisait partie des chaos, des épidémies et des famines qui sévissaient dans le sud Betsileo. Tout ceci fut également aggravé par le banditisme. Toujours selon A. Thunem, « plus de 2000 personnes sur 300000 moururent dans le Sud Betsileo (la région incluant Soatanana) entre 1893 et 1895 ».

Il faut aussi ajouter que depuis la colonisation, surtout au début du XXème siècle, le climat politique n'a jamais été calme. Les hostilités plus ou moins visibles, émanant de nationalistes malgaches, comme les *Menalamba* et la VVS, contre le gouvernement colonial français n'ont jamais cessé. Le mouvement de Rainisoalambo a été longtemps soupçonné comme pouvant être un mouvement nationaliste ou facilement transformable en mouvement nationaliste. C'est ce qui a déclenché l'enquête du service de sûreté générale pendant plusieurs années.

À ce sujet, voici encore ce que dit F. Compagnon :

> Il serait peut-être temps de dissoudre cette société après avoir invité la mission norvégienne à s'expliquer sur le but qu'elle poursuit en patronnant cette secte qui pourrait avoir pour but une religion nouvelle.
>
> Enfin tout groupement exclusivement indigènes est actuellement peu désirable parce qu'on peut, à un moment donné, lui imprimer une direction politique. Il suffit de convaincre un chef pour obtenir l'appui moral et matériel des milliers d'individus qui lui obéissent aveuglément.[7]

En effet, le mouvement de Rainisoalambo est devenu populaire quelques années avant la naissance, vers 1913, de la société secrète VVS (Vy Vato Sakelika – Fer, Pierre et Réseau), et quelques années après les *Menalamba*. Dans la même Note du 18 février 1916, F. Compagnon fait remarquer que :

---

7. Administrateur, Chef de la Province de Fianarantsoa, Note confidentielle du 18 février 1916.

> En 1911, le chef de district de Fianarantsoa écrivait : Il conviendrait d'enrayer les progrès assez sensibles obtenus par les « Mpianatry ny Tompo » dont les membres augmentent chaque année grâce à l'active propagande faite sur tous les points de l'île par les Iraka envoyés par la Société. Jusqu'à ce jour cette société est restée sous tutelle de la Mission norvégienne, mais il n'est pas douteux qu'elle se séparera avec éclat de cette Mission dès qu'elle le pourra. Cette séparation me semble d'autant plus certaine que les chefs de cette secte se vantent d'avoir créé une religion qui est propre aux Malgaches et qui ne leur a pas été apportée par les Vazaha.

Nous avons vu que les VVS avaient pour objectif d'affirmer l'identité culturelle malgache, s'appelant Ramification de Fer et de Pierre. Et les *Menalamba* étaient contre tout ce qui était européen.

Compte tenu de sa sensibilité devant la détresse de ces frères et de ses compatriotes, Rainisoalambo aurait sans doute pu devenir un nationaliste comme certains VVS ou certains *Menalamba*. Il aurait pu également transformer son mouvement en mouvement nationaliste. Mais il n'a pas choisi cette voie. Ou plutôt, il était nationaliste à sa manière. En effet, presqu'en même temps que le Réveil, une infrastructure est née. Cette infrastructure c'est le *Toby*, « Camp de Réveil » ou « Centre de Réveil » ou « Village de Réveil ». Rainisoalambo a transformé son village en Centre de Réveil.

Le *Toby* ou Centre de Réveil

S'il y a un haut lieu de la contextualisation chez les revivalistes malgaches, nous pouvons dire que ce haut lieu c'est le *Toby*. Au *Toby*, les affinités électives entre Ethique malgache et Esprit du christianisme fonctionnent en totalité. Dans le *Toby*, Rainisoalambo a organisé sa communauté comme dans le livre des Actes des Apôtres chapitre 4 verset 32 :

« La multitude de ceux qui avaient cru n'était qu'un cœur et qu'une âme. Nul ne disait que ses biens lui appartinssent en propre, mais tout était commun entre eux ».

Voici la remarque que fait Elysée Escande à propos de ce premier *Toby*, celui de Soatanana :

> C'est dans cette localité, située à une trentaine de kilomètres à l'est de Fianarantsoa que se trouve la station missionnaire de la Mission norvégienne et le village des disciples du Seigneur.
>
> Dans cet enclos, ces derniers ont construit en vingt jours seulement (preuve déclarent-ils que l'entente était complète entre eux et qu'ils avaient tous le cœur à l'ouvrage) une maison à deux étages contenant douze pièces. Les murs de celle-ci ont été peints en bleu clair, tandis que les plafonds sont tous en blancs. C'est là qu'il tenait leurs réunions. L'Administration le leur ayant défendu, ils se réunissent au temple mis à leur complète disposition. Les chambres sont consacrées à la prière. Autour de l'enclos se trouvent des maisons, qui ne se distinguent que par leur propreté des autres habitations du village. Celles-ci peuvent loger soixante-dix disciples du Seigneur. Ceux-ci pratiquent, non le communisme intégral comme les tout premiers chrétiens, mais un communisme mitigé.[8]

Comme le fait remarquer E. Escande, le communisme de Rainisoalambo est mitigé. En fait, il n'a pas demandé à chacun de rapporter ses biens et de les stocker dans un endroit commun pour que tout le monde puisse en profiter. Mais il l'a fait en insistant sur une production commune et une aide commune.

Ainsi, en matière d'organisation du travail, de développement et de convivialité, Rainisoalambo a mis en œuvre et dépassé, dans le *Toby*, le principe malgache du *fokonolona*. Qu'est-ce que le *fokonolona* ?

Ce concept malgache du *fokonolona* est un concept très riche mais plus ou moins controversé dans ses origines et sa définition. Nous n'allons pas traiter ici le problème dans la mesure où ce n'est pas l'objet de notre étude. Nous disons seulement avec Georges Condaminas que,

> Il est devenu un lieu commun d'associer à la notion de fokon'olona le nom du grand roi Andrianampoinimerina. La

---

8. Elysée Escande, « Les Disciples du Seigneur », *Les Cahiers Missionnaires*, n° 8, p. 68, Paris, 1936.

plupart des gens le tiennent même pour le véritable créateur de cette institution qui a vivement frappé tout ce qui a écrit sur les Mérina. Cependant, les auteurs les plus sérieux ont bien senti qu'il n'en fut que le réorganisateur.[9]

La question qui se pose est donc la suivante : d'où est-ce que Rainisoalambo tenait-il cette notion de *fokonolona* ? On sait qu'Andrianampoinimerina a imposé le concept dans toutes les régions qu'il avait conquises. Mais on sait aussi que la notion de « foko », clan ou tribu est commune à tous les Malgaches. Quoi qu'il en soit, dans toutes les définitions que chacun propose, le *Toby* y trouve un ou plusieurs éléments de ses affinités électives.

Voici ce que dit le gouverneur G. Julien :

> Que signifie le fokon'olona et à quoi exactement s'applique-t-elle ? Le premier mot dont elle est formée désignait anciennement un groupement uni par un lien de parenté. On disait fokom-pianakaviana, la famille ; mais il désignait parfois aussi la lignée : fokon-dray, lignée paternelle ; fokon-dreny, ligne maternelle. Plus près de nous, quand les groupements dont il s'agit eurent pris conscience de leur solidarité, foko eut des acceptations plus larges, celles notamment de clan, tribu, association, communauté.
>
> Quand on prononce aujourd'hui le mot de fokon'olona, cela désigne un groupement ayant les mêmes intérêts et obéissant à des règles de vie communes.
>
> Le territoire, dans les limites duquel, s'exerce l'activité d'un même fokon'olona, s'appelle fokon-tany, mot qui correspond assez exactement à l'expression circonscription.
>
> Fokon'olona s'entend aussi bien au pluriel qu'au singulier. Il désigne donc à la fois la collectivité et l'individu.[10]

---

9. Georges Condaminas, *Fokon'olona et collectivités rurales en Imerina*, Bondy, Orstom Editions, 2ème Edition, mai 1991, p. 21.
10. G. Julien, Préface à la thèse de Pierre Delteil, *Le Fokon'olona (commune malgache) et les conventions de Fokon'olona*, Paris, Editions Domat-Montchrestien, 1931.

Voilà une définition assez vague du *fokonolona* : « un groupement ayant les mêmes intérêts et obéissant à des règles de vie commune ». Cette définition ignore complètement l'arrière-plan culturel et religieux du *fokonolona* traditionnel, par exemple la place du *Raiamandreny* ou le rôle des ancêtres. Mais on y trouve deux idées chères à Rainisoalambo et qu'il a déployées au sein de son *Toby*, en l'occurrence, « mêmes intérêts » et « règles de vie commune ».

Il en est de même de la définition d'Alfred et Guillaume Grandidier :

> Les Fokonolona sont des communautés administratives, sociales et économiques, à l'échelle de groupes de villages, dont l'organisation traditionnelle est fondée sur des travaux collectifs pour répondre aux besoins communs des populations.

Cette définition, bien que pas tout à fait complète non plus, ajoute aux deux précédentes une autre idée chère à Rainisoalambo, celle de « travaux communautaires ».

Quant à Georges Condaminas, il donne une autre définition qu'il estime plus complète et plus fidèle à la culture et à la religiosité malgache :

> Le fokon'olona est un clan (ou parfois lignage) de type patrilinéaire et patrilocal unissant sur un même territoire (fokontany) les descendants d'un même ancêtre (razana) dont la tombe constitue le pôle mystique où le groupe vient retrouver sa cohésion. C'est bien cette ascendance commune que traduit le nom de chaque fokon'olona : teraka ou zanaka (« enfant de… », « Descendant de… ») suivi du nom de l'ancêtre éponyme.[11]

En mettant l'accent sur les aspects culturels et religieux, Georges Condaminas a oublié de souligner les quatre autres aspects liés au *fokonolona* : intérêts communs, règles de vie commune, entraide et travaux collectifs. Mais cette définition est très importante pour montrer comment

---

11. G. Condaminas, *Fokon'olona et collectivités rurales en Imerina*, pp. 24-25.

Rainisoalambo et les revivalistes ont fait fonctionner les affinités électives entre l'esprit du christianisme et l'ethos malgache.

En partant donc de cette définition de G. Condaminas, nous pouvons constater que le *Toby* de Soatanana est un « clan » de type patrilinéaire unissant sur son territoire les « réveillés », adeptes du mouvement de Rainisoalambo. Ce dernier sera lui-même le patriarche, c'est-à-dire le *Raiamandreny*. Il a été dit auparavant que le mouvement de Rainisoalambo a rompu avec tout ce qui touche au culte des ancêtres. Aussi, à la place de la tombe, le *Trano Firaiketana* va constituer le pôle mystique où le mouvement de Soatanana va trouver sa cohésion. En effet le *Trano Firaiketana*, littéralement « maison du trésor », une maison de prière et demeure du *Raiamandreny*, est le lieu saint du *Toby*. Dans sa note, de 1916, que nous avons déjà citée, F. Compagnon parle du *Toby* en ces termes :

> En effet tout en suivant le rite protestant, ils…pratiquent des formalités musulmanes comme l'obligation imposée aux fidèles de se déchausser avant de rentrer dans une maison spéciale dite « trano firaiketana », située au milieu du village, bâti par les Mpianatry ny Tompo, village qui devient de plus en plus conséquent d'année en année.
>
> Je n'ai pas pu obtenir la preuve que les Mpianatry ny Tompo se réunissent parfois dans le « trano firaiketana », mais cette maison qui passe pour être la demeure du grand chef, le nommé Rainitiaray, a toutes les apparences d'un temple. Ce bâtiment, qui a 20 mètres de long sur 5 mètres de large, est orné à l'intérieur d'images religieuses et est très proprement tenu….[12]

Comme dans la définition de G. Condaminas, les membres du mouvement de Rainisoalambo se font appelés *zanak'i* Soatanana (enfant de Soatanana) ou *zanak'i dada* Rainisoalambo (enfant de Rainisoalambo). Et à la note F. Compagnon d'ajouter que :

---

12. F. Compagnon.

> Les Iraka appartiennent tous maintenant à la Mission norvégienne, tandis que les membres peuvent provenir de toutes les autres religions, catholique, protestante, anglicane.
>
> Cette particularité, d'ailleurs vérifiée, est très intéressante et constitue la preuve d'une tendance à une religion nouvelle. Les Iraka se réunissent à Soatanana, dans le « trano firaiketana » tous les ans, le 10 Août.[13]

Pour aller au-delà de ce principe du *fokonolona*, dans le *Toby*, et au sein de son mouvement, l'enseignement de Rainisoalambo était plus basé sur l'éthique de la relation « transparente » avec Jésus-Christ et donc avec soi-même, son prochain et l'environnement. Autrement dit, l'ethique de l'amour. Françoise Besseau a relevé le fait qu'il choisit dans le Nouveau Testament six vérités qui lui paraissent les plus importantes et qu'il désire enseigner à ses disciples. Ces six vérités sont :

1° La rémission des péchés

2° L'humilité et la simplicité dans le comportement notamment dans la façon de marcher, de parler ou de s'habiller

3° La patience

4° La prière

5° L'amour

6° Vivre totalement en symbiose avec les autres, se sentir uni au groupe et tout faire de façon communautaire. Cette dernière mesure va dans le sens de la tradition puisque cette dernière prône l'attachement au groupe, l'entraide et l'amitié. Le village des « disciples du Seigneur » aura d'ailleurs soin qu'aucun de ses membres ne soit nécessiteux.[14]

Toujours François Besseau :

> Tous ceux qui acceptent ce contrat reçoivent un livret où toutes ces mesures sont répertoriées. Si les contractants ne le respectent pas, le contrat sera déchiré et ceci signifiera la

---

13. *Ibid.*
14. F. Besseau, Mémoire de DEA en Sciences Humaines, Paris VII, Jussieu, 18 octobre 1991, pp. 44-45.

rupture de l'engagement. De la même façon, les Disciples qui s'engagent dans la nouvelle communauté acceptent par là même de voyager sur tous les points de l'île. Car en effet, ce groupe s'est formé dans le dessein de porter la Parole divine à l'ensemble des autres Malgaches. Il ne s'agit pas de se cantonner au cadre étroit du village, il faut se déplacer dans toutes les maisons du plus grand nombre de village possible. Il faut établir le dialogue entre les Malgaches et Dieu.[15]

Voilà l'esprit du christianisme que Rainisoalambo et les revivalistes de Soatanana ont adapté au principe du *fokonolona* malgache pour contextualiser l'Evangile dans la vie du *Toby* et dans la culture malgache. C'est pourquoi, le *Toby* reste bien malgache malgré les ruptures avec tout ce qui touche au culte des ancêtres. Le *Toby* est un immense succès en matière de contextualisation aussi bien culturelle qu'économique. En effet, les concepts d'intérêts communs, de règles de vie commune, d'entraide et de travail collectif si chers et si précieux dans la culture malgache, ont trouvé leur épanouissement au sein du *Toby*. Il n'y a pas eu de syncrétisme comme l'affirme Adolphe Rahamefy[16] ou L. Jacquier-Dubourdieu. Il n'y a pas « résistance culturelle » ou présence de « ruse symbolique » au sein des *Toby*. Les revivalistes ont toujours combattu le « razanisme » ou culte des ancêtres. Le fait est qu'il y a des affinités électives entre l'Ethos malgache et l'Esprit du christianisme. Rainisoalambo a su les discerner et les transmettre aux revivalistes malgaches. Tout ce que les revivalistes ont fait est une contextualisation en partant du principe « Ethique malgache et Esprit du christianisme ».

Ainsi, ceux qui disent que les *Toby* sont des endroits spécifiquement réservés à l'« exorcisme » ou à la délivrance, passent à côté de l'essentiel. En effet, les séances de délivrance ne constituent qu'une infime partie de la vie dans un *Toby*. De plus, l'accueil des malades dans les *Toby*, est arrivé longtemps après l'émergence du mouvement de Rainisoalambo. Ainsi,

---

15. *Ibid.*
16. Adolphe Rahamefy, *Sectes et crises religieuses à Madagascar*, Paris, Karthala, 2007, p. 141. En effet, l'auteur affirme que les revivalistes de Soatanana ont inventé une convivialité syncrétique betsileo.

dans les *Toby*, l'accueil des malades et les séances de délivrance qu'on leur administre, entrent dans le cadre de la solidarité malgache et de la charité chrétienne. Sauf exception, les malades et les dévoyés ne seront pas traités comme des numéros mais des personnes à part entière. Ils seront intégrés dans les familles des « bergers ». Ceux qui le pourront seront socialisés en participant aux travaux collectifs. Ils seront éduqués par l'Église du *Toby*.

Le *Toby*, initié par Rainisoalambo est à la fois malgache et biblique. Malgache dans la forme et biblique sur le fond. C'est pourquoi les trois autres grands centres de Réveil l'ont adopté sans aucun problème.

Tout ce qu'est devenu le *Toby* par la suite n'est autre que l'extension et l'actualisation de ce principe, « Ethique malgache et Esprit du christianisme ». Et ceci dans tous les domaines de la vie quotidienne et dans tous les aspects de la vie chrétienne

Ainsi, dans les quatre grands *Toby* affiliés à la FFPM, le développement du christianisme et le ministère des Bergers y sont poursuivis. Ils y ont créé des écoles et des dispensaires. Cette contextualisation n'est pas figée mais vivante.

Séance de guérison et de délivrance

Il ne s'agit pas ici de choisir si les revivalistes ont tort ou raison de maintenir dans leur fonction ministérielle la délivrance et la guérison.

Au sein des mouvements de Réveil malgache, l'exorcisme ou séance de délivrance et la guérison entrent dans le cadre d'une pratique liturgique.

Au sein du Mouvement de Nenilava, dans les cultes journaliers, les revivalistes commencent par quelques instants de chants et de prières libres. Pendant ce temps ou un peu avant, les bergers se préparent dans la prière. Après s'être vêtus de leur robe pastorale blanche,[17] les bergers entrent dans l'assemblée et prennent en charge le culte. Encore quelques chants et prières, et un ou deux bergers donnent des enseignements suivis d'un appel à la repentance. Après la lecture de quatre passages bibliques qui

---

17. Comme les pasteurs réformés et luthériens, les bergers portent une robe pastorale de couleur blanche. Le blanc, semble-t-il, symbolise la pureté de celui qui exerce ce ministère.

rappellent le fondement de la mission que le Christ a confiée à ses disciples et les promesses qui l'accompagnent, la séance de délivrance commence. Pendant que l'assemblée chante des cantiques qui invoquent le Saint-Esprit ou qui rappellent la victoire de Jésus sur la croix, tous ceux qui « sont en quête d'une quelconque délivrance » et ceux qui se sentent mal à l'aise dans leur être s'avancent et s'assoient par terre, devant, entre l'assemblée et les bergers. Pendant que l'assemblée continue à chanter, les bergers chassent les démons au nom de Jésus. La séance peut durer dix, vingt ou trente minutes suivant les cas. Après la séance de délivrance, les bergers imposent les mains à toutes les personnes à qui l'on vient de chasser le démon et à tous les autres membres de l'assemblée qui le désirent.

Celui qui reçoit l'imposition des mains se met à genoux pendant que le berger prie pour sa guérison et le bénit au nom du Seigneur : il lui accorde, au nom de Jésus, la rémission des péchés et prie le Saint-Esprit d'œuvrer en lui. Un berger termine la séance par une prière.

Ces deux aspects du ministère de berger, séance de délivrance et de guérison, sont les plus controversés de toutes les pratiques des revivalistes. Ceci leur a valu toutes sortes d'accusation, de fausse interprétation ou de vision très réduite de leur mouvement. Ainsi, le ministère de berger est souvent réduit, par les critiques, à un ministère d'exorcisme plutôt qu'à un ministère pastoral ou d'évangéliste. Les critiques assimilent souvent les séances de délivrance à des pratiques païennes. Il nous semble donc important d'essayer de comprendre ces phénomènes religieux. D'où viennent ces séances de délivrance, de la religiosité malgache ou de l'herméneutique biblique des revivalistes ? Ou de la rencontre des deux ?

Les séances de délivrance relèvent-elles de la religiosité malgache ?

D'aucuns pensent que l'exorcisme ou les séances de délivrance effectuées par les revivalistes pendant leur culte sont un résidu du paganisme. D'où notre question, « Les séances de délivrance relèvent-elles de la religiosité malgaches traditionnelle ? »

Cette question mérite d'être posée pour éviter tout amalgame et jugement hâtif et pour écarter tous les préjugés dans le traitement de la question de possession par les revivalistes malgaches. En effet, force est de constater que le monde chrétien est divisé en deux camps en fonction de leur croyance ou non à l'existence des esprits maléfiques.

Dans la « Consultation de Willoxbank : La culture au risque de l'Evangile (1978) », voici ce que rapporte le Document 37 :

> Ceux d'entre nous qui ont travaillé en Asie, en Afrique ou en Amérique Latine n'ont pas besoin d'être convaincus de la réalité de la puissance du mal…
>
> Beaucoup remettent en question aujourd'hui la croyance en l'existence des esprits, estimant qu'elle est incompatible avec notre appréhension scientifique de l'univers. C'est pourquoi il nous faut dénoncer le mythe mécaniste sur lequel l'Occident a bâti sa vision du monde et affirmer la réalité des intelligences démoniaques.[18]

Effectivement, plus près de nous, François Vouga affirme que :

> Le diable a disparu. On ne le voit plus. En tout cas, plus personne n'en parle. Les prédications du dimanche lancent des avis de disparition, mais en vain. Il reste introuvable. Il n'a sans doute pas résisté à l'esprit des temps modernes. Il est resté croché quelque part, dans un autre monde, entre le Moyen Age et les sectes étranges.[19]

Marc Muller, qui revient d'un séjour à Madagascar, évoque dans ses rapports un aspect du ministère des « bergers du Réveil ». Contrairement à F. Vouga, il s'interroge sur le retour du diable :

> Dans une société française en mal de repères, la possession et l'exorcisme feraient-ils un retour inattendu ? À Madagascar, les « bergers du Réveil » pratiquent la prière de délivrance pour chasser le diable des âmes et offrir ainsi une réponse à

---

18. *Repère pour la mission chrétienne.*
19. F. Vouga, *Les stratégies du diable*, Poliez-le-Grand, Edition du Moulin, 2008, p. 5.

des souffrances précises. Ils sont mandatés par les Églises réformée et luthérienne. Cet accompagnement est-il transportable en France ?[20]

Nous sommes face à deux interprétations différentes d'un même phénomène, celui de la « possession ». D'une part, il y a ce que nous pouvons appeler l'interprétation tiers-mondiste, dans la ligne de la « Consultation de Willoxbank ». Dans cette ligne, on considère le mal comme ayant une réalité « physique » et « matérielle ». D'autre part, l'interprétation occidentalisante où tout est imaginaire. Dans ce second cas, les traitements sont toujours médicaux, psychologiques et psychiatriques. Dans le premier cas, c'est-à-dire, ceux qui croient à l'existence des esprits maléfiques, le traitement est tout autre, l'exorcisme des religions traditionnelles ou les séances de délivrance adoptées par les revivalistes.

Parmi les cultes de possession à Madagascar, il y a le **bilo** et le ***tromba*** que nous avons étudié dans la première partie de notre thèse. Plusieurs missionnaires et pasteurs qui ont été confrontés à ces phénomènes ont écrit ou témoigné à ces sujets. Henri Rusillon y a consacré un livre en 1908. Plus près de nous, le prêtre catholique Jean-Marie Estrade, qui a soutenu une thèse sur le *tromba*, décrit ainsi les deux cultes de possession :

> Le Tromba est bien distinct en particulier du Bilo. Sans doute trouve-t-on ici et là à l'origine du processus, des malades à guérir ; sans doute ces deux rites reposent sur la même croyance aux esprits, mais dans le premier cas, il s'agit de celui des morts, dans le deuxième, des génies de la nature. Et alors que dans le Tromba on évoque, dans le Bilo on expulse ou transfère. Le Tromba est une nécromancie, le Bilo est un exorcisme […]. Bilo et tromba […] ont en commun le rôle thérapeutique, mais la cure est passagère pour le Bilo, tout au plus quelques semaines. Tandis qu'elle s'étale parfois toute une vie pour le Tromba. Bilo et Tromba jouent un rôle festif, mais s'ajoute pour le Bilo, la note ostentatoire. La fête du Bilo peut

---

20. *Mission*, n° 177, année 2008, p. 4.

être en effet rapprochée du potlach amérindien qui consiste en l'offrande de dons sacrés, constituant pour les donataires un défi de faire un don équivalent. Mais l'originalité du Tromba par rapport au Bilo se manifeste surtout enfin par ses fonctions morale et psychologique, politique et prophétique.

Voilà donc un aspect de l'exorcisme relatif aux cultes de possession. Comme Jean-Marie Estrade, Françoise Delcroix affirme que :

> Le bilo…est une cérémonie lignagère d'exorcisme qui concerne périodiquement un ou plusieurs membres du lignage, principalement des femmes qui souffrent de mal-être, de troubles diffus, de maladies mal déterminées. Elles sont considérées comme perturbées par des forces maléfiques de passages qui font peur et apportent la mort. Ces femmes portent souvent l'angoisse de ne pas avoir eu d'enfants et donc d'avoir contracté de mauvaises alliances. Elles subissent la honte de ne pas avoir participé à la dynamique d'échange positif qui reproduit la société tant en descendance qu'en produit échangé, tout ce qui fait qu'une société est prospère. […]. Ceux qui la pratiquent encore disent qu'il faut apaiser les Ancêtres inquiets dans cette période de difficulté, mais aussi qu'il est nécessaire d'affirmer que tout va bien.[21]

Or, au sein des mouvements de Réveil, il n'est jamais question d'apaisement des esprits des ancêtres. Qui dit délivrance ou exorcisme, dit combat. Combat livré par les ministres de l'Église contre les esprits. F. Raison-Jourde considère le ministère de guérison dans la religiosité malgache et l'exorcisme des revivalistes comme deux voies d'accès à l'invisible :

> Dans les deux cas, on notera encore l'intérêt spécifique porté à la possession, figure de l'autochtonie, interprétée soit comme marque du règne de Satan, soit comme la présence

---

21. Raymond Massé et Jean Benoist (dir.), *Convocations thérapeutiques du sacré*, p. 109.

d'esprits demandant à être reconnus. Mené aujourd'hui par les « bergers » du Fifohazana entièrement vêtus de blanc, Bible à la main, l'exorcisme, véritable combat, est rythmé par des convulsions et des cris (« Allez, Satan, enfuis-toi ! »). Il se clôt quand le possédé « avoue » les noms des esprits qui l'assiègent, de même que, dans la procédure des cultes autochtones, la personne nomme le ou les esprits cherchant reconnaissance. La possession était déjà présente dans le Nouveau Testament (et interprétée comme la possession par les démons), mais cet élément était non pertinent, voire incongru pour les missionnaires de la LMS ou de la MPF.[22]

Ainsi, bien que nous soyons là devant deux cas qui portent un intérêt spécifique à la possession, leurs approches sont diamétralement opposées. Avec leurs séances de délivrance, les revivalistes combattent les esprits. L'idée même de combat contre les esprits est aux antipodes de la mentalité malgache dans la mesure où dans sa religiosité, les esprits sont à craindre. Il n'est donc jamais question de les combattre mais de les calmer, de les apaiser, de les reconnaître et de chercher leur faveur. Dans la société traditionnelle malgache, l'approche des esprits n'a jamais été par le combat ou l'affrontement direct, mais par la négociation. Ce qui n'est pas le cas des séances de délivrance des revivalistes.

Après leur expérience de conversion et avec leur connaissance de la religiosité traditionnelle malgache, les revivalistes ont trouvé dans la Bible des missionnaires un appui majeur à leur séance de délivrance. Dans leur témoignage ces séances de délivrance est un des aspects majeurs de leur vocation et de leur mission. Aussi bien Rainisoalambo que Nenilava ont rapporté que leur mission était « d'évangéliser et de chasser les démons ».[23]

---

22. Rakotomalala, Blanchy, Raison-Jourde, *Les ancêtres au quotidien*, p. 132.
23. Ceci un pléonasme dans la mesure où, pour les revivalistes, il va de soi que la délivrance ou l'exorcisme accompagnant toujours l'évangélisation.

Comment les revivalistes malgaches ont-ils géré les phénomènes de possession ?

Dans notre étude, la question qui nous intéresse n'est pas de savoir qui a raison et qui a tort ou qu'est-ce qui est vrai et qu'est-ce qui est faux ? Dans une perspective sociologique, il s'agit d'une croyance religieuse ou d'une non croyance. Le plus important pour nous est de comprendre les réponses apportées par les revivalistes dans un contexte où l'on croit fermement à ces phénomènes. Comment, Bible en main Rainisoalambo et par la suite, les autres revivalistes ont-ils abordé et géré la question des « possessions » en général et des cultes de possession en particulier ? Quels a été l'impact de ces réponses ? Quelles en sont les conséquences ? Dans quelle mesure les missionnaires et les théologiens malgaches ont-ils contribué à l'institution et à l'adoption de ce ministère de délivrance au sein des Églises protestantes historiques. Nous sommes là, en quelque sorte, devant la contextualisation des phénomènes de possession par Rainisoalambo.

Il nous semble important d'étudier un témoignage assez représentatif de la façon dont les revivalistes ont pris en charge les cas de possession. Il y a eu beaucoup de témoignages comme celui de Rakotomihantarizaka. Nous avons choisi celui d'un missionnaire, témoin direct de ces séances de délivrance au début de l'émergence du ministère de berger.

Témoignages missionnaires

Dans un numéro du *Journal des Missions Evangéliques*, voici ce qu'E. Péchin relate sur une séance de délivrance dont-il a été le témoin.

> J'assistais le mercredi après-midi à leur réunion. Après une prédication et le chant d'un cantique… les portes du temple sont fermées. Quelque chose se prépare.
>
> Une personne sort des rangs et va s'asseoir dans le chœur, adossée au mur ; une autre la suit. Le prédicateur invite aussi à s'avancer un auditeur timide avec qui il a conversé la veille. Bientôt une douzaine de personne environ, des femmes en majorité, sont rangées le long du mur.
>
> Dans l'église bien fermée, les cantiques résonnent. Quittant leurs places, les apôtres se rendent en face des fidèles accroupis

dans le chœur. Ils parlent avec force. Entre deux versets, même malgré le chant, leurs paroles m'arrivent. S'adressant à chacun en particulier, ils s'écrient : « Va-t-en Belzébul ! Sors de cet homme ! Allons, Satan, vite vite ! Libère cette âme ! Enfuis-toi dans les régions désolées et sans eau ! ».

Parfois se produit un phénomène étrange. Au moment de l'exorcisme, une personne laisse échapper un cri : c'est le démon qui s'échappe ; une autre paraît en extase : c'est la joie d'être délivrée.

À ce moment-là aussi se produisent les guérisons, car le mal physique, comme le mal moral, est l'œuvre du démon. Je n'ai été témoin d'aucune, mais ils ont la réputation d'en produire. Les malades accourent à eux. Ils sont très explicites au sujet des guérisons et disent qu'elles sont l'œuvre de la foi seule, refusent d'accueillir les malades indifférents.

Puis les démons chassés, ils imposent les mains au nom du Père du Fils et du Saint-Esprit. Ils ne baptisent pas, mais engagent tous leurs disciples à aller étudier auprès des missionnaires pour pouvoir être baptisés.[24]

Voilà un témoignage qui date de 1904, c'est-à-dire au début de l'émergence du ministère de berger. Nous pouvons d'emblée faire quatre remarques :

Ce témoignage confirme le fait que les revivalistes ne négocient plus avec les esprits. Ces esprits ne sont plus à craindre ni à vénérer ou à calmer, mais à haïr et à chasser avec autorité. Ceci, avec l'abandon des cultes aux ancêtres, est la plus grande rupture que les revivalistes ont faite avec la mentalité malgache traditionnelle. Cette rupture est le fruit de leur interprétation de la Bible des missionnaires et de leur changement de système de référence.

Notre seconde remarque concerne les noms de ces esprits. Ils ne sont plus les esprits des ancêtres mais des esprits mauvais que la Bible des missionnaires considère comme sources de tout mal. En effet, Belzébul est

---

24. E. Péchin, *JME*, tome 1, 1904, pp. 207-208.

décrit dans les Evangiles[25] comme le chef des esprits mauvais. Et les démons sont les anges de Satan. Tous ces noms donnés aux esprits ne se trouvaient pas dans le vocabulaire religieux des Malgaches avant la venue des missionnaires et leur réception de la Bible.

Notre troisième remarque concerne la forme d'exercice de la délivrance des revivalistes malgaches. Dès le commencement, il y a eu une volonté de l'intégrer dans le cadre d'une pratique liturgique. Plus tard, cette manière de faire s'est avérée très importante et a eu beaucoup d'impact pour deux raisons.

Premièrement, la pratique de la délivrance et l'imposition des mains dans le cadre de la liturgie les placent au même rang que les autres actes spirituels sérieux mis à la disposition de l'Église pour son ministère pastoral et de compassion envers les malades. Ainsi, pour les revivalistes malgaches, exorcisme et imposition des mains font partie de l'ensemble des actes spirituels tels la prédication, la lecture de la Bible, la prière, les visites etc.

La seconde raison qui fait que la délivrance et l'imposition des mains dans le cadre d'une pratique liturgique est importante est la suivante : la mentalité occidentale a réussi à dramatiser les séances de délivrance. François Vouga dit que c'est encore une pratique des sectes, au sens péjoratif du terme, ou une pratique du moyen âge. F. Raison-Jourde affirme que :

> Mouvement anti-sorcellerie, d'inspiration analogue à celle des Africains, il se spécialise dans la lutte contre la possession, recourt à l'exorcisme pour chasser les démons qui ont investi les corps des possédés. Dans des luttes publiques théâtrales, les Apôtres ou Iraka (envoyés), arrachent aux démons leur nom et les expulsent.[26]

Aussi, cette forme d'exercice du ministère de berger adoptée par les revivalistes est qualifiée de théâtrale par F. Raison-Jourde. Pourtant, elle nous semble prudente et faire preuve de solidarité et de compassion envers les supposés malades. Prudente, dans la mesure où le berger ne sera jamais seul

---

25. Matthieu 10, 2 et 5 / Marc 3, 22.
26. Rakotomalala, Blanchy, Raison-Jourde, *Les ancêtres au quotidien*, p. 122.

dans l'exercice de son ministère : il exerce devant l'assemblée et en présence des cadres de l'église. Solidaire et compatissante, parce que les « malades » et les personnes qui demandent l'imposition des mains bénéficient du soutien de toute l'assemblée ; nous pouvons observer dans ce cas que la séance de délivrance est considéré comme une lutte normale dans laquelle l'Église doit s'engager. Il en sera ainsi dans toutes les églises qui accepteront le Réveil et ses pratiques de la délivrance. Le côté dramatique imposé par la mentalité occidentale n'est en aucun cas ressenti par les personnes présentes qui en sont au contraire demandeurs. Ainsi, vu sous l'angle de cette déclaration de F. Raison-Jourde, la lutte contre la possession n'est pas une spécialité, mais une spécificité du Réveil due à leur propre interprétation de la Bible et de leur expérience de la religiosité traditionnelle malgache

Enfin notre quatrième remarque est au sujet des acteurs de la séance de délivrance ou de l'exorcisme. Ils exercent ce ministère en groupe et dans le cadre d'une liturgie. Il ne s'agit donc pas d'un don accordé à un individu particulier, mais d'une fonction confiée à un groupe de « ministres de l'église ».[27]

C'est pourquoi, pour être berger, il faudra d'abord suivre une formation de deux ans. Ensuite si le candidat berger a satisfait toutes les exigences de la formation, il doit être consacré avant de pouvoir exercer.

E. Péchin continue son témoignage de la manière suivante :

> Pendant leur séjour ici, ils ont imposé les mains à environ quatre cent personnes, dans ce nombre, sont compris la plupart des instituteurs, *mpitandrina* (pasteur),[28] évangélistes. Leurs disciples se choisissent un *mpiandry* (berger) et s'engagent à s'exciter l'un l'autre à servir Dieu.
>
> Satisfaits de leur œuvre dans cette région, les apôtres pressés d'aller ailleurs nous quittèrent, non sans avoir solennellement

---

27. C'est là aussi que réside une des différences entre revivalistes malgaches et pentecôtisme. En effet chez les pentecôtistes on parle souvent de don.

28. Le *mpitandrina* est un personnage qui joue dans les Églises malgaches le même rôle que, du temps de Jésus, le chef de la synagogue en Palestine. *JME*, tome 1, note p. 208.

exhorté leurs disciples, rappelant par leur ton les exhortations de Paul à ses fidèles.[29]

Une autre remarque sur l'ensemble de ces témoignages. Nous pouvons constater que ce ministère des *mpiandry* a à la fois le souci de l'évangélisation et un souci pastoral en confiant à quelqu'un sur place le soin d'accompagner et d'exhorter les autres.

Par conséquent le ministère de berger relève de l'herméneutique des revivalistes. Dans la perspective de la théologie pratique le ministère de berger est un projet pastoral. Et dans la perspective de la Réforme, on peut l'interpréter ce ministère comme un ministère de la parole.

> Par ministère de la Parole, il ne faut pas entendre seulement la prédication du dimanche et la catéchèse des enfants, mais bien plutôt l'intervention du Seigneur, par ses ministres, dans la vie des hommes pour les appeler au salut, les implanter en Christ et les faire croître en lui.[30]

Tandis que dans sa forme d'exercice, ce ministère fait apparaître un des aspects de la contextualisation de l'Evangile dans une situation de misère et de pauvreté. En effet, pour le Réveil, la possession est parmi la plus misérable des situations. Alors les revivalistes s'en sont pris en charge. Voici ce que dit le Docteur Péri Rasolondraibe à propos du Réveil en général et du mouvement de Nenilava en particulier :

> Le mouvement de Réveil au sein de l'Église Luthérienne Malgache est un mouvement charismatique dans lequel les personnes à travers les dons du Saint-Esprit (Charismata), s'offrent elles-mêmes pour le bien des autres. Le concept biblique utilisé par le mouvement d'Ankaramalaza est la compassion.[31]

---

29. *Ibid.*
30. J.J. Von Allmen, « Le saint ministère » (1), p. 78.
31. Péri Rasolondraibe, « Awakening to the power of God », (article rédigé en anglais et publié dans une revue de la Fédération Luthérienne Mondiale. Traduction libre de

Nous ajoutons que cette affirmation du Dr P. Rasolondraibe est valable pour les autres mouvements. C'est ce même sentiment qui anime les bergers et en particulier ceux qui restent dans les Camps de Réveil pour prendre soins des malades. C'est dans ce sens que les *Toby* des mouvements de Réveil sont interprétés par certain comme une œuvre diaconale.

Toujours selon le Dr P. Rasolondraibe, il y a deux significations à cette compassion:

> La première est de partager l'amour de Dieu pour le monde et spécialement les pauvres et les affligés. La deuxième est de partager les peines de ceux qui souffrent et de suivre Jésus en étant ému de compassion et en guérissant les vies brisées.
>
> Pour le mouvement de Réveil, cette compassion est la base de la mission de l'*Église*. Quand une personne est transformée par l'amour de Dieu, elle peut être un instrument pour la transformation des autres. On peut remarquer que pendant les séances de guérison et de délivrance, durant lesquelles les bergers sont confrontés aux souffrances profondes des gens, aussi bien physiques que spirituelles, le signe visible de la compassion est les larmes.[32]

Voilà comment les revivalistes ont commencé à gérer le monde des esprits et les cultes qui s'y rattachent, en l'occurrence les cultes de possession. Par l'addition des séances de délivrance et de guérison dans la liturgie introduite par les missionnaires, ils ont contextualisé l'Evangile qu'ils ont reçu dans un pays où l'on croit fortement aux esprits. Voyons maintenant quel est l'impact de ce mode de gestion.

Impact dans la société malgache

Sous ce titre, nous aimerions aborder trois questions concernant cette contextualisation. Il s'agit d'abord de vérifier son impact dans la société malgache. Ensuite, y a-t-il eu une contribution des missionnaires et

---

Jarisoa Rakotoarivelo).
32. *Ibid.*

théologiens malgaches ? Enfin quel fut le processus de son adoption par les Églises protestantes historiques ?

L'impact du mouvement de Réveil et du ministère de berger à ses débuts a déjà été mentionné. Ce qui nous intéresse ici est son impact dans la société malgache moderne. Ce sera l'occasion pour nous d'examiner certaines remarques parues dans des livres[33] qui ont été édités ces dernières années et ont abordé tel ou tel aspect du Réveil. En effet, bien que nous ayons déjà donné notre avis sur quelques-unes, nous ne les avons pas épuisées. Ainsi, reprenons une partie de la définition que F. Raison-Jourde avance sur le mouvement de Réveil : « mouvement anti-sorcellerie, d'inspiration analogue à celle des Africains, il se spécialise dans la lutte contre la possession, recourt à l'exorcisme… ».

Cette définition est stéréotypée et une fois de plus très réductrice du mouvement de Réveil. F. Raison-Jourde confond le mouvement avec son impact. Les revivalistes ne se définissent pas comme des lutteurs contre la sorcellerie ni les possessions. Ils se définissent plutôt comme évangélistes et bergers. Bien qu'ils prient en abondance, ils ne se définissent pas et ne sont pas définis comme mouvement de prière. En tant qu'évangélistes et bergers, il se trouve que la prière, l'imposition des mains, l'exorcisme etc. font partie de leurs panoplies.

La question qui se pose est donc la suivante : « Sur le marché du religieux », qu'est-ce que les mouvements de Réveil rattachés aux Églises historiques ont à proposer dans la société malgache ? Par quel moyen l'influence des mouvements de Réveil s'exerce-t-elle sur la société malgache ? La réponse des revivalistes n'a pas changé depuis les débuts, par l'évangélisation : annoncer Jésus pour qu'il soit le Seigneur et Sauveur de chaque Malgache et de toute la nation. Par leur évangélisation, les bergers ne vont pas voir spécialement les sorciers ni ceux qui pratiquent les cultes de possession. Mais il apparait que ceux qui ont touché de près ou de loin aux cultes de possession, et qui en subissent les effets secondaires, viennent auprès des bergers pour trouver du secours. Ainsi tous les observateurs attentifs pourront constater qu'au sein des mouvements de Réveil, la séance de délivrance

---

33. Parmi ces livres, nous pouvons citer : 1. F. Raison-Jourde (dir.), *Madagascar, les ancêtres au quotidien*, ; 2. Sophie Blanchy (dir.), *Les dieux au service du peuple* ; 3. Adolphe Rahamefy, *Sectes et crises religieuses à Madagascar*.

existe indépendamment des cultes de possession. Le fait est que ceux qui rencontrent des problèmes dans leur relation avec les supposés « esprit de roi » qui les possèdent font appel au ministère des bergers et trouvent leur solution et leur bien être dans les séances de délivrance. Tel était par exemple le cas de Rakotomihantarizaka. Ce ne sont pas les bergers qui sont venus voir sa famille. Ce fut après avoir exercé son « droit d'inventaire » qu'il a sollicité l'aide des bergers.

Une question qui n'a pas été souvent abordée est celle des effets secondaires ou des méfaits de la sorcellerie et des cultes de possession dans la société où on les pratique. Dans l'ouvrage dirigé par Raymond Massée et Jean Benoist, Françoise Delcroix évoque cette question :

> Dans les sociétés lignagères, tout manquement aux règles provoque un déséquilibre qui peut s'exprimer par la maladie. Des institutions ont pour fonction d'éliminer le mauvais et de rétablir l'ordre. Les transformations actuelles, parfois, ne permettent plus à ces institutions de fonctionner, ou ces derniers ne répondent plus toujours au besoin de la société.[34]

Ce manquement aux règles se situe le plus souvent dans la « manière de faire » plutôt que dans « le faire ».[35] Les conséquences de ces manquements sont aliénantes pour la personne. Lors de la visite d'une Église dans Sud de Madagascar, nous avons eu le témoignage d'un ancien « possédé ». Un jour, disait-il, il avait manqué aux règles de la nourriture. Il avait mangé une viande que l'esprit qui le possédait lui avait interdit de toucher. Alors pendant plusieurs jours, il fut réveillé par l'esprit vers 1h ou 2h du matin parce qu'il devait être puni. Entre autres punitions et maladies, il devait aller dans

---

34. Raymond Massé et Jean Benoist (dir.), *Convocations thérapeutiques du sacré*, p. 107.
35. Deux exemples peuvent être pris en compte pour bien expliquer cette différence entre « faire » et « manière de faire ». Notre premier exemple concerne le cas de la construction d'une maison. Techniquement, bâtir une maison est à la portée de tout entrepreneur digne de ce nom. Mais pour un Malgache attaché à la tradition, rien ne pourra se faire sans avoir consulté et reçu l'accord d'un *ombiasa*. Il en est de même dans le cas de l'ouverture d'un tombeau familial. Il ne suffit pas de l'ouvrir ; plusieurs règles et tabous doivent être respectés scrupuleusement avant son ouverture. Ainsi, selon la religiosité malgache traditionnelle, dans plusieurs domaines de la vie, il ne s'agit pas seulement de faire, mais il y a toujours une manière de faire qui doit être observée.

la forêt et monter sur un arbre très haut. Et du haut de l'arbre, il devait pleurer comme un enfant. Cela fut ainsi pendant plusieurs années chaque fois qu'il transgressait les règles de l'esprit qui le possédait et qui voulait le former pour être *ombiasa*. Il s'est converti par l'action d'un missionnaire américain faisant partie du mouvement de Nenilava. Il a retrouvé sont bien être après plusieurs séances de délivrance.

Dans le même article que nous avons cité auparavant, F. Delcroix raconte que :

> Selon les habitants et l'observation qui a pu en être faite, on assiste, notamment, à une prolifération d'esprits de plus en plus mal contrôlés. Les cérémonies lignagères ne permettent plus de canaliser ce foisonnement et cet éclatement suscite un certain nombre de malaises, de malheurs, d'incidents pénibles.[36]

On comprend pourquoi le message des revivalistes a beaucoup d'impact auprès de ces adeptes de la religion traditionnelle. En effet, d'une part, non seulement le message s'adresse à l'homme et son environnement mais aussi, avec les séances de délivrance, les revivalistes apportent la réponse aux problèmes de ceux qui cherchent à se séparer de ces supposés « esprits des ancêtres ». D'autre part, le message de grâce si cher au protestant cadre bien dans ce contexte des « esprits punisseurs ». En effet, la justification par la grâce à travers la foi s'exprime de façon concrète dans l'expérience du Réveil. C'est pourquoi dans son témoignage Rakotomihantarizaka reçoit le Réveil comme un don et comprend l'expérience des revivalistes comme une grâce. Voici comment, en effet, il termine son témoignage :

> Enfin, merci à notre Seigneur Jésus-Christ, qui a désigné son serviteur, Mama Volahavana Germaine, encore appelée Nenilava, pour être son instrument tel un filet pour repêcher tous les pécheurs et merci à Mama, qui depuis toujours et jusqu'à maintenant, de jour comme de nuit, ne refuse jamais d'aider tous ceux qui veulent s'entretenir avec elle, pour les

---

36. *Ibid.*

ramener à Jésus afin qu'ils soient sauvés et qu'ils aient la vie éternelle.[37]

On se demande donc comment la famille Rakotomihantarizaka aurait pris la déclaration suivante de F. Delcroix ?

> Dans les centres de *fifohazana*, la maladie est assimilée à une possession. Il y règne misère et souffrance. Malades physiques, mentaux et possédés s'y côtoient, considérés comme ressort d'un même problème ou, à tout le moins, d'une même thérapie : l'exorcisme. La cosmogonie *fifohazana* apparaît d'un manichéisme brutal : toutes les possessions et toutes les pratiques faisant intervenir la Surnature ont pour origine la puissance maléfique de Satan. Le contraste est total avec la complexité de la cosmogonie traditionnelle où se côtoient les Esprits de toute nature et les ancêtres aux attitudes ambivalentes à l'égard des vivants. Or, un ensemble de techniques bien défini, bien maîtrisé et souvent utilisé permet au *fifohazana* d'exorciser les handicapés, physiques ou mentaux, et les possédés avec pour ces derniers un coefficient certain de réussite.[38]

Le commentaire de F. Delcroix fait un « inventaire » tout à fait respectable et sympathique du monde des esprits des ancêtres. Mais Rakotomihantarizaka et tous ceux qui ont vécu ce que sa famille ont vécu ne pourrons pas accepter une telle affirmation. À notre avis, ici, se situe la grosse lacune des études sur les cultes de possession, au moins dans le cas de Madagascar. Les chercheurs, la plupart du temps, se contentent d'observer et d'analyser la cérémonie ou les cultes de possession. Mais ils semblent ignorer ou sous-estimer la relation des possédés avec ces supposés « esprits des ancêtres » dans leur vie quotidienne. Ainsi l'étude des ces cultes de possession se heurte pour notre part à deux problèmes :

---

37. Témoignage Rakotomihantarizaka, p. 106.
38. Raymond Massé et Jean Benoist (dir.), *Convocations thérapeutiques du sacré*, p. 107.

D'un côté étudier ces cultes à travers les cérémonies, sans tenir compte de la réalité cachée, c'est-à-dire la relation, au quotidien, des possédés aux esprits possesseurs, est trop superficiel.

D'un autre côté, tant que le « possédé » reste possédé, il n'avouera jamais les aspects négatifs de sa relation avec l'esprit qui le possède. C'est pourquoi l'approche de ces esprits possesseurs ne peut être que par la négociation, comme pour ceux qui sont attachés à leur tradition, ou par l'affrontement direct, comme le préconise la Bible et que les revivalistes pratiquent.

F. Delcroix donne une explication trop positiviste du ministère de berger et confond séance de délivrance avec « technique ». Elle affirme également que malades physiques, mentaux et possédés se côtoient dans les *Toby* ou Camps de Réveil, et les *Fifohazana* considèrent tout ceci comme ressort d'un même problème ou, à tout le moins, d'une même thérapie : l'exorcisme. Cette explication ne tient pas assez compte de la conception et des pratiques des revivalistes parce qu'elle occulte complètement la « grâce ». Pour les revivalistes, en particulier pour quelqu'un comme Rakotomihantarizaka, la « grâce » est infiniment plus que le *hasina*. « Le hasina des ancêtres comme ressource symbolique est convoité par la masse des pratiquants pour les buts le plus pratiques de la vie quotidienne ».[39]

Malgré les apparences, nous sommes là devant deux approches complètement opposées de la vie. Pour les revivalistes, Dieu est souverain et peut par sa « grâce » soigner et délivrer une personne de toutes sortes de maladies. Par conséquent, sans sous-estimer la médecine moderne, pour les revivalistes, toutes les maladies peuvent être traitées par les « moyens de grâce » que sont la « délivrance » et la « prière par l'imposition des mains ». Les séances de délivrance, en tant qu'élément du culte, n'est donc pas un acte isolé. Voici comment Dr P. Rasolondraibe explique la notion de guérison selon les revivalistes :

> Dans la compréhension des Revivalistes, la guérison a lieu quand la relation avec le Christ est établie ou rétablie, ceci sans tenir compte du fait que la santé physique est là ou pas. Par exemple, dans le cas de Paul dans 2 Corinthiens 12 :7-10,

---

39. M.-C. Dupré, *Familiarité avec les dieux*, p. 55.

il a été guéri mais pas physiquement. Il peut y avoir aussi des cas où la santé physique est là mais pas la guérison (le cas des 2 lépreux purifiés mais qui ne reviennent pas glorifiés Dieu dans Luc 17 :17 en est un).

D'une part, on peut dire que la disparition instantanée des maladies chroniques telles que la tuberculose ou autres a pu être constatée durant les séances de guérison conduites par les bergers. D'autre part, plusieurs des malades sont morts dans des camps de Réveil en attendant la santé physique. Chacun d'eux a pourtant été guéri avant de quitter cette vie.[40]

Aussi, quand F. Delcroix pense qu'il existe une certaine continuité entre la logique des cultes de possession et la guérison par l'exorcisme/conversion et dire que cette continuité permet de passer d'une logique à un autre nous paraît sans fondement. Car comment peut-on passer aussi facilement d'une cosmogonie à une autre sans une rupture totale et radicale avec la mentalité issue de la religiosité malgache traditionnelle ?

Qui vient à ces cultes conduit par les bergers ?

Des gens qui pensent qu'on leur a jeté des mauvais sorts. Des personnes qui ont eu affaire à des pratiques occultes ou au culte de possession. Des personnes tourmentées par des esprits. De simples chrétiens s'estimant être liés par tel ou tel péché et qui en subissent des conséquences plus ou moins graves dans leur vie quotidienne, etc. Ces personnes viennent demander la délivrance et l'imposition des mains.

Nous avons observé que ces personnes qui assistent au culte du Réveil et demandent la délivrance et l'imposition des mains peuvent être classées en trois catégories :

La première concerne les chrétiens qui sont tout à fait conscients mais ont besoin d'aide dans leur vie quotidien. Ils sont influencés par des sentiments négatifs ou chargés par les soucis de la vie. Ils sont peut-être aussi remplis d'amertume et de haine pour telle ou telle méchanceté qu'ils ont

---

40. Dr P. Rasolondraibe, « Awakening to the power of God », (article rédigé en anglais et publié dans une revue de la Fédération Luthérienne Mondiale. Traduction libre de Jarisoa Rakotoarivelo).

dû subir de la part de quelqu'un. Ils viennent au culte des bergers pour être soutenus et exhortés dans les difficultés de la vie quotidienne.

Voici ce que nous a témoigné un jeune professeur de Lycée dans une ville au Nord de la France. Ses élèves sont beaucoup plus grands qu'elle en taille et ne sont pas des enfants de cœurs. Dans l'église qu'elle fréquente, des bergers qui vivent à 200km viennent une fois par mois pour faire bénéficier ceux qui le veulent du culte de délivrance et d'imposition des mains. Notre jeune professeur, pour inciter les bergers à venir régulièrement malgré la distance, leur a donné le témoignage suivante :

Je suis très reconnaissante de votre visite. Pour rien au monde je ne veux manquer les séances de délivrance et d'imposition des mains. En effet, je n'exagère pas, s'il n'y avait pas eu ces cultes mensuels des bergers, je serais déjà tombée dans la folie depuis longtemps.

Le deuxième concerne les personnes qui sont conscientes de leur état de servitude, de déprime, de stress ou d'angoisse permanente. Elles se laissent aller faute de force et de volonté pour lutter contre, ou pour entreprendre un travail sur soi. Parmi ces personnes aussi se trouvent des individus ou des familles entières qui ont été en contact de près ou de loin avec les cultes de possession. Ces personnes finissent par faire appel à l'aide des bergers quand ils ne trouvent plus de solution au « tourment » que leur font subir les esprits qu'ils ont reconnus et vénérés dans leurs culte de possession. Dans le livre dédié au jubilé du Camp de Réveil d'Ankaramalaza plusieurs personnes dans ce cas ont apporté leur témoignage comme Rakotomihantarizaka.

Enfin, le troisième cas concerne les personnes qui ont perdu complètement la raison et/ou que leur famille a abandonnées. Comme le démoniaque guéri en Mc 5, la personne ne maîtrise plus ses comportements. Très souvent la personne est entraînée par « l'esprit » à des pratiques et à des actions visant à sa destruction (Mc 5.5). Elle cherche aussi à détruire les autres. Dans une pareille situation, le soin peut être long. La meilleure solution est d'interner la personne dans un camp de Réveil où en plus des cultes journaliers, un berger prendra soin d'elle jusqu'à son retour à l'état normal.

Dans les Camps de Réveil, 4 ou 5 patients (quelquefois même jusqu'à 8) sont confiés à chaque berger. On attend du berger qu'il réponde aux besoins physiques, sociaux et éducatifs de ses patients. Par-dessus tout, ces bergers ne manqueront pas de prier, avec séances de délivrance et imposition des mains, au moins 3 fois par jour. Les patients sont considérés comme des membres de sa propre famille. Il ou elle (berger) fait tout cela sans aucune rémunération.

Le ministère de berger se développe maintenant dans toutes les églises historiques de Madagascar. Dans un entretien que nous avons eu avec P. Rasolondraibe, il fait remarquer que

> Il y a 15 ans de cela, la plupart des bergers œuvrant dans ces différentes églises étaient formés et consacrés par l'Église Luthérienne. Aujourd'hui l'Église de Jésus Christ (Réformée) et l'Église Catholique Romaine donnent leur propre formation et ont établi leur propre mouvement de Réveil ou mouvement charismatique dans leurs églises. On peut dire que le mouvement *Fifohazana* a encouragé à la racine même la spiritualité œcuménique, une direction que les gardiens des églises et des traditions ne pouvaient même pas rêver 30 ans plus tôt.[41]

Contribution des missionnaires et théologiens malgaches

Tous ceux qui ont écrit sur le Réveil, ont noté l'appartenance ou plutôt le rattachement de ces mouvements à l'institution de l'Église luthérienne à Madagascar. F. Raison-Jourde reprend la thèse de F. Compagnon et affirme que :

> Si le mouvement se développe à l'intérieur de la mission luthérienne norvégienne, il ne respecte pas les frontières entre missions, pénètre sur les terres LMS et MPF, pense Madagascar dans une intégralité. Il ne rompra jamais le lien institutionnel d'origine avec les luthériens dont il a besoin comme protecteur face à l'administration. Il attendra jusque dans les années

---

41. Notons que le Révérend Péri Rasolondraibe fut aussi le Président de la FFPM, et par la suite, Directeur du département Mission (DMD) de la Fédération Luthérienne Mondiale pendant 8 ans.

1950, la reconnaissance de son autonomie par le régime colonial.[42]

La situation est plus compliquée qu'elle ne paraît. Effectivement, les mouvements se développent à l'intérieur de la mission luthérienne parce qu'ils y sont nés. Nous avons déjà montré dans l'histoire du mouvement de Rainisoalambo comment le ministère de berger ou des *mpiandry* a émergé. À l'exception du mouvement de Ravelonjanahary,[43] tous les autres ont émergé sur terrain luthérien. Mais ce seul fait ne suffit pas pour que le mouvement ait pu se développer. Les autres missions autant que la mission luthérienne ont bénéficié des actions des mouvements de Réveil depuis les débuts. Beaucoup de témoignages de missionnaires qui ont opéré dans la partie Nord de Madagascar, partie réservée aux missionnaires non luthériens, attestent que grâce à l'action du Réveil beaucoup d'églises ont été créées et d'autres en voie de disparition ont redémarré.

D'autres facteurs ont fait que les mouvements de Réveil se sont plus développés dans les parties de Madagascar occupées par les luthériens plutôt que dans les parties occupées par les autres missions. Le rapport Compagnon accuse souvent les luthériens d'avoir protégé le mouvement de Rainisoalambo pour en faire son instrument de développement. Nous pouvons poser la question d'une autre manière. Pourquoi les luthériens de Madagascar étaient-ils capables de vivre avec le Réveil ? Dr P. Rasolondraibe propose trois raisons : la position centrale de la Bible, la doctrine de la grâce et la doctrine du sacerdoce universel. Nous ajoutons l'organisation ecclésiastique comme autre facteur déterminant qui a facilité l'adoption des mouvements de Réveil par les luthériens de Madagascar.

Sola Scriptura

Comme chez les revivalistes malgaches, la position centrale de la Parole de Dieu dans l'enseignement luthérien est un facteur fondamental. Les luthériens, en particulier ceux de Stavanger, plus que tous les autres chrétiens

---

42. Rakotomalala, Blanchy, Raison-Jourde, *Les ancêtres au quotidien*, p. 122.
43. En effet, Ravelonjanahary a travaillé pratiquement seule avec Rajaofera pendant plusieurs années.

de Madagascar, se sont attachés aux saintes Ecritures. Nous avons vu, dans le chapitre sur Réveil et fondamentalisme, comment les Réveils s'étaient approprié les Ecritures.

La grâce

Le second facteur que propose le Dr P. Rasolondraibe, c'est la grâce. La justification par la grâce à travers la foi est une doctrine luthérienne fondamentale. Nous avons vu, dans le cas des cultes de possession, qu'elle s'exprime de façon concrète dans l'expérience du Réveil. « Le Dieu vivant et aimant, à travers Christ, donne non seulement le pardon qui permet la réconciliation avec lui mais aussi l'invitation à participer à son amour. Il donne la justification au pécheur et agit dans son monde, maintenant et pour l'éternité ».

Dr P. Rasolondraibe ajoute que :

> Le prix à payer pour cette invitation est très élevé, mais il doit donner cette invitation personnellement même si cela doit lui coûter la vie. Les bergers luthériens croient et comprennent qu'avec cette invitation qui justifie leur présence et leurs actions dans le monde ils peuvent suivre Jésus. Comme la compréhension de la doctrine de justification n'est pas adossée au contact d'une cour romaine de justice, le problème des bonnes œuvres liées à la sanctification n'est même pas soulevé.[44]

Le sacerdoce universel

Le sacerdoce universel, la doctrine de la prêtrise de tous les croyants, chère aux Luthériens, s'est dotée de possibilités concrètes et de diverses expressions à travers le mouvement de Réveil en général et le ministère de berger en particulier. Toujours selon Dr P. Rasolondraibe,

> L'Église est le peuple de Dieu (et non le clergé) rassemblée autour de la Parole et des Sacrements et envoyée dans le monde avec la grâce et la puissance insufflée par Dieu lui-même….

---

44. Péri Rasolondraibe, « Awakening to the power of God ».

> Les mouvements de Réveil voient l'Église en termes d'organisme plutôt qu'organisation à structures rigides. Cette façon d'être de l'Église, et non de simples assistants à l'Église, est fortement appréciée.
>
> On peut dire que le mouvement de Réveil a fortement contribué à une compréhension et la réinterprétation des doctrines et de l'identité luthériennes par les Malgaches.[45]

Voici encore le commentaire d'un missionnaire à propos de l'engagement des revivalistes au sein des églises luthériennes :

> Le Réveil de 1898 avait ouvert les yeux des Malgaches sur le devoir de contribuer, pour leur part, à l'avancement du règne de Dieu et à l'établissement d'une Église luthérienne malgache.[46]

La doctrine de la prêtrise des croyants trouve donc une forme concrète et un épanouissement à travers le ministère de berger.

L'organisation ecclésiastique

Nous avons vu que les trois composantes du luthéranisme à Madagascar ont la même organisation et la même doctrine de l'Église. C'est ce qui a facilité leur unification en 1950. C'est pourquoi les mouvements de Réveil ont été gérés de façon beaucoup plus homogène et centralisé chez les luthériens. Tandis que dans les autres missions, souvent de régime congrégationaliste, on peut dire qu'il y a eu autant de positions, sur le Réveil, que de missions.

D'après notre observation nous avons constaté qu'on peut distinguer trois niveaux dans l'approche et la gestion luthérienne des mouvements de Réveil malgaches. Ces trois niveaux concernent les trois aspects principaux de la vie de l'Église : Les aspects charismatiques, les aspects ecclésiologiques et les aspects théologiques.

---

45. *Ibid.*
46. P. Buschenschute, *La Mission Luthérienne à Madagascar*, p. 23.

Aspects charismatiques

Dans les Églises protestantes à Madagascar, les pasteurs jouissent de ce que Max Weber appelle charisme de fonction. Ils n'ont pas forcement besoin de charisme personnel. Leur autorité s'impose toute seule grâce à leur fonction de pasteur. Au sein des mouvements de Réveil, le mandat des bergers inclus tous les actes des pasteurs sauf la célébration des sacrements. Mais en plus ces bergers sont également les principaux acteurs des séances de délivrance et d'imposition des mains. Ces séances de délivrance et d'imposition des mains ont été l'objet de beaucoup de critiques tous azimuts. Chaque mission, à sa manière, a essayé de maîtriser ces deux aspects du ministère de berger. Certaines les ont tout simplement interdits dans leurs églises. D'autres ont demandé que les bergers suppriment les séances de délivrance ou de les faire en dehors de l'église. Ainsi, en tant que ministre de l'Église, ces bergers, comme les pasteurs semblent ne pas être revêtus que de simple charisme de fonction. Mais grâce aux séances de délivrance et à l'imposition des mains, le ministère de berger fonctionne comme un ministère charismatique. Le porteur du charisme n'est pas l'homme mais l'action, c'est-à-dire la séance de délivrance et l'imposition des mains. Les gens viennent aux cultes du Réveil parce qu'ils veulent être bénéficiaires des séances de délivrance et des impositions des mains sans chercher à savoir par qui.

Les luthériens ont sûrement compris cet aspect du Réveil. C'est pourquoi ils n'ont jamais touché ni aux séances de délivrance, ni aux impositions des mains. Ils se sont contentés de gérer le cadre où devrait s'exercer le ministère. C'est ce qui a facilité l'intégration rapide des mouvements de Réveil au sein du luthéranisme malgache.

Aspects ecclésiologiques

« Le Réveil est un don de Dieu pour l'Église ». Tels sont les premiers mots du protocole d'accord entre la FFPM, et les quatre grands mouvements de Réveil malgache. C'est une déclaration qui sous-entend et implique beaucoup de choses pour les deux parties. C'est une façon de dire aux revivalistes que leur mouvement doit se conformer aux règles de l'Église. Quant aux missionnaires, la déclaration les invite à accepter et à aimer le Réveil.

Cette affirmation est aussi une victoire des revivalistes. En effet, l'Église leur accorde maintenant un statut clair en son sein. L'Église luthérienne va encore plus loin dans la mesure où elle affirme que le « Réveil c'est l'Église ». C'est-à-dire, le Réveil n'est plus tout à fait les mouvements initiés par Rainisoalambo et les autres. Le Réveil est l'Église ou la vie de l'Église. C'est pourquoi, dans leurs sens premiers, les mots Réveil ou réveillé signifient conversion de masse et conversion. Actuellement au sein de l'Église luthérienne à Madagascar, ces mots ont aussi une connotation théologique ou ecclésiologique. Le Réveil c'est l'Église elle-même et les réveillés sont les membres de l'Église. D'où le commentaire de Dr P. Rasolondraibe que nous avons cité plus haut :

> On peut dire que le mouvement de Réveil a fortement contribué à une compréhension et la réinterprétation des doctrines et de l'identité luthériennes par les Malgaches.[47]

Aspects théologiques

Quatre aspects du christianisme protestant déterminent l'orientation théologique des quatre grands Réveil : 1. l'amour du prochain, 2. la foi, 3. la sainteté- La repentance 4. La communion profonde et sincère avec le Christ Jésus.

L'amour du prochain

Pour Rainisoalambo, l'amour du prochain et l'amour mutuel entre les chrétiens doivent motiver toutes les actions des revivalistes. Rainisoalambo se sert comme un leitmotiv de l'enseignement du Christ sur le « commandement nouveau » Jean 13,34-35. Le pasteur Rasamoela Joela a recueilli les enseignements de base de Rainisoalambo pour son mouvement. L'explication de Rainisoalambo à propos de ce commandement nouveau est la suivante :

Le commandement est nouveau parce que le modèle à suivre est nouveau. Jésus a dit, « Aimez-vous les uns les autres comme je vous ai aimé ». Toujours selon Rainisoalambo, cet amour de Jésus pour nous qui sommes

---

47. *Ibid.*

pécheurs est très profond et loin d'être à la portée de notre esprit. En effet d'après Luc 23, 34, Jésus a demandé pardon pour ses bourreaux et ceux qui lui ont craché au visage.

Le commandement est aussi nouveau dans la mesure où ceux qui doivent l'apprendre sont nouveaux. « Ils ont Jésus dans leur vie ». « Ils ont revêtu l'homme nouveau ». L'amour est la marque des chrétiens et devrait être la devise des enfants du Réveil. Le commandement de l'amour doit être toujours accompagné de l'humilité.

La foi

Ravelonjanahary insistait sur la foi en Jésus Christ. Nous avons vu auparavant que dans chaque entretien avec des individus, elle réclame la foi de la personne qui demande la guérison. La note Compagnon du 19 septembre 1932 rapporte, par exemple, le fait suivant, qui s'est déroulé au temple *d'Andravohangy* :

> Après le culte, huit malades, deux hommes, quatre femmes et deux enfants furent présentés à Ravelonjanahary. Celle-ci les exhorta à avoir la foi, non en elle, mais en Dieu, pour être guéris…

Une autre fois, Ravelonjanahary dit :

> Ce n'est pas moi qui vous guéris ! Croyez-vous en Jésus ? Puis : Repentez-vous ! Si vous ne changez pas de vie je ne pourrai rien pour vous ![48]

E. Groult raconte que :

> Psychologiquement, ces guérisons s'expliquent parfaitement. Ce qui est intéressant pour nous, c'est que Ravelonjanahary a su trouver les mots qui évoquent assez d'écho dans les âmes pour les soulever ; elle cristallise son mot d'ordre dans le nom

---

48. P. Buchsenschütz, *Pour Madagascar*, p. 2.

de Jésus, et à ce mot, les espoirs sont multiples, les énergies suscitées.[49]

En l'occurrence, ce mot d'ordre n'est autre que l'exhortation à la foi, à mettre toute la confiance en Jésus.

La sainteté-repentance et la communion en Jésus-Christ

Rakotozandry prêchait constamment sur la sainteté et la repentance. Et Germaine Volahavana appelait les chrétiens à avoir une communion profonde et sincère avec le Christ Jésus. Ces deux aspects de la vie chrétienne sont les conséquences de la foi. Dans leur exigence de sainteté et de communion en Christ, les deux revivalistes font constamment référence à la vraie foi. Nenilava aime répéter à ses enfants spirituels,

> Si vous croyez sincèrement en Jésus et que vous avez une communion profonde avec lui, toutes vos mauvaises habitudes tomberont, et vous vivrez dans la pureté de vie.

En fin de compte ces quatre orientations théologiques des revivalistes n'en font que deux : Foi et Amour. Ainsi, sans être théologiens ni experts en exégèse biblique, les revivalistes sont arrivés à déterminer ce qui est en jeu dans l'être chrétien et à définir leur éthique sur cette base. En effet, dans une étude sur Luther, voici ce que G. Ebeling dit de la foi et de l'amour :

> À la distinction entre la personne et l'œuvre correspond celle entre l'amour et la foi. Comme nous l'avons souvent dit, on doit séparer la foi de l'amour de telle sorte que la foi soit dirigée vers la personne et l'amour vers les œuvres. La foi détruit le péché et rend la personne agréable et juste. Mais quand la personne est devenue telle, le Saint-Esprit et l'amour lui sont donnés, afin qu'elle fasse le bien avec plaisir. Ou encore, dans

---

49. E. Groult, « Guérisons par la prière », p. 243.

une formulation plus brève et précise : « ainsi c'est la foi qui reste l'acteur et l'amour qui reste l'acte ».[50]

Par conséquent, nous pouvons conclure que ce qui est en jeu dans l'être chrétien selon les luthériens est en parfaite symbiose avec celui de l'être chrétien selon les revivalistes. Tous ceux-ci ont permis que l'adoption des mouvements de Réveil par l'Église luthérienne à Madagascar ait été plus facile par rapport aux autres dénominations.

Ces quatre points théologiques constituent la base éthique et déterminent le principe de la spiritualité des revivalistes des Églises issues du Réveil.

---

50. Gerhard Ebeling, « Luther,… », p. 135.

CHAPITRE 21

Le profil des mouvements ou le ministère du Réveil

Nous tenons à signaler que les sources dont nous avons tiré nos informations pour écrire la partie précédente et cette partie sur le « profil des mouvements de Réveil » sont informelles. Elles proviennent essentiellement de notes de cours et conférences donnés par plusieurs pasteurs et docteurs en théologie lors des Conventions[1] annuelles des mouvements de Réveil en France. Les plus connus parmi ces conférenciers sont :

Dr P. Rasolondraibe, ancien directeur du Département Mission et Développement (DMD) au sein de la Fédération Luthérienne Mondiale et actuellement pasteur de l'Église Luthérienne des 67 Ha, à Antananarivo. Docteur en théologie de l'Université de Princeton aux USA.

Daniel Rajakoba, cité plusieurs fois par Rakotomihantarizaka dans son témoignage. Ministre au moment des faits relaté par ce dernier, il est actuellement évangéliste. C'est lui qui a mis en place la Convention du mouvement de Réveil en France.

Noël Rabemantsoa, docteur en théologie. Au sein du DMD de la Fédération Luthérienne Mondiale, il était directeur du Département Afrique. Actuellement il enseigne la théologie à Madagascar et continue à travailler pour le mouvement de Réveil. C'est le pasteur Noël Rabemanantsoa qui a hébergé Mama Germaine Volahavana lors de son premier passage à Paris.

---

1. Nous avons déjà signalé que la Convention vient de fêter son vingtième anniversaire en 2009.

Enfin nous pouvons citer aussi le Pasteur Emilien Razafiarison, ancien pasteur de l'Église Protestante Malgache en France, parroisse de Paris (FPMA Paris). Il est pasteur retraité du FJKM après avoir été Secrétaire Général de la Ligue pour la Lecture de la Bible à Madagascar pendant plusieurs années. C'est lui qui a introduit au sein de la FPMA Paris, en 1980, le ministère de berger.

Tous les quatre sont des fils spirituels de Germaine Volahavana (Nenilava). Lors de ces Conventions des mouvements de Réveil en France, entre autres orateurs, ils ont enseigné, donné des conférences sur le Réveil : ses fondements bibliques et sa théologie. Nous avons souvent réfléchi ensemble aux différentes questions relatives au ministère des bergers. Ce que nous présentons ici est donc aussi le fruit de ces réflexions.

La structure du mouvement de Réveil des Églises affiliées à la FFPM est basée sur le ministère des bergers.

Nous avons déjà montré dans l'histoire du mouvement de Rainisoalambo comment le ministère de berger ou des *mpiandry* a émergé. À l'exception du mouvement de Ravelonjanahary,[2] qui a consacré assez tardivement des bergers, tous les autres ont adopté et enrichi le ministère initié par Rainisoalambo. Bien avant le Réveil de Farihimena, les *mpiandry* de Soatanana étaient déjà présents dans toutes les églises de la région. Rakotozandry lui-même fréquentait assidûment leur réunion de délivrance. Il en est de même au sein du mouvement de Nenilava. Elle travaillait avec les bergers de Soatanana qui étaient déjà présents dans les églises. Ce fut en 1953 que l'on a consacré pour la première fois des bergers à Ankaramalaza. Depuis 1966 jusqu'à nos jours, cela a lieu chaque année.

Les fonctions des bergers

Qui sont les bergers ?

Les revivalistes croient et vivent la doctrine du sacerdoce universel à travers le ministère de berger. Jean 14,12-17 est l'un des passages qu'il faut lire

---

2. En effet, Ravelonjanahary a travaillé pratiquement seule avec Rajaofera pendant plusieurs années.

avant chaque séance de délivrance en guise de fondement du ministère. Par exemple, le v12 fait dire à Jésus que, « En vérité, en vérité, je vous le dis, celui qui croit en moi fera aussi les œuvres que je fais, et il en fera de plus grandes, parce que je m'en vais au Père ». Ces versets ne sont pas pour autant appliqués à la lettre en incitant tous les croyants à exercer ces œuvres selon leur propre gré, mais plutôt considérés comme la possibilité pour chaque chrétiens d'entrer dans le « ministère de l'Église ». Ainsi, les bergers seront des laïcs, hommes et femmes, dûment appelés et consacrés ; ils agissent au nom de l'Église en exerçant les charges qui leur ont été confiées. Par conséquent, ces bergers ne doivent pas être n'importe quel chrétien. Selon les termes de Dr P. Rasolondraibe,[3]

> Un berger est un chrétien adulte, femme ou homme, qui a de l'expérience « de la révélation de la puissance de Dieu », qui professe sa foi à l'œuvre de salut de la Trinité à travers Jésus Christ et qui déclare vouloir suivre Christ dans le don de soi pour le ministère du berger.

Dans la société malgache et dans le cas comme celui de M. et Mme Rakotomihantarizaka, s'engager pour devenir berger signifie effectuer un pas de plus dans la rupture avec les cultes relatifs aux supposés « esprits des ancêtres ». Il y aura changement de statut parce que le candidat au ministère de berger va passer du statut de « simple chrétien » ou de « simple chrétien délivré » au statut d'« évangéliste ». Par conséquent, annoncer à tous les Malgaches le salut en Jésus-Christ et ainsi dénoncer la religiosité malgache traditionnelle.

C'est pourquoi, lorsque la vocation se manifeste chez une personne, celle-ci entreprend une formation de 2 ans, théorique et pratique, puis, elle sera consacrée en tant que berger des Églises de la FFPM dans un des Centres de Réveil lors de sa convention annuelle.

---

[3]. En complément de ce que nous avons déjà dit, ajoutons qu'il est un des plus proches collaborateurs de Nenilava, il est devenu l'un des grands théoriciens des mouvements de Réveil au sein des Églises Luthériennes Malgaches. Les citations que nous lui attribuons relèvent de nos notes de ses cours et conférences, de ses articles non publiés.

Très nombreux[4] et fréquentant différentes Églises locales, les bergers ont beaucoup de possibilités d'action à l'intérieur comme à l'extérieur de leur communauté.

Les fonctions des bergers

Enseignement, visite et soin des malades, cure d'âme et diaconie

En tant que mouvement affilié aux Églises protestantes plus anciennes, les mouvements de Réveil adhèrent totalement aux confessions d'Augsbourg et de La Rochelle. Ils croient qu'en tant que texte sacré, écrit par des auteurs inspirés (1 Timothée 3.16), l'Ecriture représente authentiquement la Parole de Dieu, telle qu'elle a été dispensée historiquement au cours des âges, du temps des prophètes à celui des apôtres. La Bible est l'unique source de foi de l'Église, elle est entièrement digne de confiance et son autorité seule gouverne la vie du croyant.

Le mouvement déclare aussi fermement que, dans le Christ, toutes les paroles prononcées antérieurement et tous les livres qui les avaient recueillies ont reçu leur accomplissement et pris leur portée définitive. Toute la vie sociale et les ministères seront donc articulés sur la parole de Dieu.

Toutes ces affirmations, plusieurs fois répétées, dans les statuts et le protocole d'accord avec le FFPM, présentent des aspects polémiques. En effet, elles sous-entendent que les revivalistes font partie de la grande famille des Églises issues de la Réforme et que leur prise de position contre la conception malgache du monde en découle. On comprend ainsi l'importance de l'enseignement biblique au sein des mouvements affiliés à la FFPM. On constate en plus que, bien que les initiateurs du Réveil furent saisis et entrèrent dans la foi chrétienne de manière tout à fait surnaturelle, bien qu'ils croient et pensent expérimenter jour après jour, la présence de la personne et de l'œuvre du Saint-Esprit au milieu d'eux, à la suite de Rainisoalambo, ils n'ont jamais essayé de livrer chaque individu à lui-même pour interpréter l'Ecriture sous l'influx de ce même Esprit Saint et d'y chercher le

---

4. L'Église luthérienne de Cité des 67 Ha compte, parmi ses 10 000 membres, environ 950 bergers qui assurent trois cultes de délivrance et d'imposition des mains par jour.

message divin auquel il doit croire. C'est pourquoi, selon l'enseignement des quatre grands revivalistes, les bergers sont appelés à communiquer aux hommes la Parole de Dieu dont ils doivent vivre, à remplir cette fonction d'Église qui est d'annoncer l'Evangile.

Nous avons déjà signalé que, dans une perspective réformée et luthérienne, le ministère de berger apparait comme un ministère de la parole. Rappelons que : « ... *Par ministère de la Parole, il ne faut pas entendre seulement la prédication du dimanche et la catéchèse des enfants, mais bien plutôt l'intervention du Seigneur, par ses ministres, dans la vie des hommes pour les appeler au salut, les implanter en Christ et les faire croître en lui ?* ».[5]

Dans la conception des revivalistes, on constate que cette visée, à savoir la communication de l'Evangile, a une portée universelle. Tout l'homme et tous les hommes sont concernés et tous les baptisés y sont appelés.

Parmi les reproches que Rainisoalambo a adressés aux missionnaires, il y a le fait de ne pas avoir enseigné sur la sainteté. L'insistance sur la sainteté fut aussi le fait des trois autres initiateurs de Réveil. Nous avons vu par exemple que l'événement fondateur du mouvement de Farihimena fut la repentance et les larmes abondantes de la jeune femme appelé Razanamanana.

Parmi les NMR à Madagascar, certains enseignent qu'un chrétien régénéré par l'Esprit de Dieu vit pleinement son salut, c'est-à-dire qu'il ne pèche plus et qu'il ne doit plus être malade. Contrairement à ces conceptions, l'enseignement de Rainisoalambo, de Ravelonjanahary, de Rakotozandry et de Nenilava insiste sur le fait que la sanctification demeure inachevée dans cette vie. On peut donc trouver dans les *Toby* que la souffrance pourrait être un chemin qui amènera au salut plusieurs personnes, un moyen de sanctification pour d'autres.

Dans l'enseignement des Églises protestantes issues de la Réforme, la rédemption finale concernera le corps et l'âme humaine. Et à partir de l'intérêt que le Christ et les apôtres ont porté aux malades, on constate que les revivalistes malgaches se sentent responsables du corps des membres de l'Église comme ils sont responsables de leur âme. Les bergers sont donc également appelés à visiter et à soigner les malades, ou plutôt, l'Église visite

---

5. J.J. von Allmen, (1) « Le saint ministère », p. 78.

et soigne[6] les malades par le truchement des bergers. Nous verrons plus tard par quels moyens et de quelle manière ces bergers parviennent à ce but.

Devant son ampleur, la visibilité du fruit du Réveil ou des œuvres des bergers croit constamment dans la société malgache. Les actions qu'ils entreprennent ne font pas toujours que des heureux :

Comme au temps des missionnaires, pour certains, les revivalistes et leurs adeptes ne sont que des fanatiques.

Pour d'autres ils sont des chrétiens lumières du monde et sel de la terre.

Ou tout simplement le Réveil ou le ministère de berger devient à la mode.

Aussi, des milliers de personnes viennent vers les Centres de Réveil qui se trouvent maintenant un peu partout à Madagascar pour chercher des conseils et trouver des solutions à leurs problèmes.[7] Pour cette raison, les bergers seront aussi chargés de la fonction de relation d'aide. Nous n'allons pas entrer dans le débat de savoir ce qu'est une relation d'aide et ce qui ne l'est pas.[8] En tout cas, on peut vérifier que chez les revivalistes malgaches, une relation d'aide est un entretien qu'un berger ou un pasteur peut avoir avec une personne, croyante ou non. Le but de l'entretien est de réconcilier la personne avec Dieu ou de supprimer tout obstacle à son épanouissement spirituel s'il s'agit d'un croyant. Dans la perspective de Thurneysen, la relation d'aide est une sorte de « prédication individuelle ». Ce fut le cas de Rakotomihantarizaka la première fois qu'il a rencontré Daniel Rajokoba pour trouver de l'aide. Ce fut aussi le cas de ce même Rakotomihantarizaka avec Mama Germaine Volahavana.

Suivant les cas, ces entretiens peuvent être prolongés. Pour terminer, signalons que les entretiens de relation d'aide prennent de plus en plus une place importante au sein des Églises ou parmi les pasteurs qui affichent clairement leur appartenance au mouvement de Réveil. Ces dernières années, on pouvait même constater que la relation d'aide a fait presque

---

6. Ce soin ne va pas à l'encontre de la médecine moderne. Plusieurs Toby sont maintenant dotés de dispensaire.
7. Le pasteur Rasamoela Joela nous rapporte dans son livre, *Histoire du Réveil* (écrit en malgache), que ces gens proviennent à la fois de races différentes et de couches sociales très différentes.
8. A ce sujet, nous signalons le livre de E. D. Thurneysen, *Doctrine de la cure d'âme*.

autant de conversions que l'évangélisation de masse.⁹ Elle est devenue un moyen très puissant de propagation d'un genre de christianisme protestant évangélique.

Imposition des mains et délivrance

Nous avons vu longuement qu'un des points qui ont créé des troubles parmi les chrétiens malgaches en général, ainsi que parmi les missionnaires, c'est l'usage que font les revivalistes de la délivrance et de l'imposition des mains. Ces réactions sont normales car cette pratique n'a jamais été courante au sein des Églises issues de la Réforme. Dans son mémoire, le Pasteur Daniel Ralibera nous rapporte cette réaction d'un pasteur malgache : « Personne ne nous a jamais parlé de l'imposition des mains pendant notre séjour de quatre ans à l'école pastorale ! »¹⁰ Ces pratiques d'imposition des mains sont effectuées dans des conditions bien déterminées : visite d'un malade, après un entretien et dans les cultes. Elles ont en vue l'exhortation et la redynamisation du croyant par la prière et l'annonce ou la déclaration de la rémission des péchés (1 Tim. 5.22). L'imposition des mains est ainsi conçue comme un « moyen de grâce », le signe de la repentance et de la réception du Saint-Esprit. Son administration se fait avec le consentement du patient. Dr P. Rasolondraibe dit aussi que :

> Les bergers croient que c'est Jésus qui les appelle à le suivre. Donc, Jésus conduit l'œuvre d'imposition des mains. Ils ne parlent pas de ce que Jésus peut ou pourrait faire. Ils prient que Dieu révèle la puissance de Jésus Christ en ce lieu et maintenant. Les gens à travers leur rencontre avec le Dieu vivant seront révélés à la puissance de Dieu à l'œuvre dans leur milieu. Comme les bergers suivent Christ ils ont autorité d'effectuer les signes du royaume de Dieu. Pendant la liturgie spéciale de

---

9. Aucune statistique n'a jamais été faite dans ce domaine, mais deux faits peuvent être pris à l'appui de notre constatation : 1. le nombre croissant de personnes qui viennent s'entretenir à la cité 67 Ha, appartement de Nenilava à Tananarive. 2. le nombre croissant des membres de l'Église du Réveil (Église rattachée à l'Église Luthérienne Malgache) dans cette même ville.
10. D. Ralibera, « Les disciples du Seigneur », mémoire présenté à la Faculté Libre de Théologie Protestante de Paris, 1953.

guérison et d'imposition des mains, les textes Marc 16 :15-18, Jean 14 :12-14, Jean 20 :21-23 sont lus pour mettre en évidence ces signes.

Quand on questionne les personnes qui viennent assister au culte de délivrances dans les *Toby*, on remarque que, souvent, il y en a qui pensent qu'on leur a jeté des mauvais sorts, ou qui avouent qu'elles ont eu affaire à des pratiques occultes,[11] ou des personnes tourmentées par des esprits qu'elles avaient servis dans le cadre de la religiosité traditionnelle malgache,[12] des personnes mal dans leur être ou remplies de vraies ou fausses culpabilités, des femmes violées, des orphelins, etc. en subissent des conséquences dans leur vie quotidienne, et viennent demander à être soignés par la prière ou la délivrance.

Conformément à la liturgie que nous avons déjà présentée, le berger chasse au nom de Jésus les esprits mauvais qui « lient ou tourmentent » les différentes personnes présentes à la séance de délivrance. Nous n'allons pas faire une étude détaillée du phénomène de possession.[13] Nous nous contenterons de rapporter la conception des revivalistes. Pour eux, suivant leur interprétation de la Bible des missionnaires et leur propre expérience, le diable est incontestablement une personne réelle.[14] Dans les traitements qu'ils font, résumons encore ici les trois niveaux de cas qui demande la délivrance:

Le premier concerne les personnes qui sont tout à fait conscientes de leur mal-être. Elles ne sont pas « possédées ». Nous voyons par là que pour les mouvements de Réveil et l'imposition des mains dans le cadre d'une pratique liturgique sont offerts à tout le monde. Beaucoup de personnes ne réclament pas forcement la délivrance, mais tous ceux qui sont présents aux séances demandent toujours l'imposition des mains.

---

11. Magie, sorcellerie, etc. Dans son livre intitulé *Occultisme et cure d'âme*, le Dr Kurt Koch rapporte plusieurs cas analogues à ceux de Madagascar.
12. Comme dans le cas de Rakotomihantarizaka.
13. A ce sujet, nous signalons les livres de : Maurice Ray, *Echec à l'oppresseur* ; John Richards, *But deliver us from evil* ; John Warvick Montgomery, *L'exorcisme mythe ou réalité ?*, *Ichtus*, n°49.
14. Dans le livre que nous avons déjà cité, le Pasteur Rasamoela Joela décrit plusieurs cas.

Le deuxième concerne les personnes qui sont conscientes de leur état de servitude et se laissent aller faute de force et de volonté pour lutter. Dans ce cas, certaines personnes sont encouragées à venir assister aux cultes journaliers pour bénéficier des séances de délivrance tans que d'autres viennent par elles-mêmes.

Enfin le troisième cas concerne les personnes qui ont perdu la raison ou la maîtrise de leur volonté. Comme le démoniaque guéri en Mc 5, d'autres personnes ne maîtrisent plus leurs comportements. Très souvent la personne qu'on croit être possédée est entraînée par l'esprit à des pratiques et à des actions visant à sa destruction (Mc 5.5).[15] Dans une pareille situation, la meilleure solution est d'interner la personne dans un camp de Réveil où, en plus des cultes journaliers, un berger prendra soin d'elle jusqu'à son retour à l'état normal.

Les esprits maléfiques sont chassés par la formule : « … au nom de Jésus », accompagnée du rappel de récits les concernant.[16] Les Occidentaux seront étonnés de voir que pour les revivalistes, la délivrance n'est ni sous-estimée comme l'ont fait les Églises modernes en abandonnant cette pratique, ni dramatisée : ils ne pensent pas que l'Église devrait avoir recours à cette pratique uniquement dans des cas extrêmement graves. Vu l'assiduité des chrétiens a assister à ces séances de délivrance et la manière dont les revivalistes en font usage, il est tout à fait normal de les considérer comme un moyen entre les mains de l'Église pour « délivrer les oppressés » et pour « contribuer à la croissance et à l'épanouissement spirituels » et à la « sanctification de ses membres ». Pour les revivalistes, la Bible nous recommande de résister au diable et de chasser les démons au même titre qu'elle nous a recommandé de prier. En conséquence, pour ces revivalistes, l'exorcisme n'est pas une prière, mais une lutte, une lutte spirituelle qu'ils vont entreprendre dans un esprit de prière (Ep. 6.10-18). C'est l'enseignement des quatre initiateurs du Réveil.

---

15. Dans le même sens, le missionnaire américain que nous avons déjà mentionné et que nous avons rencontré dans le sud de Madagascar, nous a fait remarquer que, dans la plupart des cas de possession qu'il a étudiés, l'esprit exige de toutes les personnes qu'il tourmente qu'elles s'abstiennent de certains aliments nutritifs (lait, viande, certains légumes…). Par contre, ces personnes peuvent s'adonner autant qu'elles voudront aux boissons alcooliques, à la drogue, etc. Ce fut le cas de Mme Mahonjo Olga.
16. Origène, cité par John Warwick Montgomery.

Diaconie

Ce sont Dr P. Rasolondraibe et D. Rajakoba qui utilisent souvent le terme de diaconie dans leur enseignement. Nous pouvons peut-être aussi employer le terme d'« œuvre de bienfaisance ». Les bergers sont, en effet, aussi appelés à des « œuvres de bienfaisance » ou de diaconie. Depuis Rainisoalambo, la compassion et être touché par la misère et les souffrances des exclus de la société caractérisent le ministère des bergers. Dans ses cours, Dr P. Rasolondraibe affirme que ce que dit Paul dans 2 Corinthiens 4 :11-12 est une partie de l'expérience journalière des bergers : « Car nous qui vivons, nous sommes sans cesse livrés à la mort à cause de Jésus, afin que la vie de Jésus se manifeste aussi dans notre chair mortelle. Ainsi agit la mort en nous, mais la vie en vous. »

Selon Dr P. Rasolondraibe,

> les œuvres des Diaconies, dans les villes, peuvent être sous forme d'hospitalité aux étrangers, aux jeunes délinquants, aux femmes séparées ou aux filles violées cherchant refuge, aux orphelins, aux bébés abandonnés, aux personnes perturbées mentalement, aux personnes possédées par le démon, etc. Cela peut être sous forme d'aide aux pauvres et aux personnes sans emploi cherchant des moyens pour survivre. Cela est habituellement fait par des groupes de travail. La visite des personnes en prison, dans les hôpitaux, les personnes isolées.

D. Rajakoba trouve aussi dans l'histoire du bon Samaritain une similitude avec l'œuvre diaconale des bergers, en particulier le Toby qui accueille tous ces blessés de la vie.

Rappelons que dans les Centres de Réveil, 4 ou 5 patients (quelquefois même jusqu'à 8) sont confiés à chaque berger. L'Église attend du berger qu'il réponde aux besoins physiques, sociaux et éducatifs de ses patients en plus de la prière (avec imposition des mains et délivrance) au moins 3 fois par jour.

Légitimation du ministère

Ces bergers sont livrés à cette lourde tâche. Voici les questions qui se posent d'emblée : Qui choisit ces bergers et comment ? Ce ministère est-il réellement et seulement fondé dans la doctrine du « sacerdoce universel » ? Ou est-il une simple nécessité sociologique ? Autrement dit, le berger est-il consacré par l'Église uniquement « …selon l'urgence des tâches qui l'attendent dans la situation qui est la sienne dans tel lieu de l'espace ou telle époque de l'histoire » ?[17] Un élément de réponse peut être déduit des paragraphes précédents. En effet, les initiateurs du Réveil ont établi les actions des bergers à l'image de celles de Jésus-Christ : enseigner, visiter et soigner les malades, s'entretenir avec des individus en vue de leur salut ou de l'affermissement de leur foi, imposer les mains et enfin chasser les démons sont toutes des actions entreprises par le Jésus du Nouveau Testament, le Bon Berger, durant son ministère terrestre. Selon les revivalistes, Jésus a recommandé à ses apôtres d'entreprendre ces mêmes actes (Mt 10.1). Nous constatons ici la contribution des théologiens fils spirituels des pères et mères du Réveil. À partir des commandements de Jésus, ils ont su apporter encore plus de fondement théologique et biblique au ministère de berger. Ou plus exactement ce fondement est christologique. Le ministère de berger trouve ces racines dans la vie et l'œuvres salvatrice de Jésus. Par conséquent, selon les revivalistes, le ministère de berger n'est pas le fruit d'une simple nécessité sociologique : pour les revivalistes, il est une institution divine. Les revivalistes vont prendre toutes les dispositions pour souligner et manifester l'origine divine ou le bien fondé biblique et théologique de ce ministère.

L'appel

Nous avons vu que devenir berger va entraîner un changement de statut : passer du statut de « simple chrétien » à celui « d'évangéliste » et par conséquent dénoncer la religiosité malgache traditionnelle. Aussi, les revivalistes vont traiter l'entrée dans le ministère de berger au même niveau que les autres ministères dans l'Église : Vocation, Formation, Consécration.

---

17. J.J. Von Allmen, (2) « La vie pastorale », p. 173.

Selon l'enseignement des Églises issues de la Réforme, le candidat au ministère de berger doit être convaincu que c'est Dieu qui donne à son peuple les ministres dont il a besoin (cf. 1Co. 12.28 ; Ep. 4.11 ; Gal. 1.1 etc.). L'appel est donc sensé être divin et est reçu de différentes manières par les personnes qui entrent dans le ministère. Dans des cas comme celui de Rakotomihantarizaka, presque systématiquement la personne se sent appelée à devenir berger. Dans d'autres cas, les personnes internées dans un « camp de Réveil », ayant reçu les soins particuliers d'un berger, se sentent appelées à rendre le même service à leur prochain après leur guérison. D'autres sont interpellées par des frères et sœurs dans la foi ou par des responsables de l'Église. Enfin, l'appel se fait sentir chez plusieurs par leur soif d'un service et d'un engagement plus profond dans la suite du Christ.

Tous ceux qui se sentent appelés portent-ils déjà le nom de berger ? Non ! Une rude épreuve les attend avant de pouvoir exercer les fonctions relatives à ce nom.

La formation[18]

Une formation de deux ans, à raison de quatre heures par semaine est prévue pour tous ceux qui veulent entrer dans ce ministère. L'objectif de cette formation est la suivante :

Première année : Edification de la foi, connaissance de la vocation et un exposé sur le travail du Berger : on enseigne aux candidats les grands thèmes de la Bible, des guides pratiques pour l'étude biblique personnelle, la vocation divine, la vie de consécration et de témoignage.

Deuxième année : Approfondissement de la vie spirituelle et apprentissage des méthodes de travail : le contenu devient de plus en plus concret et plus pratique. Avec les études bibliques, des leçons sur la prédication, la délivrance, l'imposition des mains et la relation d'aide (ou cure d'âme) sont données. Les visites, les campagnes d'évangélisation, la déontologie du travail et la sollicitude sont traitées vers la fin des programmes.

C'est pendant cette période de formation que l'Église tient à préciser et à faire comprendre le ministère exact des bergers. Les enseignants mettent

---

18. Nous avons tiré tous les éléments concernant cette formation dans la présentation du « Département d'Etudes, de Documentation et de Formation », du Groupe des évangélistes-bergers. Ouvrage non publié.

en garde aussi contre les fausses conceptions véhiculées par certains historiens : par exemple, le ministère des « revivalistes est centré sur l'exorcisme », « Les *Toby* ne sont faits que pour l'exorcisme », « le mouvement de Réveil est une secte », etc.

Après leur consécration, les bergers devront suivre régulièrement des cours de recyclage et des séminaires où ils pourront approfondir leur connaissance biblique et apprendre des méthodes et techniques d'enseignement. Ils y débattront aussi ensemble les problèmes particuliers qu'ils rencontreront sur le terrain.

Les cours ne sont pas tout à fait magistraux. Les revivalistes utilisent plutôt une méthode active : participation de groupe et recherche collective. Plusieurs petits travaux de recherche ou des devoirs sont laissés à la responsabilité de chaque candidat au cours de ces deux années de formation. Des stages pratiques sont prévus, et en particulier des séjours prolongés dans les camps de Réveil où le candidat aura l'occasion de voir et de pratiquer le ministère de délivrance quotidien qui y est vécu.

Un département dit de « Documentation et de Formation » a donc été créé en vue de fournir, entre autres, une base logistique à cette activité d'encadrement. Chez les luthériens, elle est sous la responsabilité directe du comité des évangélistes-bergers. Chez les FJKM, le Formation est sous la responsabilité du président du Département Réveil.

Voici quelques-uns des thèmes déjà traités en cours par ce département : « Le centre de Réveil : lieu du salut pour le pays », « De l'apprentissage de la prédication », « Ministère pastoral », « Centre de Réveil et Église », « Signification et rôle de la consécration sacerdotale », « Pour une définition d'une Méthodologie de travail conséquente dans la vie de l'Église », « Etude typologique et statistique des patients et évaluation des résultats au centre de 67 Ha ». Les quelques thèmes qui suivent sont traités suivant les demandes et les moyens à disposition : « Evangélisation – Traditions, Mœurs et coutume malgaches », « Etude sociologique du mouvement de Réveil », « Mouvement de Réveil – Phénomènes de possession et sorcellerie », etc.

À la fin de la seconde année, les candidats seront examinés. Un conseil spécial, composé de pasteurs et du représentant des bergers, se réunira pour décider l'entrée de telle ou telle personne dans le ministère. La décision sera relative au résultat des examens, à l'engagement et au témoignage du candidat et enfin à son assiduité au cours.

Après deux ans de formation, et après le consentement de ce conseil spécial ou du comité de consécration, on serait tenté de croire que rien n'empêche ces gens d'exercer les fonctions de berger. Cependant, comme nous l'avons déjà signalé, toutes les dispositions ont été prises par les revivalistes pour souligner et manifester la légitimité de ce ministère.

La consécration

« Toute la tradition de l'Église, et donc aussi celle de la Réforme, est unanime à affirmer avec l'Ecriture, qu'on ne peut s'ingérer de soi-même dans le ministère, qu'on ne peut l'usurper ».[19] Comme la tradition ecclésiastique l'a fait, avec le ministère pastoral, la relation qui doit exister entre berger et un simple membre de l'Église est clarifiée. Le berger passe par la consécration. Calvin semble dire qu'elle est instituée par le Saint-Esprit[20] Mueller J.T pense que c'est simplement un rite de l'Église ; car « bien qu'elle soit mentionnée dans l'Ecriture, Actes 14.23, elle n'est pas ordonnée par elle ».[21] La consécration a-t-elle été instituée ou introduite ? Est-ce elle ou est-ce la vocation qui fait d'une personne, un berger ? Ce sont des grandes questions auxquelles nous ne pourrons pas répondre en détail. Cependant un élément de réponse peut être avancé. En effet, le fait même que la consécration d'un berger n'est jamais administrée avant la confirmation verbale de sa vocation par le conseil spécial sous-entend déjà que c'est cette dernière qui fait d'une personne un berger. Quelle sera alors la valeur de la consécration ?

Pour répondre à cette question il est nécessaire de faire la description du déroulement de la cérémonie de consécration. Prenons l'exemple du mouvement de Nenilava.

Au sein du mouvement de Nenilava, la cérémonie de consécration se passe le 2 Août de chaque année, à Ankaramalaza, lieu où l'œuvre a commencé. Des milliers de chrétiens arrivent dans ce petit village une

---

19. J.J. Von Allmen, (2) « La vie pastorale », p. 186. Pour appuyer son affirmation, il rappelle l'acharnement que met saint Paul à légitimer son apostolat.
20. L. Schummer, Le ministère pastoral dans l'Institution chrétienne de Calvin à la lumière du troisième sacrement, pp. 25-26.
21. J. T. Mueller, « *La doctrine chrétienne* », p. 637.

semaine avant[22] pour porter dans la prière cette cérémonie. Plus de 200 personnes en moyenne, provenant de toute l'Ile, sont consacrées au cours d'un culte public et en plein air. Quelques pasteurs, des bergers et Nenilava (de son vivant) imposent la main sur la tête de chacun de ces futurs bergers. Quelques faits marquants méritent d'être soulignés : l'abondance de la prière, la présence des représentants officiels de l'Église (les pasteurs, etc. depuis quelques années le Président de la République malgache et ses ministres assistent à la cérémonie de consécration et ont droit de parole), le caractère public et grandiose de la cérémonie et enfin la passivité de ces futurs bergers ; ils sont là, la foule prie pour eux, les responsables leur imposent les mains, bref, on les livre entre les mains de Dieu. Les remarques de J.J. Von Allmen[23] sont tout à fait justifiées : la consécration est une prière : « il n'y a donc pas de consécration réelle sans supplication que le Dieu libre et fidèle veuille bien être à l'œuvre lui-même au moment où les mains sont imposées ». Ceci montre le caractère protestant de cette reconnaissance ou légitimation du ministère de bergers.

Après la consécration, les bergers vont exercer les fonctions qui leur sont réservées. Selon les revivalistes, la consécration avertit donc que celui qui est consacré n'est plus à lui-même, mais est dédié au service de Dieu et de l'Église. Ces remarques sont plus ou moins résumées par Luther quand il dit : « L'imposition des mains bénit, confirme et atteste l'appel au ministère... ».[24]

Par le caractère public et grandiose de la cérémonie, la dignité du ministère est magnifiée au peuple. Pour rendre plus marquante cette dignité, les bergers sont vêtus d'une robe pastorale blanche qu'ils devront dorénavant porter à chaque service.

L'autorité du berger

Les fonctions qui sont à la charge des bergers : enseignement, visite et soin des malades, cure d'âme, et tout ceci est accompagné par l'imposition des mains et l'exorcisme. Comme dans les Églises protestantes, chaque élément

---

22. Depuis quelques années, le Président de la République malgache et ses ministres assistent à la consécration, ils arrivent donc la veille et repartent après cette consécration.
23. J.J. Von Allmen, (2) « La vie pastorale », pp. 187-188.
24. J.T. Mueller, *La doctrine chrétienne*, pp. 187-188.

du culte a un fondement biblique précis. Plusieurs promesses bibliques relatives à ces fonctions sont souvent citées comme fondement de l'appel et du ministère de bergers : « Qui vous reçoit me reçoit » (Mt. 10.40 ; Jn. 13.20…) « …. Tout ce que vous lierez sur la terre sera lié dans le ciel, et tout ce que vous délierez sur la terre sera délié dans le ciel » (Mt. 18.18 ; Jn. 20.23).

Parmi les nombreux passages bibliques qui affirment l'autorité des bergers, la fin de l'Evangile de Marc est le meilleur résumé et la meilleure formulation de l'autorité du berger : « Et voici les signes qui accompagneront ceux qui auront cru : en mon nom, ils chasseront les démons, ils parleront des langues nouvelles, ils prendront dans leurs mains les serpents ; et s'ils boivent quelque poison mortel, cela ne leur fera aucun mal ; ils imposèrent les mains aux malades et ceux-ci seront guéris… » (Mc. 16.17-20).

Cette fin de l'Evangile de Marc pose problème pour les biblistes. Ces problèmes posés par cette fin de l'Evangile de Marc ne gênent pas les bergers, car ces promesses peuvent être établies à partir d'autres textes du Nouveau Testament. Pour les revivalistes, même si l'on suppose que l'Evangile de Marc se termine au v.8 du chapitre 16 comme J. Hug[25] semble l'affirmer, les v.17-20 peuvent bien rester une formulation de l'autorité. Les bergers croient que Jésus lui-même sera avec eux dans leurs actions et dans leurs combats. C'est pourquoi ils n'ont plus peur des esprits des ancêtres.

Il faut souligner que, selon les revivalistes, ces passages bibliques laissent bien entendre que leurs autorités ne s'exercent pas sur la personne qu'ils ont en charge, mais sur tous les obstacles à l'épanouissement de cette personne. Nous voyons encore là un aspect du protestantisme : « C'est Jésus qui agit à travers lui selon sa libre grâce ».

Les revivalistes affirment donc qu'en aucun cas le berger n'est un directeur de conscience. Par contre, comme tous les ministres de l'Église, il doit se montrer digne de ce ministère en devenant un modèle pour les fidèles (1 Tim. 3.1-13 ; 4.12).

---

25. J. Hug, « *La finale de l'Evangile de Marc* », p. 212.

Méthode de travail[26]

Depuis l'instalation de Germaine Volahavana à Antananarivo, la capitale de Madagascar, l'Église luthérienne des 67 Ha est devenue petit à petit la plus grande Église malgache grâce au ministère des bergers. Prenons donc l'exemple de cette église pour une présentation succincte de la methode de travail des bergers.

Actuellement, l'Église luthérienne des 67 Ha, fruit du ministère de Nenilava, compte à peu près 950 bergers et le Camp de Réveil d'Ankaramalaza en consacre en moyenne plus d'une centaine par an. Ce sont des hommes et des femmes fréquentant les Églises membres de la « Fédération des Églises Protestantes de Madagascar (FFPM) », à savoir, réformées et luthériennes. Ils ne fréquentent donc pas une même communauté. Or, quand on parle de berger, il faut parler de brebis. Alors, de quelles brebis s'occupent ces ministres malgaches ? Et comment s'organisent-ils pour accomplir leur tâche ? Avant de répondre à ces questions, il nous faut faire trois remarques :

- Les mouvements de Réveil sont une branche au sein de la FFPM.
- Par conséquent, les œuvres des bergers sont accomplies dans le cadre de la FFPM.
- Depuis 1981, de plus en plus d'églises membres de la FJKM, accueillent les cultes de délivrance et de prière pour les malades.

Comment les bergers s'organisent-ils dans leurs actions ?

Les mouvements de Réveil ont pris l'initiative de créer des organes pour accomplir leur œuvre et leur mission : des cultes journaliers sont assurés dans certaines villes, des camps de Réveil sont prêts pour accueillir des malades physiques, mentaux, spirituels, etc., et des permanences sont établies. En fait, ce sont trois organes, entre autres,[27] où les bergers peuvent exercer leurs fonctions.

---

26. Les informations concernant la méthode de travail ont été déduites du statut, du règlement intérieur et de la présentation du Département d'Etude, de Documentation et de Formation

27. En effet, suivant les besoins, le Groupe des Evangélistes-Bergers peut organiser des campagnes d'évangélisation

Les cultes journaliers[28]

Par groupe de 20 à 30, les bergers président ces cultes journaliers. On y amène des malades physiques et mentaux, des « démoniaques » et des dépressifs. Des chrétiens un peu bouleversés par les problèmes de la vie quotidienne, ou se sentant un peu refroidis dans la foi, y viennent aussi pour recevoir du réconfort. Enfin, d'autres sont là pour soutenir, ne serait-ce que par leur présence, ceux qui sont éprouvés.

Le culte commence par quelques instants de chant, et de prière libre, bien ordonnés et intelligemment exprimés (1 Cor. 14.19, 33). Pendant ce temps, ou un peu avant, les bergers se préparent dans la prière. La confession des péchés et le pardon mutuel, entre ces ministres, doivent se faire à ce moment le cas échéant. Après s'être vêtus de leur robe blanche, les bergers entrent dans l'assemblée et prennent en charge le culte. Encore quelques chants et prières, et un ou deux d'entre eux donnent des enseignements suivis d'un appel à la repentance. Après la lecture de quelques passages bibliques, qui rappellent la mission que le Christ a confiée à ses disciples et les promesses qui les accompagnent, la lutte contre les « esprits impurs » (les démons) qui « tourmentent » certaines personnes présentes commence. Pendant que l'assemblée chante des cantiques qui invoquent le Saint-Esprit (« Viens Esprit du Dieu vivant… » ; « Viens Esprit, Esprit Saint descends… »), Ou qui rappellent la victoire de Jésus sur la croix (« À Toi la gloire… », etc.), tous les malades et ceux qui demandent la délivrance avancent et s'assoient par terre entre l'assemblée et les bergers. Pendant que l'assemblée continue à chanter dans un esprit de prière, les bergers chassent les démons au nom de Jésus. La lutte peut durer 10, 20, 30 min suivant les cas. La guérison peut être instantanée, peut venir quelques jours ou des semaines après. Sinon, cela nécessite l'internement dans un camp de Réveil… Après la lutte, l'imposition des mains « est administrée à toutes les personnes à qui on vient de chasser le démon », et à tous les membres de l'assemblée qui le désirent. Celui qui reçoit l'imposition des mains se met à genoux pendant que le berger demande pour lui la guérison de toutes ses

---

28. En général, le cas échéant, les cultes journaliers se font du Lundi au Samedi. Le Dimanche, les bergers fréquentent chacun leur église. Le Samedi après-midi et le Dimanche après-midi ont lieu les cours de formation des candidats au ministère de berger. Actuellement, la FLM et la FJKM organisent chacune leur propre formation pour berger.

maladies et la grâce et la bénédiction du Seigneur ; il lui accorde la rémission des péchés et prie le Saint-Esprit de venir en lui. Les guérisons miraculeuses qui résultent de ces impositions des mains sont rares. Cependant, l'épanouissement spirituel du malade est évident et on constate des guérisons progressives. Après cela, des promesses et des paroles de réconfort sont encore lues. Un berger termine le culte par une prière.

Ainsi, comme nous l'avons déjà précisé, l'imposition des mains et la lutte contre les esprits « mauvais » entrent dans le cadre d'une pratique liturgique.[29]

Dans certaines villes, ces cultes ne peuvent être assurés qu'une fois par semaine à cause du nombre limité des bergers sur place. Par contre, à Tananarive, la capitale, on assure un à trois cultes par jour (le matin et l'après-midi) dans les églises locales. Pour organiser ses activités, le mouvement de Nenilava a créé le Groupe des Evangélistes-Bergers où un président secondé par un conseil d'administration a été établi. C'est cet organisme qui coordonne tout au sein du mouvement.

Dans le « camp de Réveil » ou « village de Réveil »

Nous avons expliqué comment ces camps de Réveil sont les fruits de la contextualisation effectuée par Rainisoalambo et les trois autres revivalistes.

C'est dans des villages, comme Soatanana, Ankaramalaza qu'ont commencé les Réveils et leurs œuvres. Ankaramalaza, le Camp de Réveil le plus fréquenté actuellement, est situé au bord d'un fleuve, et se trouve à 20 km de la sous-préfecture de Vohipeno. Depuis le 2 août 1941 jusqu'à ce jour, l'œuvre d'évangélisation et le ministère de guérison accomplie au nom de l'Église y sont poursuivis. Ankaramalaza et les autres Camp de Réveil ont contextualisé l'Evangile, suivant le principe de Rainisoalambo : « Ethos malgache et esprit du christianisme ». Ces villages, exclusivement habités par des gens en rapport avec le Réveil, se sont très vite transformés en une sorte d'hospice. On y organise une grande œuvre diaconale : des malades physiques, mentaux, spirituels, des jeunes et des enfants dévoyés y sont amenés. Ils sont répartis dans les foyers de bergers qui prennent soin d'eux,

---

29. Dans le numéro d'*Ichtus* que nous avons déjà cité, John Warwick fait remarquer que cette pratique était courante au IIIème siècle.

leur enseignent la foi, prient pour eux et chassent les esprits qui les aliènent et qui sont les causes de leur mal-être.

On y assure aussi des cultes journaliers. « À Ankaramalaza, un dispensaire a été crée sous l'impulsion de Nenilava où des soins sont donnés aux malades et une école d'église aussi pour les enfants du village… ».[30] Le besoin d'étendre ces Camps de Réveil s'est fait sentir. Alors, petit à petit, le Groupe des Evangélistes-Bergers a entrepris des démarches pour les réaliser ; une construction s'est engagée à Ambohibao,[31] l'achat d'un bâtiment s'est fait à Fort-Dauphin, et on a établi des camps de Réveil un peu partout dans l'île. Et tout ceci sous la responsabilité des bergers dont le premier souci est d'accomplir la mission de l'Église qu'on leur a confiée : enseigner, soigner des malades et chasser des démons. Il faut ajouter que dans chacun de ces camps de Réveil, l'Église travaille en étroite collaboration avec la médecine. Le comité exécutif qui assure la bonne marche de ces camps est même doté d'un département de la santé composé de médecins et d'infirmiers. Ainsi, pour les revivalistes, le ministère de guérison n'est pas considéré « …comme un service professionnel » seulement réservé à quelques spécialistes et n'ayant que très peu de relation avec la vie de la communauté (…). Le ministère de la Parole, des sacrements, et de la prière est au cœur de cette activité « thérapeutique ».[32]

Permanence

Beaucoup de personnes trouvent ce qu'elles désirent dans les cultes journaliers. Mais malgré cela, il en reste encore plusieurs qui demandent des entretiens ou veulent que des bergers viennent chez eux pour les encourager et prier pour leur malade. Tous les jours, du moins dans la capitale de Madagascar, une centaine de personnes (chrétiens et non chrétiens) cherchent de l'aide et des conseils relatifs à leur problème. Pour satisfaire leurs besoins, dans chaque Centre de Réveil, les bergers assurent une

---

30. Pour plus d'informations sur la vie quotidienne dans le village d'Ankaramalaza : cf. Rajoelison Armandin, pp. 113-118.
31. Une agglomération non loin d'Antananarivo.
32. Dans son article « L'Église et les malades », *Ichthus*, n° 109 Août-Septembre 1982, Ledune Carl apporte une réflexion et un témoignage.

permanence. En plus de cela, chaque berger doit être disponible partout où il va.

Conclusion

Nous avons décrit là pourquoi et comment les bergers de Madagascar sont chargés des fonctions d'enseignement, de visite et de soin des malades et de cure d'âme. Notre principale préoccupation en présentant ce profil du Réveil est de montrer les actions de ces bergers, de situer ce ministère par rapport au ministère pastoral traditionnel, et par rapport aux ministères dans l'Église. Aussi, nous avons vu combien le ministère de berger est au centre des activités des mouvements de Réveil. À Madagascar, comme le ministère pastoral et parfois même plus que le ministère pastoral, le ministère de berger est le centre de gravité de l'action des Églises dans la société et dans le monde. Non seulement il définit le rapport de celles-ci au reste de la société, mais il assure sa continuité.

Ainsi, la structure des mouvements de Réveil est basée sur le ministère des *mpiandry* bergers. Comme nous l'avons déjà dit, les bergers sont des chrétiens adultes, issus des différentes dénominations,[33] hommes et femmes, appelés, formés et consacrés. Ils agissent au nom de l'Église en exerçant les rôles qui leur ont été confiés.

Les bergers sont appelés à communiquer aux hommes la Parole de Dieu qu'ils doivent eux-mêmes vivre, à remplir la fonction de l'Église qui est d'annoncer l'Evangile.[34] Ainsi comme nous l'avons déjà signalé, on peut assimiler le ministère de berger au ministère de la parole selon les réformateurs. C'est pourquoi, ils seront également appelés à visiter et à prendre soin des malades à pratiquer la relation d'aide, l'imposition des mains et l'exorcisme. C'est ce qui explique l'affirmation suivante du Dr P. Rasolondraibe, que nous avons déjà citée.

---

33. Comme l'a dit Yvan Droz, ils peuvent être réformés, luthériens, anglicans…
34. 1. (Cf. Protocole d'accord entre les mouvements de Réveil et la Fédération des Églises Protestantes Malgaches - chapitre 2. Article 9 'a' et 'b').

> … Lorsque la vocation pour devenir berger se manifeste dans une personne, il entreprend une formation intensive de 2 ans, théorique et pratique, et puis consacré en tant que berger de l'Église Luthérienne Malgache dans un des nombreux *Toby* de Réveil.[35]

Le docteur Laurent Ramambason, pasteur de la FJKM, donne une autre explication :

> MPIANDRY : agent de mission « laïc » ordonné (consacré). *Mpiandry*, nom malgache invariable, veut dire berger. Sa sémantique englobe la notion de pasteur et le ministre de l'Église. Avec les hommes d'églises, les « mpiandry » constituent les agents de mission les plus reconnus dans une Église FJKM.

> Même s'ils sont consacrés (ordonnés), les mpiandry sont considérés comme des laïcs parce qu'ils ne sont pas des ministres de l'Église et par conséquent ils n'ont pas les mêmes droits.[36]

Ces deux définitions nous montrent la richesse et l'ambigüité du ministère de berger par rapport aux deux Églises protestantes plus anciennes, luthériennes et réformées. Voyons donc maintenant l'action et l'interaction.

---

35. Dr P. Rasolondraibe, « Awakening to the Power of God ».
36. Laurent W. Ramambason, *Missiology: Its Subject-Matter and Method*, p. 60 (Traduction libre de Jarisoa et Lila Rakotoarivelo).

Partie 5

Relation et Interaction

CHAPITRE 22

La réaction des missionnaires

En tant que premiers fonctionnaires de la religion, les missionnaires ne vont pas rester de simples spectateurs de cet événement. Ils vont agir et réagir tout au long de l'histoire du Réveil et de celle de l'Église protestante à Madagascar.

À travers les récits dont nous font part les missionnaires témoins directs de la naissance du mouvement de Réveil à Madagascar, nous pouvons établir trois types d'accueil réservés aux disciples du Seigneur. Tout d'abord, il y a eu ceux qui ont refusé catégoriquement le mouvement et ses méthodes. Ensuite, il y a ceux qui ont accepté avec réserve et ont cherché des compromis. Enfin, il y a eu ceux qui ont apporté leur soutien sans faille.

Le refus catégorique

Avec les fonctionnaires de la colonie, qui étaient des catholiques de naissance, les missionnaires jésuites et certains missionnaires protestants n'ont pas été tendres envers ce mouvement de Réveil. La plupart d'entre eux considéraient les disciples du Seigneur comme des illuminés extravagants qu'il fallait éviter comme la peste. Pour d'autres, ce n'étaient que des exaltés dangereux qu'il fallait renvoyer dans leurs provinces. E. Pechin nous rapporte dans sa lettre destinée à Raoul Allier :

> Les jésuites ne cachaient pas leur mécontentement contre ces illuminés qui osaient faire des prosélytes même chez leurs ouailles, et, parmi les missionnaires protestants, plus d'un se

montraient très réservés à l'égard des nouveaux apôtres, dont certains procédés provoquaient leur surprise.[1]

Les déclarations écrites contre le mouvement de Rainisoalambo sont très rares. Par contre, les déclarations et témoignages oraux sont très nombreux et ils sont rapportés ici ou là. Voici, par exemple, les déclarations d'un pasteur malgache de la LMS opposé au mouvement, recueilli par le service de Sûreté Générale de Tananarive, le 28 août 1916 :

> Titre : Note de renseignement au sujet des « disciples du Seigneur ».
> Leur qualité : Ceux-ci ont réussi à rendre bons des mauvais gens, lesquels, grâce à eux, ont pu se dégager de l'inconduite, de l'ivresse et de l'idolâtrie. Ils ont fait progresser admirablement l'amour réciproque.
> Leur défaut : D'un esprit étroit et peu instruit, la plupart d'entre eux sont têtus et aiment discuter, et, quelquefois, provoquent des scissions car ils ne se soumettent jamais. Ces faits se sont produits à Ambondrano. Auparavant, à Andriantany, quelques fidèles n'ayant pas de sympathie pour eux, ne voulurent pas les recevoir, mais ils résistèrent et tinrent par force des réunions cultuelles.
> Missions qui sont pour eux : Les luthériens ainsi que les missionnaires protestants français.
> Celles qui sont contre eux, notamment au sujet de l'imposition des mains : FFMA et la plupart des LMS…[2]

Voilà un exemple de critique faite à l'encontre du mouvement de Réveil. Rappelons que les « disciples du Seigneur » prétendent puiser le fondement de leurs pratiques et de leur théologie dans la Bible. Or les arguments que leurs détracteurs avancent contre eux, contre leurs exorcismes et impositions des mains, ne relèvent pas de la Bible, mais de la psychologie ou de à

---

1. E. Pechin, *JME*, 1904, p. 274.
2. Note de la Sûreté Générale, Tananarive, le 22 août 1916.

la barbarie. Ces arguments sont suffisants pour interdire la pratique de la délivrance ou le mouvement de Réveil même.

Acceptation avec réserve

Dans le *JME* 1904, E. Péchin observe : « Les missionnaires ne pouvaient prendre la responsabilité de ce mouvement dans son intégralité ; ils ne pouvaient autoriser la pratique étrange des exorcismes ».[3] Voilà les problèmes majeurs des missionnaires qui voulaient sympathiser avec le mouvement de Réveil : l'exorcisme et l'imposition des mains. Certains d'entre eux ont préconisé la notion d'épuration du mouvement par l'abandon des exorcismes et de l'imposition des mains. Dans son livre, *Un siècle de Mission Protestante à Madagascar*, Gustave Mondain intègre le mouvement des disciples du Seigneur dans l'histoire de la Mission. Voici comment il introduit le sujet à ses lecteurs :

> L'année 1900 fut marquée, au point de vue religieux, par un événement très particulier, qui fut accueilli par les différents missionnaires avec des sentiments assez divers et qu'on appela le mouvement des Apôtres.[4]

Avec E. Péchin, les missionnaires non luthériens qui sympathisaient avec le mouvement de Réveil ont tous essayé de persuader, d'une manière ou d'une autre, les revivalistes d'abandonner l'exorcisme et l'imposition des mains. C'est pourquoi, à cause de ces contraintes les mouvements de Réveil n'ont jamais pu s'épanouir dans les églises des missions non luthériennes. Alors que ces mêmes missionnaires, avec E. Péchin, ont souvent fait au sujet du Réveil le genre de déclaration suivante :

> C'est un mouvement bien malgache de piété indigène et qui n'a rien de sectaire ni d'ecclésiastique. Ses adeptes se recrutent

---
3. E. Péchin, *J.M.E*, 1904, p. 277
4. G. Mondain, *Un siècle de Mission…*, p. 344.

dans toutes les églises et chacun reste attaché à celle où il a jusque là vécu. Ils sont les meilleurs appuis de la communauté là où ils se trouvent, et n'ont jamais cherché à créer de concurrence.[5]

Pourquoi donc ses missionnaires n'ont-ils pas accepté le mouvement de Rainisoalambo avec tout ce qu'il était ? Pourquoi rejetaient-ils autant l'exorcisme et l'imposition des mains effectuées par les disciples du Seigneur ? Eh bien, suivant les documents en notre possession, leur acceptation n'était que politique. En effet, selon Adrien Vally, « les fidèles de la mission protestantes française comme du reste ceux de la London Misionary Society se sont affiliés en masse » au mouvement de Rainisoalambo. Ainsi, pour contrôler ou même annuler cette influence, certains missionnaires ont trouvé bon de tolérer le mouvement. Adrien Vally explique bien cette adhésion politique de certaines missions de la manière suivante :

> Le groupement le plus important subissant l'autorité morale de la mission protestante française est le groupement de Ranaivo Ramangetrika. Les missionnaires français ont compris tout le danger qui existait pour eux du fait de la mainmise absolue de la mission norvégienne sur la secte des Mpianatry ny Tompo. L'influence que pouvait acquérir les norvégiens sur une partie de leurs fidèles les effrayait. Dans l'impossibilité de combattre les idées nouvelles, ils se sont décidés à les tolérer, et ont pris la direction des groupements qui s'étaient constitués au sein de leurs églises. Le cas du groupement de Ranaivo Ramangetrika est typique et a provoqué une scission dans la société des « disciples du Seigneur ». La M.P.F. a réussi à détacher le groupe de Ranaivo de la direction de Soatanana.[6]

Les missionnaires qui ont cherché le compromis, au niveau du charisme des revivalistes, étaient souvent issus de la Mission Protestante Française. À

---

5. *Ibid.*, p. 346
6. Rapport rédigé par Adrien Vally, p. 25.

travers leurs témoignages, leurs argumentations et les réserves qu'ils n'ont jamais cachées, on constate les points suivants :

Comme la montre bien Adrien Vally, la crainte de l'Administration coloniale. Dans son dialogue avec un des disciples du Seigneur, Elysée Escande a dit :

> De plus, vous savez que l'Administration demande que, dans nos temples, on se borne à la prédication de l'Evangile. Vous n'êtes pas sans avoir entendu dire que dans tels ou tels endroits ils ont menacé de fermer nos édifices religieux s'il s'y produisait certaines scènes que nos adversaires communs, - Les ennemis de l'Evangile - sont allés lui décrire comme étant des scènes entachées de sorcellerie et de paganisme.

Quand E. Escande rapporte que les exorcismes des revivalistes sont « des scènes entachées de sorcellerie et de paganisme », rapporte-t-il seulement ces accusations ou le croit-il aussi ? La suite de l'histoire semble montrer que telle était la position des missionnaires de la LMS et de la MPF.

En plus selon cet argument d'E. Escande, il est tout à fait curieux de constater que l'Administration coloniale puisse mettre son nez jusqu'à l'intérieur des églises et que les missionnaires soient obligés de leur céder.

Ensuite les réserves émises par certains missionnaires peuvent être trouvées dans leur arrière-plan théologique. On remarque, en effet, dans leur argumentation, que la Bible ou les Saintes Ecritures ne sont plus pour eux l'unique référence en matière de foi. Ils font appel à la psychologie et à d'autres sciences dans leur argumentation contre l'exorcisme et l'imposition des mains. On voit bien ainsi que la théologie de cette catégorie de missionnaires est déjà une théologie influencée par le modernisme malgré son origine évangélique. Il semble, par exemple, qu'E. Escande fasse appel à la théorie de Samuel Vincent.

Enfin le troisième point, nous semble-il, c'est le peu de connaissance et le manque d'analyse que les missionnaires avaient sur la culture malgache. Quand E. Péchin dit que ce mouvement de Réveil « est un mouvement bien malgache et qui n'a rien de sectaire », il ne dit jamais ce qui est malgache et de quelle piété indigène il s'agit. En effet, Rainisoalambo et ses amis prétendent le contraire : leurs pratiques et leur piété, ils les ont découvertes dans la Bible. Les missionnaires n'ont tout simplement pas compris la contextualisation tentée par Rainisoalambo et les revivalistes. C'est une incompréhension qui a coûté cher aux mouvements de Réveil et aux églises malgaches dans la mesure où ces missionnaires étaient obligés de provoquer des schismes un peu partout pour ne pas subir l'influence des revivalistes et pour ne pas laisser leurs paroissiens sous l'autorité des luthériens.

Le soutien sans faille

Il y a eu des missionnaires qui ont respecté ou peut-être accepté les charismes des disciples du Seigneur, en l'occurrence les Norvégiens. Un missionnaire norvégien, cité par E. Péchin, déclare « qu'au lieu de s'épurer par l'abandon des exorcismes et des guérisons, le Réveil a perdu sa vigueur première, et les principaux apôtres reconnaissent qu'ils ont moins de révélations et de puissance de guérir qu'au début ».[7] Beaucoup de missionnaires norvégiens n'ont pas caché leur soutien sans faille à ce mouvement. Ainsi le rapport du gouvernement colonial les critiquant sévèrement les tient comme responsables de la survie de ce mouvement. Dans la rubrique « Rapports entre les Missions et les disciples du Seigneur », voici, en effet, ce qui est dit de la mission norvégienne :

> Le rapport de M. l'Administrateur en Chef F. Compagnon précise les relations qui ont existé en tout temps entre la mission norvégienne et les disciples du Seigneur. Il est certain que c'est grâce à l'appui de cette mission que cette société a pu se développer. Les chefs des disciples ont à différentes reprises été l'objet de mesures de répression pour tenues de réunions non autorisées et il est probable que ces mesures auraient suffit à faire disparaître totalement la société, si l'appui moral que les Norvégiens, lui ont, de tout temps, apporté, ne lui avait

---

7. E. Péchin, *JME*, 1904, p. 279.

permis de lutter et de poursuivre son œuvre à l'encontre des règlements administratifs.

Dans la province de Fianarantsoa, non seulement la mission norvégienne a apporté à la société une véritable direction morale, mais encore une aide matérielle. Les temples ont été mis à la disposition des disciples du Seigneur. Les pasteurs norvégiens furent l'intermédiaire entre les différents groupements, contrôlant les fonds recueillis, surveillant le développement de la propagande.

La mission norvégienne prête son concours à une société indépendante de sa mission. On s'explique ce concours dans la région du sud où une surveillance active de sa part est possible. L'intérêt qu'elle peut retirer réside dans ce fait que les disciples sont pour elle des agents de propagande et qu'elle accroît certainement son influence sur un grand nombre d'indigènes qui ne recherchent en l'espèce qu'une protection, au besoin, à l'encontre de l'Administration de Madagascar.[8]

Chez les Norvégiens, les disciples du Seigneur ont pu agir sans beaucoup de restriction. La question se pose donc aussi au sujet de la mission norvégienne : pourquoi les Norvégiens ont-ils accepté sans réserve le mouvement de Rainisoalambo ? Nous avons déjà répondu largement à cette question, mais nous pouvons ajouter encore quelques explications.

Pour Compagnon, nous l'avons déjà vu, la réponse est simple : Les disciples du Seigneur sont « des agents de propagande de la mission norvégienne ». Certains pasteurs malgaches affirment même que les Norvégiens n'agissent pas sans arrière pensée. Ils cherchent à gêner les autres missions et veulent faire croire que la moitié de l'île leur appartient.

À nos yeux, compte tenu de ce que nous avons déjà dit, il existe une autre explication plus probable que les accusations de Compagnon. Le soutien qu'apportent les Norvégiens aux disciples du Seigneur vient de leur arrière-plan piétiste. Nous avons vu en effet que les missionnaires norvégiens

---

8. Rapport Compagnon, Chapitre sur les Rapports entre les Missions et les Mpianatry ny Tompo, p. 23.

de Stavanger sont des piétistes. David J. Bosch fait un rappel de la position de Spener, le promoteur du piétisme :

> Pour le piétisme, en revanche, cette proclamation devint un but délibéré. Chez Spener et ses amis, la joie d'une expérience personnelle du salut se combinait avec le désir ardent de proclamer l'Evangile à tous les hommes. À cela s'ajoutait souvent une impatience, presque insoutenable, d'atteindre les confins de la terre.[9]

Nous ne sommes pas là loin des principes du mouvement des disciples du Seigneur. Mais la déclaration suivante de D. Bosch va encore plus loin :

> À la place de la foi formellement correcte, mais froide et cérébrale, de l'orthodoxie, le piétisme donne naissance à un sentiment chaleureux et humble de communion avec le Christ. Des mots comme « repentance », « conversion », « nouvelle naissance » et « sanctification » prennent alors un sens nouveau. Le mouvement piétiste se caractérise davantage par une vie disciplinée que par une saine doctrine, par une expérience personnelle plutôt que par la soumission à une autorité ecclésiastique, par une pratique plutôt que par une théorie.[10]

Pourquoi donc y a-t-il eu une attirance ou un soutien mutuel entre les mouvements de Réveil et l'Église luthérienne ? N'est-ce pas parce qu'il y a aussi une « affinité élective » entre les deux ? Entre les mouvements de Réveil et la mission norvégienne, dans un premier temps, et l'Église luthérienne ensuite. Il y a beaucoup de similitude dans la conception revivaliste de la vie chrétienne et les missions luthériennes à Madagascar. Alors, leur rencontre ne peut aboutir qu'à une symbiose. Cette « affinité élective » se situe au moins à trois niveaux. Premièrement, la croyance à la puissance de

---

9. J. David Bosch, *Dynamique de la mission chrétienne*, Lomé-Paris-Genève, Haho, Karthala, Labor et Fides, 1995, p. 336.
10. *Ibid.*, p. 337.

Dieu qui agit ici et maintenant. Deuxièmement, la joie d'une expérience personnelle du salut qui se combinait avec le désir d'évangéliser. Enfin, la conviction profonde que la mission peut être l'affaire de tous les chrétiens. En une phrase, nous pouvons conclure que les missionnaires norvégiens ont trouvé dans le mouvement de Rainisoalambo la confirmation de leur « théorie piétiste ». D. Bosch va encore dans ce sens de l'« affinité élective » en affirmant que :

> … le piétisme donne le coup d'envoi de l'œcuménisme dans la mission. Il cherche à promouvoir un christianisme qui transcende les limites des nations et des confessions. Les frères moraves ont été mus constamment par un esprit œcuménique sans faille.[11]

À plusieurs reprises, le missionnaire Forget compare les revivalistes malgaches aux frères Moraves. Au sujet de la maison commune des disciples du Seigneur, il relate : « c'est là que tous les soirs, les travaux des champs étant achevés, on se réunissait après le repas pour la prière et le chant des cantiques. Cela rappelle certain épisode de la vie des Frères Moraves ».[12]

Une autre fois il dit encore :

> Une de leurs spécialités est la culture des oignons : ils viennent en vendre jusqu'à Ambositra. Un jour par semaine est mis à part pour la communauté, et le produit du travail de cette journée est consacré aux frais de l'évangéliste au loin. Cela ne rappelle-t-il pas encore les Moraves et leur préoccupation de soutenir leurs œuvres de mission ? Comme les Moraves, ils aiment à s'intituler « les réveillés » (…).[13]

Voilà comment on peut aussi expliquer la complicité entre la mission Norvégienne et le Mouvement des disciples du Seigneur.

---

11. *Ibid.*, p. 340.
12. L. Forget, *op cit.*, p. 372.
13. *Ibid.*, pp. 372-373.

CHAPITRE 23

La nature des conflits

Au commencement du mouvement

Au début du mouvement de Rainisoalambo, trois types de conflits se sont manifestés. Le premier conflit est administratif : persécution et harcèlement. Le second conflit est théologique et institutionnel, entre missionnaires et disciples du Seigneur. Le troisième conflit est encore théologique, entre les missionnaires. Dans les temps présents, seuls les conflits théologiques demeurent.

Persécution administrative

À travers les notes et les rapports intermédiaires qui ont servi à F. Compagnon pour établir son rapport final, on voit bien que Rainisoalambo et ses amis ont beaucoup souffert à cause des autorités administratives. Pour mieux comprendre les agissements de cette administration coloniale, rappelons ce qu'écrit Marc Spindler :

> Si c'est à Madagascar que la lutte entre Administration intégriste (soit dans le sens du cléricalisme gallican, qu'on appellerait aujourd'hui « national-catholicisme », soit dans le sens du laïcisme fanatique) et les missions protestantes fut la plus violente, c'est aussi là que s'instaure pour la première fois une jurisprudence respectueuse des valeurs missionnaires

protestantes et reconnaissant l'existence « d'une autre catholique »…, la catholicité évangélique.[1]

Dans cette perspective de M. Spindler, quel genre d'intégristes étaient ces administrateurs coloniaux ? Quoi qu'il en soit, les faits sont là. Les revivalistes malgache ont subi la foudre de leur anti-protestantisme. Ces administrateurs coloniaux ont tout essayé pour dissoudre le mouvement : punition, emprisonnement des leaders, interdiction de construire un temple, confiscation de document, etc. E. Escande dit de ces administrateurs que : « Les fonctionnaires de la colonie, catholiques de naissance, pour le plus grand nombre, indifférents, incrédules ou même libres penseurs, comprennent difficilement nos affaires protestantes ! ».[2]

Compagnon précise : « Plusieurs membres des *Mpianatry ny Tompo* ont été déjà punis, il y a quelques années, pour réunions non autorisées,… ».[3] Un autre Administrateur, en poste à Fanjakana répond à une lettre de Compagnon et écrit :

> Le 18 février dernier, dès reçu de votre ordre, je me rendis à Soatanana arrêter les nommés Rainitiaray et Radanielina, Président et secrétaire de la société et perquisitionner à leur domicile. Rainitiaray et Radanielina vous furent immédiatement conduits et les papiers saisis rapportés à Fanjakana pour y être triés et examinés.[4]

Et voici la conclusion de Barthélemy :

> Quoi qu'il en soit, une chose demeure évidente : une société non autorisée existe à Soatanana. D'aucuns ne la jugeront peut-être pas comme moi-même, dangereuse ; mais je pense

---

1. *Le monde non chrétien*, n° 65.
2. E. Escande, *Les Disciples du Seigneur*, p. 77.
3. Note de F. Compagnon, 18 février 1916, p. 2.
4. Rapport Berthélemy, p. 1.

qu'il serait juste de la supprimer après en avoir puni sinon tous, du moins les principaux membres.[5]

C'est à F. Compagnon que revient l'honneur de proposer le sort que la France doit réserver au mouvement de Rainisoalambo. Voici sa proposition :

> En admettant même que le but de ces dirigeants ne soit pas de s'enrichir, la société serait encore dangereuse pour les naïfs et les faibles trop nombreux parmi nos sujets.
>
> Enfin il est toujours à craindre qu'à un moment donné une direction politique soit imprimée à Rainitiaray qui, en raison de son pouvoir absolu, entraînerait avec la plus grande facilité tout le groupement.
>
> J'estime donc qu'il serait temps d'inviter la mission norvégienne à faire connaître le but qu'elle poursuit en donnant à la Secte des Apostoly un appui efficace et conscient sans lequel elle n'aurait pu acquérir l'importance qu'elle a – et de dissoudre la société après en avoir fait étudier le fonctionnement dans toutes les provinces.[6]

On voit bien l'embarras des administrateurs coloniaux face à la mission norvégienne. Ils ne comprennent pas ce soutien sans faille que cette mission apporte au mouvement de Réveil. Il semble qu'ils en veulent plus à la mission qu'aux disciples du Seigneur. Nous avons déjà donné notre point de vue, tout peut s'expliquer par « l'affinité élective » qu'il y a entre le mouvement de Réveil et la mission norvégienne. En tout cas, on peut soupçonner l'existence en Compagnon d'un « résidu » d'anti-protestantisme. En effet, nous sommes en droit de nous poser la question suivante : vis-à-vis des missions qui sont à l'œuvre à Madagascar, qui est le plus contrarié par l'expansion du mouvement de Réveil ? Ou, autrement dit, à qui profitent les tentatives d'étouffement du mouvement de Rainisoalambo ?

---

5. *Ibid.*, p. 12.
6. Rapport Compagnon, p. 59.

La réponse est parfaitement claire, les antiprotestants sont les plus contrariés dans la mesure où le succès du mouvement de Réveil a stoppé net les tentatives de « déprotestantisation » et de « catholicisation » de Madagascar. Ainsi, l'étouffement du mouvement de Rainisoalambo profite en premier lieu aux catholiques.

Conflit entre missionnaires et disciples du Seigneur

Nous savons que ce fut Rainisoalambo qui a, le premier, critiqué les missionnaires qu'il accusait de n'avoir annoncé qu'en partie les vérités bibliques. En effet, dit-il, les missionnaires n'ont pas beaucoup enseigné sur la sainteté de vie et la guérison par la prière. C'est encore E. Escande qui donne un aperçu de l'enseignement des disciples du Seigneur :

> Leur enseignement est foncièrement biblique et scripturaire au plus haut point. La Bible est pour eux, au sens littéral du mot, la Parole de Dieu. S'ils ne s'étaient pas appelés disciples du Seigneur, nous les aurions désignés sous le nom « d'hommes ou de femmes de la Bible ». Comme ils l'aiment, comme ils la connaissent ! N'est-ce pas le seul livre qu'ils lisent ? Ne constitue-t-il pas à lui tout seul (avec leur recueil de cantiques) toute leur bibliothèque ? Son enseignement n'est-il pas leur seule science ? C'est dire que leur bagage intellectuel et scientifique est des plus légers. Ce sont, pour le plus grand nombre, des ignorants, des incultes. S'ils savent tous lire, nous n'oserions affirmer qu'ils sachent tous écrire. Ils ne comprennent rien à la théologie ; très attachés à la lettre des Ecritures, ils mettent sur le même plan tout le livre de la Bible, ceux de l'Ancien comme ceux du Nouveau Testament... Leur enseignement n'est pas profond, leurs allocutions (nous n'osons dire leurs discours, sermons ou prédications) sont presque toujours les mêmes, et tournent autour de ces textes : « Repentez-vous, convertissez-vous, car le royaume de Dieu est proche »,[7] « Guérissez les

---

7. Marc 1, 15.

malades. Chassez les démons »,[8] « Je vous donne un commandement nouveau : Aimez-vous les uns les autres. Aimez-vous comme je vous ai aimés » (Jean 13.34 et 15.12) .[9]

Nous voyons à travers cette citation, le prêtre ou plutôt le docteur, selon J.-P. Willaime, de la religion protestante qui juge le prophète. C'est un conflit prêtre-prophète. D'un côté, E. Escande n'hésite pas à qualifier de fondamentalisme la conception biblique des disciples du Seigneur : « La Bible est pour eux, au sens littéral du mot, la Parole de Dieu ». Il les qualifie également d'ignorants en matière de théologie : « ils ne comprennent rien à la théologie ». Mais de l'autre côté, il leur reconnaît un certain charisme en disant que : « Les disciples du Seigneur me paraissent être appelés surtout à l'itinérance, à être des pionniers. Aux églises appartient le soin de lier les gerbes et de continuer, en l'approfondissant, l'œuvre commencée par les disciples du Seigneur ».[10] Cette affirmation d'E. Escande peut être une reconnaissance du ministère des *iraka* et *mpiandry* ou un aveu de faiblesse de la part des missionnaires, car sans leur concours, les missionnaires et leurs églises n'auraient pas pu pénétrer dans certaines régions de Madagascar. Tout en reconnaissant les charismes des disciples du Seigneur, E. Escande cherche également à nuancer la valeur ou la qualité de ces charismes. Voici ce qu'il dit dans un premier temps :

> Alors que penser ? Croire, comme quelques-uns, qu'il n'y a pas eu de véritables guérisons obtenues par les disciples du Seigneur ? Mais alors ceux-ci ne seraient que des imposteurs, des charlatans, des prestidigitateurs ou simplement des illuminés ? – Nous ne pouvons juger ainsi, et tout ce que nous avons dit d'eux est contraire à cette opinion. Il y a plus : n'y a-t-il pas les promesses de Jésus-Christ ?…Et puis, n'y a-t-il pas à Madagascar de nombreux malades qui ont été guéris par les disciples du Seigneur et un grand nombre qui attestent ces

---

8. Matthieu 10, 8.
9. E. Escande, *Les disciples du Seigneur*, pp. 72-73.
10. *Ibid.*, p. 76.

> faits ? En face des négateurs, leur mentalité ressemble fort à celle de l'aveugle-né, guéri par Jésus, et de ses parents. Même certitude, même prudence, même ignorance.[11]

Mais E. Escande nuance tout de suite après cette déclaration :

> Croire au contraire qu'à la suite des Apôtres et des Soixante-dix, les disciples du Seigneur ont reçu le même charisme qu'eux, comme semblent l'admettre certains Malgaches ? – Nous ne le pensons pas non plus.
> N'avons nous pas constaté, en effet, qu'ils ne croient pouvoir guérir que les malades qui se repentent de leurs péchés, renoncent à leurs idoles et se déclarent pour Jésus-Christ ?
> Nous pouvons ajouter que, sans nier de véritables guérisons obtenues, il y en a qui peuvent s'expliquer par l'auto-suggestion, une forte secousse morale ou physique, une certaine foi, ou même une certaine imagination comme cela a été si souvent constaté dans certaines guérisons par les eaux de Lourdes.[12]

Alors que penser ? Nous sommes là devant l'embarras du prêtre face au prophète. On dirait qu'Escande veut à la fois ménager les « disciples du Seigneur » et ses collègues missionnaires qui sont peut-être plus sceptiques que lui. E. Escande oublie en plus que les disciples du Seigneur tiennent leur conception de la Bible des missionnaires norvégiens qui les ont enseignés. « L'élément nouveau » ou « le plus » que les disciples du Seigneur ont apporté, ce sont les séances de délivrance et l'imposition des mains, c'est-à-dire une certaine « pratique pastorale » ignorée ou sous-estimée par les missionnaires. Cela pose déjà un problème de fond pour les missionnaires, mais perturbe également l'ordre du culte ou leur liturgie. Les missionnaires norvégiens ne semblent pas contester ces pratiques, tandis que les autres

---

11. *Ibid.*, p. 89.
12. *Ibid.*, pp. 89-90.

cherchent à tout prix à s'en débarrasser. Il semble donc évident qu'il y a également conflit théologique et lutte d'influence entre les missionnaires ?

Conflit et lutte d'influence entre les missionnaires

Dans le paragraphe sur l'acceptation avec réserve, nous pouvons constater que les conflits et la lutte d'influence entre les missionnaires se font par revivalistes interposés. Ainsi ce fut le cas de Ranaivo Ramangetrika que les missionnaires de la MPF ont soustrait de l'influence norvégienne. La raison est à la fois théologique et stratégique dans la mesure où ces missionnaires de la MPF ne voulaient pas que leurs ouailles subissent l'influence des norvégiens qui soutenaient les revivalistes.

À notre avis, ces luttes d'influences et conflits entre missionnaires norvégiens et les autres sont l'une des causes, sinon la cause principale, du schisme qui s'est produit au sein du mouvement de Rainisoalambo en 1954. Ce conflit a commencé en 1949. Nous allons aborder en deux temps cette question du schisme au sein du mouvement de Soatanana. Dans un premier temps, dans le paragraphe sur « les implications ecclésiologiques » et ensuite dans le chapitre sur le « processus d'adoption » ou de reconnaissance du ministère de berger.

CHAPITRE 24

Les conflits actuels

Actuellement, les missionnaires sont partis, les conflits sont tout autres. La menace n'est plus la persécution des mouvements de Réveil par l'administration mais plutôt l'instrumentalisation des mouvements par les autorités politiques. Les conflits théologiques et les implications ecclésiologiques persistent encore entre les Malgaches. Enfin le conflit permanent est celui entre la religiosité traditionnelle malgache et les mouvements de Réveil, entre le retour aux cultes des ancêtres ou la soumission à Jésus-Christ.

L'instrumentalisation des mouvements de Réveil par la politique

C'est une situation qui embarrasse beaucoup de monde qu'il soit sympathisant du Réveil ou non. En effet, le fait est que depuis quelques années, les mouvements de Réveil sont devenus l'objet de convoitise des partis politiques et notamment des candidats à la présidence de la République. En 2001-2002, lors de la prise de pouvoir de Marc Ravalomanana contre l'Amiral Ratsiraka, les bergers ont été embarqués dans cette affaire. Il en fut de même en 2009 lors du coup d'Etat d'Andry Rajoelina contre Marc Ravalomanana. Voici comment le journal *Madagascar Tribune* présente le phénomène :

> Après que les « mpiandry » aient « nettoyé » la cour du Palais d'Etat d'Ambohitsorohitra et procédé à l'inspection des locaux et bureaux présidentiels, la « Haute Autorité de Transition » conduite par son président, Andry Rajoelina pénètre dans le Palais. C'était à 14 heures ce 17 mars 2009. Après les

cérémonies d'usage en de pareilles circonstances d'installation, Andry Rajoelina a procédé avec l'aide des « mpiandry » à l'incinération des « objets maléfiques » déterrés ou découverts à Ambohitsorohitra.[1]

Autrement dit, les *Mpiandry* ont procédé à une séance d'exorcisme avant l'entrée d'Andry Rajoelina dans le palais présidentiel.

Un mini mémoire[2] présenté à la Faculté de Théologie Protestante de Madagascar a étudié le phénomène en 2001-2002 et montre qu'il y a quatre regards différents au sujet de ces interventions des *Mpiandry* :

- Le regard des Mpiandry :

Ce fut pour eux l'occasion de laisser de côté la division entre les différents Toby. Ils se sont mis à travailler ensemble pour que règnent dans le pays la justice et la sainteté et pour chasser l'œuvre des ténèbres.

Voilà comment les *Mpiandry*, qui ont assisté et participé activement à ces manifestations, justifiaient leurs attitudes. Ni le fond, ni la forme de leurs actions ne tenaient plus compte de la conception du ministère de berger par les *Raiamandreny* et les Églises historiques. L'argument sur l'unité n'est pas non plus tout à fait convaincant. En effet, même s'il y a eu unité d'action, on ne peut dire que cette unité fut animée par une réelle volonté de se rapprocher et de travailler ensemble dans le cadre normal du ministère de berger.

- Ceux qui n'ont jamais vu le ministère des *Mpiandry* :

Ces gens là ont été agréablement surpris par ce qu'ils ont vu. Ils voulaient en savoir plus mais ils avaient peur de poser leurs questions, préférant observer de loin tout ce qui se passe.

---

1. *Madagascar Tribune*, 18 Mars 2009.
2. Paul Razafintsalama, *Ny Fifohazana, Afrika sy Madagasikara*, Avril 2002.

Cette peur est à notre avis indicateur de malaise et de gêne qui montre tout simplement que les *Mpiandry* n'étaient pas à leur place.

- Ceux qui sont contre :

Par contre, d'autres sont complètement écœurés de voir les *mpiandry* exhiber ainsi leur ministère. Ils disaient que les religieux ne doivent pas se mêler de politique. Leur part de service est dans l'église, ils n'ont rien à faire sur le terrain politique.

- Ceux qui agréaient :

Pour eux, la mission de l'Église est parvenue à ce que Dieu cherche : ne pas rester entre les quatre murs de l'église, mais oser défendre la vérité dans le pays.

Les deux dernières remarques sont complémentaires. Il n'y a pas de mal à ce que les mpiandry participent à des actions politiques. Mais le problème soulevé est que ni leurs tenues ni leurs fonctions de *mpiandry* n'ont leur place ici.

À nos yeux, ces faits sont l'indicateur de plusieurs choses à la fois.

La première est que le mouvement de Réveil, après avoir été un mouvement transversal au sein des Églises protestantes historiques, l'est devenu dans tout le pays. Le Réveil est presque devenu maintenant la religion populaire à Madagascar. Les mouvements de Réveil ont complètement débordé le champ du religieux et celui des Églises historiques. Chaque homme politique qui cherche à se faire apprécier par la population tient à être vu dans les conventions annuelles des mouvements de Réveil rattachés à la FFPM. Lors de l'investiture d'Andry Rajoelina, des centaines de *mpiandry* en tenue avaient leurs places réservées à la tribune.

La question qui se pose est la suivante : Qui sont ces *mpiandry* ? Sont-ils envoyés par leur propre institution ou viennent-ils en leur propre nom ? Notre enquête semble montrer qu'ils viennent en leur propre nom. Leur implication politique n'entraînera-t-elle pas de nouveaux clivages au sein de ces institutions ? D'ailleurs, cela a déjà été assez visible lors de la prise de pouvoir de Marc Ravalomanana contre Didier Ratsiraka. Cela l'est encore plus dans la mesure où il y a maintenant des *Mpiandry* qui soutiennent farouchement Andry Rajoelina et d'autres qui sont inconditionnels de Marc Ravalomanana. Ceci nous amène à notre seconde remarque.

Ce phénomène de *Mpiandry* « révolutionnaire » est l'indicateur d'une dérive ou d'une évolution dans la pratique de la délivrance à Madagascar. En effet dans ces cas, l'exorcisme ou la délivrance est devenu un rite indépendant de la prédication, de la prière et de l'éducation. Ainsi, les *Mpiandry* qui ont accompagné Andry Rajoelina ne se sont même pas posé la question du bien-fondé de leurs actions. En effet, en 2001-2002, ils ont accompagné Marc Ravalomanana pour sortir les amulettes et les *ody* de Didier Ratsiraka du palais d'Ambohitsirohitra. Comment se fait-il que sept années après, dans ce même palais, ils retrouvent pleins d'autre *ody* ? La réponse est toute simple : ou bien Marc Ravalomanana a fait sortir les amulettes de Didier Ratsiraka pour introduire les siennes. Ou bien il n'y a jamais eu d'autres amulettes. Dans tous les cas, les *Mpiandry* se sont fait instrumentaliser. Ainsi, chaque fois que l'encadrement de l'Église a été faillible dans l'histoire du Réveil, il y a eu déviation. Ou plutôt, chaque fois que certains revivalistes ont cherché à se soustraire à l'encadrement de l'Église, il y a eu déviation et dérive dans la vie de leur mouvement. Cela fut le cas du *Fifohazana mandoa*.

En tout cas, nous assistons là à la déconfessionnalisation de la délivrance ou exorcisme. En plus, nous avons déjà vu que face, aux pentecôtistes et aux NMR, les revivalistes n'ont plus le monopole des séances de délivrance. Allons nous aussi assister à une déconfessionnalisation du ministère de berger ?

Les conflits théologiques

Les conflits entre mouvement de Réveil et les Églises demeurent fondamentalement théologiques et herméneutiques. Il n'est pas exagéré de dire que les positions ne changeront pas de sitôt au sein même du monde chrétien en général et du monde protestant en particulier. Il suffit de comparer les articles et commentaires concernant le diable et Satan dans la confession d'Augsbourg et la confession de La Rochelle. Nous pouvons constater qu'il existe une différence fondamentale entre les deux confessions. Dans la confession d'Augsbourg et son apologie, la notion de « combat contre le diable » est bien explicitée. Aussi, P. Melanchthon affirme que :

La nature humaine est, en effet, beaucoup plus faible pour pouvoir, par ses propres forces, résister au diable qui tient captifs tout ce qui ne sont pas affranchis au moyen de la foi. La puissance du Christ est nécessaire pour résister au diable.[3]

On attribue les propos suivants à P. Melanchthon :

… De plus, l'Église est le royaume du Christ, par opposition au royaume du diable. Or, il est certain que les impies sont sous le pouvoir du diable et membres de son royaume, tout comme Paul l'enseigne dans l'épitre aux Ephésiens 2, quand il déclare que le diable agit dans les incrédules.

Bien qu'il ne soit pas question d'exorcisme ou de séances de délivrance ici, nous pouvons dire que la doctrine luthérienne sur le diable et ses œuvres la prédispose à accepter la position des revivalistes malgaches. Un missionnaire américain du Sud de Madagascar nous apporte son témoignage à ce sujet :

Pour son mémoire de fin d'étude en théologie, il voulait aborder le thème suivant : « les maladies causées par le diable ». Mais malheureusement, disait-il, le doyen de la faculté de théologie l'a empêché de traiter un tel sujet dans la mesure où la question est complètement dépassée. Mais aujourd'hui, disait toujours notre missionnaire, ce que je vois et ce que je vis ici à travers mon ministère à Madagascar confirme tout ce que je voulais dire dans mon mémoire.[4]

L'enseignement luthérien sur le diable laisse donc une place pour celui des revivalistes malgaches. Ou plus exactement, la doctrine luthérienne sur le diable rencontre un nouveau champ d'application au sein du mouvement de Réveil malgache. On se demande si ceci est aussi nouveau. En effet

---

3. P. Melanchthon, *La confession d'Augsbourg et l'Apologie*. Paris, Cerf, 1989, p. 197.
4. Olav Torvik, missionnaire à Betioky Sud pendant plus de 30 ans.

dans une thèse sur l'exorcisme à l'Université de Strasbourg, John Warwick Montgomery montre qu'à l'époque de Luther, la pratique de l'exorcisme et de la délivrance se faisait encore pour celui qui allait recevoir le baptême.

Tel n'est pas le cas dans la tradition réformée. Le diable est présenté comme un ennemi complètement vaincu et presque inoffensif. Le livre de F. Vouga que nous avons déjà cité en est une illustration.

On comprend donc pourquoi les missionnaires norvégiens acceptèrent le ministère de délivrance des revivalistes malgaches, tandis que les autres non. Depuis la naissance des mouvements de Réveil jusqu'à nos jours, il y a une question théologique en arrière- plan.

Les implications ecclésiologiques

Dans la tradition des Églises chrétiennes, le ministère est vécu sous trois formes. Evêque, pasteurs/prêtres et diacre. Dans quelle catégorie faut-il situer le ministère de berger ? Au sein des églises issues des missions non luthériennes, le problème ne se pose même pas parce qu'elles refusent déjà le fondement théologique d'un tel ministère. En plus, les bergers des revivalistes ne peuvent être ni évêque, ni pasteur, ni diacre dans leur organigramme. C'est pourquoi le ministère des *Mpiandry* n'a trouvé aucune place dans ces Églises pendant plusieurs années. Ainsi la FJKM n'aura de département Réveil qu'en 1981.

Par contre, la question est réelle et légitime au sein des Églises luthériennes qui cherchaient à adopter le ministère des *Mpiandry*. D'autant plus que ce ministère présente à la fois les aspects de la diaconie et de la prêtrise.

Le ministère de berger comme diaconie

Le ministère de berger dans les Camps de Réveil comporte en grande partie des œuvres diaconales. On attend du berger qu'il réponde aux besoins physiques, sociaux et éducatifs de ses patients en plus de la prière (avec imposition des mains et exorcisme) au moins 3 fois par jour. Les patients sont considérés comme des membres de sa propre famille. Il ou elle (berger) fait tout cela sans aucune rémunération.

Dans ces cours et conférences, Dr P. Rasolondraibe, quand il évoque l'aspect diaconal du ministère des *Mpiandry*, aime répéter que :

La compassion, et être touché par la misère et les souffrances des exclus de la société caractérisent le ministère des bergers. Ce que dit Paul dans 2 Corinthiens 4 :11-12 est une partie de l'expérience journalière des bergers : « Car nous qui vivons, nous sommes sans cesse livrés à la mort à cause de Jésus, afin que la vie de Jésus se manifeste aussi dans notre chair mortelle. Ainsi agit la mort en nous, mais la vie en vous. »

En plus de ses aspects diaconaux, le ministère de *mpiandry* présente également les caractéristiques de la prêtrise et de la prophétie.

Le ministère des Mpiandry comme Prêtrise/prophétie

Nous avons vu dans la perspective wébérienne et avec la retouche effectuée par Jean-Paul Willaime, que le ministère des *mpiandry* présente tous les aspects du pasteur/prophète. Dans le même sens, Dr P. Rasolondraibe ajoute que :

> Le ministère du Berger, comme ministère de Puissance, est d'amener le peuple de Dieu à suivre Jésus dans sa mission. D'autre part, la compréhension de la Prêtrise par les bergers s'exprime à travers leur ministère de prière et de diaconie. Leur ministère est d'amener les chrétiens à également prier et servir les autres dans la compassion et l'amour. D'autre part, le concept de prêtrise royale est compris comme une prêtrise théocratique dans laquelle tous les prêtres sont liés au Prêtre suprême, Christ, par la foi et liés aux autres par l'amour. De ce fait, ils se supportent, se protègent et se réconfortent comme ils appartiennent au même royaume de prêtres. Concrètement, le fait que les bergers appartiennent à un seul mouvement conduit par un père ou une mère spirituel renforce le concept d'appartenance et de solidarité.
>
> Les prêtres sont aussi des prophètes. Ils suivent le Christ dans les déserts et s'engagent dans les combats contre les puissances de ce monde. Dans le même temps, ils proclament le réconfort

des cœurs meurtris, la libération des opprimés et aident tous les baptisés à faire de même.[5]

Ainsi le ministère des *Mpiandry* aura une implication ecclésiologique non négligeable au sein de toutes les Églises qui accepteront de l'adopter. Tel est le cas de l'Église luthérienne malgache. Nous verrons dans le paragraphe sur les compromis comment cela se fera.

Conflit entre religiosité traditionnelle malgache et mouvement de Réveil

Parmi les conflits, celui-ci est le plus permanent et le plus intense dans la société malgache. Actuellement, du point de vue des revivalistes, le conflit va dans trois directions. Le premier s'observe au sein même des grandes Églises protestantes historiques. Le second se manifeste entre ces Églises Protestantes historiques et les Nouveaux Mouvements Religieux. Enfin, le troisième se situe hors de l'Église. Au commencement de l'émergence du mouvement de Réveil et du ministère des *mpiandry*, la situation était très simple. Il n'y avait que deux dénominations principales, les protestants, toutes tendances confondues, et les catholiques. Mais, malgré son caractère insulaire, Madagascar n'a pas échappé au contre-coup de l'ultra-modernité. En plus des pentecôtistes, de nombreux Nouveaux Mouvements Religieux s'y sont implantés et participent activement à la vie religieuse et sociale. Ces NMR sont qualifiés de « sectes » par les Églises membres de la FFKM.[6] Adolphe Rahamefy présente d'une autre manière la situation en s'exprimant ainsi :

> …à la religion ancestrale, tout en sachant que beaucoup de pratiquants gardent un pied dans chaque camp, est toujours d'actualité. En réalité, la situation est plus complexe, car le camp chrétien et le camp païen sont eux-mêmes très divisés et agités de conflits intérieurs. Ces ambiguïtés religieuses vont

---

5. Traduction libre de Jarisoa Rakotoarivelo.
6. S. Blanchy (*et al*), *Les dieux au service du peuple*. H. Andrianetrazafy aborde longuement ce conflit entre les NMR et la FFKM (cf. p. 326).

parfois de pair avec des aménagements politiques quand surviennent des enjeux relatifs au pouvoir.[7]

Dans notre perspective, Rahamefy présente bien les trois aspects ou les trois niveaux des conflits que nous aimerions développer ici. Ces conflits vont aboutir aux trois types de compromis sur lesquels nous allons également nous étendre : Le compromis réformé, le compromis politique et le compromis luthérien.

Conflit à trois niveaux

On peut discerner trois niveaux dans les conflits qui opposent les mouvements de Réveil avec les autres acteurs de la société malgache.

Le premier est entre les revivalistes et les adeptes de la religiosité traditionnelle malgache. Le second niveau de conflit est entre les missions dans leurs comportements divergents face aux revivalistes. Enfin le troisième niveau de conflit est avec les politiques.

Ces conflits durent depuis le commencement du Réveil. Au sein des différentes dénominations protestantes, deux positions s'affrontent depuis les débuts du Réveil. La première position est celle de Rainisoalambo, suivie par tous les mouvements du Réveil. Il s'agit de la rupture totale avec la religiosité traditionnelle malgache. Théoriquement, cette position est aussi celle des Églises protestantes. Au sein des Églises luthériennes malgaches, voici en quoi les parents qui offrent leurs enfants au baptême s'engagent : « Renoncer au diable et à toutes ses œuvres ».[8] Il est entendu que cet engagement veut dire renoncer à toutes pratiques en rapport avec la religiosité traditionnelle malgache. Au sein des Églises FJKM, la lutte contre le diable est également présente dans la liturgie du baptême. En effet dans le troisième article des engagements des parents, la chose suivante est précisée « *Acceptez-vous que l'Église* prenne en charge toute l'éducation nécessaire afin que cet enfant ou ces enfants grandissent dans la connaissance de Jésus-Christ afin qu'ils aient toute la force pour résister aux *œuvres de Satan ?* »

---

7. Adolphe Rahamefy, *Sectes et crises religieuses à Madagascar,* p. 7.
8. Il faut signaler que, dans la liturgie de l'Église Luthérienne de France, il n'est aucunement question du diable. L'engagement des parents se limite à une promesse d'élever l'enfant dans la crainte et l'amour de Dieu et de veiller à son instruction religieuse.

Ainsi, théoriquement il ne devrait pas y avoir de conflits entre les chrétiens à ce sujet. Mais nous avons déjà vu que les conflits, depuis le début, existaient déjà entre les missionnaires et ensuite entre les Églises des missionnaires.

Les livres qui ont paru ces derniers temps et ces dernières années semblent affirmer que le conflit n'existe plus ou a tendance à se calmer dans la mesure où le « syncrétisme » est de nouveau à la mode. Nous avons cité plusieurs fois l'un des derniers titres parus ces derniers temps : *Les dieux aux services du peuple. Itinéraire religieux, médiation, syncrétisme à Madagascar*. Ce livre évoque aussi, comme Rahamefy et Raison-Jourde, le retour en force de la religiosité malgache traditionnelle. Ce retour en force des cultes traditionnels, constaté depuis plusieurs années, est un fait indiscutable à Madagascar. C'est la lecture et l'interprétation qu'en font les dernières publications susmentionnées qui nous semble discutable. Ou du moins, une autre lecture et interprétation de ces faits religieux est possible, surtout dans les Hautes-Terres.

Côté luthérien, voyons d'abord les faits. Jusqu'en 1970, il n'y a eu qu'un seul lieu de culte luthérien à Antananarivo, en l'occurrence le temple d'Ambatovinaky. En 1971, Germaine Volahavana, dit Nenilava, a choisi d'établir sa demeure dans la capitale de Madagascar. Logée dans l'appartement 238 de la Cité des 67 Ha, elle a commencé à organiser des cultes journaliers avec séances de délivrance. La fréquentation de ces cultes n'a jamais cessé d'augmenter. Ainsi, à peine après dix années d'intense activité, une autre église luthérienne est implantée en plein centre de la Cité des 67 Ha.

Cette église est actuellement, l'une des plus grandes sinon la plus grande dans la capitale malgache. Dr P. Rasolondraibe qui est actuellement, en 2010, le Pasteur de cette église nous a communiqué quelques chiffres assez éloquents. Chaque dimanche, elle organise trois offices. Deux le matin, qui commencent à 6h30 et à 10h00. Et un culte l'après midi à 15h30. Cette église des 67 Ha compte 950 bergers qui assurent trois cultes journaliers avec des séances de délivrance. Un le matin de 6h30 à 7h30 en l'église et deux autres au logement 238,[9] à 8h30 et à 14h00.

---

9. Le logement 238 se trouve à quelques mètres de l'église des 67 Ha.

Après avoir mis en route l'église des 67 Ha, Nenilava a déménagé à Ambihibao, dans une grande villa construite par ses enfants spirituels. Comme dans la cité des 67Ha, des séances de délivrance dans le cadre de culte journalier y ont pris place. Quelques années après, une autre grande église luthérienne s'y est établie. Même après la mort de Nenilava en 1998, grâce au ministère de berger, des églises luthériennes ont été implantées un peu partout dans la capitale et aux alentours. Elles sont passées de une à 16 églises en l'espace de quelques années. Dr P. Rasolondraibe dit que 14 de ces 16 églises ont démarré grâce aux activités de l'église des 67 Ha qui compte actuellement 10000 membres.

En plus de l'augmentation massive constatée dans ces églises, un autre fait marquant mérite d'être souligné, le passage des chrétiens de la FJKM vers la FLM, c'est-à-dire, des réformés vers les luthériens. Depuis l'installation de Nenilava à Antananarivo en 1971, on constate beaucoup de conversions et passages de cadres de la FJKM vers la FLM. Dans les années 1980, parmi les cadres de cette église luthérienne des 67 Ha, on compte aux moins trois éminents personnages issus de la FJKM Analakely. Cette église est une des plus grandes de la FJKM, au centre de la capitale. En 1991, dans le livre blanc publié en commémoration du cinquantième anniversaire du mouvement de Nenilava, beaucoup parmi ses fils spirituels y ont donné leur témoignage. La plupart d'entre eux sont issus de la FJKM.

Voilà les faits au sein du luthéranisme de la capitale. Voyons ce qui s'est passée du côté FJKM ou réformé.

Du côté réformé (FJKM), depuis le départ des missionnaires en 1959 et la naissance de la FFPM, les Églises qui vont devenir la FJKM ont fermé leurs portes aux mouvements de Réveil et à leur séance de délivrance. Pour bénéficier des séances de délivrance et de l'imposition des mains, leurs membres sympathisants du Réveil devaient aller une fois par an dans les conventions ou chez les luthériens ou encore dans les églises indépendantes. Ceci a eu comme conséquence ce que nous avons pu constater au sein de la FLM des 67 Ha. C'est-à-dire, aussi bien dans la capitale qu'ailleurs en province, la plupart des chrétiens FJKM qui acceptent le Réveil deviennent automatiquement luthériens.

C'est pourquoi, après des années de tergiversation, en 1980, le Bureau National de la FJKM a accepté de créer cette branche Réveil en son sein.

L'existence de cette branche Réveil au sein de la FJKM semble donc n'être ni le fruit d'une conviction ni celui d'une acceptation totale des mouvements de Réveil. Elle est surtout stratégique afin de stopper l'exode massif des membres de la FJKM vers les luthériens.

À partir des années 1980, de plus en plus d'églises FJKM vont accepter d'organiser dans leurs murs des séances de délivrance et d'imposition des mains. L'entretien que nous avons eu avec le Secrétaire Général et le Président de ce Département Réveil au sein de la FJKM nous a permis d'apprendre que la presque totalité des 75 églises de la capitale ont en leur sein des séances de délivrance et d'imposition des mains.

Le mouvement de Réveil n'a jamais cessé de gagner du terrain dans tout Madagascar et même en dehors de ses frontières. Des Églises ou Unions d'Églises à La Réunion, en France, en Suisse ont une branche Réveil en leur sein et organisent des séances de délivrance et d'imposition des mains.

Cette montée en nombre des *Fifohazana* a entraîné deux réactions différentes. L'une au sein de la FJKM, et l'autre dans la société civile.

Pour la FJKM, la réaction a été de créer une branche Réveil en son sein en 1980 et d'y laisser se développer la théologie des revivalistes. Celle-ci a eu un double effet. Le premier est que les mouvements de Réveil et sa théologie se développent encore plus au sein de la FJKM.

Le second effet est que les « syncrétistes » et les défenseurs des cultes traditionnels malgaches ont réagi encore plus violemment. Cette tendance « syncrétiste » était déjà présente au sein de la FJKM, depuis au moins le temps de Ranavalona II. Lorsque ces chrétiens qui tenaient encore à la religiosité traditionnelle malgache, « syncrétistes »,[10] n'ont pas pu empêcher la tenue des cultes revivalistes dans leurs églises, ils ont réagi par la médiatisation de leur pratique dans la société malgache. C'est ce que Sophie Blanchy appelle la visibilité des cultes autochtones.

Voici les trois niveaux de réaction contre la montée des *Fifohazana* au sein du luthéranisme.

Le premier niveau de réaction vient de la FJKM comme nous l'avons déjà montré. Presque 80 ans après sa naissance, la montée du *Fifohazana* a

---

10. Il faut nuancer ce terme syncrétiste. En effet tous les FJKM qui s'opposent au *Fifohazana* ne sont pas des syncrétistes. Tout en reniant le culte des ancêtres et ses dérivés, ils défendent certains aspects de la culture malgache.

réveillé le vieux conflit[11] missionnaire, entre missionnaires luthériens et réformés de Madagascar. Cette fois-ci, le conflit est entre l'institution luthérienne malgache et la FJKM et a abouti à la création d'une branche Réveil au sein de la FJKM en 1980.

Le second niveau de réaction se trouve au sein même de la FJKM. Réaction des « syncrétistes » et des partisans des cultes traditionnels. Leur réaction se veut une affirmation de l'identité malgache par la médiatisation de leur pratique.

Ces médiatisations n'ont fait qu'accélérer la pénétration, déjà existante, des faits religieux sur la place publique. C'est là notre troisième niveau de réaction, l'entrée en scène des politiques.

---

11. Voir le cas de Ranaivo Ramangetriga que nous avons déjà mentionné.

CHAPITRE 25

La recherche du compromis

La notion commune de compromis n'est pas univoque selon les pratiques qu'elle décrit, ni selon les utilisateurs, qui la chargent péjorativement ou qui lui attribuent un sens positif. La notion commune de compromis implique que quelque chose se passe entre deux partenaires pour que soit trouvé un accommodement entre des intérêts différents, voire opposés.[1]

Dans le cas qui nous intéresse, le mouvement de Réveil est face à trois partenaires différents : l'administration, les réformés et les luthériens. Chacun de ces trois partenaires ont leurs propres intérêts et leur propre motivation dans la recherche de compromis.

Pour l'administration coloniale, au début du mouvement, fin XIXe et début du XXe siècle, la crainte était de voir le mouvement de Réveil se transformer en mouvement de révolte. Par la suite, vers les années 1980, compte tenu de leur nombre et de l'influence grandissante des « bergers » du Réveil, la préoccupation des politiciens malgaches était et reste encore de chercher leur faveur.

En ce qui concerne les réformés, la crainte de l'administration coloniale était associée au refus théologique des pratiques de la délivrance et de l'imposition des mains.

Enfin, pour les luthériens, le principal souci est ecclésiologique. Les bergers sont des ministres de l'Église, il faut qu'ils soient rattachés à l'Église.

---

1. Geneviève Médevieille, *L'absolu au cœur de l'histoire : la notion de compromis chez Ernst Troelsch*, Paris, Cerf, 1998, p. 205.

Ces trois partenaires du mouvement de Réveil vont donc aboutir à trois compromis différents que nous appellerons successivement Compromis-Instrumentalisation, Compromis-Purification et Compromis-Intégration.

Le pouvoir politique : Compromis-Instrumentalisation

Au début, F. Compagnon a enquêté pour la province de Fianarantsoa et son rapport a été soumis à un certain Adrien Vally, Administrateur en Chef des Colonies, Chef du Service de Centralisation des Renseignements politiques indigènes. Après avoir reçu la proposition de Compagnon, Adrien Vally a ordonné une enquête administrative sur les agissements des disciples du Seigneur dans tout Madagascar. Son rapport,[2] paru le 10 mars 1917, nuance beaucoup celui de Compagnon et ne parle plus de dissolution. Voici en effet sa conclusion :

> En résumé, la société « Ny Mpianatry ny Tompo », n'est pas à proprement parler une société secrète, mais elle en présente les inconvénients. En effet si dans ses grandes lignes elle est connue, les agissements d'une infinité de petits groupements dans les différentes régions de Madagascar ne peuvent être suivis au jour le jour. Le but visé d'une société qui se propose soit la propagation de la foi, soit la formation d'une église malgache peut-être modifié très facilement dans certains groupes même à l'insu de la direction de Soatanana. De ce point de vue, cette société ne doit pas cesser d'attirer l'attention de l'administration.[3]

Ainsi, malgré son probable arrière-plan catholique antiprotestant, F. Compagnon est presque désavoué et les missionnaires norvégiens presque

---

2. Ce rapport comporte 45 pages, et nous l'appelons *Rapport Vally*.
3. *Rapport Vally*, p. 45.

blanchis par ce rapport Vally.[4] Ce rapport apparaît comme un compromis. Le mouvement des disciples du Seigneur n'est pas dissout, mais ne doit pas cesser d'attirer l'attention de l'administration coloniale. Ainsi, Compagnon et Vally semblent représenter deux attitudes de l'Etat français de l'époque face aux sectes ou mouvements dit sectaires. La première, c'est la suspicion, l'amalgame, la répression et la dissolution. Et la seconde consiste à faire preuve de respect et de vigilance : respect de la liberté de conscience garantie à chaque individu et vigilance des pouvoirs publics.

Cent ans après, la situation a changé. Ce sont maintenant les politiques qui cherchent la faveur des religieux. Quels peuvent être les liens entre ces nouveaux mouvements religieux et les Églises historiques ?

Toutes les parutions récentes sur la « crise religieuse » à Madagascar ont noté la puissance politique et l'influence du Conseil des Églises Chrétiennes à Madagascar, FFKM. La FFKM rassemble les quatre grandes Églises anciennes malgaches :
- L'Église Catholique Apostolique Romaine, ECAR
- Les Anglicans, Église Episcopale Malgache, EEM
- L'Église Luthérienne Malgache, FLM
- L'Église de Jésus-Christ à Madagascar, FJKM

Malgré son ambition œcuménique, la FFKM, née en 1979, était surtout connue pour ses prises de position[5] qui ont conduit au renversement du régime de Didier Ratsiraka en 1991.

Malgré l'existence de quelques Églises et mouvements indépendants qui refusaient de collaborer avec les vieilles Églises, l'œcuménisme était en bonne voie à Madagascar depuis 1958. Cela a commencé entre les protestants, en l'occurrence la FFPM, et a fini par la création de ce Conseil des Églises Chrétiennes à Madagascar.

Inutile de dire que la puissance croissante de la FFKM était devenue une menace permanente pour chaque pouvoir en place à Madagascar. C'est pourquoi, dès son retour aux affaires de l'Etat Malgache, en 1995, Didier Ratsiraka a favorisé les NMR. Nous sommes là devant ce que Jean-Paul

---
4. Cf. *Rapport Vally*, pp. 23-24.
5. Cf. Rahamefy et Sophie Blanchy. Voir aussi Bruno Hubsch, *Madagascar et le christianisme*. Dans les pages 423-434, le livre apporte une brève histoire de l'œcuménisme qu'il intitule « La marche vers l'œcuménisme ».

Willaime[6] appelle une institutionnalisation du pluralisme. Toujours selon Jean-Paul Willaime,

> La société s'accommode fort bien de ce pluralisme : plus elle sollicite les familles spirituelles, plus elles contribuent à l'entretien des différenciations confessionnelles, chaque confession relisant sa tradition, la réexprimant pour répondre au défi du temps.[7]

En effet, à Madagascar la FFKM était dans une situation d'hégémonie idéologique.

> ...l'Etat dans ce cas préférera avoir plusieurs interlocuteurs religieux. C'est pour lui la meilleure garantie pour protéger son caractère séculier et réagir aux prétentions éventuelles d'un groupe confessionnel.[8]

Ainsi, depuis le retour de Didier Ratsiraka en 1995, les NMR ont eu un développement rapide. Dans le livre dirigé par S. Blanchy, H. Andrianetrazafy dresse la liste de quelques-uns de ces NMR.

> En marge des confessions officielles, on voit apparaître une multitude de nouvelles communautés comme les pentecôtistes, l'Église universelle du Royaume de Dieu, le Mouvement apocalyptique, les Takarivan'ny Fanahy Masina (Soirées pour le Saint-Esprit), Rhéma, les Guerriers du Christ et autres mouvements Armaguedon... Sans compter, bien entendu, les mouvements évangéliques qui ont déjà des assises socio-spatiales bien établies, comme les adventistes, les Jesosy Mamonjy ou les témoins de Jehovah.[9]

---

6. Jean-Paul Willaime, *La précarité protestante*, p. 170.
7. *Ibid.*
8. *Ibid.*, p. 196.
9. Sophie Blanchy, *Les dieux au service du peuple*, p. 317.

La plupart des ces NMR ont pris naissance ou se sont considérablement développés après le retour de Didier Ratsiraka au pouvoir en 1995. Andrianetrazafy dit encore que :

> Toutes, elles se définissent comme indépendantes par rapport aux structures institutionnelles conventionnelles que sont l'Église Catholique, les protestants… FJKM, les Fiangonana Loterana Malagasy et les Ecclésia épiscopal malgache, EEM (anglicans).[10]

Nous avons vu que la plupart de ces mouvements ont aussi recours aux actes pastoraux comme le baptême et la sainte Cène. D'aucuns pratiquent également la délivrance et la guérison par la prière.

Andrianetrazafy fait remarquer en outre que « chacune de ces communautés a recours à la communication moderne ». Parmi elles, une des plus médiatiques est le Mouvement apocalyptique du Pasteur Mayol. Il arrive même que ce « Pasteur » soit invité à la radio et télévision nationale malgache pour commenter les événements politiques.

Quelles sont les conséquences de cette institutionnalisation du pluralisme et de la déconfessionnalisation de la théologie et des « biens spirituels » ?

Il nous semble qu'on peut relever deux conséquences. D'abord, la perte d'influence des Églises conventionnelles ou historiques dans le domaine social, politique et religieux. C'est ce qui explique la réaction hostile de ces derniers contre les NMR :

> Les expressions du conflit qui oppose la FFKM aux mouvements « sectaires » ne peuvent se comprendre sans tenir compte de l'arrière-plan sociopolitique qui intervient en filigrane dans la stratégie développée par les uns et par les autres. En effet, dans la dernière décennie du XXe siècle, le régime autocratique en place avait favorisé la démultiplication des

---

10. *Ibid.*

« sectes » pour neutraliser les Églises conventionnelles réunies sous le flambeau de l'œcuménisme.[11]

La seconde conséquence de cette institutionnalisation du pluralisme concerne les mouvements de Réveil rattachés aux Églises protestants historiques. Ils n'ont plus le monopole des conversions et des actes porteurs de valeurs charismatiques comme les impositions des mains et les délivrances.

Malgré tout, ces mouvements de Réveil rattachés aux Églises protestantes historiques, restent, jusqu'à présent, les plus courtisés par chaque pouvoir en place. Pour preuve, il suffit d'observer la prolifération de ministres, de présidents ou de candidats à la présidence de la République dans toutes les conventions annuelles des quatre grands mouvements de Réveil rattaché à la FFPM.

Ainsi, d'un côté, les pouvoirs politiques favorisent les NMR pour limiter l'influence sociale, politique et religieuse des Églises historiques. De l'autre côté, ils courtisent ces dernières pour s'attirer leur faveur. C'est ce que nous appelons compromis-instrumentalisation.

Les Églises Reformées : Compromis-purification

Malgré les réserves qu'ils ont émises par rapport au ministère des *Iraka* et *Mpiandry*, les missionnaires de la Mission Protestante Française n'ont pas voulu rejeter en bloc leur charisme. Il y a eu des missionnaires tels E. Escande qui ont cherché à trouver des compromis. Voici le dialogue[12] qu'il a eu, en 1906 avec un membre des disciples du Seigneur, du nom de Ramarijaona, qui évangélisait dans la région de Tamatave :

> **E.Escande** (E.E) : Mais, ajoutai-je, il y a une dernière chose dont je voudrais vous entretenir. Vous savez combien nos églises sont divisées sur cette question de la guérison des malades par l'imposition des mains et la prière, et le grand

---

11. *Ibid.*, p. 326.
12. E. Escande, « Les disciples du Seigneur », p. 41.

nombre de chrétiens malgaches qui ne peuvent admettre les moyens que vous employez, dans nos temples, pour chasser les démons et guérir les malades.

Disciple du Seigneur (D.S) : Eh oui ! Je ne le sais malheureusement que trop, et je ne puis vous dire tout ce que je souffre à cet égard.

E.E : De plus, vous savez que l'Administration demande que, dans nos temples, on se borne à la prédication de l'Evangile. Vous n'êtes pas sans avoir entendu dire que dans tels ou tels endroits, elle a menacé de fermer nos édifices religieux s'il s'y produisait certaines scènes que nos adversaires communs, - Les ennemis de l'Evangile - sont allés lui décrire comme étant des scènes entachées de sorcellerie et de paganisme.

D.S : Hélas, je ne le sais que trop !

E.E : En outre, un grand nombre de nos amis ont peur que les menaces auxquelles je fais allusion ne s'exécutent, et que comme conséquence on ne vous expulse de la province comme Betsiléo ou qu'on ne vous condamne à l'amende ou même à la prison.

D.S : Je ne puis nier que cela puisse arriver et vous ne sauriez croire combien je serais désolé d'avoir à quitter la province de Tamatave.

E.E : Pas plus que moi, et c'est pour cela que je veux vous faire la proposition suivante : personnellement, je demanderai à toutes les Églises de la Côte Est de vous ouvrir largement tous leurs lieux de culte sans arrière-pensée, pour la prédication de la conversion des païens et la sanctification des chrétiens. Vous, à votre tour, vous accepterez, ainsi que vos camarades, de vous abstenir de guérir les malades dans les temples. Bien entendu, vous conserverez toute votre liberté pour imposer les mains, dans les maisons particulières, à tous les malades qui vous le demanderont. Il me semble que vous pouvez conclure un tel arrangement avec moi. Et je crois pouvoir ajouter que si vous l'acceptez, nos églises retrouveront la paix et que nous pourrons travailler ensemble à l'avancement du règne de Dieu.

Ramarijaona se recueillit un moment pendant lequel je demandais à Dieu d'incliner son cœur ; puis, relevant la tête, je lui vis une figure respirant la paix et la joie.

D.S : J'accepte sans arrière-pensée. Et cela d'autant plus qu'au fond, Jésus et ses disciples immédiats ont fait beaucoup plus de miracles dans les maisons que dans le Temple.

Voilà le dialogue qu'E. Escande a eu avec Ramarijaona, le disciple du Seigneur. Et voici la remarque d'E. Escande après l'arrangement :

J'eus peine à réprimer un sourire à cette raison donnée ! La victoire était remportée et nous ne nous séparâmes pas sans nous unir dans une prière de reconnaissance et d'action de grâces.[13]

Nous voyons là que le refus des missionnaires à l'encontre de l'exorcisme, de l'imposition des mains et des guérisons, pratiqués par les *Mpiandry* et *Iraka*, relève en premier lieu de la crainte de l'Administration et de la perturbation que cela entraîne dans leurs communautés.

La motivation théologique du refus n'est pas assez explicitée. Les missionnaires proposent, en quelque sorte, que les bergers deviennent des mini-pasteurs « version classique » et renoncent aux actes porteurs de leur charisme ou qu'ils aillent les exercer en dehors de leurs églises.

Ce genre de compromis va de plus en plus s'imposer dans les églises des missionnaires non luthériens. Le Mouvement de Réveil évoluera donc en marge de leur structure ecclésiastique. Dans les Églises de la LMS et de

---

13. *Ibid.*, pp. 41-42.

la MPF, les pratiques des mouvements de Réveil seront petit à petit mises de côté. Dans ces églises, les « disciples du Seigneur » doivent se comporter comme des chrétiens ou comme des évangélistes normaux. Ils doivent laisser à la porte des églises leur charisme. Mais une fois dehors, ils peuvent redevenir eux-mêmes. Voilà le compromis-purification.

Ceci explique pourquoi, après le départ des missionnaires et la passation de la direction de l'Église aux Malgaches, les Églises historiques non luthériennes ont fermé leurs portes aux mouvements de Réveil. Cette porte ne s'est ouverte qu'en 1980 dans les circonstances que nous avons déjà relatées. C'est-à-dire, pour stopper l'exode des membres de la FJKM vers la FLM.

Nous avons fait remarquer que cette ouverture ne semblait pas être le fruit d'une conviction totale ou d'une ouverture totale. En effet théologiquement en ce qui concerne la délivrance, la FJKM reste dans la ligne d'Elysée Escande. C'est pourquoi la FJKM va adopter le compromis-purification à sa manière. Comment se présente ce genre de compromis ? Eh bien, dans les lieux de culte de la FJKM, « la séance d'exorcisme » ou de « délivrance » qui devrait être effectuée par tous les bergers en service s'est transformée en prière de délivrance effectuée par un seul berger. En effet, c'est dans sa prière que ce berger va prononcer la formule appropriée à la délivrance, « au nom de Jésus nous chassons tout esprit mauvais ».

Les Églises luthériennes : Compromis-Intégration

Il est peut être un peu paradoxal de parler de compromis chez les luthériens. Mais il faut dire que même si officiellement la mission luthérienne soutient le Mouvement de Réveil, il y a quand même eu des personnes qui n'ont pas caché leur méfiance. De plus, ces missionnaires doivent également veiller à ce que les « disciples du Seigneur » restent avec l'Église ou en son sein. Ainsi, à travers les lettres de soutien au Mouvement de Réveil, on sent cette recherche de compromis.

Pour prouver le lien entre Mission Norvégienne et le Mouvement des disciples du Seigneur, F. Compagnon cite souvent leurs lettres de soutien. En voici une, de la part d'un certain révérend Emile Birkeli, datée du 22 avril 1915, et qui apporte beaucoup de conseils à Rainitiaray et

Radanielina. Les conseils manifestent visiblement l'arrière-plan piétiste, spénérien et haugien de Birkeli :

> Le second (conseil) est de s'occuper de faire progressivement l'association concernant le Réveil que Dieu a fait parmi nous à Soatanana. Il existe dans cette association plusieurs dons de grâce… Cette société est une grande œuvre que je reconnais pour vraie et que j'approuve… J'ai entendu dire que vous aviez l'intention de créer à Tamatave un poste qui doit servir de chef-lieu au Réveil. C'est très bien cela. C'est une direction de l'Esprit. C'est une diffusion qui doit lui être agréable… Il existe assurément des vazaha (étrangers) qui semblent ne pas vous connaître mais ayez confiance ils vous connaîtront plus tard… Ils pensent que vous êtes une communauté dans la communauté bouleversant l'ordre. Vous êtes au contraire une association dans la chrétienté lui donnant la vie.

De cette dernière phrase est né un slogan que nous avons déjà mentionné et qu'on retrouve dans les préambules de statut ou protocole d'accord du Mouvement de Réveil : « Le Réveil est un don de Dieu pour l'Église ». Sortie de la bouche d'un missionnaire, ce slogan est sûrement une forme d'adoption. Nous avons déjà signalé que c'est aussi un message qui s'adresse à deux catégories d'individus. Il s'adresse d'abord aux revivalistes, *Iraka* et *Mpiandry* qui sont animés d'une volonté d'indépendance par rapport à la mission et à ses Églises. Le message s'adresse également aux missionnaires et pasteurs de tout bord qui sont tentés de prendre leur distance ou détestent les *Iraka* et *Mpiandry* et ne veulent rien avoir à faire avec eux ou refusent de collaborer avec eux. Ainsi, ce genre de slogan constitue la forme la plus réussie des compromis. En effet chacun y trouve son compte. Les missionnaires plus ou moins sceptiques y trouvent leur compte parce qu'en tant que fonctionnaires des affaires de Dieu, ils peuvent gérer, ils ont un droit de regard sur ce « don de Dieu » qu'est le Réveil. Les *Mpiandry* et les *Iraka* y trouvent leur compte parce que leur ministère est légitimé par les églises qui les acceptent comme « don de Dieu ».

Compte tenu de leur ecclésiologie, il n'est pas question pour les luthériens de laisser évoluer les bergers en dehors de l'Église. C'est pourquoi ils vont adopter cette stratégie de compromis-intégration. Qu'est-ce que l'intégration ? Plusieurs définitions peuvent être proposées :

Claude Dubar, dans son livre sur *La socialisation*,[14] prend en compte les travaux de Parson. Il étudie sa théorie de l'Action et fait état de sa socialisation par le système LIGA, avec **L** comme latence, **I** comme intégration, **G** comme goal-attainment et **A** comme adaptation :

> Entre la définition analytique de l'Action,..., et la synthèse des quatre sous-systèmes du Système Général de l'Action,..., prend place une théorie de la socialisation...reposant sur une conception fonctionnelle du système social. Celui-ci est, en effet, construit à partir de quatre impératifs fonctionnels définis de la manière suivante :
>
> La fonction de stabilité normative (parfois désignée par la lettre **L**, comme latence) signifie que le système social doit assurer le maintien et la stabilité des valeurs et des normes et faire en sorte que celles-ci soient connues des acteurs et intériorisées par eux ;
>
> La fonction d'intégration (**I** comme intégration) signifie que le système social doit assurer la coordination nécessaire entre les acteurs, membres du système ;
>
> La fonction de la « poursuite » des buts (**G** comme goal-attainment) signifie que le système social doit permettre la définition et la mise en œuvre des objectifs de l'action ;
>
> La fonction d'adaptation (**A** comme adaptation) doit assurer l'adéquation des moyens aux buts poursuivis et donc une adaptation efficace au milieu environnant.[15]

M. Grawitz propose deux autres définitions :

---

14. C. Dubar, *La socialisation. Construction des identités sociales et professionnelles*, 3ᵉ édition, Paris Armand Colin, 2002.
15. *Ibid.*, pp. 63-54.

Dans le sens courant, comme dans la littérature sociologique, le terme « intégration » a donc deux sens (au moins) :

D'une part, l'intégration désigne un état du système social. Une société sera considérée comme intégrée si elle est caractérisée par un degré élevé de cohésion sociale. Pour Durkheim, par exemple, le taux de suicide varie en raison inverse du degré d'intégration des groupes sociaux dont fait partie l'individu (Le suicide, 1897). À l'intégration on oppose donc l'anomie ou la désorganisation sociale.

D'autre part, l'intégration désigne la situation d'un individu ou d'un groupe qui est en interaction avec les autres groupes ou individus (sociabilité), qui partage les valeurs et les normes de la société à laquelle il appartient. À l'intégration on oppose donc la marginalité, la déviance, l'exclusion.[16]

À partir de ces définitions et remarques de Parson et de Grawitz, l'intégration véritable dépend de deux conditions :
- La coordination, nécessaire entre les membres, implique une volonté de s'intégrer et de s'adapter de la part de chaque acteur du système pour atteindre un degré élevé de cohésion entre ces membres.
- La fonction de stabilité normative suppose la constitution et l'adoption de valeurs communes à tous les membres.

Nous avons assez montré qu'au sein des institutions protestantes non luthériennes, cette intégration n'a pas été possible parce que, pour des raisons théologiques, elles n'ont pas toléré les différences et les particularités des mouvements de Réveil. Elles ne partageaient pas toutes les valeurs des revivalistes.

Quant aux institutions luthériennes, leur capacité intégratrice n'est pas à mettre en doute. Par affinité élective, elles ont respecté et adopté les différences et les particularités des mouvements de Réveil. Par contre, du côté des revivalistes, la volonté et la démarche individuelles de s'insérer n'a

---

16. *Lexique des sciences sociales*, 7ème édition, Dalloz, 1999

pas fait l'unanimité. Aussi, du côté luthérien, le compromis-intégration n'a été effectif qu'après bien des conflits et des schismes entre les mouvements de Réveil.

Voyons maintenant le processus d'adoption ou d'intégration des mouvements de Réveil et de leur ministère au sein des Églises protestantes historiques ou conventionnelles, la FFPM.

Processus d'intégration ou d'adoption

Nous pouvons maintenant considérer comme principe de lecture de ce processus d'intégration ou d'adoption du ministère de berger les trois compromis que nous avons établis : Compromis-instrumentalisation, Compromis-purification et Compromis intégration.

D'abord, on peut comprendre, à travers chaque compromis, les regards des trois protagonistes sur les mouvements de Réveil. Pour les politiques, le mouvement peut être un instrument. Pour les missions et institutions non luthériennes et leurs Églises, le mouvement est à purifier. Enfin, pour les luthériens, le mouvement est intégrable.

Ensuite, nous pouvons aussi comprendre leur démarche ou leur approche des mouvements de Réveil, comme une tentative d'imposer leur compromis.

La politique

Ainsi, en ce qui concerne la politique, nous savons que, dans un premier temps, l'administration coloniale française soupçonnait le mouvement de Réveil en tant que probable instrument de révolte. Rappelons la note de F. Compagnon :

> Enfin tout groupement exclusivement indigène est actuellement peu désirable parce qu'on peut, à un moment donné, lui imprimer une direction politique. Il suffit de convaincre

un chef pour obtenir l'appui moral et matériel des milliers d'individus qui lui obéissent aveuglement.[17]

Ce pouvoir colonial a donc cherché à dissoudre le mouvement. Ce fut toujours F. Compagnon qui disait : *« Il serait peut être temps de dissoudre cette société… »*.[18]

Actuellement, nous pouvons constater que F. Compagnon avait partiellement raison. L'instrumentalisation politique, des mouvements de Réveil en général et des bergers en particulier, est devenu effective, mais presque cent après. Les politiques ont plus ou moins atteint leur but. Avec les NMR, une frange des mouvements de Réveil se font instrumentaliser de plus en plus. Il faut dire aussi que de plus en plus de bergers ou enfants du Réveil, conscients de leur responsabilité en tant que citoyens, s'engagent volontairement à tous les niveaux dans la vie politique malgache.

Les réformés

Depuis les succès évidents du mouvement de Réveil, l'administration coloniale cherchait à instrumentaliser et menacer certaines missions pour freiner sa progression. Mais la réciproque est aussi vraie. Certaines missions se servaient de l'administration coloniale pour purifier les mouvements de Réveil de tout ce qu'elles estimaient comme impropre à leur théologie. Nous avons déjà parlé du cas d'Elysée Escande. Nous pouvons aussi avancer l'idée que ces missions ont bloqué l'effort d'intégration tenté par la mission luthérienne. Voyons une fois de plus ce qu'Adrien Vally dit de la Mission Protestante Française dans son rapport :

> L'extension que les « Mpianatry ny Tompo » ont donné à leur société en dehors des régions du sud a provoqué ce fait que les missions norvégiennes se sont trouvées insuffisantes au développement de leur activité. Les fidèles de la mission protestante française comme ceux de la London Missionary Society se sont affiliés en masse. Le groupement le plus important

---

17. Note confidentielle de F. Compagnon, 18 février 1915.
18. *Ibid.*

> subissant l'autorité morale de la mission protestante française est le groupement de Ranaivo Ramangetrika. Les missionnaires français ont compris tout le danger qui existait pour eux du fait de la main mise absolue de la mission norvégienne sur la secte des Mpianatry ny Tompo. L'influence que pouvaient acquérir les Norvégiens sur une partie de leurs fidèles les a effrayés. Dans l'impossibilité de combattre les idées nouvelles, ils se sont décidés à les tolérer, et ont pris la direction des groupements qui s'étaient constitués au sein de leurs églises. Le cas de Ranaivo Ramangetrika est typique et a provoqué une scission dans la société des « disciples du Seigneur ». La MPF a réussi à détacher Ranaivo de la direction de Soatanana.[19]

Ce témoignage nous montre donc que les scissions, contrairement aux idées reçues, ne sont pas dues aux disputes entre revivalistes. Elles sont plutôt les conséquences logiques des luttes d'influences entre les missionnaires. Les autres missions ont cherché à stopper les tentatives d'intégration voulues par les luthériens.

Les Norvégiens

Tous les rapports des Services des Renseignements Politiques Indigènes accusent la mission luthérienne norvégienne d'avoir patronné et soutenu le mouvement de Réveil. Par conséquent, de se servir de ce mouvement comme instrument de propagande. C'est toujours Adrien Vally qui écrit :

> La mission norvégienne prête son concours à une société indépendante de sa mission. On s'explique ce concours dans la région du sud où une surveillance active de sa part est possible. L'intérêt qu'elle ne peut retirer réside dans ce fait que les « Mpianatry ny Tompo » sont pour elle des agents de propagande et qu'elle accroît certainement son influence sur un grand nombre d'indigènes qui ne recherchent en l'espèce

---

19. Adrien Vally, pp. 24-25.

> qu'une protection au besoin à l'encontre de l'Administration de Madagascar.[20]

L'administration coloniale conclut donc à une instrumentalisation des mouvements de Réveil par les Norvégiens. C'est une interprétation possible. Mais nous pouvons aussi expliquer les agissements des missionnaires norvégiens comme une démarche d'intégration des mouvements de Réveil. En effet, il faut dire que, dès le début du mouvement, les deux conditions de l'intégration étaient présentes entre mouvement de Réveil et mission norvégienne. D'un côté, les revivalistes avaient la volonté de s'intégrer dans la mesure où ce fut Rainisoalambo lui-même qui avait fait appel aux missionnaires norvégiens pour les former. Les revivalistes adhéraient à toutes leurs valeurs. Le seul reproche que faisait Rainisoalambo à l'encontre des missionnaires fut de ne pas avoir enseigné toute la Bible, en particulier la guérison et la délivrance. Ces valeurs auxquelles Rainisoalambo et les revivalistes tenaient ont été bien accueillies par les Norvégiens.

Ainsi, de l'autre côté, les Norvégiens ont trouvé que les revivalistes étaient intégrables et il y avait de la place pour leurs valeurs dans l'espace doctrinal luthérien. Il semble que l'intégration fut acquise jusqu'en 1907, année du premier schisme. Car il y a eu deux schismes à Soatanana.

Considérons ces deux schismes qu'a connus le mouvement de Rainisoalambo. Le premier a eu lieu en 1907. Le second fut assez long, 1949-1954. Le pasteur Ramino Paul, FJKM, relate ainsi cette dissidence :

> C'est en 1907, que se présente la première complication. Après que le Centre eut grandi et alors que le travail progressait par la grâce de Dieu, il arriva à l'esprit du missionnaire alors en charge de Soatanana, d'utiliser l'argent du Réveil pour rémunérer les pasteurs et les catéchistes. Monsieur Rainitiaray et ses compagnons s'y opposèrent catégoriquement, de sorte qu'ils furent expulsés de l'Église norvégienne de Soatanana.

---

20. *Ibid*, pp. 23-24.

Ils durent demander à l'Etat un terrain pour édifier une église pour le Réveil.[21]

Cette intention des missionnaires norvégiens de se servir dans la caisse du Réveil pour rémunérer les pasteurs fut la conséquence logique d'une décision prise en août 1904. En effet, dans le processus normal de la routinisation du mouvement de Réveil, un accord fut conclu entre les missionnaires norvégiens et les revivalistes.[22] Dans cet accord, il était précisé que le rôle du missionnaire norvégien était celui de « premier trésorier ». Ceci ne pouvait être que le signe d'une confiance mutuelle et intégration totale. Les missionnaires avaient déjà la gestion du spirituel. Maintenant on leur confiait aussi la finance que les Malgaches considèrent comme le « muscle de la vie ».[23] Les missionnaires norvégiens considéraient donc que le mouvement leur appartenait déjà ou peut-être qu'eux et le mouvement s'appartenaient mutuellement. D'où cette tentation d'utiliser le trésor pour le bien de toute l'Église.

Le refus d'une partie des revivalistes fut considéré comme recherche d'indépendance et refus d'intégration. C'est pourquoi, ils ont été exclus.

Plus tard, les trois autres mouvements de Réveil ont émergé. Celui de Ravelonjanahary, sur le champ de mission de la LMS. Les deux autres, le mouvement de Rakotozandry et celui de Nenilava sont nés sur les champs de mission luthériens. Leur intégration au sein de l'Église luthérienne fut sans aucune ambiguïté. Rakotozandry Daniel était pasteur luthérien et Nenilava fidèle luthérienne. Bien qu'ouvert à tous, leur mouvement est considéré comme mouvement de Réveil luthérien et sous gouvernance luthérienne.

Le problème demeure entier à Soatanana. La station est luthérienne norvégienne, mais toutes les autres missions ont leurs fidèles mêlés à l'histoire du Réveil et veulent avoir part à la gestion du mouvement.

---

21. *Revue protestante de missiologie*, 2008/2, n° 56, pp. 77-78.
22. Dans son livre, *Le Réveil à Madagascar*, A. Thunem rapporte les termes de cet accord qui comporte 15 points, pp. 51-52.
23. En effet un proverbe malgache dit : « Ny vola no hozatry ny fiainana », « L'argent est le muscle de la vie ». C'est-à-dire, un homme sans argent est comme un corps sans muscle.

C'est pourquoi, 42 ans après 1907, c'est-à-dire en 1949, les Norvégiens repartaient à la charge et cherchaient l'intégration par le statut.[24] En plus du rôle de trésorier, les missionnaires norvégiens voulaient encore le poste de Président du Comité qui gérait le mouvement de Soatanana. Cette tentative est interprétée par la « Lettre ouverte du 9 Août 1956 » comme une tentative d'étouffement et de mainmise sur le Réveil.

Compte tenu de ce que nous avons déjà dit sur l'ecclésiologie des luthériens, on peut aussi la comprendre comme une démarche d'intégration. Ce qui choquait le plus les auteurs de la lettre du 10 Août fut le fait d'avoir mis le Raiamandreny de Soatanana au second rang par rapport au missionnaire qui sera président. C'est peut-être une faute que ni les missionnaires luthériens ni l'Église luthérienne ne vont plus refaire dans les cas de Nenilava et de Rakotozandry où les *Raiamandreny* auront un statut spécial.

Mais en ce qui concerne ce problème de 1949, il faut dire que le *Raiamandreny* de l'époque, qui fut Dada Rajoelina, n'avait pas le charisme de Rainisoalambo, ni de Rakotozandry et encore moins de Nenilava. En conséquence un *Raiamandreny* sans charisme comme les initiateurs du Réveil et sans formation théologique est devenu problématique dans une structure ecclésiale. Son charisme est réduit à un charisme de fonction qui, théoriquement, appartient déjà au missionnaire. C'est pourquoi, entre autres motifs que nous avons déjà mentionnés, les missionnaires norvégiens n'avaient pas d'autres alternatives que d'accélérer leur processus d'intégration du mouvement de Réveil de Soatanana, au risque de provoquer un schisme.

Nous savons qu'actuellement réformés et luthériens se sont partagé les mouvements de Réveil dans la mesure où chaque institution a maintenant son programme de formation et ses modes de consécration. La question qui se pose est la suivante : dans ce processus d'intégration ou d'adoption du ministère des bergers pourquoi l'unité n'a-t-elle pas été possible ? Ou pourquoi les luthériens n'ont-ils réussi à intégrer qu'une partie du mouvement

---

24. Une lettre ouverte, adressée aux missionnaires et à tous les cadres des Églises protestantes conventionnelles, essaie de retracer et d'interpréter à sa manière la chronologie de cette tentative d'intégration qui a duré 5 années et a abouti à la division du Camp de Réveil de Soatanana en deux. Cette lettre fut écrite en malgache le 9 Août 1956 par le Comité du 10 Août à Antananarivo. Nous l'avons traduite en françcais et la mettons dans la Source principale (Tome II de la thèse).

de Rainisoalambo ? Autrement dit, pourquoi la volonté d'intégration n'a pas fait l'unanimité chez les revivalistes de Soatanana ?

Pourquoi la volonté d'intégration n'a-t-elle pas fait l'unanimité ?

Depuis l'accord d'Elysée Escande avec un responsable du mouvement de Rainisoalambo, le ministère des *Mpiandry* et *Iraka* va évoluer sous ces deux formes. Le compromis à la « Escande » où le mouvement et son ministère sont acceptés ou tolérés en dehors des églises ; et le compromis qui les considère comme un don de Dieu et cherche à les intégrer.

Compte tenu des conflits missionnaires, des manœuvres pour soustraire les fidèles MPF à l'influence des Norvégiens, etc., nous pouvons tout simplement dire que les mouvements de Réveil à Madagascar sont victimes de la pluralité protestante. Le schisme de 1949, et le précédent, sont l'illustration parfaite de l'affirmation de Jean Baubérot :

> La pluralité protestante amène les missionnaires à demander aux autochtones de devenir baptistes et non presbytériens, anglicans et non congrégationalistes (ou l'inverse). Ces derniers doivent donc assumer une histoire qui n'est pas la leur.[25]

Effectivement, c'est ce qui est arrivé, par exemple, à Ranaivo Ramangetrika et ses troupes. Après leur adhésion au mouvement de Rainisoalambo, ils étaient tombés sous l'influence des missionnaires norvégiens, alors qu'ils étaient des fidèles des missionnaires de la MPF. Ces derniers n'ont pas apprécié cette défection. Alors, ils ont planifié la manœuvre que nous connaissons pour soustraire Ranaivo et ses amis à l'influence des Norvégiens.

Ainsi, pour des raisons théologiques, pour des raisons d'appartenance confessionnelle et même pour des raisons politiques, l'intégration de tous dans telle ou telle tendance confessionnelle était devenue chose impossible et n'aurait jamais fait l'unanimité parmi les revivalistes de Soatanana.

---

25. Jean Baubérot, *Histoire du Protestantisme*, Paris, PUF, Coll. Que sais-je ? n° 427, p. 101.

Au sujet des pentecôtistes et des NMR à Madagascar, dans une perspective plus « politique », cette « politique d'intégration » ne serait-elle pas salutaire pour une génération qui a hérité autant de clivages et de pluralité aussi bien à l'intérieur qu'à l'extérieur de son pays ? Ainsi, par la volonté d'intégration, le « marché du religieux » ne serait plus un marché, c'est-à-dire concurrence, mais communion, collaboration et richesse.

D'autant plus que, pour les quatre mouvements de Réveil affiliés à la FFPM, on dirait que, par le choix de l'orientation théologique de chaque mouvement, les pères et les mères du Réveil ont « prophétisé » l'union ou l'unité de leur mouvement. Ou plus exactement, par ce choix de l'orientation théologique, les quatre mouvements de Réveil sont « condamnés » à l'unité ou au moins à la collaboration. Ils ont insisté sur les quatre points suivants :

1. L'amour du prochain, orientation théologique de Rainisoalambo
2. La foi, orientation théologique de Ravelonjanahary
3. La sainteté et la repentance, orientation théologique de Rakotozandry
4. Enfin la prière et la communion profonde et sincère avec le Christ Jésus, orientation théologique de Germaine Volahavana.

Ces quatre points constituent l'être même d'un chrétien et par conséquent d'un berger. Rainisoalambo, Ravelonjanahary, Rakotozandry et Germaine Volahavana ont posé ces quatre points pour être les fondements éthiques et pour déterminer le principe de la spiritualité des revivalistes. En effet, pour ces grands noms du revivalisme malgache, que l'on soit pasteur, berger, ou simple chrétien, on ne peut pas se priver de l'une de ces vertus si l'on veut être crédible aux yeux du monde ou dans la société où l'on vit. Quel berger ou quel pasteur peut prétendre ne pas avoir besoin de l'amour, de la foi, de la sainteté et de la repentance ou d'une communion profonde avec son Sauveur, Jésus ?

Ainsi, avec ces quatre vertus théologiques, les mouvements de Réveil initiés par Rainisoalambo, Ravelonjanahary, Rakotozandry et Nenilava, se présentent comme un puzzle à quatre éléments de telle sorte qu'aucun d'entre eux ne peut prétendre pouvoir se passer des autres. Dans ce sens, dans l'esprit des revivalistes, le véritable et authentique Réveil est peut-être un processus qui ne se terminera que lorsque les quatre mouvements seront réunis par les quatre vertus théologiques : l'amour du prochain, la foi sincère et véritable, la sainteté et la repentance, enfin la prière et la communion profonde avec Jésus-Christ.

Alors, pour commencer, ne serait-ce que symboliquement, pourquoi n'y a-t-il pas de consécration unique pour les quatre mouvements ?

En tout cas, on voit maintenant que l'accusation de départ de F. Compagnon est justifiée : les revivalistes, à commencer par Rainisoalambo, cherchent l'unité de tous les chrétiens malgaches. Mais cette recherche d'unité se clarifie maintenant avec l'apport des trois autres revivalistes : Ravelonjanahary, Rakotozandry et Nenilava. L'unité par la réforme de l'Église et de la vie chrétienne en appliquant ces quatre vertus théologiques : « amour, foi, sainteté et repentance, prière et communion profonde avec Jésus ». C'est en fait le Réveil selon nos quatre revivalistes.

Ainsi, les mouvements de Réveil se présentent comme une réponse à la crise à côté de celles des nationalistes dans la mesure où ces vertus sont à communiquer dans la société par l'évangélisation. Voilà le conflit entre les deux Madagascar, unité dans la soumission à Jésus-Christ ou unité dans la soumission aux esprits des ancêtres.

Conclusion

Nous aurions pu intituler notre thèse « Un siècle de mouvement de Réveil à Madagascar » ou encore « Un siècle de 'Ministère de berger' à Madagascar ». En effet, voici maintenant plus d'un siècle que les mouvements de Réveil avec leur « ministère de berger » ont influencé et transformé le paysage religieux des Malgaches. Nous pouvons dire que Rainisoalambo, ainsi que les trois autres initiateurs du Réveil qui ont suivi, ont réussi à acculturer dans la réalité malgache une identité chrétienne qui se veut biblique. Sans transiger sur leur exigence d'orthodoxie doctrinale, ils ont incorporé leurs convictions dans la culture malgache traditionnelle. Le principe de cette contextualisation, nous l'avons vu, fut : « L'ethos malgache et l'esprit du christianisme ». Nous pouvons donc maintenant comprendre le sens de l'affirmation, autrefois ambigüe, des missionnaires qui disaient que « le mouvement de Réveil et leur ministère sont à la fois malgaches et bibliques ».

Compte tenu de tout ce que nous avons vu, il nous semble maintenant difficile de dire comme F. Raison-Jourde que les mouvements de Réveil avec les pentecôtistes constituent une troisième force dans le paysage religieux malgache. Ces mouvements, à l'exception de celui de Ravelonjanahary, sont actuellement presque complètement dilués dans le luthéranisme. Leur théologie gagne de plus en plus du terrain au sein de la FJKM. La déconfessionnalisation des actes de délivrance ou exorcismes et leur instrumentalisation politique sont possibles, car leur cosmogonie est bien acceptée dans la société. Les mouvements de Réveil sont maintenant bien implantés au sein des Églises protestantes plus anciennes et se développent rapidement, et de façon transversale, dans les autres confessions. Ils sont aussi reconnus par toutes les franges de la société et leur soutien est parfois courtisé par quiconque veut accéder au pouvoir suprême à Madagascar.

Ainsi, nous pouvons affirmer qu'en matière de rapport de forces, le mouvement de Réveil au sein de la FFPM est la première puissance religieuse à Madagascar.

Dans une perspective plus théologique, les missionnaires luthériens ont su manier ce que Paul Tillich appellera plus tard la méthode de corrélation. En effet, selon P. Tillich, « *la méthode de corrélation explique les contenus de la foi chrétienne en mettant en interdépendance mutuelle les questions existentielles et les réponses théologiques* ».[1] Ainsi, d'une part, en approchant la culture malgache, les revivalistes ont procédé par affinité élective. D'autre part, en intégrant les mouvements de Réveil, les missionnaires luthériens ont fait usage de cette méthode de corrélation. Celle-ci leur a permis de rester ouverts à toutes les nouveautés proposées par les revivalistes.

Les missionnaires non-luthériens ont été prisonniers de leur théologie déductive. « *Celle-ci consiste à partir d'affirmations théologiques élaborées en exégèse, en histoire de l'Église (en particulier de la Réforme) et en systématique, pour ensuite les appliquer en théologie pratique* ».[2] Cette attitude les a rendus complètement fermés à tout ce que leur théologie n'avait pas préconisé. Aussi, nous avons vu tout le mal que cela a entraîné pour le Réveil.

Quel est donc l'apport réel des mouvements de Réveil dans la société malgache et au sein des Églises protestantes historiques ?

Compte tenu de l'aspect actuel du ministère de berger, nous pouvons avancer trois réponses, qui se situent sur trois niveaux différents, mais absolument complémentaires : le ministère de berger comme projet pastoral. Ensuite, l'introduction des séances de guérison et de délivrance dans le ministère de berger. Enfin l'exercice de ce ministère dans le cadre de la liturgie.

En ce qui concerne le projet pastoral, Henri Derroitte écrit :

> Dans ces temps où nombre de pasteurs s'alarment de la chute des vocations et de l'assistance aux célébrations dominicales et où des sociologues religieux considèrent que le christianisme institutionnel perd en influence et en crédibilité, force est de

---

1. Fritz Lienhard, « Corrélation et théologie pratique », In *Tillich-Studien*, Band 18, Berlin 2007, p. 98.
2. *Ibid.*, p. 95.

constater que l'on n'a jamais autant élaboré de projets pastoraux. Nouveau projet catéchétique diocésain, nouveau chantier pour de nouvelles paroisses, nouveau plan pastoral pour la promotion du diaconat, projet diocésain d'évangélisation...[3]

Rainisoalambo et son mouvement de Réveil ont donc compris et vont très vite se rendre compte que, devant le contexte socio-religieux, et devant la pauvreté qui règne un peu partout à Madagascar, la structure ecclésiastique apportée par les missionnaires est loin d'être adaptée pour atteindre la visée de l'Église.

Dès lors, ils ont institué « un ministère spécialisé ». Ce ministère est maintenant caractérisé, non seulement par son nom de « ministère de berger », mais en même temps, par le fait qu'il est un « ministère ordonné »,[4] ouvert à tout laïc homme ou femme. En agissant ainsi, Rainisoalambo manifestait sa qualité de visionnaire. Par ailleurs, le « ministère de berger », avec les séances de guérison et de délivrance, et dans le cadre où il est exercé, répond à tous les aspects de la vie, socio-économique et religieuse dans la société malgache.

Jusqu'à présent, l'Église Luthérienne Malgache refuse le sacerdoce des femmes. Avec le « ministère de berger », Rainisoalambo et les revivalistes ont ouvert aux femmes ce service. La doctrine du sacerdoce universel, si chère aux protestants, est souvent restée dans le domaine théorique. Grâce à Rainisoalambo, à travers le « ministère de berger », cette doctrine est davantage mise en pratique.

Les mouvements de Réveil au sein de la FFPM entretiennent maintenant des relations privilégiées avec les deux Églises protestantes plus anciennes. Au sein de l'Église luthérienne, grâce à leur intégration, les mouvements fournissent la majorité des cadres supérieurs. Presque tous les Docteurs en théologie en son sein sont issus des mouvements de Réveil. Quant à la

---

3. Henri Derroitte, « Construire un projet pastoral: étapes et méthodes », in Gilles Routhier et Marcel Viau (dir.), *Précis de théologie pratique,* Montréal/Bruxelles, Novalis/Lumen Vitae, 2004, p. 615-624.
4. Nous appelons ministère ordonné un ministère qui se rapporte aux personnes qui ont reçu un charisme et que l'Église institue pour un service par consécration, par invocation de l'Esprit et imposition des mains.

FJKM, malgré 20 ou 30 années de retard par rapport aux luthériens, on y observe la même tendance. C'est-à-dire, des cadres laïcs et des pasteurs de plus en plus acquis au Réveil.

Il n'est plus étonnant que ce « ministère de berger » soit accepté et s'implante dans toute l'île dans des communautés autrefois hostiles.

À caractère plutôt émotionnel dans leurs premières heures, les mouvements ont fini par trouver une organisation propre. Les bergers ont également réussi à devenir des acteurs non négligeables dans le monde religieux et dans la société malgache. Leur histoire et les réactions, positives ou négatives, à leurs actions nous semblent révélatrices de plusieurs aspects inconnus et peu évidents de l'histoire des missions à Madagascar, de l'histoire de l'Église malgache et de la vie en société. En effet, selon les propos de Jean Baubérot que nous citons encore une fois ici :

> La pluralité protestante amène les missionnaires à demander aux autochtones de devenir baptistes et non presbytériens, anglicans et non congrégationalistes (ou l'inverse). Ces derniers doivent donc assumer une histoire qui n'est pas la leur.[5]

À travers le « ministère de berger » et la vie agitée des mouvements de Réveil, on peut mesurer le poids de cette histoire des Églises de l'Occident sur les Malgaches. Les revivalistes ont réussi à assumer ce poids de l'histoire occidentale en acceptant certains compromis. Mais avant les revivalistes, les Malgaches, en général, ont recherché ces compromis. Les conflits et les ruptures de groupes, dans la société malgache, sont parfois dus au choix de ces compromis.

Ainsi, dans une perspective plus large, l'histoire de l'Église malgache peut être relue à travers ses compromis. D'ores et déjà, nous avons montré que l'histoire des mouvements de Réveil à Madagascar et leurs destins respectifs se sont réalisés à travers des compromis.

Par les conversions et les remobilisations qu'ils continuent à susciter, les mouvements de Réveil, avec leur « ministère de berger », contribuent largement à l'affirmation du protestantisme malgache. Ces mouvements de

---

5. Jean Baubérot, Histoire du protestantisme, Paris, PUF, Que sais-je ?, 1987, p. 101.

Réveil sont donc bien des mouvements chrétiens qui participent du patrimoine et de l'héritage du protestantisme à Madagascar.

Par conséquent, dans une autre perspective plus large encore, il serait fort intéressant d'étudier la vie des mouvements de Réveil qui sont restés indépendants en refusant l'intégration.

Plus près de nous, après les visites successives de Mama Nenilava (ou Germaine Volahavana), le mouvement de Réveil de Madagascar s'implante dans plusieurs villes de France et d'Europe. En 2009, le mouvement a fêté le 20e anniversaire de la convention du mouvement de Réveil associé à l'Église Protestante Malgache en France. Il serait donc aussi intéressant d'étudier l'évolution et l'adaptation du « ministère de berger » en France. En effet, comme nous l'avons vu, c'est un ministère à la fois malgache et biblique. D'une part, en France ce ministère va évoluer dans une société multiculturelle. D'autre part, de plus en plus de chrétiens non malgaches fréquentent les cultes organisés par les « bergers malgaches en Europe ». Son impact commence donc à se faire ressentir dans certaines églises de France. Les protestants de France et les Malgaches trouveront-ils un compromis pour que ce ministère puisse évoluer et s'épanouir librement comme c'est le cas à Madagascar ? Une telle étude peut bien avoir sa place dans le projet initié par le GSRL, « Dieu change à Paris » et à la suite de plusieurs thèses sur le pentecôtisme.

Pour conclure, disons que nous n'avons pas épuisé toutes les questions. L'étude des mouvements de Réveil reste un champ de recherche très vaste qui ouvre sur plusieurs pistes de réflexion. Nous avons simplement répertorié quelques-unes de ces pistes dans le présent travail.

Sources

Archives du Museum D'histoire Naturelle, France

Papier Decary n° 2995.
Sur le mouvement de Rainisoalambo

Rapport des réunions tenues les 20 et 21 septembre 1913 à Soatanana par les « Mpiandry » et les « Iraka », 12 pages.

1916a. Note confidentielle de François COMPAGNON sur la société des « Mpianatry ny Tompo », 18 février 1916, 7 pages.

1916b. Rapport d'enquête livré par Barthélémy, chef de poste administratif de Fanjakana, sur le compte des « Mpianatry ny Tompo », le 29 mars 1916, 12 pages.

1916c. Lettre de M. l'administrateur en chef des Colonies, Adrien Vally, chef de la sûreté générale au chef de Province, Tananarive, le 19 mai 1916, 2 pages.

1916d. Lettre du service de la sûreté générale, sans signature, Tananarive, le 23 mai 1916, 2 pages.

1916e Rapport détaillé de François COMPAGNON, chef de Province de Fianarantsoa, sur la Sociétés des « Apostoly » ou « Mpianatry ny Tompo ». Fianarantsoa, le 15 juin 1916, 59 pages.

1916f. Rapport de l'Administrateur des Colonies, chef de la province du Vakinankaratra à Monsieur l'administrateur en chef des colonies, chef de Sûreté générale. Antsirabe, le 22 juin 1916, 2 pages.

1916g. Rapport de l'Administrateur en chef des Colonies, chef de la province et maire de Tananarive, à Monsieur l'administrateur en chef des colonies, chef de la Sûreté générale. Tananarive, le 10 juillet 1916, 3 pages.

1916h. Lettre anonyme, le 13 juillet 1916, 4 pages.

1916i. Note de Renseignements au sujet des « Mpianatry ny Tompo », Sûreté Générale, Tananarive, le 22 août 1916, 2 pages.

1917a. Rapport du Service des renseignements politiques indigènes sur les agissements des « Mpianatry ny Tompo » dans la province de Moramanga, Moramanga, le 23 février 1917, 7 pages.

1917b. Rapport du Service des renseignements politiques indigènes concernant l'Association des « Mpianatry ny Tompo ». Signé par Adrien Vally, Administrateur en chef des Colonies, Chef du Service de Centralisation des renseignements politiques indigènes. Tananarive, le 10 mars 1917, 45 pages.

Sur le mouvement de Ravelonjanahary Coupures de presse

1927a. « Autour d'un miracle », *Le Madagascar*, n° du mercredi 30 novembre

1927b. « L'Antéchrist à Fianarantsoa », *Le Madagascar*, n° du mercredi 30 novembre.

1927c. « Les miracles d'Ambalavao », *Le Madagascar*, n° du samedi 03 décembre.

1927d. « La guérisseuse d'Ambalavao », *La Tribune de Madagascar*, n° du mardi 06 décembre.

1927e. « L'hystérique d'Ambalavao », signé SPARKLET, *La Voix du Sud*, n° 36 du 16 décembre.

1927f. « Réflexions d'un curieux, je crois », *L'Indépendance de Madagascar*, n° du vendredi 02 décembre.

1927g. « Histoire d'hystérie, l'affaire d'Ambalavao va-t-elle rentrer dans le domaine politique? », *Le Madécasse*, n° du samedi 24 décembre.

1927h. « La maladie Rasoa ou Bilo », Le journal *Ny Telegrafy*, par Rabakoarinoro, une femme de 50 ans. 21 décembre 1927. (Une lettre en malgache, traduite en français).

1927i. « Ce que disent les Médecins », (article en malgache traduit en français), *Ny Telegrafy* du 23 décembre.

1927j. « Traduction d'un extrait de la prédication du Pasteur Rainitsimba d'Ambohimanarina », Le journal *Diavolana*, n° du 29 décembre.

1927k. « Réponse à l'article de Rajasy », Journal *Ny Telegrafy* 23 décembre.

1927l. « Quelques renseignements sur RAVELONJANAHARY » (Article en malgache traduit en français par V. W. NELSON), *Ny FAHASAMBARANA* du 29 décembre.

1928a. « GUERISONS PAR LA PRIERE » Lettre de M le missionnaire Eugène Groult, 15 janvier 1928, Journal *des Missions Evangéliques*, 1928.

1928b. « Don de guérison », Lettre de M. le missionnaire P. Buchsnenschütz, 4 février 1928, in. *Pour Madagascar*, 1928.

Notes de renseignements du service de la Sûreté générale

1927m. « Note sur la femme Ravelonjanahary » (sans date).

1927n. « Note sur Ravelonjanahary » 16 décembre.

1927o. « Note sur Ravelonjanahary » 22 décembre.

1928a. « Note sur Ravelonjanahary » 7 février.

1928b. « Note sur la femme Ravelonjanahary » 11 février et 14 février.

1928c. « Note sur la femme Ravelonjanahary » 27 février.

1928d. « Note sur la femme Ravelonjanahary » 29 février.

1928e. « Note sur la femme Ravelonjanahary » : Les propos du pasteur Ravelojaona, 5 mars.

1928f. « Note sur la femme Ravelonjanahary » : Interdiction à tous les journaux de parler de Ravelonjanahary, 26 mars.

1930. « Note sur Ravelonjanahary : Rapport de sa visite à Fianarantsoa », 17 septembre.

1931a. « Note sur Ravelonjanahary : Rapport de sa visite à Vatotsara, Antsirabe », par Randrianahoelison, 16 mars.

1931b. « Note sur Ravelonjanahary : Rapport de sa visite au Temple d'Anosivavaka », le 7 avril.

1931c. « Note sur Ravelonjanahary : Rapport de sa visite au Temple d'Amparibe », le 7 avril.

1931d. « Note sur Ravelonjanahary : Tournée de prêche de Ravelonjanahary et de Rajaofera », le 8 avril.

1931e. « Note sur Ravelonjanahary : Rapport de sa visite au Temple d'Amparibe », le 8 avril.

1931f. « Note sur Ravelonjanahary : Rapport de sa visite au Temple de Betafo », le 9 avril.

1931g. « Note sur Ravelonjanahary : Rapport de sa visite au Temple d'Anosizato-est », le 10 avril.

1931h. « Note sur Ravelonjanahary : Rapport de sa visite au Temple d'Ambohimidasy… », le 14 avril.

1931i. « Note sur Ravelonjanahary : Rapport de sa visite au Temple d'Antranobiriky… », Le 18 avril.

1931j. « Note sur Ravelonjanahary : Rapport de sa visite au Temple de Faravohitra… », le 19 avril.

1931k. « Quatre notes sur Ravelonjanahary : 9 mai, 26 juillet, 4 septembre, 9 septembre ».

1932. « Note sur Ravelonjanahary : Rapport de sa visite au Temple d'Anosivavaka », le 9 septembre.

Archives de la Mission Protestante Française, Défap, 102 boulevard Arago 75014 Paris

Documentation sur les mouvements de Réveil

Lettres et témoignages de missionnaires témoins directs du Réveil, publiés dans le *Journal des Missions Evangéliques* (JME), Bulletin de la Société des Missions Evangéliques, 102 Boulevard Arago, 75013 Paris.

BECKER, R. – « Paganisme Sakalava » - *JME* 1924, tome 2, pp. 302-308.

BESSEAU, F. – *La réaction des missionnaires protestants français face au Fifohazana de 1895 à 1930 à Madagascar*.- Mémoire de DEA en Sciences Humaines, Paris VII, Jussieu, 18 octobre 1991.

DELORD, R. – « Une Convention Chrétienne dans la Forêt » - *JME* 1931, pp. 125-127.

ESCANDE, E. – « L'Église d'Ampanalana » - *JME* 1906, tome 1, pp. 219-224.

FORGET, M. – « Le désert refleurit » - *JME* 1923, tome 2, pp. 325-328.

FORGET, M. – « Le village des 'disciples du Seigneur' » - *JME* 1922, tome 2, pp. 370-374.

FORGET, M. – « Chez les Tanales » - *JME* 1924, tome 2, pp. 114-119.

FORGET, M. – « Comment se fonde une Église malgache » - *JME* 1926, pp. 664-668.

GAIGNAIRE, J. – « Le Réveil à Ambositra » - *JME* 1905, tome 2, pp. 452-461.

GAIGNAIRE, J. – « Les disciples du Seigneur » - *JME* 1901, tome 1, pp. 438-439.

LEENHARDT, M. – « À travers nos districts Malgaches » - *JME* 1924, tome 1, pp. 324-329.

LODS, W. – « MADAGASCAR, Crises de 'tromba' » - *JME* 1937, pp. 841-844.

MONDAIN, G. – « A Marovoay » - *JME* 1912, tome 2, pp. 438-443.

MONDAIN, G. – « L'Esprit de Dieu à l'œuvre » - *JME* 1905, tome 2, pp. 462-465.

MONDAIN, G. – « Encore des guérisons par la prière » - *JME* 1929, pp. 176-179.

PARISOT, E. – « Le Réveil au Valalafotsy » *JME* 1907, tome 1, pp. 425-434.

PECHIN, E. – « Les Apôtres de Madagascar » - *JME* 1904, pp. 205-210 et 273-281.

PEYROT, A. – « Action Missionnaire de l'Église Malgache » - *JME* 1946, pp. 51-63.

PEYROT, A. – « L'Edification de l'Église Malgache par les Sociétés de Mission » - *JME* 1945, pp. 169-176.

RAJOSEFA, D. – « *Ny Fifohazam-panahy eto Madagadikara* » *(le Réveil spirituel à Madagascar)* - Tananarive, Imprimerie luthérienne, 1958.

RANDZAVOLA, – « Histoire de la constitution de l'Église à Madagascar » - article en malgache, *Revue FIAINANA*, fév., mar., avr. 1942, pp. 12-16, 21-23, 29-32.

RASAMOELA, J. – « Ny zanaky ny Fifohazana » (Les fils du Réveil) », *Revue FIAINANA* (La vie) 1935, pp. 367-372.

RASAMOELA, J. – *L'enseignement laissé par RAINISOALAMBO,* (en malgache) - Tananarive, Imprimerie luthérienne, 1975.

RATSIMANDRESY, J. – *Ny Fifohazana* (Le Réveil) - *Revue FIAINANA* (La vie) juin et juillet 1936.

RICHARD, P. – « Deux ans après, la puissance du mal… » - *JME* 1929, pp. 40-44.

RUSILLON, H. – « A Marovoay » - *JME* 1913, tome 2, pp. 133-137.

RUSILLON, H. – « La vie spirituelle au Boina » - *JME* 1922, tome 1, pp. 240-246.

RUSILLON, H. – « Les disciples du Seigneur » - *JME* 1908, tome 2, pp. 227-234.

RUSILLON, H. – « Ombres et Lumières » - *JME* 1905, tome 2, pp. 192-197.

RUSILLON, H. – « RAKELIMALAZA » - *JME* 1906, tome 1, pp. 213-220.

SIEGRIST, G. A. – « Le Réveil à Fianarantsoa » - *JME* 1905, tome 2, pp. 447-452.

THUNEM, A. – *Ny Fifohazana eto Madagasikara (Le Réveil à Madagascar)* - Imprimerie de la Mission Norvégienne, Tananarive 1934.

Bibliographie

I. Ouvrages d'intérêt général

ALBERICH, E. – « Inculturer et indigéniser le christianisme », in : *Précis de Théologie Pratique*. - Novalis, Lumen Vitae, Bruxelles, 2004.

ALLMEN, J.-J. von, – *La vie pastorale*. - Neuchâtel, Delachaux et Niestlé, 1956.

ALLMEN, J.-J. von, – *Le Saint ministère selon la conviction et la volonté des Réformés du XVIe siècle*. - Neuchâtel, Delachaux et Niestlé, 1968.

AUGE, M. et HERZLICH, C. (dir.) – « Introduction », *Le sens du mal : anthropologie, histoire, sociologie de la maladie*. - Paris, Archives Contemporaines, 1984, coll. « Ordres Sociaux », pp. 9-31.

AUGE, M. – *Pouvoirs de vie, pouvoirs de mort*. - Paris, Flammarion, 1979, 216 p.

AUGE, M. (dir.) – *La construction du monde. Religion, représentation, idéologie*. - Paris, Maspero, 1974, coll. « Dossiers Africains », 141 p.

AUGENDRE, P. – *De la peur à… la paix et la joie*. - Dammarie-lès-Lys, Vie et Santé, 2008, 304 p.

AZEVEDO, M. C. – « Inculturation », *in : Dictionnaire de Théologie Fondamentale*. - Montréal/Paris, Bellarmin/Cerf, 1992, pp. 612-629.

BASTIDE, R. – *Eléments de sociologie religieuse*. - Paris, Stock, 1997, 205 p.

BAUBEROT, J. et ZUBER, V. – *Une haine oubliée. L'antiprotestantisme avant le « pacte laïque » (1870-1905)*.- Paris, Albin Michel, 2000.

BAUBEROT, J. – *Histoire du Protestantisme*. - Paris, PUF, 1987, coll. « Que sais-je ? », n°427.

BAUBEROT, J. – « L'anti-protestantisme politique à la fin du XIXe siècle » – *Revue d'Histoire et de Philosophie religieuses*, 1972, n°4, pp. 449-484 ; 1973, n°2, pp. 177-221.

BELLEFLEUR–RAYMOND, D. – *Accompagner des adultes dans la foi. L'andragogie religieuse*. - Ottawa / Bruxelles, Novalis / Lumen Vitae, 2005.

BELROSE-HUYGHUES, V. – « La pénétration protestante à Madagascar jusqu'en 1827 ». *Bulletin de la Société de l'Histoire du Protestantisme Français*, n° Juil-Août-Sept 1981.

BLASER, K. – *Signe et instrument. Approche protestante de l'Église*. - Fribourg, Suisse, Ed. Universitaires Fribourg Suisse, 2000, 202 p.

BLOCHER, H. – *La dotrine du péché et de la rédemption*. - Vaux-sur-Seine, Edifac, 2000.

BONTE, P. et IZARD, M. – *Dictionnaire de l'ethnologie et de l'anthropologie*. - Paris, PUF, 1991.

BOSCH, D. J. – *Dynamique de la mission chrétienne. Histoire et avenir des modèles missionnaires*. – Lomé / Paris / Genève, Haho / Karthala / Labor et Fides, 1995.

BOURDIEU, P. et WAQUANT, L.J.D. – *Réponses. Pour une anthropologie réflexive*. - Paris, Le Seuil. 1992, 268 p.

BOURDIEU, P. – *Raisons pratiques*. - Paris, Le Seuil, 1994, coll. « Points », 248 p.

BOURDIEU, P. – Genèse et structure du champ religieux. – *Revue Française de Sociologie*, XII, Paris, 1971, pp. 295-334).

BOUTTER, B. – *Le pentecôtisme à l'île de la Réunion. Refuge de la religiosité populaire ou vecteur de modernité ?* - Paris, l'Harmattan, 2002, 54 p.

BRANDT-BESSIRE, D. – *Aux sources de la spiritualité pentecôtiste*. - Genève, Labor et Fides, 1986, 223 p.

CAMILLERI, C. et COHEN-EMERIQUE, M. (dir.) – *Choc des cultures. Concepts en enjeux pratiques de l'interculturel*. - Paris, L'Harmattan, 1989, 398 p.

CAMPICHE, R. J. – *Les deux visages de la religion*. - Genève, Labor et Fides, 2004, 408 p.

CAMROUX, D. et DOMENACH, J.-L. (dir.) – *L'Asie retrouvée*. - Paris, Le Seuil, 1997, 348 p.

CAZENEUVE, J. – *Sociologie du rite (tabou, magie, sacré)*.- Paris, PUF, 1971, 336 p.

CHAMPION, F. et HERVIEU-LEGER, D. – *De l'émotion en religion*. - Paris, Centurion, 1990, 253 p.

COLLECTIF, – « Inculturation », *in : Dictionnaire de Théologie Fondamantale*. - Paris, Cerf, 1992, p. 612-629.

COLLECTIF, – *Culte et culture en relation*. - Genève, Fédération Luthérienne Mondiale, 2000, 129 p.

COLLECTIF, – *Lumières, Religion et Laïcité*, Rencontre historique de Nancy, Novembre 2005. - Paris, Riveneuve, 2009, 282 p.

COLLECTIF, – *Paul Tillich, prédicateur et théologien pratique*, Actes du XVIe Colloque International Paul Tillich. - Montpellier 2005, Berlin, Lit, 2007, 228 p.

CONDAMINAS, G. – *Fokon'olona et collectivités rurales en Imerina*.- Bondy, Orstom Editions, 2ème Edition, mai 1991, 265 p.

COUTURE, A. « La tradition et la rencontre de l'autre », in : Frédéric Lenoir et Ysé Tardan-Masquelier, *Encyclopédie des religions* (vol. 2).- Paris : Bayard, 2000, pp. 1373-1400.

CRESPY, G. – *Les ministères de la réforme et la réforme des ministères*.- Genève, Labor et Fides, 1968, 174 p.

DECOBERT, C. – « Conversion, tradition, institution », *Archives de Sciences Sociales des Religions*, 116, 2001, pp. 67-90.

DELTEIL, P. – *Le Fokon'olona (commune malgache) et les conventions de Fokon'olona*.- Paris, Editions Domat-Montchrestien, 1931.

DEROITTE, H. – « Construire un projet pastoral: étapes et méthodes », in : Gilles Routhier et Marcel Viau (dir.), *Précis de théologie pratique*.- Montréal/Bruxelles, Novalis/Lumen Vitae, 2004, pp. 615-624.

DIANTEILL, E. – « De la possession rituelle comme objet de Science Sociale », *Archives de Sciences Sociales des Religions*, n°122, avril-juin 2003, pp. 39-44.

DOUGLAS, M. – *De la souillure. Essai sur les notions de pollution et de tabou*.- Paris, Maspero, 1981, 193 p.

DUBAR, C. – *La socialisation*, 3ème édition revue.- Paris, Arman Colin, 2002, 255 p.

DUBOIS, J. – « L'échec également signe du Royaume de Dieu », *Souffrir peut-être … mais guérir*, (Ouvrage collectif PBU n° 1).

DUMONT, L. – *Essais sur l'individualisme. Une perspective anthropologique sur l'idéologie moderne*.- Paris, Seuil, 1983, 276 p.

DUPRE, M.-C. (éd.) – *Familiarité avec les dieux – Transe et possession (Afrique Noire, Madagascar, La Réunion)*.- Clérmond-Ferrand, Presses Universitaires Blaise Pascal, 2001, 348 p.

DUPRONT, A. – *Du sacré. Croisades et pèlerinages*.- Paris, Gallimard, 1987, 537 p.

DURKHEIM, E. – *Les formes élémentaires de la vie religieuse*.- Paris, CNRS Editions, 2007, 639 p.

ESPINE, H. d' – *Les anciens conducteurs de l'Église*.- Neuchâtel, Delachaux et Niestlé, 1944.

FATH, S. – *Dieu bénisse l'Amérique. La religion de la Maison Blanche.*- Paris, Seuil, 2004, 300 p.

FATH, S. – *Billy Graham, pape protestant?*- Paris, Albin Michel, 2002, 308 p.

FATH, S. (dir.) – *Le protestantisme évangélique. Un christianisme de conversion,* actes du colloque EPHE/CNRS organisé à Paris en 2002.- Turnhout, Brépols, 2004, 380 p.

FATH, S. – *Du ghetto au réseau. Le protestantisme évangélique en France, 1800-2005.*- Genève, Labor et Fides, 2005, 426p.

FATH, S. (éd.) – *La diversité évangélique.*- Cléon d'Andran, Excelsis, 2003, 142 p.

FATH, S. – *Les protestants.*- Paris, Le Cavalier Bleu, 2003, 128 p.

FATH, S. – *Militants de la Bible aux Etats-Unis : évangéliques et fondamentalistes du Sud.*- Paris, Autrement, 2004, 222 p.

FATH, S. – *Une autre manière d'être chrétien en France. Socio-histoire de l'implantation baptiste en France (1810-1950).*- Genève, Labor et Fides, 2001, 1222 p.

GABUS, J.-P. – « L'expérience de l'Esprit dans les Réveils religieux protestants », Etudes Théologiques et Religieuses, 76, n° 2001/1, pp. 17-30.

GALEY, J.-C. – *Différences, valeurs, hiérarchie. Textes offerts à Louis Dumont.*- Paris, Editions de l'EHESS, 1984, 521 p.

GEERTZ, C. – *Savoir local, savoir global. Les lieux du savoir.*- Paris, PUF, 1986, 292 p.

GOFFMAN, E. – *Stigmates. Les usages sociaux des handicaps.*- Paris, Editions de Minuit, 1975, 180 p.

GOFFMAN, E. – *La mise en scène de la vie quotidienne.* 2 tomes (I: « La présentation de soi » ; II: « La vie en public »).- Paris, Editions de Minuit, 1973, 256 + 375 p.

HADJADJ, F. – *La foi des démons ou l'athéisme dépassé.*- Paris, Salvator, 2008, 304 p.

HALBWACHS, M. – *Les cadres sociaux de la mémoire.*- Paris, PUF, 1952, 298 p.

HALBWACHS, M. – *La mémoire collective.* 2ème éd rev. et augm. (1ère éd. 1951).- Paris, PUF, 1968, coll. « Que sais-je ? » 205 p.

HERTZ, R. – *Sociologie Religieuse et folklore*, version numérique, 1928, 220 p.

HERVIEU-LEGER, D. et CHAMPION, F. – *Vers un nouveau christianisme ?*- Paris, Cerf, 2008, 400 p.

HERVIEU-LEGER, D. – *La religion en miettes ou la question des sectes.* – Paris, Calmann-Lévy, 2001, 219 p.

HEUSSI, K. et PETER, E. – *Précis d'Histoire de l'Église*. Adaptation française du *Kompendium der Kirchengeschichte*.- Neuchâtel, Delachaux et Niestlé, 1967.

HIEBERT, P.G. – *Mission et culture*.- St-Légier, Editions Emmaüs, 2002, 363 p.

HOBSBAWM, E. et RANGER, T. – *The Invention of Tradition*. - Cambidge, University Press, 1992, 320 p.

KLEINMAN, A. – *The Illness Narratives. Suffering, Healing and the Human Condition*. - New York, Basic Books, 1988, 304 p.

KOCH, K. – *Occultisme et cure d'âme*, Lausanne, Ligue pour la lecture de la Bible.- St-Léger, Emmaüs, 1972.

LAHIRE, B. – *L'homme pluriel. Les ressorts de l'action*.- Paris, Nathan, 1998, « Essais et recherches » 271 p.

LEDUNE, C. – « L'Église et les malades », *Ichthus* n°109, Août-Septembre 1982.

LEMAIRE, A. – *Les ministères aux origines de l'Église*.- Paris, Cerf, 1971, coll. « Lectio Divina » n°68, 256 p.

LEONARD, E.G. – *Histoire générale du protestantisme. Tome 3, Déclin et renouveau*.- Paris, PUF, 1964.

LE TOURNEAU, D. – *L'Église et l'Etat en France*.- Paris, PUF, coll. « Que sais-je ? », 2000, 128 p.

LEVI-STRAUSS, C. – « L'efficacité symbolique », *Revue d'Histoire des Religions, n°1*, 1949a, pp. 5-27.

LEVI-STRAUSS, C. – « Le sorcier et sa magie », *Les Temps Modernes,* n°41, 1949b, pp. 3-24.

LEWIS, I.M. – *Religion in Context - Cults and Charisma*. - Londres, Cambridge University Press, 1986.

LIENHARD, F. – « Corrélation et théologie pratique », in : *Tillich-Studien*, Band 18, Berlin, 2007.

LÖWY M. – « Le concept d'affinité élective chez Max Weber », *Archives des Sciences Sociales des Religions*, n°127, 2004, pp. 93-103.

MARY, A. – *Le bricolage africain des héros chrétiens*. -Paris, Cerf, 2000, 217 p.

MARY, A. – « Retour sur la 'conversion africaine' : Horton, Peel, et les autres », *Journal des africanistes*, 68 (1-2), 1998, pp. 11-20.

MASSE, R. et BENOIST, J. (dir.) – *Convocations thérapeutiques du sacré*. - Paris, Karthala, 2002, 496 p.

MAUSS, M. – *Sociologie et anthropologie*. Introd. C. Lévi-Strauss. - Paris, PUF, 1968, 482 p.

MAYEUR, J.-M. (dir.) - *Histoire du christianisme*, tome 11, *Libéralisme, industrialisation, expansion européenne (1830-1914)*. - Paris, Desclée, 1995, 1172 p.

MBITI, J.S. – « Dieu dans la tradition juive et dans la tradition africaine », *Journal des Mission Evangélique*, n°1-2-3, 1979, pp. 43-49.

MBITI, J.S. – *Pour une théologie africaine*. -Yaoundé, Edition CLE, 1969.

MEDEVIELLE, G. – *L'absolu au cœur de l'histoire : la notion de compromis chez Ernst Troelsch*. - Paris, Cerf, 1998.

MELANCHTHON, P. – *La confession d'Augsbourg et l'Apologie*.- Paris, Cerf, 1989, 568 p.

MESLIN, M. – *L'expérience humaine du divin*. – Paris, Cerf, 1988, 424 p.

MESLIN, M. – « Les formes de la croyance en Dieu », in : *Encyclopédie des religions*.- Paris, Bayard, 1997, pp. 1405-1413.

MOINGT, J. – « Séductions fondamentalistes », in : *La tradition dans l'Église*. Cours polycopié du Centre Sèvres, non publié.

MONTGOMERY, J.W. – « L'exorcisme : mythe ou réalité ? » *Ichthus* n°49 ; Janvier 1975.

MUELLER, J.T. – *La doctrine chrétienne*. - Bruxelles, Editions des Missions Luthériennes, 1956.

OUEDRAOGO, J. M. – « Des religiosités de virtuoses aux religiosités de masse : aux origines des compromis selon Max Weber », *Social Compass*, 44 (4), 1997, pp. 611-625.

PARMENTIER, E. (dir.) – *La théologie pratique*. - Strasbourg, PUS, 2008, 317 p.

PFENDER, M. – « Réflexions sur le ministère pastoral », *La Revue Réformée*, n°88, 1971-4.

PIERSON, A.T. – *Les Nouveaux Actes des Apôtres ou les Merveilles des Missions Modernes*. - Lyon, E. Bichsel, 1906, 560 p.

PUECH, H.-C. (dir.) – *Histoire des Religions*.- Paris, Encyclopédie de la Pléiade, 1970.

RAY, M. – *Echec à l'oppresseur*. - Lausanne, Ligue pour la lecture de la Bible, 1977, 251 p.

RICOEUR, P. – *L'herméneutique biblique*.- Paris, Cerf, 2001, 377 p.

ROUTHIER, G. et VIAU, M. (dir.) – *Précis de théologie pratique*. - Bruxelles, Lumen Vitae, 2004, 819 p.

ROY, O. – *La Sainte Ignorance. Le temps de la religion sans culture*.- Paris, Seuil, 2008, 275 p.

SCHILLEBEECKK, E. – *Le ministère dans l'Église*, traduit du néerlandais par Michel Kesteman.- Paris, Cerf, 1981, 211 p.

SCHUMMER, L. – *Le Ministère pastoral dans l'institution chrétienne de Calvin à la lumière du 3ème sacrement*.- Wiesbaden, Franz Steiner, 1965, 108 p.

SCHÜTZ, A. – *On Phenomenology and Social Relations*. - Chicago, The University of Chicago Press, 1970, 336 p.

SEGUY, J. – « Le clergé dans une perspective sociologique ou que faisons-nous de nos classiques », in : *VI ème Colloque du Centre de Sociologie du Protestantisme : Prêtres, Pasteurs et Rabbins dans la société contemporaine*. - Paris, Cerf, 1982.

SEGUY, J. – « Charisme, Prophétie, Religion populaire », *Archives de Sciences Sociales des Religions*, n°57/2 (avril-juin), 1984, pp.153-168.

SERVAIS, O. – « Inculturation et altermondialisation. Différences historiques et proximités logiques de deux concepts de résistance », *Revue Internationale de Catéchèse et de Pastyorale*, Bruxelles, Lumen Vitae, Janv-février-mars 2005, n°1, pp 67-78.

THURNEYSEN, E. – *Doctrine de la cure d'âme*, traduit de l'allemand par Georges Casalis.- Neuchâtel, Delachaux et Niestlé, 1958.

TIDBALL, D. J. – *La pastorale chrétienne*. - Mayenne, Excelsis, 2003, 350 p.

TILLICH, P. – *La dimension religieuse de la culture*. - Paris/Genève/Québec, Cerf/Labor et Fides/PUL, 1990, 311 p.

TRAGAN, P.-R. – *La Parabole du « pasteur » et ses explications* : Jean, 10, 1-18. - Rome, Ansemiana, 1980, 479 p.

TURCOTTE, P.-A. et REMY, J. – *Médiation et Compromis*. - Paris, L'Harmattan, 2006, 284 p.

VAN GENNEP, A. – *Les rites de passage*. - Paris, Mouton, 1969 (1ère éd. : 1909).

VOUGA, F. – *Les stratégies du diable*. - Renens, Editions du Moulin, 2008, 290 p.

WALDENFELS, H. – « La théologie et son contexte », in *Manuel de théologie fondamentale*. - Paris, Cerf, 1990, pp. 15-124.

WEBER, M. – *Economie et société*. - Paris, Plon Pocket, Septembre 1995. Tome I, 410 p. et Tome II, 414 p.

WEBER, M. – *L'éthique protestante et l'esprit du capitalisme,* Traduction inédite et présentation par Isabelle Kalinowski. - Manchecourt, Flammarion, janvier 2000, 394 p.

WEBER, M. – *Essais sur la théorie de la science*. Traduits de l'allemand et introduits par Julien FREUND. - Paris, Plon Pocket, 1992, 478 p.

WEBER, M. – *Sociologie des religions*. Textes réunis et traduits par Jean-Pierre Grossein. - Paris, Gallimard, 1996, 576 p.

WEMYSS, A. – *Histoire du Réveil, 1790-1849*. - Paris, Les Bergers et les Mages, 1977, 274 p.

WILHEIM, V. – « Le modèle de notre ministère pastoral dans l'AT, *Etude théologique et Religieuse*, 1965/a).

WILLAIME, J.-P. – « Le Pentecôtisme : contours et paradoxes d'un protestantisme émotionnel », *Archives des sciences sociales des religions*, n°105, Janvier-Mars 1999. Le Pentecôtisme : les paradoxes d'une religion transnationale de l'émotion. pp. 5-28.

WILLAIME, J.-P. – *Histoire des religions, vol. Protestantisme.* - Paris, Cerf, 1998, 303 p.

WILLAIME, J.-P. – *La précarité protestante*, Histoire et Société n°25. - Genève, Labor et Fides, 1992, 216 p.

WILLAIME, J.-P. – *Profession Pasteur.* - Genève, Labor et Fides, 1986, 422 p.

WILLAIME, J.-P. – *Sociologie des religions*, 2ème édition corrigée. - Paris, PUF, coll. « Que sais-je ? », avril 1998, 128 p.

WILLAIME, J.-P.et HERVIEU-LEGER, D. – *Sociologie et religions.* - Paris, PUF, 2001, 289 p.

ZORN, J.-F. – « Laïcisation et Séparation des Églises et de l'État dans la 'plus grande France' coloniale », *Bulletin de la Société de l'Histoire du Protestantisme Français,* 2005/3, pp.751-784.

ZORN, J.-F. – « Chemins de la mondialisation du protestantisme », in : J. Pirotte et E. Louchez (éd.), « Deux mille ans d'histoire de l'Église. Bilan et perspectives historiographiques », *Revue d'Histoire Ecclésiastique*, 95/3, 2000, pp. 468-488.

ZORN, J.-F. – « Colonisation et décolonisation », « Contextualisation », « Développement », « Etranger (L) », « Humanitaire (L) », « Laïc, laicat », « Mission (*Missio Dei*) », « Réveils missionnaires », in : Ion Bria et Alii, *Dictionnaire oecuménique de missiologie. Cent mots pour la mission.* - Paris/Genève/Yaoundé : Cerf/Labor et Fides/Clé, 2001, pp. 53-55, 67-69, 78-81, 119-121, 151-154, 181-184, 216-218, 302-305.

ZORN, J.-F. – « Entreprendre la mission et l'évangélisation », in Gilles ROUTHIER et Marcel VIAU (dir.), *Précis de théologie pratique.* - Montréal/Bruxelles : Novalis/Lumen Vitae, 2004, pp. 253-272.

ZORN, J.-F. – « Evangéliser et guérir, positions protestantes aux XIXe et XXe siècles », *Perspectives Missionnaires,* 38, 1999, pp. 25-47.

ZORN, J.-F. – « Exégèse, herméneutique et actualisation : trois étapes successives ou interaction dynamique ? L'exégèse homilétique », *Etudes Théologiques et Religieuses*, 2000/4, pp. 549-563.

ZORN, J.-F. – « Histoire des missions chrétiennes en Afrique, Asie, Océanie », in : J.-M. Mayeur, Ch. et L. Pietri, A. Vauchez, M. Venard, *Histoire du*

Christianisme (vol. 11), Paris : Desclée, 1995, pp. 137-168, 427-440 et 999-1111.

ZORN, J.-F. – « La contextualisation un concept théologique », *Revue d'Histoire et de Philosophie Religieuses*, 1997/2, pp.171-189.

ZORN, J.-F. – « La théologie pratique, de la maison de ses pères à aujourd'hui », *Hokhma*, 77, 2001, pp.75-93.

ZORN, J.-F. – « L'évolution de la pensée missionnaire protestante des années 1970 aux années 1990 », *Théophilyon*, 1998 III/1, pp. 137-157.

ZORN, J.-F. – « Perspectives diaconales du culte dans une Église de la Réforme », *Etudes Théologiques et Religieuses*, 1998/2, pp.189-202.

ZORN, J.-F. – *La missiologie. Émergence d'une discipline théologique.* - Genève, Labor et Fides, 2004, 126 p.

ZORN, J.-F. – *Le grand siècle d'une mission protestante. La mission de Paris de 1822 à 1914.* - Paris, Karthala, les Bergers et les mages, 1993.

ZORN, J.-F. (éd.) – *L'altérité religieuse Un défi pour la mission chrétienne.* - Paris, Karthala, 2001, 397 p.

ZORN, J.-F. (ed.) - *Appel à témoins. Mutations sociales et avenir de la mission.*- Paris, Cerf, 2004, 211 p.

ZORN, J.-F. – « Mission et évangélisation », in : B. Kaempf (éd.*)*, *Introduction à la théologie pratique.* - Strasbourg, PUS, 1997, pp. 315-338.

ZORN, J.-F. – « The Form of the Church in the Modern Culture », in : C. Lienemeann-Perrin et al. (éd.), *On being reformed Christians.*- Amsterdam/Atlanta, Rodopi, 2000, pp.122-152.

ZWINGLI, H. – *Le berger*, traduction française du traité *Der Hirt*, présentation par Jacques Courvoisier. - Paris, Beauchesne, 1984, 89 p.

II. Travaux sur Madagascar

ABE, Y. – « Ancien mode de subsistance pratiqué sur les Hautes Terres centrales de Madagascar », *ASEMI,* 1977, VIII (3-4), pp. 79-98.

ALLIER, R. – *La Liberté de conscience à Madagascar.* - Paris, Alcan-Lévy, 1907, 35 p.

ALLIER, R. – *La Psychologie de la conversion chez les peuples non-civilisés.* - Paris, Payot, 1925. Tome I, 595 p. et Tome II, 507 p.

ALTHABE, C. – *Oppression et libération dans l'imaginaire. Les communautés villageoises de la côte orientale de Madagascar.* - Paris, Maspero, 1969, 354 p.

ANDRIAMAMPIANINA, R.M. – « Sources bouillonnantes et lieux de cultes dans la région d'Antsirabe (Madagascar) », *Etudes Océan Indien,* n° 30, 2001, pp. 65-77.

ANDRIAMANJATO, R. – *Le Tsiny et le tody dans la pensée malgache.*- Paris, Présence Africaine, 1957, 100 p.

ANDRIANARIVONY, E. – *Ny fivavahana amin'Andriambodilova.* Thèse de théologie. Ivato, 1972, Collège Théologique, 99 p.

ANDRIANETRAZAFY, H. – « De quelques aspects du « culte traditionnel » sur le site d'Andrarakasina », *Etudes Océan Indien,* n° 30, 2001, pp.15-64.

ANDRIANIAINA, M.H. et al. – « La célébration de *l'adijadibe* à Ranovao-Manjakandriana », *Etudes Océan Indien,* n° 30, 2001, pp. 79-98.

ANDRIANJAFY – *Le Ramanenjana.* Thèse de médecine. Université de Montpellier, 1902, 67 p.

ARCHER, R. – *Madagascar. La marche d'une révolution.* - Paris, L'Harmattan, 1976, 210 p.

BALLARIN, M.P. – *Les reliques royales sakalava : source de légitimation et enjeu de pouvoir (Madagascar, XVIIIe-XXe siècles).* - Paris, Karthala, 2000, 470 p.

BARE, J.F. – *Pouvoir des vivants, langage des morts. Idéo-logiques sakalaves.* - Paris, Maspero, 1977, coll. « Dossiers Africains », 144 p.

BEAUJARD, P. – *Mythe et société à Madagascar (Taiiala de l'Ikongo). Le chasseur d'oiseaux et la princesse du cie.* - Paris, L'Harmattan, 1991, 611 p.

BEAUJARD, P. – « Les rituels en riziculture chez les Tanala de l'Ikongo (Sud-Est de Madagascar), Rituels, mythes et organisation sociale », in : S. Evers et M. Splinder, *Cultures of Madagascar. Ebb and flow of influences / Civilisations de Madagascar,* Leiden, *II* AS, 1995, pp. 249-279.

BEAUJARD, P. – « Hiérarchie végétale et hiérarchie sociale à Madagascar. La place symbolique des tubercules et du riz et leurs origines à travers les mythes et les contes », *ASEMI,* XII (3-4), 1981, pp. 157-191.

BEAUJARD, P. – « Idéologie, système politique et riziculture dans le 'royaume' tanala (XVIIe-XIXe siècle) », *OsA, 1986,* n° 23-24, pp. 133-147.

BEAUJARD, P. – « Religion et société à Madagascar. L'exemple tanala », in : *L'étranger intime.* Mélanges offerts à *Paul Ottino,* Université de la Réunion, Océan Editions, 1995, pp. 181-217.

BESSEAU, F. – Mémoire de DEA en Sciences Humaines.- Paris VII, Jussieu, 18 octobre 1991.

BLANCHY, S. et ANDRIAMPIANINA, R. – « Possession, transe ou dialogue ? Les formes récentes de la communication avec les ancêtres en Imerina (Madagascar) », *in* : M.-C. Dupré (dir.), *Banalité de la transe et familiarité avec les dieux. La possession en Afrique et dans l'océan Indien,* Clermont-Ferrand, Presses Universitaires Blaise Pascal, 2001, pp. 23-61.

BLANCHY, S. – « L'action humaine dans le monde traditionnel malgache », in : *L'étranger intime. Mélanges offerts à Paul Ottino,* Université de la Réunion, Diffusion Océan Indien, 1995, pp. 247-285.

BLANCHY, S. – « Sites de cultes aux ancêtres dans la forêt de l'Ankaratra (Madagascar) : les descendants, les pratiquants et les agents des Eaux et Forêts ». *Actes du symposium international Sites sacrés* 'naturels », Paris, CNRS-UNESCO-MNHN, 22-25 sept. 1998.

BLOCH, M. – « Notes sur l'organisation sociale de l'Imerina avant le règne de Radama Ier », *Annales de l'Université de Madagascar,* série Lettres et Sciences Humaines, 1967, n° 7, pp. 119-132.

BLOCH, M. – « The ritual of the royal bath in Madagascar », in : D. Cannadine et S. Price (éds.), *Rituals of Royalty.* - Cambridge, CUP, 1987, pp. 271-297.

BLOCH, M. – « The Slaves, the King and Mary in the Slums of Antananarivo », in : N. Thomas et C. Humphrey (éd.), *Shamanism, History, and the State.* - Ann Arbor, The University of Michigan Press, 1994, pp. 133-145.

BLOCH, M. – *Placing the Dead. Tombs, Ancestral Villages and Kinship Organization in Madagascar.* - Londres / New York: Seminar Press, 1971, 241 p.

BLOCH, M. – « Tombs and Conservatism among the Merina of Madagascar », *Man,* III (1), 1968, pp. 94-104.

BOUDOU, A. – *Les jésuites à Madagascar au XIXe siècle.*- Paris, Beauchesne et ses Fils, 1940. Tome I et II.

BOURLLON, A. – *Madagascar, le colonisé et son « âme ». Essai sur le discours psychologique colonial.* - Paris, L'Harmattan, 1981, 423 p.

BRIA, I. et al. (dir.) – *Dictionnaire œcuménique de la missiologie.* - Paris/Genève/Yaoundé, Cerf/Labor et fides/CLE, 2001, 400 p.

BRUNEL, E. – « L'Église de Jésus-Christ à Madagascar », *JME,* 1948, pp. 212-224.

BURGUET, D. – *'Ny tso-drano zava-mahery'. Essai d'analyse des rituels de bénédiction sur les sanctuaires de la colline de Tananarive (Madagascar).* Mémoire de DEA, Lyon, Université Lyon H, 1999, 132 p.

CABANES, R. – « Cultes de possession dans la plaine de Tananarive », *Cahiers du Centre d'Etude des Coutumes.* - Tananarive, Faculté de Droit et Sciences Economiques, 1972, IX, pp. 33-66.

CALLET, F.R.P. – *Histoire des rois,* traduction de G.S. Chapus et E. Ratsimba. - Tananarive, Académie Malgache, 5 tomes (I : 1953, 668 p. ; II : 1956, 691-824 ; III : 1958, 340 p. ; IV : 1958, 910 p. ; V: 1978, 222 p).

CALLET, F.R.P. – *Tantaran'ny andriana eto Madagascar. Documents historiques d'après les manuscrits malgaches.* 1ère éd. 1878, 2 vol. - Tananarive, Impr. Officielle, 1908, 1243 p.

CHAZAN-GILLIC, S. – « *Le fitampoha* de 1978 ou l'efficacité symbolique du mythe de la royauté sakalava dans l'actualité politique et économique malgache », in : F. Raison-Jourde (dir.), *Les souverains de Madagascar. L'histoire royale et ses résurgences contemporaines.* - Paris, Karthala, 1983, pp. 451-476.

COMBES, M. – *Langages religieux dans la société malgache (1956-1972).* Thèse de 3ème cycle de sociologie. - Paris, Université Paris V, 1976, 371 p.

COUSINS, W.E. – *Fomba malagasy.-* Tananarive, Trano Printy Imarivolanitra, 1963, XII, 207 p. (7ème éd. rev. et augm. par H. Randzavola).

DAHL, O.C. – « Zanahary, Andriananahary, Dieu (Désignation des êtres divins en malgache) », in : G. Condominas (éd.), *Disciplines croisées.* - Paris, EHESS, 1992, pp. 99-114.

DECARY, R. – *La mort et les coutumes funéraires* à Madagascar. - Paris, Maisonneuve & Larose, 1962, 304 p.

DELIVRE, A. – *L'histoire des rois d'Imerina. Interprétation d'une tradition orale.* - Paris, Klincksieck, 1974, 448 p.

DELORD, R. – « Messianisme à Madagascar », *Le Monde Non Chrétien,* oct.-déc., 1948, pp. 975-981.

DEZ, J. – « Essai sur le concept de Vazimba », *BAM,* 1971, t. 49 (2), pp. 11-20.

DEZ, J. – « L'illusion de la non-violence dans la société traditionnelle malgache », *Droit et Culture,* 1971, pp. 21-44.

DJAOVELO-DZAO, R. – *Mythes, rites et transes à Madagascar, Angano, Joro et Tromba Sakalava.* - Paris, Karthala, Janvier 2006, 393 p.

DOMENICHINI, J.-P. – « Antehiroka et Vazimba. Contribution à l'histoire de la société du XVIe au XIXe siècle », *BAM,* 1978, 56 (1-2), pp. 11-21.

DOMENICHINI, J.-P. – « La notion d'andrianité et les *andriana* dans l'histoire de Madagascar », *La lettre mensuelle de JURECO,* août-sept., 1988, n° 20-21, pp. 36-43.

DOMENICHINI, J.-P. – « Une tradition orale: l'histoire de Ranoro », *ASEMI,* 1977, VIII (3-4), pp. 101-150.

DOMENICHINI, J.-P. – *Les dieux au service des rois. Histoire orale des sampin'andriana* ou *palladiums royaux de Madagascar.* - Paris, CNRS, 1985, 718 p.
DUBOIS, H. – *Essai de dictionnaire Betsileo.* - Tananarive, Imprimerie Officielle, Edition de l'Académie Malgache, 1917.
DUBOIS, H. – *La religion malgache. Essai de synthèse*, in : *Cahiers Charles de Foucauld*, 1ᵉ trimestre 1961, pp.76-100.
DUBOIS, R. – *OLOMBELONA.* - Paris, l'Harmattan, 1978, 157 p.
DUBOURDIEU, L.J. – « De la guérison du corps à la guérison de la nation. Réveil et mouvements évangéliques à l'assaut de l'espace public », *Politique Africaine*, mai 2002, pp. 80-81.
EDMONDS, W.J. – « Charms and Superstitions in the South-East Imerina », *AA*, t. VI, 1897, pp. 61-67.
ELLIS, S. – *The Rising of the Red Shawls. A Revolt in Madagascar, 1895-1899.* - Cambridge, University Press, 1985, 282 p. (traduction par Karthala, 1998, 282 p.).
ESCANDE, E. – *Les disciples du Seigneur (un mouvement d'évangélisation indigène à Madagascar),* Les Cahiers Missionnaires n°8.- Paris, Société des Missions Evangéliques, 1926.
ESTRADE, J.-M. – *Un culte de possession à Madagascar: le tromba.* - Paris, Anthropos, 1977, 390 p.
FEELEY-HARNIK, C. – « The Political Economy of Death. Communication and Change in Malagasy Colonial History », *American Ethnologist*, 1984, *I* (1), pp. 1-19.
GUENIER, N.J. – *Les chemins de l'Islam à Madagascar.* - Paris, l'Harmattan, coll. « repères pour Madagascar et l'océan indien », 1994, 192 p.
HEBERT, J.-C. – « La parenté à plaisanterie à Madagascar », *BM*, n°142, mars 1958, pp. 175-216; n°143, avril 1958, pp. 267-335.
HUBSCH, B. (éd.) – *Madagascar et le christianisme.* - Paris, Karthala / Fianarantsoa Libr. Arnbozontany, 1993, 518 p.
HUYGHUES-BELROSE, V. – *Les premiers missionnaires protestants de Madagascar (1795-1827).* - Paris, Karthala-Inalco, février 2001, 424 p.
JACQUIER-DUBOURDIEU, L. – « Le culte du miroir dans la plaine de la Basse Betsiboka. Son rôle dans la compétition foncière », *Recherches pour le Développement*, 1987, n° 4, pp. 53-112.
JACQUIER-DUBOURDIEU, L. – « Représentation de l'esclavage et conversion : un aspect du mouvement du Réveil à Madagascar », *Cahiers des Sciences Humaines*, 32 (3), 1996, pp. 597-610.

JACQUIER-DUBOURDIEU, L. – « Soatanàna, une nouvelle Jérusalem en pays betsielo (Madagascar). Mise en espace d'un nouvel ordre politique et religieux », *Géographie et Cultures,* 2000, n°33, pp. 89-112.

JAOVELO-DZAO, R. – *Anthropologie religieuse sakalava. Essai sur l'inculturation du christianisme à Madagascar.* Thèse de doctorat d'ethnologie, Université de Strasbourg, 1983.

JULIEN, G. – *Institutions politiques et sociales de Madagascar,* tome 1. - Paris, Guilmoto, 1908, 644 p.

KOERNER, F. – *Histoire de l'enseignement privé et officiel à Madagascar 1820-1995.* - Paris, L'Harmatan, 1999.

KUS, S. – « Ambohimanga: state formation and the symbolic organisation of space », *OsA,* n° 29-32, 1989-90, pp. 43-53.

KUS, S. – « The social représentation of space: dimensioning of the cosmological and the quotidian », in : A. Keene et J. Moore (éds.), *Archaeological Hammers and Theories,* Academic Press, 1983, pp. 277-298.

LEENHARDT, M. – « La condition Missionnaire : Madagascar », *Le Monde Non Chrétien,* n° 65, Janvier-Mars. 1963.

LOMBARD, J. – *Le royaume sakalava du Menabe. Essai d'analyse d'un système politique à Madagascar.* - Paris, Editions de l'ORSTOM, coll. « Travaux et documents n° 214 », 1988, 151 p.

MAMELOMANA, E. – « Les principaux facteurs de la religiosité du peuple malgache », *BAM,* 1974, t. 52/1-2, pp. 35-55.

MASSE, R. et BENOIST, J. (dir) – « Convocation thérapeutique du sacré ». - Paris, Karthala, 2002, 493 p.

MATTEM, C., « Le pentecôtisme ou la religion bouclier », *Bulletin d'information sur la population de Madagascar,* numéro 49, mai 2009.

MIDDLETON, K. (éd.) – *Ancestors, Power and History in Madagascar.* - Leiden, Brill, 1999, 360 p.

MOLET, L. – « Aspects actuels du paganisme malgache », *BM,* sept. 1956, n° 124, pp. 755-761.

MOLET, L. – « Chapelle païenne des environs de Tananarive », *RM,* n° 32, 1957, pp. 3537.

MOLET, L. – « Consécration d'un charme contre la grêle », *Le Monde Non Chrétien,* n° 40, oct. 1956, pp. 314-325.

MOLET, L. – « Le sacrifice du boeuf à Alasora », *La Grande Ile Militaire,* avril 1955, n°25, pp. 4-6.

MOLET, L. – « Andranoro, lieu païen des environs de Tananarive », *Firaisana Kristiana* (journal hebdomadaire malgache), 17, 24 et 31 janv. 1957, n° 268.

MOLET, L. – *La conception malgache du monde, du surnaturel et de l'homme en Imerina.* - Paris, L'Harrnattan, 1979. Tome I, 437 p., Tome II, 445 p.

MOLET, L. – *Le bain royal à Madagascar. Explication de la fête malgache du fandroana par la coutume disparue de la manducation des morts.* - Tananarive, Impr. Luthérienne, 1956, 238 p.

MOLET, L. – « Aspects actuels du paganisme malgache », *Bulletin de Madagascar,* n°124, septembre 1956, pp. 755-761.

MONDAIN, G. – « Les idées religieuses des Malgaches avant l'arrivée du christianisme », *Extrait du Bulletin de l'Académie Malgache.* - Tananarive, Imprimerie Officielle, 3e trimestre 1902, 19 p.

MONDAIN, G. – « Notes sur l'idole Rabehaza », *BAM*, extrait du Volume V, 1907, pp. 89-94.

MONDAIN, G. – *Un siècle de Mission Protestante à Madagascar.* - Paris, Société des Missions Evangéliques, 1922.

MUELLER, J.T. – *La doctrine chrétienne.*- Paris, Editions des Missions Luthériennes, 1956, 720 p.

NERINE B0TOKEKY, E. – « *Le fitampoha* en royaume de Menabe. Bain des reliques royales », in : F. Raison-Jourde (éd.), *Les souverains de Madagascar. L'histoire royale et ses résurgences contemporaines.*- Paris, Karthala, 1983, pp. 211-219.

OTTINO, P. – « La mythologie malgache des Hautes Terres et le cycle politique des Andriarnbahoaka », in *: Dictionnaire des mythologies,* tome 2.- Paris, Flammarion, 1981, pp. 30-45.

OTTINO, P. – « Le *tromba* à Madagascar », *L'Homme, V* (1), 1965, pp. 84-93.

OTTINO, P. – *Les champs de l'ancestralité à Madagascar. Parenté, alliance, patrimoine.*- Paris, Karthala, 1998, 685 p.

OTTINO, P. – *L'étrangère intime. Essai d'anthropologie de la civilisation de l'ancien Madagascar.* 2 tomes.- Paris, Archives Contemporaines, 1986, 630 p.

PACAUD, P.-L. – *Un culte d'exhumation des morts à Madagascar ; le famadihana.* -Paris, L'Harmatan, 2003, 356 p.

PAILLARD, Y.G. – « Domination coloniale et récupération des traditions autochtones. Le cas de Madagascar de 1896 à 1914 », *Revue d'Histoire Moderne et Contemporaine,* janv.-rnars 1991, pp. 73-104.

RADIMILAHY, C. (dir) – *Les dieux au service du peuple, Itinéraire religieux, médiations, syncrétisme à Madagascar.* - Paris, Karthala, 2006, 536 p.

RAFIDIHARINIRINA, F. – « La médecine européenne dans le cadre de la royauté et de la colonisation jusqu'en 1914 à Madagascar », *Bulletin d'Information sur la Population de Madagascar,* n° 48, avril 2009.

RAHAMEFY, A. – *Sectes et crises religieuses à Madagascar*.- Paris, Karthala, 2007, 153p.

RAHAMEFY-RAMAROLAHY, A. – « Crises religieuses et sectes à Madagascar », *Etudes Océan Indien*, n° 21, 1997, pp. 7-105.

RAHARISOA, S. – *Ny vakan'i Mahajanga. Andrana monografika*. Mémoire de fin d'études.- Tananarive, Ecole Normale Supérieure, 1991, 319 p.

RAISON, J.-P. – *Les Hautes Terres de Madagascar et leurs confins occidentaux. Enracinement et mobilité des sociétés rurales*.- Paris, Karthala, 1984. Tome I, 651 p., Tome II, 604 p.

RAISON-JOURDE, F. – « Le travail et l'échange dans les discours d'Andrianarnpoinimerina », in: M. Cartier (dir.), *Le travail et ses représentations*.-Paris, Editions des Archives Contemporaines, 1984, pp. 223-273.

RAISON-JOURDE, F. – « *Les Ramanenjana*. Une mise en cause populaire du christianisme en Irnerina », *ASEMI*, VII, 2-3, 1976, pp. 271-293.

RAISON-JOURDE, F. – *Bible et pouvoir à Madagascar au XIXe siècle. Invention d'une identité chrétienne et construction de l'Etat*.- Paris, Karthala, 1991, 840 p.

RAISON-JOURDE, F. (Collectif) – *Madagascar. Les ancêtres au quotidien. Usages sociaux du religieux*.- Paris, l'Harmattan, 2001, 529 p.

RAISON-JOURDE, F. (dir.) – *Les souverains de Madagascar. L'histoire royale et ses résurgences contemporaines*.- Paris, Karthala, 1983, 480 p.

RAJAOBELINA, Job. – *Sentiments religieux des Malgaches avant l'arrivée des Missionnaires chrétiens à Madagascar*.- Fianarantsoa, Imprimerie de la Mission Catholique, le 15 août 1950, 40 p.

RAJAOFERA, H. – « Le culte d'Andriambodilova », *BAM*, 1912, pp. 289-295.

RAJAONAH, F. – *Elites et notables malgaches à Antananarivo dans la première moitié du vingtième siècle*. 3 tomes. Doctorat d'Etat d'Histoire, Université Lyon II, 1997.

RAKOTO, I. (éd.) – *L'esclavage à Madagascar. Aspects historiques et résurgences contemporaines*. Actes du colloque de Tananarive, 24-28 sept. 1996, 415 p.

RAKOTOMALALA, M. – *L'Église protestante du centre de Madagascar face à la renaissance du paganisme*, Thèse de licence de théologie.- Paris, Faculté Protestante, 1965, 115 p.

RAKOTOMALALA, M. – « La religion malgache », in : *Encyclopédie des religions*, Paris, Bayard, 1997, pp. 1197-1200.

RAKOTOMALALA, M. – *Une expérience pluridimensionnelle. La maladie chez les Vonizongo du Sud-Est (Madagascar).* 3 tomes. Thèse de doctorat d'anthropologie. -Paris, EHESS, XV-679 p.

RAKOTOZOMA – *Les coutumes funéraires dans la Bible et le retournement des morts à Madagascar*, Thèse présentée à la Faculté libre de Théologie Protestante de Paris, Paris, 1963.

RALIBERA, D. – *Les disciples du Seigneur*, Mémoire présenté à la Faculté Libre de Théologie Protestante de Paris, 1953.

RAMAMBASON, L.W. – *Missiology: Its Subject-Matter and Method*, Vol 116, Frankfurt, Peter Lang Verlag, 1999, 208 p.

RANDRIAMANTENA, J. – *Une revue missionnaire : Teny Soa, 1866-1896.* Thèse présentée à l'Université Panthéon-Sorbonne, 1980.

RANDRIANJA, S. – *Société et luttes anticoloniales à Madagascar (1896-1946)*.-Paris, Karthala, 2001, 485 p.

RAZAFIMINO, C. – *La signification religieuse du Fandroana*.- Tananarive, Imprimerie FFMA, Faravohitra, 1926.

RAZAIMANANORO, Lucie Rasolondraibe-Rahanetra, *Les missions évangéliques et leurs publications devant la mise en dépendance du Royaume Merina*, Mémoire de Maîtrise d'Histoire, Université Paris VII, 1983.

RUSILLON, H. – *Le Sikidy malgache*.- Chalon sur Saône, Imprimerie française et Orientale, s.d.

SPINDLER, M. – « Maurice LEENHARDT et Madagascar », *Le Monde Non Chrétien,* n° 65, Janvier-Mars. 1963, pp. 39-67.

SPINDLER, M – *La mission, combat pour le salut du monde*.- Neuchâtel, Delachaux et Niestlé, 1967, 270 p.

VIG, L. – « Le symbolique dans le culte malgache et dans la vie du peuple », *Missions Luthériennes à Madagascar,* n° 20, 15 nov. 1902, pp. 198-202 ; n° 21, 15 février 1903, pp. 218-223.)

VIG, L. – *Croyances et Mœurs des malgaches*. Traduit du norvégien par E. FAGERENG, Fascicule I, s.l., DAHL, 1977, 65 p.

Langham Partnership est un organisme chrétien international et interdénominationnel qui poursuit la vision reçue de Dieu par son fondateur, John Stott -

promouvoir la croissance de l'église vers la maturité en Christ en relevant la qualité de la prédication et de l'enseignement de la Parole de Dieu.

Notre vision est de voir des églises des pays en développement équipées pour la mission, croissantes en maturité en Christ, par le ministère de pasteurs et de responsables qui croient, qui enseignent et qui vivent la Parole de Dieu.

Notre mission est de renforcer le ministère de la Parole de Dieu de trois manières:
- par la mise en place de mouvements nationaux pour la prédication biblique
- en encourageant la rédaction et la distribution de livres évangéliques
- en améliorant l'éducation théologique évangélique

en particulier dans les pays où les églises ont de faibles ressources.

Notre ministère

Langham Preaching collabore avec des responsables nationaux en vue de la création de mouvements de prédication biblique dirigés par les nationaux eux- mêmes. Ces mouvements, qui naissent progressivement un peu partout dans le monde, rassemblent non seulement des pasteurs mais aussi des laïcs. Nos équipes de formateurs venus de beaucoup de pays différents proposent une formation pratique qui comporte plusieurs niveaux, suivie d'une formation de facilitateurs locaux. La continuité est assurée par des groupes de prédicateurs locaux et par des réseaux régionaux et nationaux. Ainsi nous espérons bâtir des mouvements solides et dynamiques, constitués de prédicateurs entièrement consacrés à la prédication biblique.

Langham Literature fournit des livres évangéliques et des ressources électroniques à des leaders et futurs leaders dans le monde majoritaire. Des pasteurs mais aussi des étudiants en théologie et des bibliothèques reçoivent des bourses, peuvent acheter des livres à bas prix et bénéficient aussi de distributions gratuites. Nous encourageons aussi la rédaction de livres évangéliques originaux dans de nombreuses langues nationales. Dans ce but nous proposons des ateliers de formation pour de futurs écrivains et éditeurs, nous trouvons des sponsors pour de nouvelles initiatives d'écriture, nous encourageons la traduction, nous soutenons les maisons d'éditions évangéliques et nous investissons dans quelques projets majeurs comme le récent *Commentaire Biblique Contemporain* qui est un commentaire de la Bible en un volume rédigé par des auteurs africains pour l'Afrique.

Langham Scholars soutient financièrement des doctorants évangéliques du monde majoritaire dans le but de les voir retourner dans leurs pays d'origine pour former des pasteurs et d'autres chrétiens nationaux en leur proposant un enseignement biblique et théologique solide. Cette branche de Langham cherche donc à équiper ceux qui en équiperont d'autres. Langham Scholars travaille aussi en partenariat avec des séminaires dans le monde majoritaire afin de renforcer l'éducation théologique évangélique sur place. De ce fait, un nombre croissant de « Langham Scholars » (le nom « Scholars » signifie « boursiers ») peut aujourd'hui suivre des programmes doctoraux de haut niveau au cœur même du monde majoritaire. Une fois leurs études terminées, ces « Langham Scholars » vont non seulement former à leur tour une nouvelle génération de pasteurs mais exercer une grande influence par leurs écrits et par leur leadership.

Pour plus d'informations, consultez notre site: langham.org

www.ingramcontent.com/pod-product-compliance
Lightning Source LLC
Chambersburg PA
CBHW050524300426
44113CB00012B/1941